▲原爆ドーム(広島市)　大正 4 (1915)年完工の旧広島県産業奨励館。平成 8 (1996)年，世界文化遺産に登録された。その区域は原爆ドームを囲む柵《さく》の中。

► 無文平底《むもんひらぞこ》鉢形土器(庄原《しょうばら》市東城《とうじょう》町帝釈峡《たいしゃくきょう》馬渡《まわたり》遺跡出土)　土器の使用開始は，暮らしと技術の一大変革であった。土器の創出時期や場所については論議があるが，この土器も最古級の土器のひとつである。

◄ 塩町《しおまち》式の脚付鉢《あしつきはち》(三次《みよし》市塩町遺跡出土)　弥生時代中期後半ごろ，備北《びほく》地域を中心につくられた土器。壺や甕《かめ》の胴部などに凹凸の模様をめぐらせ，その上に刻みをつけたのが特徴。三次市塩町遺跡で最初に確認されたので，塩町式土器と称す。

► 鳥形土器(安芸高田《あきたかた》市高宮《たかみや》町下房《しもぼう》後《ご》2号墳出土)　沼田川流域から江《ごう》の川流域は，全国的にも珍しい鳥形や環状の須恵器《すえき》を副葬する横穴式石室古墳が点在し，大和政権と直結する渡来人集団の存在を指摘する意見もある。

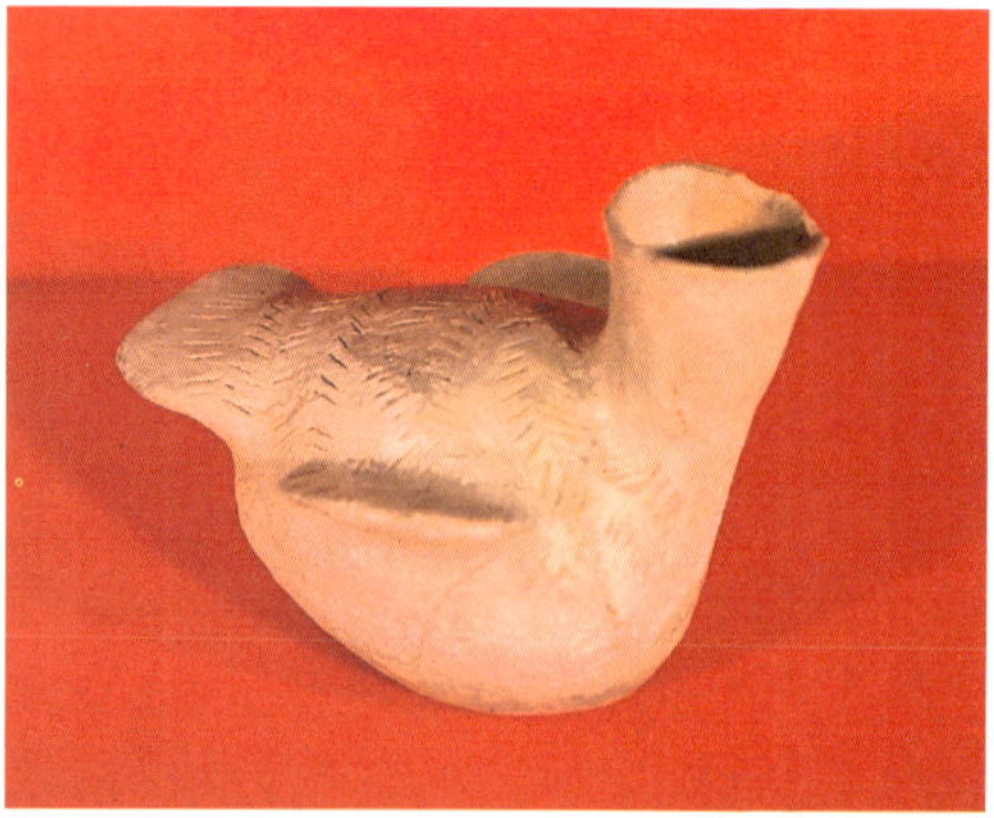

▲矢谷《やたに》四隅突出型墳丘墓《よすみとっしゅつがたふんきゅうぼ》と特殊器台(三次市)　２つの方形墳丘を結合させ，その四隅が突出した弥生時代後期の墳丘墓。全長18.5ｍ，幅12ｍ，墳丘の高さ１ｍ強で，周溝《しゅうこう》をもつ。周溝からは吉備《きび》系の特殊器台と特殊壺が出土した。国史跡。

▼尾市《おいち》１号古墳(福山《ふくやま》市新市《しんいち》町)　多角形の墳丘に切石積の横口式石槨《せっかく》を主体部とする終末期古墳。石槨は羨道《せんどう》部に３方向から取り付く形をとり，全体として十字型の配置となる。昭和59(1984)年の調査で，羨道部から７世紀後半の須恵器が出土した。

►水切り瓦(三次市寺町《てらまち》廃寺出土)
軒丸《のきまる》瓦の下端部に三角状の突起がつけられ，あたかも水切れをよくしたかのようにみえるので，この名称が付された。三次市寺町廃寺を中心に備後《びんご》国西北部から安芸《あき》国東部の文化的独自性を反映すると考えられる。

▼木造薬師如来《やくしにょらい》坐像(山県《やまがた》郡北広島町古保利《こほり》薬師堂)　平安時代初期の半丈六仏《はんじょうろくぶつ》で，脚部は別木の一木造《いちぼくづく》りである。堂々たる軀躯《たいく》にやや幼さの残る豊麗な面相が魅力的。同堂にはこのほか，多くの木彫仏が伝えられている。

▲平家《へいけ》納経《のうきょう》　平清盛《きよもり》願文《がんもん》(見返し。仁安元〈1166〉年)　奥書には「長寛二年九月日　弟子従二位行権中納言兼皇太后権大夫平朝臣清盛敬白」とある。国宝。

▼舞楽《ぶがく》面(還城楽《げんじょうらく》〈右〉と抜頭《ばとう》，承安 3〈1173〉年)　裏面に年号・仏師などの朱銘がある。平氏一門により寄進されたものである。重要文化財。

►明王院《みょうおういん》五重塔(福山市，貞和4〈1348〉年)　一文勧進《いちもんかんじん》の小資を積んで造営された。草戸千軒《くさどせんげん》町《ちょう》遺跡はこの門前を流れる芦田《あしだ》川の中州《なかす》にある。国宝。

▲►日本国王之印(上)と朝鮮国通信符(右符《みぎふ》。朝鮮の景泰4〈1453〉年)　朝鮮や明と貿易をしていた大内氏の遺品である。通信符には「朝鮮国賜大内殿通信右符」「景泰四年七月造」と陰刻《いんこく》がある。重要文化財。

◄銀地狛犬《ぎんじこまいぬ》　銀板をはぎ合わせて造形している。背の銘文によれば，天正12(1584)年平佐就之《ひらさなりゆき》が厳島神社に寄進したものである。毛利元就の側近平佐就之と石見《いわみ》銀山との関係を推測させる。

►吉田《よしだ》郡山《こおりやま》城下古図　江戸時代に作成された絵図であるが，屋敷記載は毛利輝元《てるもと》時代の家臣の配置を反映したものと考えられる。

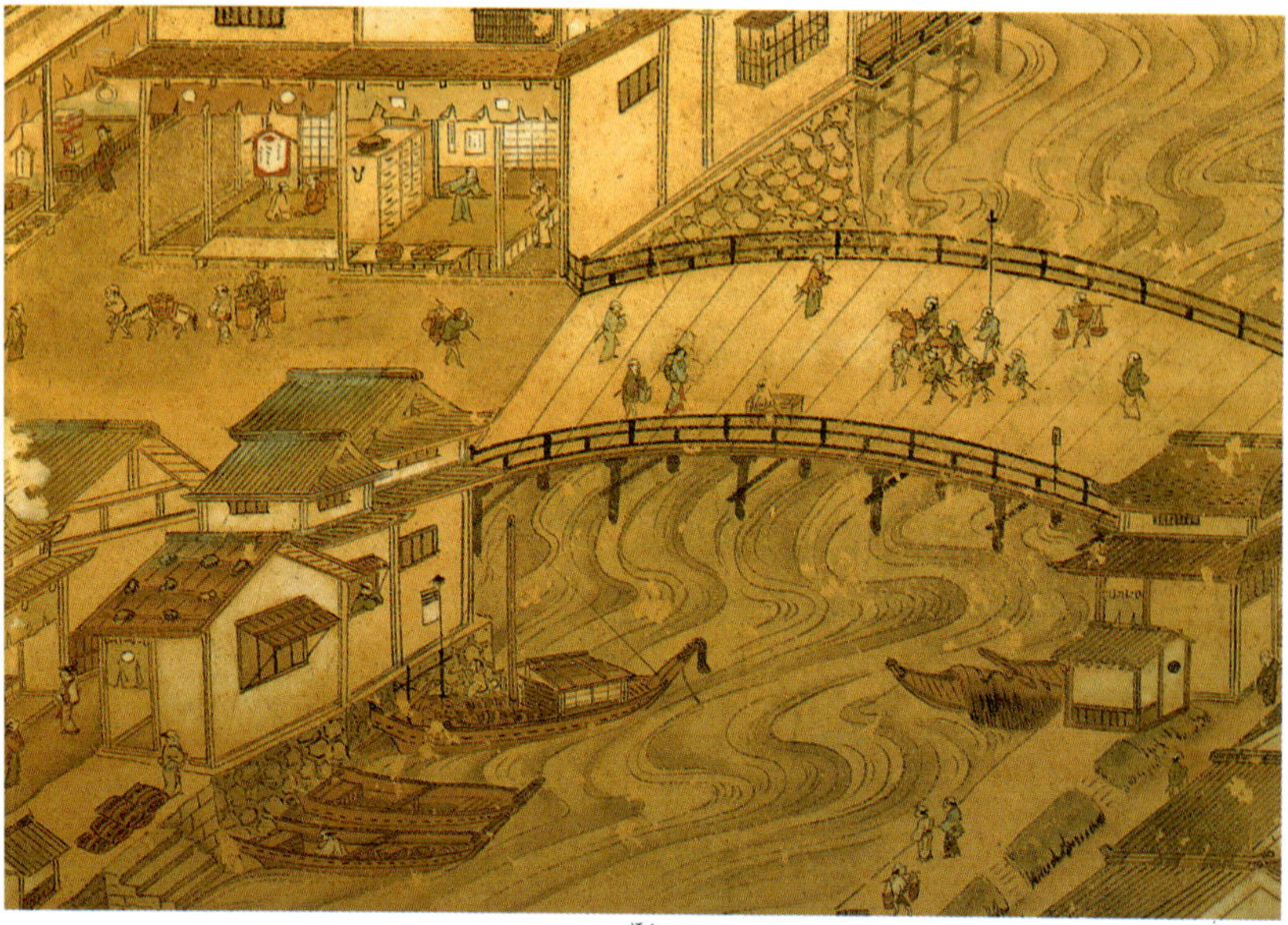

▲広島城下絵屏風(部分)　この川は本川《ほん》で，当時東側の中島本町から本川にかかる猫屋橋《ねこやばし》を通って塚本町に入った。この道筋は山陽道でもあり，橋には浅野家家中の一行や町人の往来が描かれている。

▼鞆《とも》港案内　本絵は明治10年代のものと思われる。港の俯瞰《ふかん》図に港を代表する商人たちの取扱品目を記した名前が刷《す》られている。

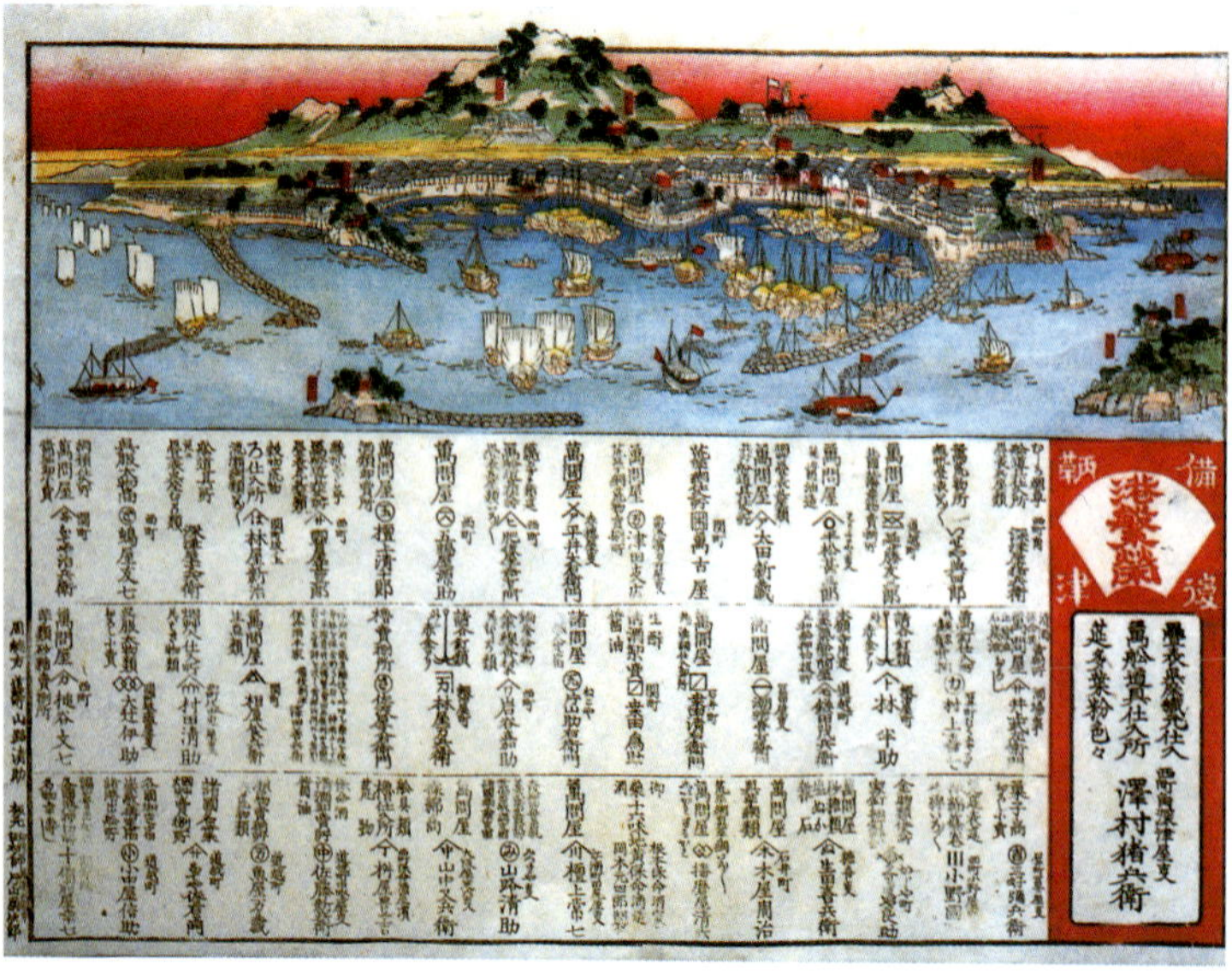

▲竹原下市絵屏風《たけはらしもいちえびょうぶ》(部分)　東の山麓に寺院が並び，中央の上市《かみいち》・下市《しもいち》を中心に町並みが続く。右下に港の一部がみえ雁木《がんぎ》に商船がもやっている。右下方から塩田がひろがる。19世紀初頭に描かれたもの。

▼菅茶山《かんちゃざん》講義の図(『菅波信道《すがなみしんどう》一代記』)　神辺《かんなべ》駅の本陣の当主であった菅波信道(1792～1868)の生涯を絵入りで記録した「一代記」に描かれた茶山の廉塾《れんじゅく》(閭《りょ》塾)における講義の模様。左端の「浅之丞《あさのじょう》」がのちの信道である。

▲旧呉《くれ》鎮守《ちんじゅ》府《ふ》司令長官官舎(現呉市入船山《いりふねやま》記念館)　明治38(1905)年建設，昭和20(1945)年まで歴代司令長官が使用。戦後は昭和31年まで英連邦軍の司令官官舎。昭和42年４月から記念館として一般公開。重要文化財。

▼原爆慰霊碑(通称)　昭和27(1952)年に除幕された平和都市記念碑。広島市の平和公園内およびその周辺には，このほかに70ちかい慰霊碑やモニュメントが存在し，平和を訴えつづけている。

地方史研究協議会名誉会長
学習院大学名誉教授
児玉幸多　監修

企画委員　熱田公｜川添昭二｜西垣晴次｜渡辺信夫

広島県の歴史

目次

岸田裕之編

広島県の歴史

風土と人間──境目の協同性

アビとモミジ●

アビは広島県の県鳥である。渡来群游《ぐんゆう》海面である豊島《とよしま》・斎島《いつきしま》辺の海域にもいまではその姿は珍しい。アビは水深の浅い砂地層に生息するイカナゴなどを餌《えさ》にするが、ここ数十年間の環境の悪化によってイカナゴは激減し、アビも急速にみられなくなった。自然界の営みは豊かで大きく、それでいて微妙である。「県鳥」という県の象徴を滅亡から救うためにも、生態系に応じた環境の保全・浄化につとめるべきである。海に境界はなく潮も魚も県境を越えて動いており、内海の環境問題は周辺の全自治体の課題でもある。

モミジは広島県の「県木」であり、県花である。渓谷美も加わって春の新緑、秋の紅葉はとくに美しいが、県北の西中国山地や吾妻《あづま》山系にわずかに残されたブナ林の美しさもまた比類ない。島嶼《とうしょ》部や沿岸部の温暖性から県北の寒冷性までの多様な気候が、四季の移ろいをささえ、かつきわだたせている。しかし、県北に生息する熊などは実のなる木の伐採で餌を失い、農産物を荒しており、これまた生態をふまえた広域的な森林環境対策が待たれる。

動植物の種類やそれぞれの個体数の減少は、人間社会の生活環境の悪化をも意味している。

県勢と課題●

広島県は、面積は八四七九・五八平方キロ（平成二三〈二〇一一〉年三月三一日現在）、一四市九町、一二三

万二六三六世帯、二八五万二七二八人（平成二三年三月三一日現在）の県勢であるが、平地が少ない地形のため耕地率が低い。出稼ぎの土地柄である。そして、ここ数十年間の社会構造の変化のなかで人びとは河口の都市部に集住した。古来営々ときずかれてきた棚田《たなだ》は維持しがたくなり、また急激な人口増加に対応した都市部の住宅地では、大雨ごとに花崗岩土《かこうがんど》の流失による土砂災害の危険も大きい。毛利輝元《もうりてるもと》が「広い島」と感想をのべて命名したという説もある広島も、いまや山を削った団地にかこまれて、みるからに窮屈そうである。なによりも美観をそなえた安全な県土の形成が課題である。

ここ数十年間で文明は巨大化し、生活は便利になったが、多量に発生する産業廃棄物などを処理し、資源として活用していく循環システムは稼動していない。中山間・島嶼地域は、その投棄場所とされたり、その汚染の危険を感じながらも、自然の豊かな恩沢を資源に朝市・産地直送・アンテナショップ・ふれあい生活体験などの諸企画をとおして、田舎のよさを発信し、広域的な観光・交流・コミュニティの形成を進めている。山間部には都市民の上水道の源流もある。都市民はその生活文化のありようをとおして農山漁村の振興に目をむける義務と責任をおっている。都市も、農山漁村も、生き続けなければならない。相互に不足のところをおぎないあいつつ、良好な関係を形成し、そのネットワークを機能させることである。

技術の革新だけが先端研究ではない。巨大化した文明と安全な生活を願う人びととの矛盾が発生させた身近なさまざまの問題をどう調整し、解決していくか、それこそまさに先端研究であり、人間生活にとっては緊急の課題である。それは、人びとの身近な体験に発する叫びであり、解決のために高度な科学的知識を必要とするものでもない。県民一人ひとりの意識の改革、そして政治や行政の柔軟な対応のうえに成り立つものである。情報公開が進み、行政の各分野についても、県民一人ひとりが中長期的な物差しで事業の促進と抑制の程度を判断し、選択できる時代にはいった。大きな変化の時代こそ、歴史の進歩とはなにかという視点から検証する姿勢が大切であり、一人ひとりの選択が意味をもつ。人間が生き続けるための哲学の創造にむけて、広島県の歴史は、その材料を十分に提供してくれる。

境目の領主連合と自立●

列島の歴史の流れを大きくみれば、地域社会の分権による自立から、集権による服属への大きな画期は、中世から近世への移行にある。中世までの在地領主制が否定されたことが大きい。

南北朝時代中頃の「中国」という地域呼称の成立以来、中国地域は、京都政権からみると、政治的には東部は味方地であるけれども、西部は敵方地、中部はその境目であった。地域大名の山名《やまな》氏や大内《おおうち》氏との押しつ押されつの構図のなかで、境目は東へ西へと移動するが、室町時代以降はほぼ石見《いわみ》・安芸《あき》・芸予《げいよ》諸島・伊予《いよ》東部地域となる。それは、中央政権の西国《さいごく》地域への支配拡大の歴史過程の一時代相である。

境目における幕府・細川氏と大内氏との抗争が激化するなかで、安芸国人《こくじん》（国衆《くにしゅう》）は婚姻関係を基盤にし、「書違《かきちがへ》」（お互いに誓約書を交換して盟約する）をとおしてその連合を強化かつ拡大する。書違は分権の時代の境目の権力構造を的確にいいあらわした言葉である。高橋氏を打倒してその連合の盟主の地位についた毛利元就《もとなり》は、西の大内氏、東の尼子《あまご》氏を討滅して中国地域を制覇し、それによって国衆の統合者としての地位を確立する。こうした国衆同士の書違は、江戸時代初めころに消滅する。

書違は、まさに地域主権から集権の時代への権力構造の変革の過程で〝消えた〟のである。

また、戦国大名の領国境に特徴的なのは「半納《はんのう》」である。半納とは、軍事的に相対峙《あいたいじ》する両大名が領国境の郷村の年貢を折半する状態をさす。これは、戦時下において前線の不安定をとりあえず回避する方法であった。半納の郷村は、もともと自立性が強く、特定の大名への帰属意識も薄かった。

豊臣秀吉《とよとみひでよし》は「国分《くにわけ》」＝境界を線引で設定することによって各大名の統治領域を確定したが、その結果半納の郷村は、両属性を否定され、各大名の中心地からいうと国境＝端に位置づけられ、消滅した。

半納も、書違と同様に、〝消えた〟言葉である。幕藩権力の中心地論に基づく集権化は、郷村の自立性と端と端との共生状態を構造的にそこなっていった。

豊かな国際性●

毛利元就は中国地域内の鉄・銅・銀などの資源や、大内氏や尼子氏が掌握していた貿易・流通のシステムを独占した。戦国時代の戦争は、当時東アジア規模で広域化しつつあった列島の国際性豊かな流通権益の争奪戦でもあった。この豊かな国際性は、「南蛮」からヨーロッパ人がくるにおよんでさらに世界的規模で展開する。そうした地域性がこの地域社会の強い固有性とそれに基づく自立性をささえた。東アジア規模でみる

孔雀戧金経箱(中国・元の延祐 2〈1315〉年)　元からの舶来品。尾道市瀬戸田町光明坊の一合(浄土寺旧蔵)とともに，製作年・製作地・製作者が明記された戧金遺品としては最古のもの。延文 3 (1358) 年に浄土寺最勝王経の箱となった。

ならば、西国の地域大名らは、京都への求心性と同様に、東アジア社会への求心性ももっており、それがまた京都からの遠心性を推進し、京都政権の不均質な列島支配を現出したのである。

しかし、豊臣秀吉は九州の諸大名を屈服させた天正十六（一五八八）年に長崎や平戸を窓口に外交権と外国貿易を集中・独占し、「海賊」を停止して外国産品を畿内《きない》へ安全かつ自由に輸送する体制をきずきあげる。続く徳川政権もその整備・徹底をはかる。

流通は個別の権力編成を超えて展開する。それゆえに争奪の対象となり、その結果権力の広域化が進む。海に国境がなかった中世から、統一政権がいわば出入国管理法を布令して統制を加えた近世への移行によって、中国地域の豊かな国際性はそこなわれ、以後潜在化していかざるをえなかった。

天下のもとの国家へ●

戦国大名はみずからの領国を「国家」と称した。毛利氏は大内氏と断交した天文二十三（一五五四）年に「国家」宣言をした。その由来は「家を保ち、国を治める」にあり、毛利氏の「家」（家中）とその政治的支配領域としての「国」を合体したものである。それは、独自の支配機構を組織し、法と統治においては自立した戦国大名領国をさす。なお、近世の藩もみずからを「国家」と称した。

こうした戦国大名の「国家」に対し、京都の存在は「天下」と称した。秀吉は、みずからの「天下」のもとに戦国大名の各「国家」の主権を制限あるいは奪取して統合する。そして列島規模において官位などの栄誉の序列化を進め、縦の関係に再編していく。こうした中央集権化は、当然のことながら国衆連合という構造を有する地域大名の領国支配体制の刷新をうながすが、みずからが尊崇していた伝統的な地域神への信仰の精神性をも大きく減退させた。豊臣政権下において毛利輝元は、厳島《いつくしま》神社に寄進されていた刀剣類を事あるごとに請け出し、秀吉に献上している。毛利輝元は、「天下」の意思・都合をみずからの「国家」の存続にとって大事とうけとめ、〃神慮〃よりもみずからの「国家」の大事を優先し、〃神慮〃を押さえこみ、〃神物〃の請出しを行ったのである。

東と西の架け橋への道●

以来いわば「天下」の統制が「国家」の自主性をそこなってきた。わが国では現在過度の集権化の弊害をふまえ、分権への舵取《かじとり》がはじめられている。集権化の歴史過程を逆にはがしていけば、分権の骨格はあらわれる。そして、内にあって地域の多様な営みとその尊厳を共有できる歴史観をそだてていくならば、外に対する国際理解の視座も欧米諸国にかたよることなくアジアも含め広く成熟していく。

3川合流部(三次市)　安芸北部に発し同中部を貫流する可愛川，備後中部からの馬洗川，備北からの西城川はこの地で合流し，江の川(左上が下流)となって日本海へむかう。河の道は安芸・吉備・出雲の文化交流をうみだした。

現在の中国地方は、東部は京阪神、西部は北部九州にむいている。それは歴史の所産である。そしてまた境目の広島県は、安芸地域と備後地域も一体ではない。歴史的にみて同じ境目の石見・安芸という南北軸の連携は進みやすいが、より広域的な連携のためには政治的にも経済的にも文化的にも敵対してきた東部と西部の架け橋になることが理念的にも具体的にも求められている。そうしてその中心になっていけばよい。それは中国地方のことにかぎらず普遍性をもつ課題でもある。立場の違いを超えて歴史を共有し、共感を得ることが、共生の道を歩むための前提であろう。そのためにも交流回路の拡大が欠かせない。

歴史を継承した一人として、かぎりないメッセージを満載した歴史の営みをけっしてひとごとにおわらせることなく、歴史を自覚的にになっていくためには、共通の歴史認識を深め、それを原点としていくことが重要である。そうした人材は、歴史事実の安易な暗記からはうまれようもない。

方言風土と広島県方言●

ここでは、方言風土を、歴史の厚みを背景とする環境（すなわち自然・生業・社会の三つの環境）との交互作用をとおしてつくられた、地域文化のベースをなす言葉のまとまりとしよう。言葉のまとまりは、大きく音声、文法、語彙《ごい》の三つにわけられるが、地域文化のベースをなす方言の風土的特質は、そこに住む人びとが生きてきた環境とつねに密接に連関する生活語彙にもっとも端的な形で反映する。

広島県方言は、はやくから中国方言の山陽方言のなかに位置づけられてきた。その特色は、東に接する岡山県備中《びっちゅう》方言と西に接する山口県周防《すおう》方言との関係で論じられることが多い。たしかに、広島県備後《びんご》方言は岡山県備中方言と重なることが多く、一方、安芸方言は山口県周防方言と重なることが少なくない。

今、その一例として、人が他者（同時に自己）をどのように評価するかをあらわす対人評価語彙のうちの「仕事に対する意欲・能力に欠ける人」に関する語彙についてみてみよう。備後方言と安芸方言は、南は尾道《おのみち》市因島《いんのしま》と同瀬戸田《せとだ》町で境され、北は三次《みよし》市作木《さくぎ》町と安芸高田《あきたかた》市高宮《たかみや》町で境される（両方言を分画する境界線は、三原《みはら》市中央部のやや西よりをとおり、三原市久井《くい》町の西部域、三原市大和《だいわ》町、東広島市豊栄《とよさか》町の東部域を北上し、さらに三次市三和《みわ》町、三次市と安芸高田市甲田《こうだ》町を分画して、作木町と高宮町の境界に至る）。

備後方言に特徴的な語彙は五三語、安芸方言には六六語認められる。そのうち、前者に特徴的な「ダラクソ・グーダラ・ズーダラ・ヒキタレ・ザマクモン」など三〇語は岡山県備中方言にも共通しており、後者に特徴的な「ナエットー・ノークレ・ビッタレ・トロサク・アカボンクラ」など三五語は山口県周防方言にも共通している。備後方言と備中方言に共通する語彙率は五六・六％、安芸方言と周防方言に共通する語彙率は五三・〇％という高率を示す。

その一方で、安芸方言は、島根県石見方言ともかなり顕著な連関性をみせる。安芸方言に特徴的な語彙のうち「オーテレ・テレサク・ノータクレ」など一五語が島根県石見方言と共通し、二二・七％の共有率を示す。これに対し、備後方言と島根県出雲方言との連関性は希薄であり、むしろ島伝いに愛媛県方言との連なりをみせる。

対人評価語彙以外の言葉に目をむけると、「雨ばかり降る」の「〜ばかり」を備後地方では「〜バー」という。これは広島県因島から発して生口《いくち》島、愛媛県岩城《いわき》島・大三島《おおみしま》を経て伯方《はかた》島までおよんでいる。また、「まないた」を「キリバ」という言葉もこの群島に分布する。こうして、備後沿岸部から愛媛県今治《いまばり》市にかけて、これらの島々が言語通路になっていたことがわかる。また、安芸方言と石見方言との連関性については、かつて大交通路としての役割をはたした江《ごう》の川の存在を無視することができない。たとえば、田植えがおわったあとの「田植え休み」を「タヤスミ」という言い方や、「赤とんぼ」を「オドリトンボ」とよぶことは、石見地方から江の川沿いに広島県三次市まで分布を伸ばしている。

このように、広島県方言は山陽方言の真中に位置して、東西の交流を基軸としつつも、同時に南北の交流をも淡くみせている。陸路だけでなく、海や川が人びとが移動する交通路として積極的に利用され、その移動につれて言葉も広まっていった点に注目したい。

方言からみた理想的な広島県人像●

ところで、広島県に生きてきた人びと、あるいは現に生活している人びとは、どのような性格・態度・振舞いをみせる人間を理想的な人間とみなすのだろうか。これを知るためには、先にとりあげた対人評価語彙の分析が有効である。それは、地域社会における労働秩序とつきあい秩序の維持・強化に作用する言語表象であるが、けなし言葉（欠如価値を表す）を多用することによって、逆に社会の成員が共通して指向すべき倫理的・行動的規範（指向価値を表す）の認識システムになっている。

広島県下の一四地点で行った調査結果をみてみると、地点によって多少の異同はあるものの、おおよそつぎのような性格・態度・振舞いをみせる人を、伝統的に理想的な人間像としてきたようである。それは、(1)「ハタラキテ・シンボーニン」（働き者）、(2)「エズイ　ヒト・エラー　ヒト」（賢い人）、(3)「ジョーニン・エーシ」（人柄がよく温厚な人）で、しかも(4)「ウソツキ・ウソイー」（嘘つき）でなく、(5)「デシャバリヤ・デキマツ」（出しゃばり）でないような人である。すなわち、「働き者で賢く、人柄もよく、正直で控え目な人」、これが広島県人が伝統的に認識してきた理想的な人間像である。

1章

芸備の自然と地域の形成

分銅形土製品　広島県や岡山県の弥生時代遺跡から多く出土する，江戸時代の分銅(おもり)に似た土製品で，祭祀のさいに，ペンダント的に使用されたようである。福山市サコ田遺跡出土。

1　環境変化のなかのハンターたち

海はるかの地に生きる●

瀬戸の朝なぎ夕なぎ、広島の特徴的な風情とは無縁な暮らし、これが現在確認される広島の人びとの最古の暮らしである。それは約三万年前、ウルム氷河期という本州・四国・九州が陸続きで、広島県域は海から遠くへだてられていた時代であった。人びとは、廿日市《はつかいち》市吉和《よしわ》の冠 高原《かんむりこうげん》で安山岩を加工して石器をつくり、かつてアジア大陸から渡ってきたナウマンゾウやオオツノジカなどを追うハンターであった。

冠高原での石器づくりがはじまったころは、氷河期のなかでもいっそうの寒冷化が進みはじめた時代であり、二万一〇〇〇年前ころには、火山列島日本の洗礼もうけている。現在の鹿児島県錦江《きんこう》湾奥部を火口とする姶良《あいら》カルデラの大噴火である。火山灰は東北地方にまでおよび、中国地方でも二〇センチの厚さに降り積もった。冠高原でも、石器を含む黄灰色の火山灰堆積《たいせき》が確認されている。冠高原のほかに、下本《しもほん》谷《だに》遺跡（三次《みよし》市）、地宗寺《じそうじ》遺跡（山県《やまがた》郡北広島町新庄）、鴻ノ巣《こうのす》遺跡（東広島市）などで、この苛酷な時代を生きた人びとの暮らしが確認されている。

もっとも寒冷な時期は二万～一万八〇〇〇年前であった。現在より六～七度気温が低く、降水量も半分以下であったといわれる。内陸部となった広島県域は、西日本のなかでももっとも雨の少ない地方となり、全般に草原化が進んだが、ゴヨウマツ属・ツガ属・モミ属などの針葉樹とカバノキ属などの落葉樹が混生する植生（冷温帯針広混淆《こんこう》林）は、食用の木の実を多く提供してくれたであろう。

環境の違いとともに、人びとの使う道具にも左上図のように地方ごとの特色がでてきた。広島県域で使用された国府《こう》型ナイフは、瀬戸内《せとうち》技法で裂《さ》き割られた剥片《はくへん》を加工した石器である。しかしその暮らしは、明確でない。彼らが移動する生活を営み、ごくわずかな生活用具しか携行しなかったことが大きな要因である。西ガガラ遺跡（東広島市）では、全国的にも貴重な住居跡五棟が確認されたが、それは径四メートル未満で柱一〇本程度の簡単な住居であった。炉跡や熱をうけた礫《れき》群が残っていることから、火を使う調

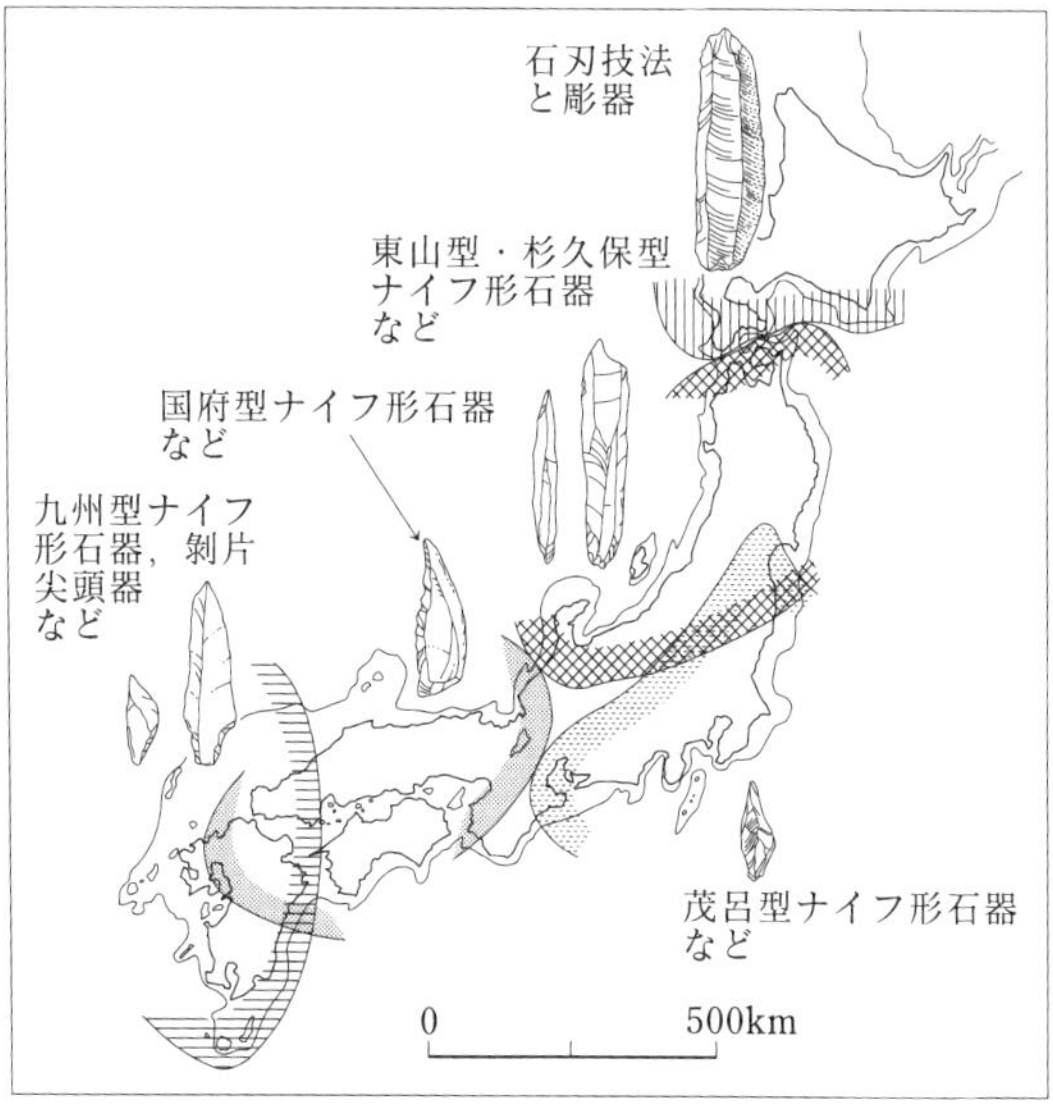

地域によるナイフ形石器の違い　広島県立歴史博物館『サルからヒトへ―最古の文化と瀬戸内―』による。

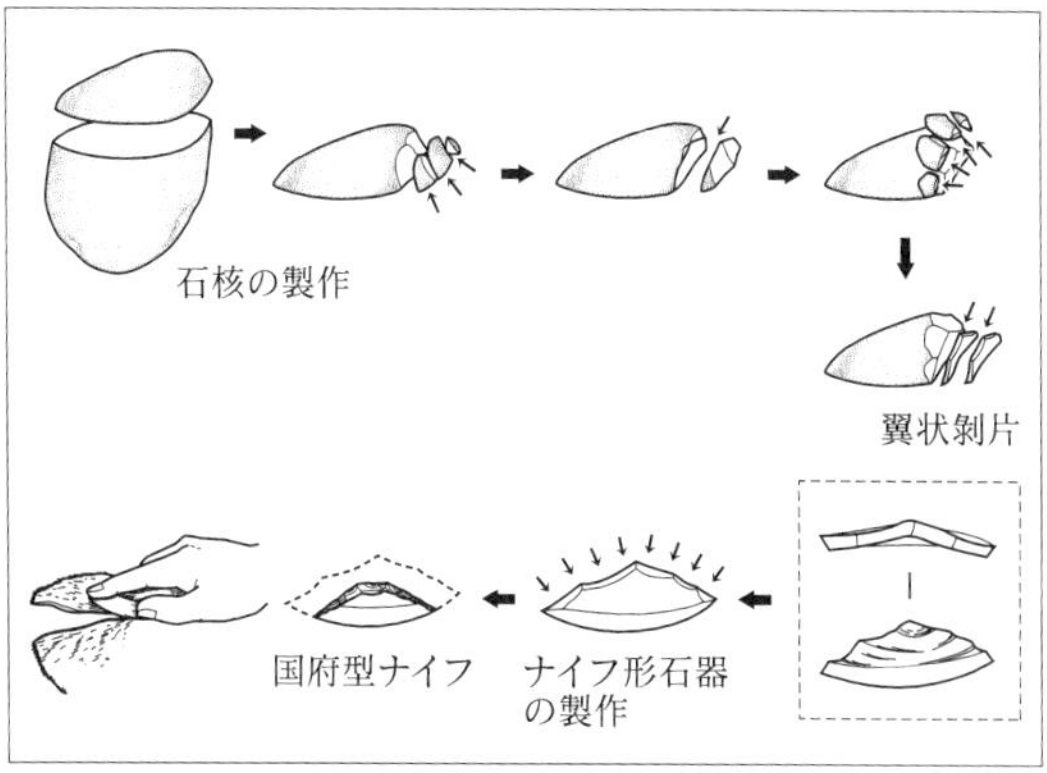

瀬戸内技法　瀬戸内技法は，鳥が翼を広げているような形で同じ大きさの剥片(翼状剥片)を多量につくりだす技術であり，刃部とする一辺の反対側(背部)を調整してナイフのようにし，ものを切る，刺すための道具として利用した。潮見浩『図解技術の考古学』により，一部改変。

理を行っていたことがわかる。この時代の遺跡の多くは、標高二〇〇メートルを超える山間地に多いが、近年は島嶼《とうしょ》部や沿岸部の丘陵上でも確認されている。倉橋《くらはし》島の鹿島《かしま》沖などからナウマンゾウの化石などが引きあげられるので、この時代は現在の瀬戸内も平原であったことがわかる。国府型ナイフなどの石器を使って、この平原に棲息《せいそく》したゾウやオオツノジカなどを捕獲したものと思われる。

食の革命・器の創造●

一万五〇〇〇年ほど前から、気候は温暖化に転じた。針葉樹は全般に衰退し、落葉広葉樹や常緑広葉樹が優勢となり、それとともにしだいに大型獣が減少し、ニホンジカ・イノシシなどが増加した。一万年ほど前には、動物相も植生もほぼ現在と同じになった。こうした自然の変化に対し、狩猟の道具も、ナイフ形石器から細石刃《さいせきじん》・尖頭器《せんとうき》、ついで有茎《ゆうけい》尖頭器を穂先とした投げ槍、さらに石鏃《せきぞく》を矢先とする弓矢へと変化して、敏捷《びんしょう》な動物も捕獲できるようになった。また広葉樹を中心とした植生は、トチ・オニグルミ・ドングリ・シイなどの木の実や、ウバユリ・カタクリ・ヤマノイモなどを提供したが、その処理・保存のために土器も利用されるようになった。生活のスタイルに、大きな変化がはじまったのである。

帝釈峡《たいしゃくきょう》の馬渡《まわたり》遺跡（庄原《しょうばら》市東城《とうじょう》町）では地表から深さ二メートルのところまで、遺物をそれぞれ含んだ五つの地層が確認されている。その最下層の第五層から横剝《は》ぎの剝片とオオツノジカの骨が、その上層ではオオツノジカの骨と植物繊維を胎土《たいど》に含んだ無文平底《ひらぞこ》の鉢形土器や安山岩製有茎尖頭器・石鏃が出土し、さらにその上層では、はやい時期の土器である押型文土器が出土している。とくに鉢形土器と同じ層で出土したカワシンジュガイは、^{14}C年代測定法（生物体の死後にその細胞の放射性炭素が一定の比率で変化することを利用した年代測定法）で一万二〇〇〇年前のものという結果がでている。旧石器時代の象徴オオツノジカを捕獲する暮らしから、土器や投げ槍・弓矢などの新しい道具を取りいれた暮らしへうつっていく過程を具体的に確認できるのである。

土器は、その表面に煤《すす》やこげつき、被熱のあとがみられることから、一般には、植物の煮炊《にた》きのために開発されたといわれるが、馬渡遺跡の無文土器は貝の煮沸《しゃふつ》に使われた可能性もある。地域の状況に応じて採用されたのであろうが、従来の焼くという方法に加えて、煮る・蒸すという調理方法が加わったことにより、人びとの食べ物は飛躍的に増大したのである。

土器の誕生から、稲作や弥生《やよい》土器が使用されはじめるまでの一万年間を縄文時代という。この時代は、土器の形や文様の変化から、草創期・早期・前期・中

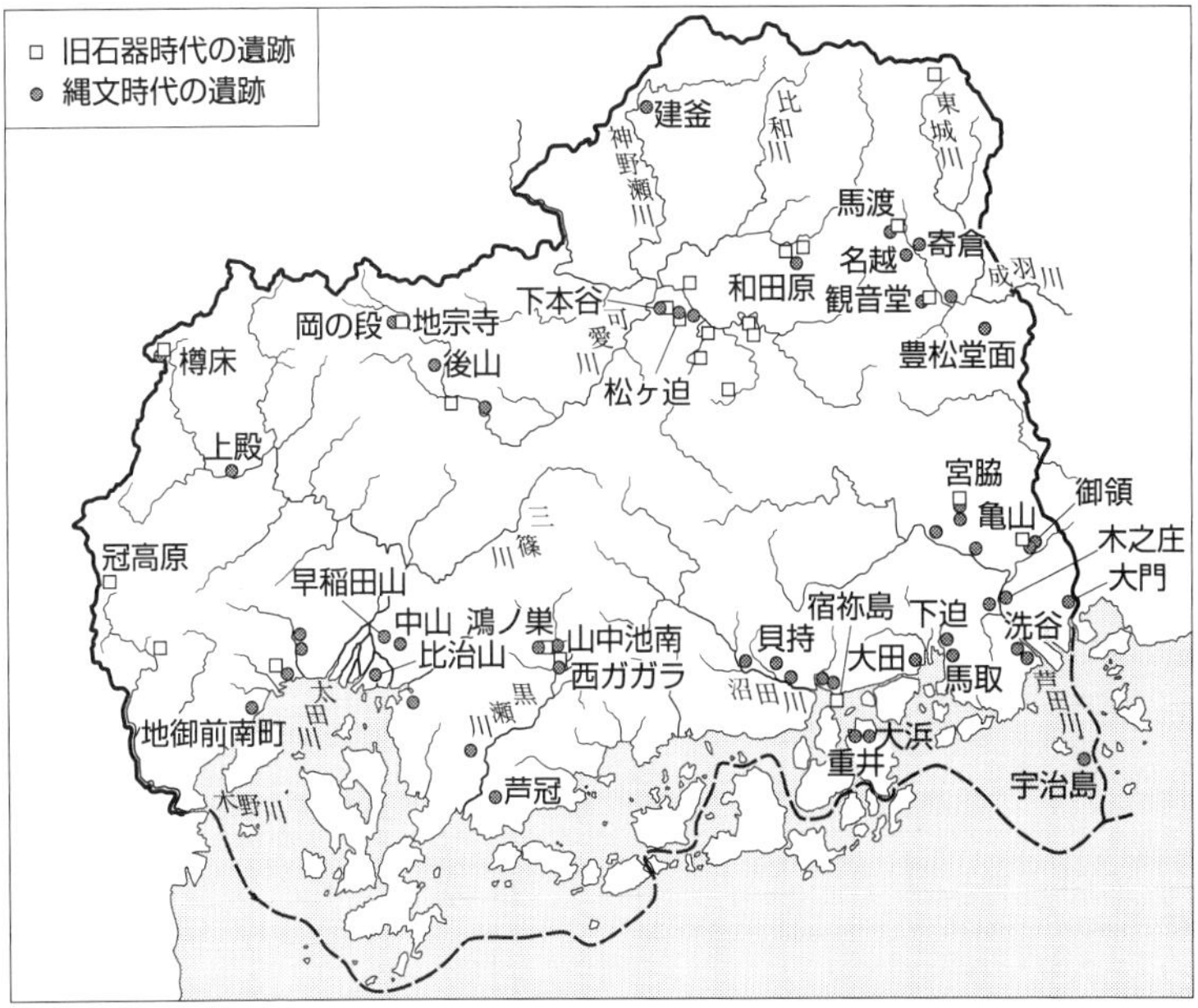

旧石器・縄文時代のおもな遺跡

期・後期・晩期に区分されている。広島県の場合、草創期・早期の土器を出土する遺跡は山間部に多く、石鏃や石斧《せきふ》など狩りや植物の採集に使う道具が多く出土している。一方、現在は海に近い早稲田山《わせだやま》遺跡（広島市東区）などでも、石鏃・石斧などが出土し貝塚が形成されていない。すなわちこの時期は県全域で自然環境に違いがなく、同じような狩猟・採集の生活が営まれていたのである。それは当時の人びとの前に、豊かな漁労の場である瀬戸の海がなかったことを意味している。

縄文の海きたる●

温暖化についで、一万三〇〇〇年前に海面の上昇（海進）がはじまった。一〇〇〇年に一五メートルのペースで海面が上昇し、六〇〇〇年前まで続いたという。この縄文海進《じょうもんかいしん》によって、現在の防予《ぼうよ》海峡や備讃《びさん》海峡方面から海水が低地を満たすようになり、瀬戸内海がしだいに姿をあらわしはじめたのである。人びとが海の恵みをいち早くうけいれたことはいうまでもない。地御前《じごぜん》南町遺跡（廿日市市）や重井《しげい》遺跡（尾《お》道《みち》市因島《いんのしま》）で、海水面より下の地層で縄文前期の土器が確認されていることは、海進終了以前に漁労を生業とする暮らしがはじまっていたことを示している。

瀬戸内海の登場は、土器の使用によってはじまっていた移動する生活から定住生活への転換を、南部地域でも飛躍的に進めたのであろう。それは福山《ふくやま》湾周辺の貝塚の形成からも確認されるが、海浜部のみならず山間部にも縄文時代の住居跡が確認されており、定住化が進んだと考えられる。しかし広島県域では、定住による集落の形成までは具体的に確認されていない。

地形の複雑な日本列島では、比較的せまい範囲でも丘陵・山野・河川・海浜などが組み合わさって複雑な環境が形成されていた。この環境は、鳥獣・魚介・木の実・芋《いも》などバラエティーにとむ食料を提供してくれたのである。八キロ四方ほどの広さで一つの集落の生活が維持できるといわれるのも、こうした自然の特徴が幸いしたのである。人びとは、それぞれの生活領域を有効に利用し、四季の食料を獲得した。河川海浜での網や釣り針、石鏃のほか落とし穴なども工夫され、石皿・磨石《すりいし》・石斧などが活用された。よりよい道具の材料として、香川県のサヌカイトや隠岐《おき》島(島根県)・姫島《ひめしま》(大分県)の黒曜石《こくようせき》などが交易された。獲得した食料は、貯蔵穴その他の保存方法の工夫によって計画的に利用されたのである。

定住は、人の死の累積でもある。大田《おおた》貝塚(尾道市)では、七四体もの人骨が埋葬されていた。貝塚への埋葬は、命をささえる食物再生の場で、死者の再生を意識したものといわれる。また帝釈峡寄倉《よせくら》遺跡(庄原市東城町)では、成人骨と幼児骨を改葬して区分し、成人骨には赤い顔料《がんりょう》が塗られていた。死・死者に対する意識の豊かさ、複雑化がうかがえる。山県郡北広島町有間の後山《うしろやま》で出土した石棒《せきぼう》や、芦冠《あしかんむり》遺跡(呉《くれ》市)の土偶《どぐう》なども、こうした精神世界のひろがりを反映したものであろう。

縄文時代は、人びとがそれぞれの自然環境に応じた暮らしをつくりだした時代である。いわば、地域がそれぞれの特性をみいだしはじめた時代といえよう。そのなかで、道具や道具にほどこす意匠が周囲に伝《でん》播《ぱ》し、各時期の文化圏が形成され、地域間の交流も活発であった。広島県域は、基本的には畿内《きない》・瀬戸内文化圏に含まれるが、前期や後期には九州文化の影響もみられ、二つの文化圏の境界、接触する地域でもあった。そして、晩期には瀬戸内をふくむ西日本が同一の土器文化圏となり、新しく伝来する文化をうけいれ、浸透させていく基盤が成立したのである。

2　稲作の開始と地域社会の形成

分立する地域文化圏●

帝釈峡の名越岩陰遺跡《なごえいわかげ》（庄原市東城町）の第四層から出土した縄文時代晩期の突帯文土器《とったいもん》の底部には、籾《もみ》痕《あと》がみられる。広島県ではこの時期の水田遺構は確認されていないが、岡山市の津島江道遺跡《つしまえどう》では水田遺構が確認されている。籾痕はかならずしも稲作の開始を意味しないが、北部九州から稲作や新しい土器（弥生土器）に関する情報が広島の山間地にもおよんでいたことはまちがいない。

縄文時代は、狩猟・採集の社会としては世界史上きわめて高度の定住化を実現していたといわれる。こうした縄文晩期の人びとも、旧来の生活様式を続けながら、生業の補完として稲作を取りいれ、弥生土器を使いはじめたと考えられる。多数の突帯文土器とともに弥生土器の特徴をもつ土器が出土した高山《こうやま》1号遺跡（世羅《せら》郡世羅町別迫《べっさこ》）や高峰《たかはち》遺跡（三次《みよし》市）、縄文晩期の土器を含む貝層のうえから弥生土器が出土した中山《なかやま》貝塚（広島市東区）などは、時代の移行を伝えてくれている。しかも、導入された稲作は、技術的にすでに高度の段階にあった。地域によってその時期はちがうだろうが、しだいに生業の主・従が逆転し、

原始社会からのタイムカプセル・帝釈峡遺跡群

広島県東北部の比婆《ひば》道後《どうご》帝釈《たいしゃく》国定公園の一角を占める帝釈峡は、吉備石灰岩台地を帝釈川（高《たか》梁《はし》川支流）が幾星霜をかけて造形した絶景の地である。この侵食の過程でつくりだされた多くの岩

❖コラム

陰や洞窟は、山野の動植物、谷川の魚介類の豊富さもあって、原始時代の人びとの命のいとなみをささえる場所となった。昭和三十七（一九六二）年から全国の考古学・人類学・古生物学・地質学の研究者を組織した学術調査が実施され、昭和五十二年以降は、広島大学文学部帝釈峡遺跡群発掘調査室による学術調査が継続されている。

国内では異例ともいえる調査体制とねばり強い調査の結果、石灰岩の岩陰・洞窟を利用した原始時代の人びとの暮らしが、時間《とき》の流れとともに変遷していくようすが、具体的になりつつある。とくに、旧石器時代から弥生時代におよぶ各時期の遺物をパックした土砂の堆積層が、整然と厚さ一〇メートル以上も重なっている遺跡などもあり、土器の形態・製法上の変化（編年）を確かめるうえで絶好の舞台となっている。また石灰岩層のため生物個体の保存がよく、自然環境の具体的な変化とそれに対応した人びとの暮らしの変化をたどることも可能である。このほか、洞窟・岩陰と開地の利用のありかた、埋葬の変化、集団と遺跡の関係、遺跡相互の関係など種々の研究が行われている。

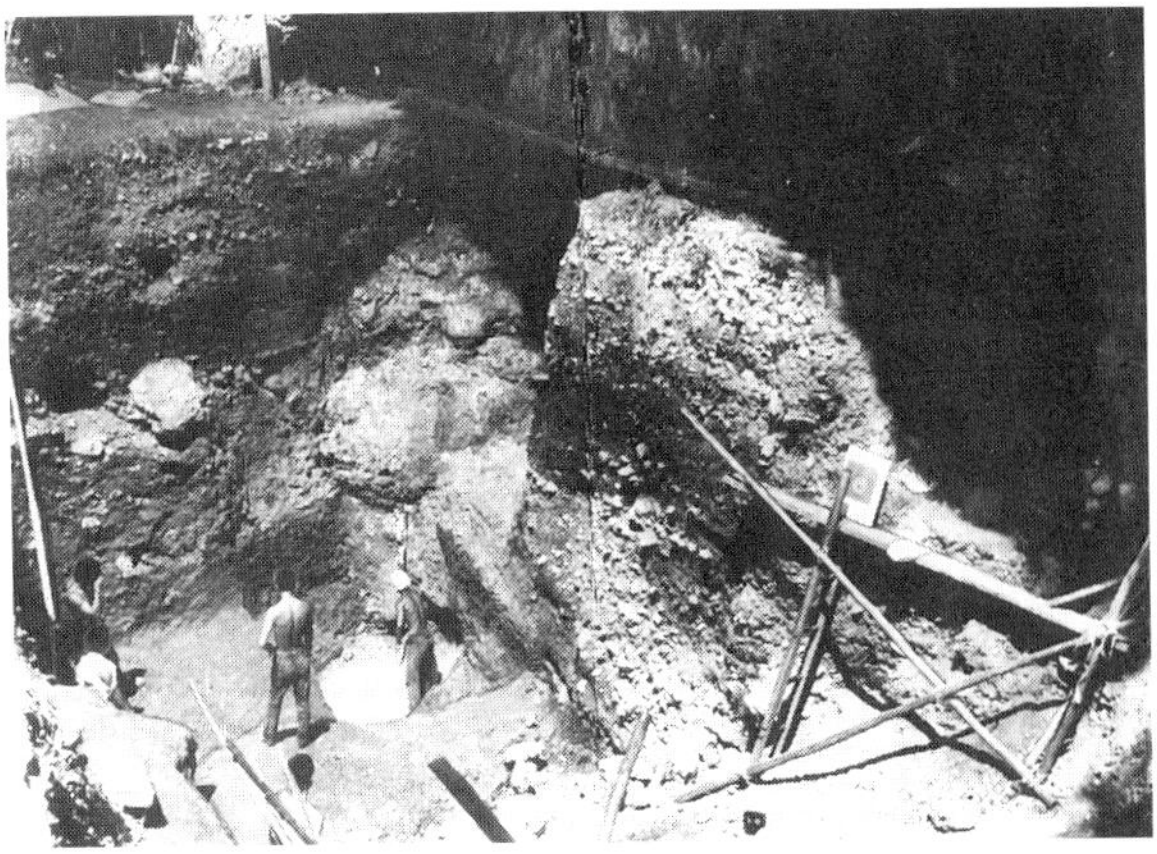

帝釈峡の調査風景

暮らしだけでなくものの考え方、人びととの関係も変化していったのである。

弥生時代は、土器の調整法や文様などから、前期（前三世紀）・中期（前二〜一世紀）・後期（一〜三世紀）の三期に区分され、変化が少なく箆描文《へらがきもん》中心の前期、櫛《くし》描文の盛行から無文への転換がみられる中期、文様が少なく土器を薄くするため内面にヘラ削りがほどこされる後期へと変化した。そして、塩町式《しおまちしき》土器が登場した中期後半ころから地域ごとの違いが明瞭になり、後期には吉備《きび》的な色彩が強い県東部、山陰的要素が顕著な県北部、西瀬戸内的要素が強まる県西部と、文化的に区別されるほどになる。このうち県西部では、中期後半には塩町式土器をうけいれ、後期には県東部の内面ヘラ削りの技法も取りいれるなど、九州・西瀬戸内と吉備・畿内の中間的要素がみられるようになる。とくに、横見廃寺《よこみはいじ》遺跡（三原市本郷《ほんごう》町）出土の土器群には、三つの要素が混在しており、土器文化圏が重なる地区であったことがわかる。

木ノ宗山遺跡と出土した青銅器（広島市）　明治の中頃，山の中腹にある巨石・烏帽子岩（写真上）の前面におかれた板石の下から，弥生時代中期の銅剣（全長39.8cm，写真下中），銅戈（全長29.1cm，写真下右），銅鐸（全長19.1cm，写真下左）が出土した。

金属器の使用もこの時代の特徴である。鉄器は木製品をつくる工具として普及したが、農具などへの本格的な利用とその製造は、次の古墳時代のこととされている。これに対して青銅器は、当初の実用品的性格を失って、弥生時代中期には祭りの道具へ改鋳されるようになり、各地方・地域で共通するかたちをとるようになった。北部九州は広形の銅矛《どうほこ》や銅戈《どうか》、瀬戸内地域は平形銅剣、畿内周辺では銅鐸《どうたく》が祭祀《さいし》品となった。木ノ宗山《きのむねやま》遺跡（広島市東区）では、銅鐸・銅剣・銅戈が一括埋納した状態で発見されており、この点からも県西部が異なる文化の接点、境界であったことがわかる。なお、手坊谷《てぼうだに》遺跡（福山市）など県内二〇余カ所の遺跡からは、個人的祭祀の用具と考えられている分銅形土製品（一一頁写真参照）も出土しており、地域の独自性が強まりつつあったことがわかる。

広島県域のムラとクニ●

弥生時代は、縄文時代以来の定住化傾向を決定的にした。弥生前期の竪穴《たてあな》住居跡の確認例は少ないが、沿岸部の貝塚遺跡のみならず、五〇余の貯蔵穴が確認された横路《よころ》遺跡（山県郡北広島町新庄）や、青木原《あおきはら》遺跡（同町有田）など県北部でも前期の遺跡が確認され、弥生時代の生活スタイルの浸透がうかがわれる。また福山市神辺《かんなべ》町の沖積地にある大宮《おおみや》遺跡・亀山《かめやま》遺跡では、集落（ムラ）をめぐっていたと考えられる環《かん》濠《ごう》が確認され、集落同士の争いがはじまっていたことが知られる。

中期になると、遺跡の数が増加し、その多くが後期まで続くようになった。神辺平野では環濠集落から周辺の丘陵上に分村・移村する傾向がみえ、池ノ内《いけのうち》遺跡・手坊谷遺跡（ともに福山市）で住居跡群が確認されている。増加傾向は賀茂《かも》台地や可愛《えの》川流域でも同様であり、農耕が社会のおもな生業《なりわい》となるとともに、耕地をめぐる緊張の増大を指摘する意見もある。こうした傾向は後期も同じであり、浄福寺《じょうふくじ》遺跡群（東広島市）や毘沙門台《びしゃもんだい》遺跡（広島市安佐南《あさみなみ》区）など一〇〇軒におよぶような大規模集落も確認されており、集落内部のようすもわかるようになってきた。それによれば、五～七基の竪穴住居が一つの群となり、群または一～二基の住居ごとに貯蔵穴があり、家族が消費や農業労働の単位として自立しはじめていたことがわかる。そして特定の家族の住居が大型化したり、青銅製釧《くしろ》やガラス・勾玉《まがたま》・鏡などの遺物を伴う例が顕著となり、集落や集落連合の中心となる家族が登場していたことが知られる。

稲作は、日常の作業は家族単位でも、耕地の拡大や水利の整備などには、ムラさらにはもっと大きな単位での共同労働が必要である。共同作業の核になるのがムラであり、ムラの中心としてムラの意志をまとめる家族が、労働の割りふりや祭祀も主宰するようになった。ムラが、さらに河川や小平野ごとに結集して連合体を形成し、共通した祭りや祭祀具によってまとまりをもつようになった。こうした連合体を、クニとよぶ。ムラの誕生からクニの形成、さらにクニとクニの連合ができる過程で、提携や抗争が繰り広げられ、武力による問題の解決もはかられた。戦争の時代の開始である。石鏃が人間殺傷の道具となり、石槍や鉄鏃なども使われはじめた。神峠《かんどき》遺跡（尾道市瀬戸田《せとだ》町）では、武器と考えられる石槍が出土し、広島市内の西山《にしやま》遺跡・畳谷《たたみだに》遺跡など、戦争にそなえたと考えられる高地性集落も出現したのである。

矢谷四隅突出型墳丘墓の登場●

社会の変化は、死者を葬る墓地、墓制からもうかがわれる。弥生前期は、住居の周辺に死者を埋葬する共同墓地の傾向が強く、それは一〇〇基を超える墓が確認された西本《にしもと》6号遺跡（東広島市）や、岡《おか》の段《だん》C地点遺跡（山県郡北広島町大朝）などでも同じである。しかし、中期になると佐久良《さくら》墳墓群（広島市安佐北区）のように、溝などで墓地域を区画するようになっている。たとえば花園《はなぞの》遺跡（三次市）では、五〇の墓と二一の墓とがべつべつの区画のなかにつくられており、集団の違いが意識されていたようである。

さらに、特定の家族のために区画がほどこされるようになり、特定の墓には副葬品もみられはじめる。とくに宗祐池西《むねすけいけにし》遺跡や陣山《じんやま》遺跡（ともに三次市）などでは、貼《は》り石《いし》や列石《れっせき》で方形の高まりを強調し、四隅《よすみ》に張り出しをつけて墓域を明確にした墓をつくっている。中国山地から出雲《いずも》・伯耆《ほうき》などの日本海側に独特の弥生時代の墓、いわゆる四隅突出型墳丘墓《とっしゅつがたふんきゅうぼ》の誕生である。四隅突出型墳丘墓は、しだいに大型化し、佐田谷《さたたに》1号墳丘墓（庄原市）や歳《さい》の神《かみ》東3号墳丘墓（山県郡北広島町新郷）、さらに矢谷《やたに》墳丘墓（三次市）などが造営されるのである。

矢谷墳丘墓は、前方後方形の四隅が突出した墳丘墓で、全長一八メートルを超える。墳丘上には一一基の埋葬施設が設けられ、出雲地域に多い注口《ちゅうこう》付壺や鼓《つづみ》

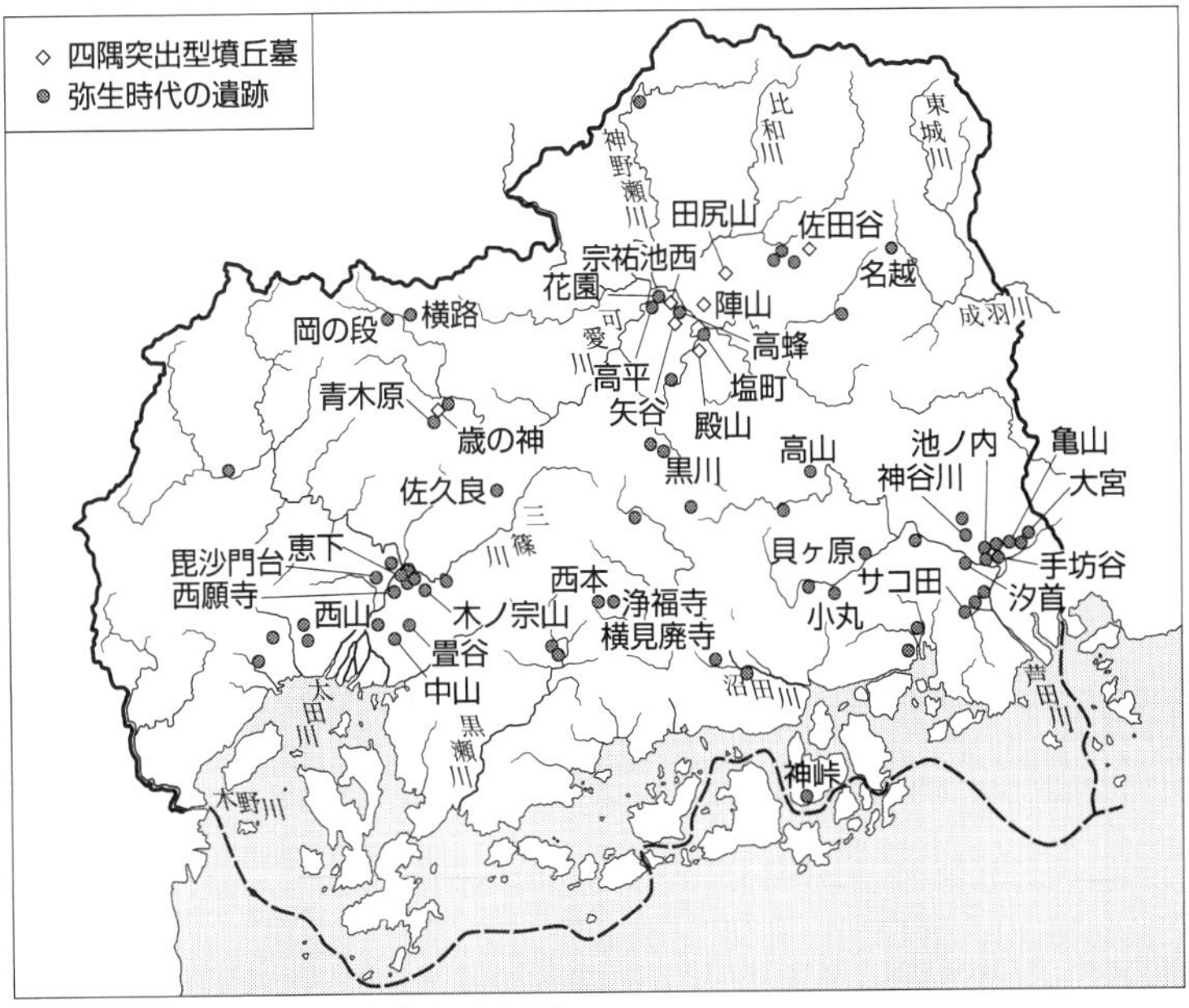

弥生時代のおもな遺跡と四隅突出型墳丘墓

形器台が出土した。もっとも大きな土壙墓《どこうぼ》には、管玉《くだたま》やガラス玉などの装身具、そのほかの墓には鉄製のヤリガンナ・刀子《とうす》などが副葬されていた。彼らはクニの支配者である首長ないしはクニ連合の王と、その家族と考えられている。そしてその出土品から県東北部の首長や王たちが、出雲や吉備の首長・王と活発な交流をしていたことが推測されている。

弥生時代の墓の変化は、支配者の登場を反映している。墓の変化は、西願寺《さいがんじ》遺跡や恵下《えげ》遺跡（ともに広島市安佐北区）、汐首《しおくび》遺跡（福山市新市町《しんいち》）でも確認できるが、それぞれの地域の違いを反映して同じではない。支配者の登場と地域の独自性が明確になったのが、弥生時代であり、こうした地域相互の対立と連合のなかから、列島諸地域を統合する勢力が大和地域に登場するのである。

3　芸備地方と大和政権

古墳の登場と大和政権の浸透●

矢谷墳丘墓は、昭和五十四（一九七九）年「矢谷古墳」として国史跡に指定された。この表現の違いは、弥生墳丘墓と古墳をどのように区別するかという問題と関連するが、本書ではつぎのような立場で、芸備地方の古墳時代を概観する。一つは、三世紀末の畿内における前方後円墳の出現をもって古墳の初源とし、古墳の築造がほぼ終息する七世紀前半までを古墳時代とすることである。そしてこの古墳時代は、鏡・玉・剣などの祭祀具を副葬品とする例が多い前期（四世紀）、墳丘が大型化し、副葬品も武具が中心となる中期（五世紀）、個人墓的な竪穴式石室から追葬が可能な横穴式石室が主流となり、小さな古墳が群集する例も多くなる後期に区分される。

二点目は、古墳時代は大和《やまと》政権が、各地のクニやクニ連合を服属させていった時代であり、クニの首長や王たちはその代償として、古墳の築造を認められたことである。この結果古墳を築造することは、前方後円墳を中心に、墳丘の形や規模、副葬品の違いによって序列化された秩序のなかに、首長・王が位置づけられることになるという点である。

広島県域では約一万基の古墳が確認されているが、古墳時代への移行や古墳文化の展開が、各地域でさまざまであったことが、近年の調査・研究であきらかになってきた。とくに前期古墳の導入には、各地の地域性が強く反映されている。県内最古の前方後円墳である大迫山《おおさこやま》1号墳（庄原市東城町）と辰《たつ》の口《くち》古墳（神石《じんせき》郡神

おもな古墳と古墳時代の遺跡

石高原町）は、周辺の弥生後期の遺跡から吉備・出雲両系の土器が出土し、交通上の要衝であったことが築造の背景のひとつとして考えられるようになった。

また、三角縁神獣鏡《さんかくぶちしんじゅうきょう》を副葬する前方後円墳の潮崎山古墳《しおざきやま》（福山市新市町）の近辺でも、古墳時代初期の畿内系土器を伴う弥生墳丘墓が確認され、畿内勢力との結合の強さがあきらかになった。さらに、京都府椿井大塚山古墳《つばいおおつかやま》と同笵《どうはん》の三角縁神獣鏡を副葬していた中小田《なかおだ》1号古墳（広島市安佐北区）についても、先行する太田川流域の弥生墓群の研究が進み、海上交通を視野にいれた首長層の動向が、大和政権との結合の契機になったとみられている。

しかし、太田川流域ではこののち有力な古墳の築造がみられず、これにかわるように西条《さいじょう》盆地に大型前方後円墳が突如登場する。三ツ城《みつじょう》古墳（東広島市）である。このような中期古墳の出現のありかたは、糸井大塚《いといおおつか》古墳（三次市）など帆立貝式古墳が展開する三次市周辺地域、黒崎山《くろさきやま》古墳・大元山《おおもとやま》古墳（ともに尾道市）など松永《まつなが》湾周辺の前方後円墳でもみられる。これらの地域では、後期古墳への連続性が薄いことも共通しているといえる。

これに対し、庄原市周辺は、中期以降も旧寺《ふるでら》古墳・甲山《こうやま》古墳、後期の矢崎《やさき》古墳・唐櫃《からびつ》古墳など前方後円墳が継続して築造され、その流れは畿内型の横穴式石室をもつ鍬寄《くわよせ》古墳へと引き継がれた。県東部の芦田川支流域でも、古墳時代をつうじて古墳が築造されたが、庄原周辺とは異なるようすがみられる。畿内色の強い潮崎山古墳に対し、石槌山《いしつちやま》古墳・長迫《ながさこ》2号墳（ともに福山市）、山ノ神《やまのかみ》1号墳（府中市）などの前期古墳は円墳であり、一部には在地性を色濃く残した古墳も存在している。いわば同じ地域で畿内色の強い古墳と在地性の強い古墳が共存する二重構造になっており、こうした傾向は福山市駅家町内において、中期の石槌権現《いしづちごんげん》5号墳や掛迫《かけさこ》6号墳と、手坊谷《てぼうだに》古墳・才谷《さいたに》古墳などのあいだにもうかがわれる。

しかし、横穴式石室が造営される後期には、服部《はっとり》川流域の二子塚《ふたごづか》古墳・大迫金環塚《おおさこきんかんづか》・山《やま》の神《かみ》古墳・二塚《ふたづか》古墳、迫山《さこやま》古墳群（福山市神辺《かんなべ》町）などが継続的に築造され、畿内系文化の浸透がはっきりとしてくる。それは三つの横口式石槨《せっかく》という特異な主体部をもつ尾市《おいち》古墳（福山市新市町）や、猪《い》の子《こ》1号墳・曽根田《そねた》白塚《しらづか》古墳（ともに福山市）などの終末期古墳が造営されるにおよび決定的となった。

後期以降の畿内勢力の浸透は、沼田《ぬた》川流域周辺でも顕著である。金冠の一部が出土した横大道《よこたいどう》古墳群（竹原市）、兵庫県の竜山石《たつやまいし》を石棺にした貞丸《さだまる》古墳群（三原市本郷《ほんごう》町）や典型的な巨石石室の御年代《みとしろ》古墳・梅木平《ばいきひら》古墳（ともに三原市本郷町）などは、大和政権との関係の強さをうかがわせている。

国造制・部民制と塩やく民・鉄うつ民●

古墳時代の後期にあたる六世紀ごろ、大和政権は、古墳築造が許されるような首長や王のうちでも有力な者を国造《くにのみやつこ》（こくぞう）に任命し、その地域を管治させる国造制を開始した。七世紀初めころの国造名を記した『国造本紀《こくぞうほんぎ》』によれば、芸備地方には吉備中県《きびなかのあがた》国造、吉備穴《あな》国造、吉備品治《ほむち》国造、阿岐《あき》国造が任命されていた。芦田川流域の古墳のうち、いずれかの被葬者が吉備穴国造・吉備品治国造に任命されたであろう。阿岐国造は、のちの賀茂・安芸・高田郡域を管治したが、この地域にはめだった古墳がなく、凡直《おおしのあたい》を姓とする複数の首長・王たちが、交代して国造の役割をはたしたと考えられる。吉備中県国造は、岡山県西部の国造といわれるが、庄原周辺も管治する国造であった可能性もある。

国造制と並行して、国造やその一族、あるいは国造管治下の首長・王を、大和政権が直接掌握し、さまざまな負担をおわせる部民《べみん》制も導入された。広島県域の部民としては、渟田佐伯部《ぬたさえきべ》の設置が『日本書紀』

に記されているが、木簡《もっかん》や『倭名類聚抄《わみょうるいじゅうしょう》』にみえる古代地名からも、名代《なしろ》・子代《こしろ》、品部《しなべ》の設置が推測される。広島湾から太田川流域にかけては佐伯部・大伴《おおとも》部・若桜《わかさ》部・伊福《いふく(いほき)》部、江《ごう》の川上流の可愛《えの》川流域には壬生《みぶ》部・品治《ほむち》部・丹比《たじひ》(蝮)部・御使《みつかい》部、庄原市・旧比婆郡では刑部《おさかべ》・春部《かすかべ》・物部《もののべ》、三次市・旧双《ふた》三《み》郡では私《きさい》部・刑部・額田《ぬかた》部、福山市周辺には服織《はとり》部・矢田《やた》部・品治部・春部、島嶼部に海《あま》部・倉橋《くらはし》部などが想定されている。

部民に編成された人びとは、大和政権の指令によって種々の物品を生産して大和に送ったり、大和にトモとして出仕した国造などの子弟の費用を、トモの統率にあたる大和の豪族に送ることなどが課せられた。部民とその統轄者は、一方では国造の管治下にありながらも、他方で大和政権の指令もうけるという複雑な構図ができたのである。大和政権は、トモの一族や部民の統轄者などにも古墳の築造を認め、結びつきを強めようとしたため、いわゆる群集墳(小さな古墳が群をなす状態)が造営されたというみかたもある。

部民制とともに、六世紀ごろの大和政権の各地域への直接介入のあらわれとして、屯倉《みやけ》の設置がある。『日本書紀』には安閑天皇元(五三二)年に過戸廬城部屯倉《あまるべのいほきべのみやけ》が安芸に、また翌年には備後国(現在の岡山県西部を含む)に後城《しつき》・多禰《たね》・来履《くくつ》・葉稚《はわか》・河音《かわと》の各屯倉、婀娜国《あなのくに》に膽殖《いにえ》・膽年部《いとしべ》屯倉が設置されたことがみえる。このうち、後城屯倉が岡山県井原市周辺と推定される以外、比定地には諸説があり判然としない。屯倉は土地支配の面からでなく、部民制と同じく大和政権による地域民衆の直接掌握という視点で考える必要があろう。古墳時代後期の芸備地方にも、大和政権が直接指令をだして進上させるような物品の生産がはじまっていたのである。

松ケ迫《まつがさこ》遺跡(三次市三良坂町)は、七世紀初頭を中心に、六世紀後半から八世紀ごろの生活を確認できる集落遺跡である。ここでは、二〇〇軒近くの建物跡が確認されているが、もっとも大きな建物群では、七軒程度が時代を超えて存続していた。谷あいの低地を利用した水田耕作が基本の生業であったが、三〇カ所以上の建物跡で鉄滓《てっさい》やフイゴの羽口《はくち》などが出土している。つまりこの地には、鍛冶《かじ》ないしは鉄器の生産にかかわった人びとがいたのである。境ケ谷《さかいがだに》遺跡（庄原市）でも、時期をほぼ同じくする遺構・遺物が確認されており、鉄滓を伴う遺跡が三次・庄原周辺には多い。三次市域での鉄加工は、弥生時代の高平《こうひら》遺跡までさかのぼるが、本格的な発展がみられるのは古墳時代中期以降だったといえよう。鉄製錬の始まりは、古墳時代とするのが定説であるが、小丸《こまる》遺跡（三原市）では小規模ながら製錬炉と考えられる弥生末期と古墳後期の二つの遺構が確認されており、論議をよんでいる。

ところで松ケ迫遺跡や境ケ谷遺跡では、製塩土器も出土している。瀬戸内海地域からの移入と考えられているが、製塩が盛んになったのもこの時期である。満《みつ》

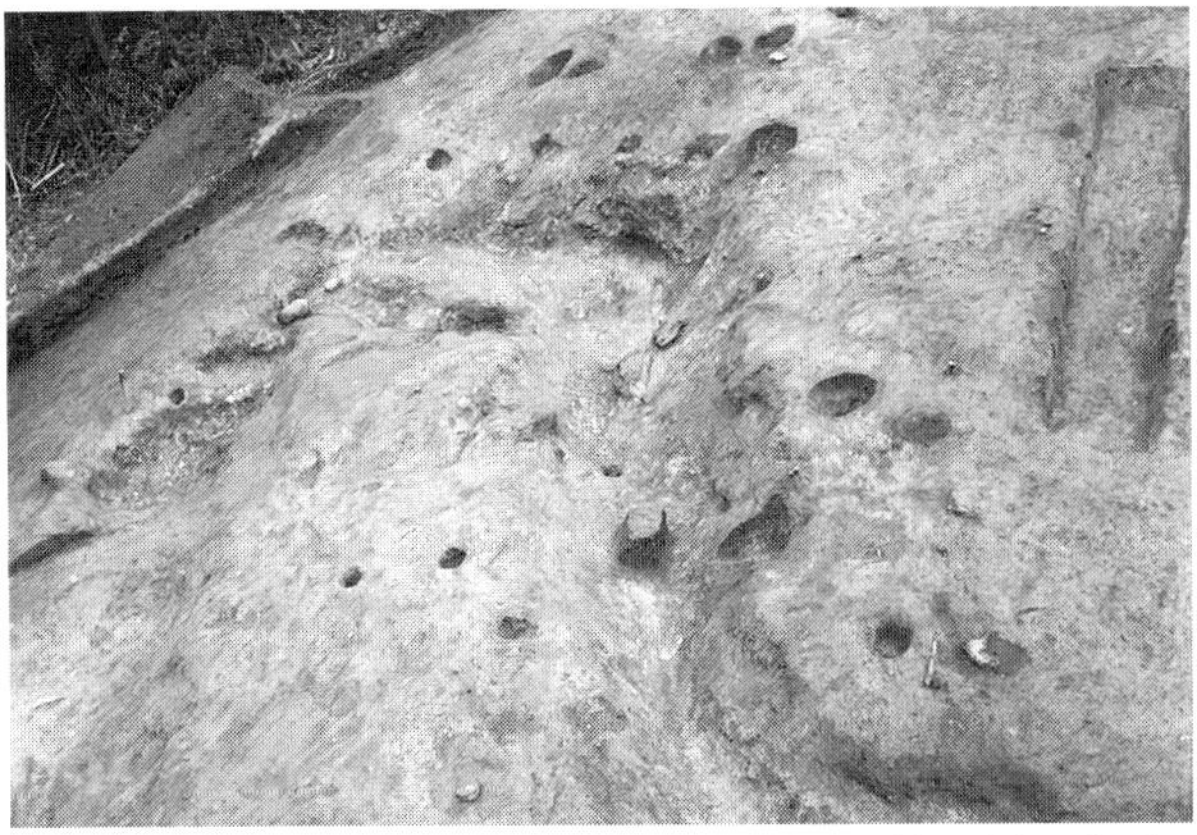

古代のたたら(庄原市戸の丸山遺跡)　粘土で地上に円筒型または箱型の製鉄炉をつくり，そのなかで砂鉄と炭を1200度に熱して鉄の固まりとし，そののちに炉をこわして鉄をとりだす方式で製鉄が行われた。

越《ごえ》遺跡（尾道市）では、一時的な断絶はあるが古墳時代初期から後期にかけての大量の製塩土器や炉跡、灰層が確認されている。沖浦《おきうら》遺跡（呉市蒲刈《かまがり》町）でも、製塩土器が経年的に出土し、石敷炉も確認されている。

鉄や塩のように特産品的性格はないが、六世紀にはいると須恵器《すえき》生産も盛んになった。松ケ迫遺跡でも二基の窯跡が確認されているが、三次・庄原地域以外に、行田《ゆくた》遺跡（安芸高田《あきたかた》市高宮《たかみや》町）を中心とする地域、青水《あおみず》遺跡（世羅《せら》郡世羅町）、陣ケ平西《じんがひらにし》遺跡（東広島市）などで窯跡が確認され、青水遺跡などの近辺には須恵器を床面にしきつめた後期古墳も確認されている。

鉄・塩・須恵器などの生産拡大の前提には、燃料用薪《まき》となる木材資源の豊かさがあった。同じころ塩の最大の消費地である畿内周辺で製塩が衰退したのは、燃料の不足が大きな原因とされているが、この意味でも芸備地方は、大和政権にとって魅力ある地域だったのである。このように古墳時代は、地域がそれぞれの特性をいかした産業を確立する時期でもあった。そしてこうした産物をより安定的に大和に運ばせるためにも、新しい支配の仕組み、すなわち国家が必要となってきていたのである。

2章

古代国家と芸備の民衆

海をいく復原遣唐使船　遣唐使は，4艘の船に分乗し，多くの留学生・留学僧などと海を渡った。写真の船は，一部に現代工法を採用しているが，『吉備大臣入唐絵巻』などを参考に，寸法(全長25m・幅7m)・構造・形態など9世紀の遣唐使船を想定して，平成元(1989)年に復原された。

1　律令国家の誕生と芸備の人びと

安芸国・備後国の誕生●

律令国家の誕生が、現在の住居表示の淵源《えんげん》だといえば、いささか唐突に聞こえるが、荒唐無稽《こうとうむけい》な話ではない。すべての政治的判断を都の政府が行い、各地の物資（富）が都に吸収される体制では、富をうみだし、かつ都でのさまざまな労働に徴発する民衆の掌握が、もっとも重要な課題であった。そのため大和政権から律令国家への変身にあたって最初に実施されたのが、全国各地をこまかい行政単位に区切り、そこに暮らす民衆の総数を把握することであった。この行政区画が国《こく・くに》・郡《ぐん・こおり》（評《ひょう・こおり》）・郷《ごう・さと》（里《り・さと》）であり、かたちを変えながらもその大枠は現代まで引き継がれたのである。

行政単位を定めることは、大化元（六四五）年のいわゆる大化の改新以後進められた。まず行われたのは、国造が管治してきた地域を分割・併合して、評を設定する作業である。評のなかで、血縁関係などをもとに二〇人前後の大家族（郷戸《ごうこ》）を編成し、五〇戸で里とすることもはじめられた。奈良県石神遺跡から「神石評小近五十□」と記された木簡《もっかん》が出土し、芸備地方にも評制や里制が実施されていたことがわかる。評・里制の施行にやや遅れはしたが、都が藤原京《ふじわらきょう》に定められた七世紀末には、安芸国や備後国も誕生していたようである。なお評は、大宝元（七〇一）年の大宝令施行とともに郡に改められ、のちに里も郷と改称されている。また、甲努《こうぬ》（奴）郡・深津《ふかつ》郡の設置、郷を所管する郡の変更などもあり、八世紀中頃まで行政単位の変更・改廃は続いたようである（次頁図参照）。

国造や王の子孫などは、地域における伝統的権威と実力が評価され、郡司《ぐんじ》として郡の行政を担当した。しかし、彼らを監視・統制して国をおさめる国司《こくし》が都から派遣されたので、さまざまな規制をうけた。彼らは行政機構のなかの一地方官への転身を余儀なくされ、地域の人びとは恣意《しい》的な支配から、国家による全国画一的な支配のもとにおかれるようになったのである。

各国には、国司が政務をとる国庁《こくちょう》がつくられ、国府《こくふ》が設定された。備後国府は、一九八〇年代の発掘調査で掘立柱《ほったてばしら》建物跡や、地方役所に多くみられる硯《すずり》などの遺物が出土したことから、府中《ふちゅう》市府川《ふかわ》付近が確定的となった。安芸《あき》国府は、『倭名類聚抄』に国府所在郡とある安芸郡府中町説と、国分寺が造営された東広

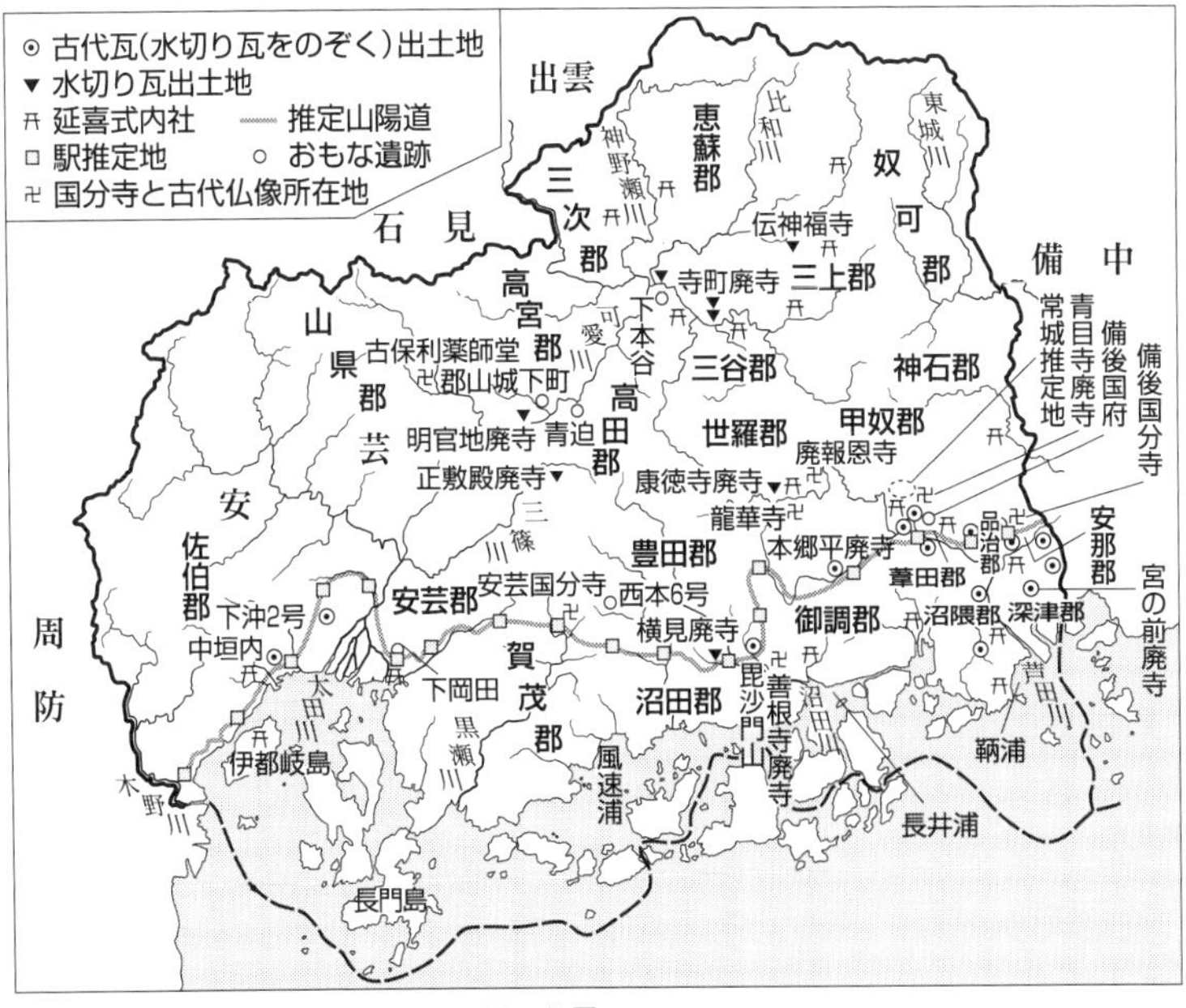

古代のおもな遺跡と交通路ならびに郡の位置

島市西条《さいじょう》説とがあるが、不詳である。

国府が、国司支配の象徴とするならば、郡司が政務を行う郡家《ぐうけ》が、実質的な民衆支配の場であった。税は郡家に納入され、労働の徴発も郡家が窓口となった。下本谷《しもほんたに》遺跡（三次《みよし》市）は、広島県域で唯一発掘調査によって確認された郡家遺跡である。遺跡は、三次市街地の南丘陵に立地し、奈良時代後半から平安時代初期に四回の改作があったが、東西五四メートル、南北一一四メートルの柵《さく》内に庁屋《ちょうのや》・副屋《そうのや》・向屋《むかいや》が、

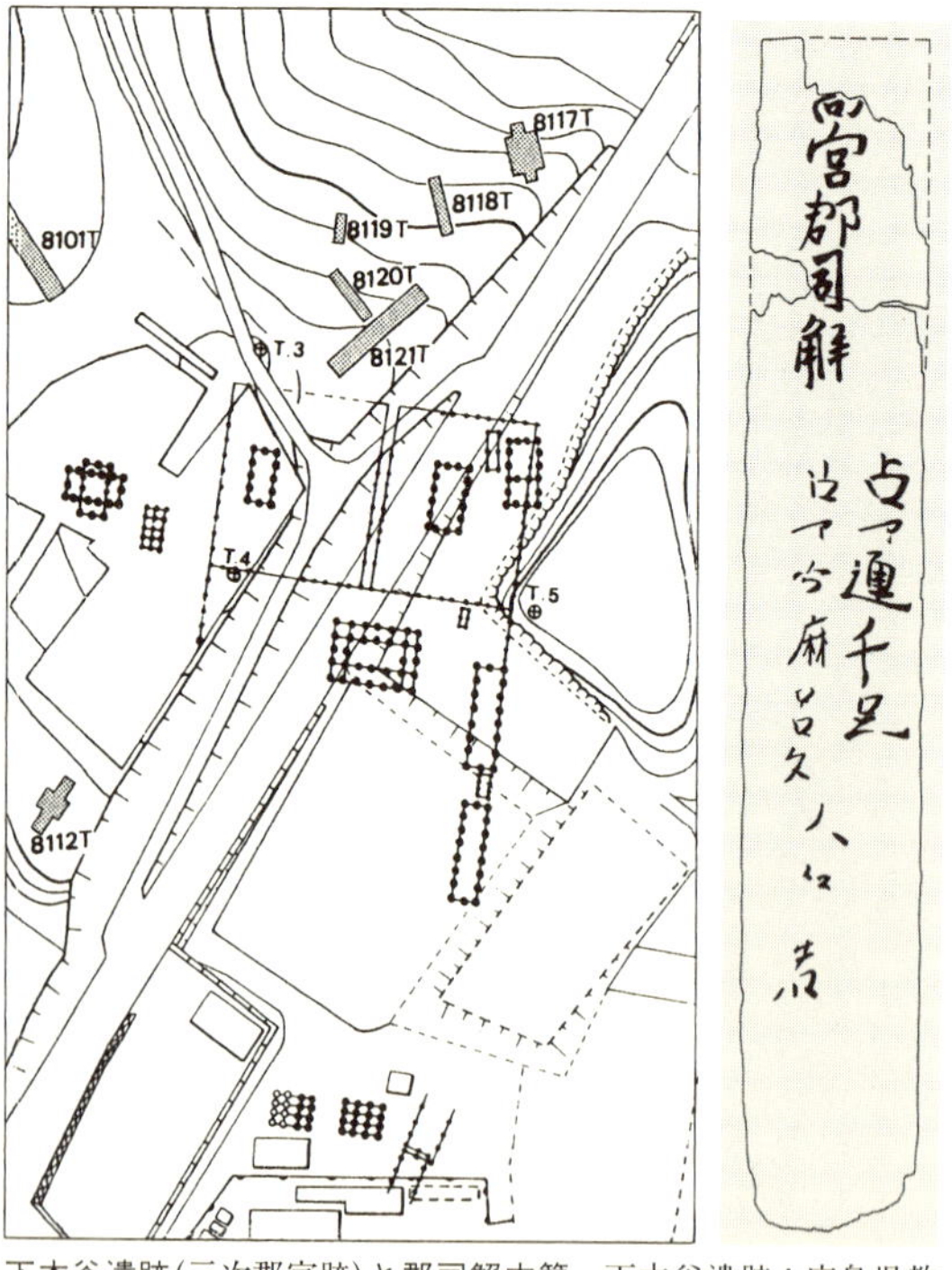

下本谷遺跡(三次郡家跡)と郡司解木簡　下本谷遺跡：広島県教育委員会編『下本谷遺跡第3次発掘調査概報』(1982年)。郡司解木簡：(財)広島県埋蔵文化財調査センター編『郡山城下町遺跡 広島県埋蔵文化財調査センター調査報告書第135集』(1995年)。

❖コラム

謎の古代山城、常城・茨城

律令国家は、早熟な軍事国家の側面をもっていた。対外的な危機意識から過度の防衛体制をしき、その維持を地域の民衆に背負わせていたのである。西日本各地に造営されたいわゆる古代山城も、このような防衛施設の一つである。

古代山城は『日本書紀』『続日本紀《しょくにほんぎ》』に記載がある朝鮮式山城（一三カ所）と、記載のない神籠《こうご》石《いし》遺跡（一三カ所）に分けられるが、近年は熊本県の鞠智《きくち》城や福岡県御所ケ谷《ごしょがたに》、岡山県鬼ノ城《きのじょう》など多くの古代山城で行政による調査や整備が実施され、その全容が解明されつつある。

「備後国安那《やすな》郡の茨城《いばらき》、葦田《あしだ》郡の常城《つねき》を停《や》む」という記事が『続日本紀』養老三（七一九）年条にみえることから、広島県にも朝鮮式山城がおかれたことが知られる。この二つの山城について、備後考古学研究のパイオニアである豊元国《とよもとくに》氏が、常城を府中市と福山市新市町にまたがる通称火呑山《ひのみやま》、茨城を福山市蔵王山《ざおうやま》付近に比定する説を一九五〇年代に提起している。氏が根拠とされた矢倉田遺跡出土の瓦や、地王山周辺の瓦などは、やや時期のくだるものとされているが、こうした説を検証する本格的調査すら行われていない。全国的な動向からすれば、広島県ではまったく放置されているといっても過言ではない。かつて備後に存在した常城・茨城の実態は、いまだ謎のなかである。

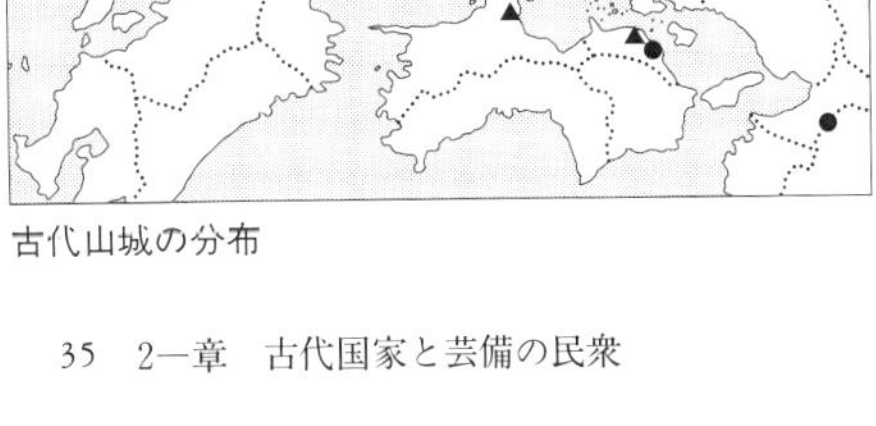

古代山城の分布

その南に倉庫群跡が確認された。しかしいくつかの不幸がかさなって、遺跡の大部分は破壊されてしまった。地域の歴史を具体的に検証する材料の損失であり、大きな失策であった。このほか大和《やまと》遺跡（府中市上下町《じょうげ》）、明官地東《みょうかんちひがし》遺跡（安芸高田《あきたかた》市吉田町）、青迫《あおさこ》遺跡（同市甲田《こうだ》町）なども地方役所の可能性がある。

ところで下本谷遺跡の建物配置をみると、他国の郡家遺跡と共通する面が多い。それは、律令国家の意志が、芸備地方のなかに確実に浸透していたことの反映ともいえる。また郡山城下町《こおりやまじょうかまち》遺跡（安芸高田市吉田町）から出土した「高宮郡司解《たかみやぐんじげ》」と記された木簡は、命令・上申の手続きが、法令に定められた形式で行われていたことを示している。制度や建物などハード面での画一化がすすみ、地域の個性がしだいに薄められていく時代のはじまりである。

山の榑・鉄、海の塩◆

「四郎君は……、諸国の土産《どさん》を集めて、貯《たくわえ》甚《はなは》だ豊かなり。所謂《いわゆる》阿波絹……安芸榑《くれ》・備後鉄……鎮西米なり」と、十一世紀中頃につくられた『新猿楽記《しんさるがくき》』には、安芸国の榑（皮のついた木材）、備後の鉄の評判を記している。これらが、古墳時代後期以来の芸備地方の産業を代表するものであり、大和政権ひいては律令政府が芸備地方に期待するものであった。とくに照葉樹の森は、クスノキなど造船に適した木材の宝庫であった。次頁表のように、推古天皇二十六（六一八）年に造船の使者が派遣されてきたのち、たびたび遣唐使船など外洋を渡る大型船の建造国となっている。

造船の命令や使者派遣の時期をみると、その大半が九・十月である。農閑期に民衆を徴発して、伐採・搬出などの作業にあたったのであろう。動員された民衆には食糧があたえられたが、冬の山林・海浜での作業の苦しさは想像にあまりある。船の大きさは、排水量一〇〇トン前後、全長二〇メートル前後、幅七

『日本書紀』『続日本紀』の造船記事

年期	造船国	目的・規模	遣使の有無	備考
崇神天皇17年7月	諸国	船運の便	記載なし	10月始造船舶
応神天皇5年10月	伊豆	船長10丈	記載なし	枯野船説話
仁徳天皇62年5月	遠江	御船	倭直吾子籠	
推古天皇26年是年	安芸	舶	河辺臣	
皇極天皇元年9月	諸国	船舶	記載なし	
白雉元年	安芸	百済舶2隻	倭漢直縣外	
斉明天皇6年	駿河	対新羅戦	記載なし	難波曳航時破損
文武天皇4年10月	周防	舶	遣使	遣唐使船佐伯号か
大宝元年8月	河内･摂津･紀伊	行幸	遣使	御船38艘
天平4年8月	東海道・東山道山陰道・西海道	載百石船	記載なし	
4年9月	近江・丹波・播磨・備中	遣唐舶4艘	遣使	翌年4月難波津進発
18年10月	安芸	舶2艘	記載なし	天平18年の遣唐使
天平宝字3年9月	北陸道諸国	新羅侵略	記載なし	3年以内に89艘
	山陰道諸国	同　上	同　上	同じく145艘
	山陽道諸国	同　上	同　上	同じく161艘
	南海道諸国	同　上	同　上	同じく105艘
5年10月	安芸	遣唐船4隻	上毛野広浜外	使者8人
宝亀2年11月	安芸	入唐舶4艘	遣使	
6年6月	安芸	遣唐船4艘	遣使	遣唐使任命と同日
7年7月	安房・上総・下総・常陸	対蝦夷策	記載なし	船50隻
9年11月	安芸	送唐客船2艘	記載なし	

メートル前後と推定され、半年余で完成したようである。造船に再三関係した地域が、船木《ふなき》という郷名を称するようになったともいわれる。

ところで、造船のように政府や国司の行う工事・造営作業などに、年間六〇日動員されることを雑徭《ぞうよう》という。民衆にかけられる税の一つであるが、このほかさまざまな労役負担があった。奈良の都にある平城宮《へいじょうきゅう》跡出土の「備後国沼隈《ぬまくま》郡赤坂《あかさか》郷中男《ちゅうなん》黒葛《つづら》十斤《きん》」と記された木簡からは、備後国の中男（一七〜二〇歳の男子）によって自生のツヅラフジを加工した産物が都まで運

『延喜式』と木簡にみる安芸・備後両国からの京進物　　( )内は木簡記載の郡郷

	備後国	安芸国
調	白絹10疋，帛《ねりぎぬ》100疋，絁《いと》90絇《く》，縹《はなだ》絲20絇《く》，絹，鍬，鐵《てつ》，塩	両面５疋，一窠綾《かのあや》17疋，二窠綾４疋，三窠綾４疋，薔薇綾《そうびのあや》３疋，白絹10疋，帛400疋，緋《ひ》絲40絇，緑絲10絇，縹絲20絇，橡《つるばみ》絲30絇，練絲250絇，絲500絇，絹，塩，絲
庸	白木韓櫃《しらきのからひつ》３合，米，塩，鐵，鍬	白木韓櫃10合，絲，塩
中男作物	紙・木綿《ゆう》，紅花，黄蘗皮《きはだのかわ》，黒葛《つづら》，漆，胡麻油，押年魚《おしあゆ》，煮塩年魚《にしおあゆ》，許都魚皮《こつうおのかわ》，大鰯《いわし》，雑腊《くさぐさのきたひ》	紙，木綿，紅花，茜，黒葛，胡麻油，脯《ほじし》，比志古鰯《ひしこいわし》
木簡にみる京進物	鈹(備後国万□里)，調金□(神石郡)，調鍬(三上郡・三上郡信敷郷・沼隈郡)，庸米(安那郡山野郷川上里)，白米(安那郡・安那郡大家里・御調郡諌山郷・御調郡・世羅郡)，赤米(神石郡賀茂郷)，中男黒葛(沼隈郡赤坂郷)，舂税(葦田郡葦田里)，俵一斛(葦田里)，□米(西良郡)，？(三次郡意□郷・下三次里，恵蘇郷，安那郡高迫郷，三谷郡，葦田郡三味郷，神石郡賀茂郷，品治)	銅(安芸国) 調塩(安芸郡□里) 雑腊(佐伯郡) 中男作物(佐伯郡) 白米(賀茂郡)

ばれたことがわかる。この制度を中男作物《さくもつ》という。やや時代はさがるが『延喜式』の規定では、上表のような物品が調達納入された。

このほか、成人男子には兵士（三人に一人）として、軍団に勤務して訓練をうけ、さらに衛士《えじ》として都の警備にあたることや、仕丁《しちょう》（郷から一人）として都の役所での雑役に従事する義務があった。奈良東大寺《とうだいじ》の「正倉院《しょうそういん》文書」には、芸備地方からの衛士・仕丁らが、東大寺や滋賀県石山寺《いしやまでら》などの造営に従事していたことが記されている。彼らの生活物資を、それぞれの出身郷が負担・輸納する仕組みもつくられていた。平城宮跡から「(表)備後国安那《やすな》郡山野《やまの》郷川上《かわかみ》里　(裏)　矢田マ《やたべ》甲努三斗　矢田マ木身三斗　右庸米《ようまい》六斗」と書かれた木簡が出土しているが、仕丁や衛士の食物となる庸米が、備後国にも課せられていたことがわかる。

労働力の負担以外に物納税として、調・

庸・田租《でんそ》・公出挙《くすいこ》などがあった。とくに「郷土の産物」をおさめることとされた調こそ、地域の特徴ある産物を都に運ばせる税で、大和政権が古代国家へ変身した眼目の一つであった。備後国から鉄製品を調としておさめていたことは、「備後国三上《みかみ》郡 調鍬《ちょうくわ》壹拾口　天平十八年」と記す木簡や、神石郡・沼隈郡からの同様の木簡が、平城宮跡から出土していることからわかる。奈良時代には、特産とはいえない生糸《きいと》をおさめていた郡もあったが、備中国での鉄生産が下火になったためか、延暦二十四（八〇五）年に、神石・奴可《ぬか》・三上・恵蘇《えそ》・甲奴・世羅《せら》・三谷《みたに》・三次の八郡に対して鉄製品への全面変更が命じられた。都での必要量を確保するための、政府決定であった。

塩もまた調とされたことはいうまでもない。八世紀初めの都・藤原宮跡から、「(表)安芸国安芸郡□里(裏)倉椅《くらはし》部□□調塩三斗」と記す木簡が出土している。調の塩は成人一人当り三斗の規定で、現在の約二一・六リットル（当時の一斗は現在の一斗の十分の四の容量であり、約七・二リットル）に相当する。前頁表のように、塩が芸備両国の調・庸とされていたが、このほか安芸国からは、繊維製品の納入も期待されていた。すでに和銅七（七一四）年に「制、諸国庸綿は丁ごとに五両、但し安芸国の絲《いと》は、丁ごとに二両」という命令がだされている。安芸国は他国と異なり絲を庸とされているが、特産の生糸で織った高級繊維製品も期待されていたのである。

都への徴発や税の徴収実態をみる限り、令の規定は、かなり厳密に実施されていた。これを可能にしたのは、六年ごとに作成される戸籍や、毎年作成の計帳《けいちょう》であった。八世紀初頭に、戸籍に奴婢《ぬひ》とされていた安芸国の二〇〇人が、良《りょう》の身分に変更されているので、七世紀末には戸籍が作成されていたといえる。

戸籍にもとづいて六年に一回、六歳以上の男子に二反（二三アール）、女子にはその三分の二を限度として、口分田《くぶんでん》が給付された。これは律令国家成立以前からの、耕地と人びととの関係を国家的に承認するという側面があったが、あらたに実施された条里《じょうり》制という土地区画制度のなかに耕地が編入される場合が多く、国から班《わか》ち給えられた田地と意識された。また、当時の暮らしは、耕地のみでなく山野河海の恵みに依存する面も大きかったため、人びとの移動も頻繁であったようである。したがって、口分田を給付することは、人びとを一定の耕地にしばりつけ、労働力徴発を確実にする意味でもきわめて有意義であった。

道路や溝によって、土地を一町（約一〇九メートル）ごとに区画する条里制によって、政府は土地の耕作関係や開墾状況などを的確に把握することもできた。条里地割は、広島県域でも、かつては神辺《かんなべ》平野・甲山《こうざん》盆地・西条盆地などでみられたが、圃場《ほじょう》整備などによって、現在はほとんどが消滅した。なお、口分田などの耕作者には、一反当り二束二把（現量で約四升四合）の田租が課税された。田租は各郡の倉（正倉）に保管され、地方行政の財源とされた。

山陽道と内海の道 ⑯

木簡に記された税の現物は、どのようにして都に運ばれたのであろうか。前項で紹介した三上郡の調鍬は、八月（旧暦）からはじまった徴収作業で、郡家さらに国府に集められたあと木簡が付されて、十一月末までに都の大蔵省におさめられたようである。奈良時代は原則として船の輸送が認められなかったので、民衆のなかから指名された運脚がかついで行ったようである。『延喜式』では、備後国から都（平安京）までの所要日数を一一日（安芸国は一四日）としているので、十一月中旬の寒気が強まる時期に出発したのであろう。往復一カ月の旅であるが、その間の食糧は自弁であったため、餓死する者もあった。

安芸・備後の運脚たちが歩いた都までの道は、山陽道といわれた駅路《えきろ》である。山陽道は、外交・防衛の拠点である大宰府《だざいふ》と平城京（のち平安京）を結んでいたので、もっとも重要な駅路すなわち大路《たいろ》とされた。その具体的な経路はほとんど不明であるが、福山市神辺町の備後国国分寺前から小山池《こやまいけ》南に至るやや直線的な道路、JR福塩《ふくえん》線の近田《ちかた》・道上《みちのうえ》駅間に並行する直線的道路などの地下に、当時の山陽道の道路面が残っているのではないかと考えられている。

　しかし、駅路の整備は、芸備の人びとのためではない。大路には三〇里（当時の一里は約五四〇メートルで、三〇里は約一六キロ）ごとに駅家《えきか》がおかれ、駅馬二〇頭が常備されていたが、これを利用できるのは、緊急時の軍の移動、都と諸国府との公的な連絡の使者などであった。九世紀初めには、備後国に五駅、安芸国に一三駅がおかれていたことがわかるが、十世紀に編纂《へんさん》された『延喜式』には、真良《しんら》・梨葉《なしは》・都宇《つう》・鹿附《かむつき》・木綿《ゆう》・大山《おおやま》・荒山《あらやま》・安芸《あき》・伴部《とも》・大町《おおまち》・種箆《へら》・濃唹《おおの》・遠管《おくだ》の一三駅が安芸国の駅とされているが、備後国は安那《やすな》・品治《ほむち》・看度《かむと》の三駅のみである。また『万葉集』には佐伯《さえき》郡高庭《たかば》駅もみえるが、濃唹駅と同一駅とする説がある。

　山陽道の駅家は、外国使節への体面から、瓦葺《かわらぶき》白壁の駅舎の建築が命じられた。その工事は天平元（七二九）年ごろにはじまったとされるが、費用調達のために周辺の民衆には、利率五割の稲の強制貸し付けが行われた。その後も農繁・農閑にかかわりなく補修工事にかりだされた。兵庫県などの駅家遺跡では、瓦葺建物の跡が確認されているが、広島県域でも、七棟の建物跡や瓦・円面硯《えんめんけん》・木簡などが出土した下岡田《しもおかだ》遺跡（安芸郡府中町）を、安芸駅とする説が有力である。また中垣内《なかがいち》遺跡（広島市佐伯区）も、駅家跡とみる説がある。

　駅家がおかれた郷には、駅舎・駅馬の維持や駅田耕作のため駅戸に指名される郷戸もあった。駅戸の成人男子（駅子）は歳役と雑徭を免除されたが、駅馬の飼育や、つぎの駅までの逓送などの負担がかかった。とくに安芸国は「山路嶮阻《けんそ》にして送迎繁多なること他国に倍す」といわれ、駅子の負担は重かった。なお駅路のほか、郡家と郡家を結ぶ道路（伝路《でんろ》）も整備され、各郡家に馬五疋が常備されたが、山陽道の場合は「本道の郡の伝路は、路遠く、多く民の苦しみを致す」という理由から、一部で駅路が代用されていた。

税物の海上輸送が、原則として認められなかったためか、海上交通についてはほとんど規定がない。しかし、海上交通が盛んであったことは、古墳時代以前の塩など物資の移動や、海を意識した古墳の造営などからも十分推定されるところである。六世紀の後半、対立関係にある新羅《しらぎ》からの使者を威嚇《いかく》するため、難波津《なにわのつ》から筑紫《つくし》までの浦々に船を浮かべ並べようという進言が大和政権内で行われているほどであった。船での往来が頻繁であったことは、鞆浦《とものうら》（福山市鞆町）や、長井浦《ながい》（三原市糸崎か）、風速浦《かざはや》（東広島市安《あ》芸津《きつ》町）、長門島《ながと》（呉市倉橋町）などをよんだ『万葉集』の歌からもうかがわれる。

海上交通の発達は、とくに都の貴族や寺院にとって、封戸《ふこ》や荘からの物資を運ぶうえでたいへん便利であった。封戸は、特定の郷戸を指定して、この郷戸がおさめる調・庸・田租を、寺院・貴族にあたえる制度である。備後国内には大安寺《だいあんじ》の封戸五〇戸、東大寺の封戸一五〇戸があった。貴族では、藤原百川《ももかわ》が配流中の和気清麻呂《わけのきよまろ》とその姉広虫を援助するために使った備後国封戸が知られている。また近年長屋王《ながやおう》邸跡から出土した木簡から、葦田《あしだ》郡葦田郷が氷高《ひたか》内親王（のちの元正天皇）の封戸であったことがわかる。安芸国では興福寺《こうふくじ》の封戸一〇〇戸、東大寺の封戸五〇戸があった。備後国の東大寺封戸からは、年間一〇〇斛《こく》以上の米が運ばれていた。

また備後国深津郡には法隆寺《ほうりゅうじ》の荘があり、安芸国安芸郡には西大寺《さいだいじ》の牛田《うした》荘がおかれていた。深津郡は芦田川の河口部であり、九世紀には内海各地から人びとが交易に集まる深津市《いち》があった地域である。牛田荘も当時の太田川の河口部である。芦田川の中流域に位置する葦田郡葦田郷もあわせ考えると、封戸・荘らの立地には、河川・海上交通が考慮されていたともいえるであろう。

水切り瓦と国分寺●

古墳時代の後期、日本列島に伝えられた仏教は、大和政権の大王家や有力者の保護をうけたが、西日本ではこれよりはやく信仰がはじまった可能性もあるといわれる。地域への仏教の浸透は、七世紀以降の寺院の造営、とりわけその屋根瓦の出土によって確認されるが、広島県域でも三三頁図のように多くの場所で古代の瓦が出土している。

県域では、七世紀前半の飛鳥《あすか》の豊浦寺《とゆらでら》と類似の特徴をもつ軒丸《のきまる》瓦片が、三原市本郷町毘沙門山《びしゃもんやま》下で採集されているが、本格的調査で寺院の造営が確認されたのは、七世紀中頃から奈良時代後半まで存続した横《よこ》

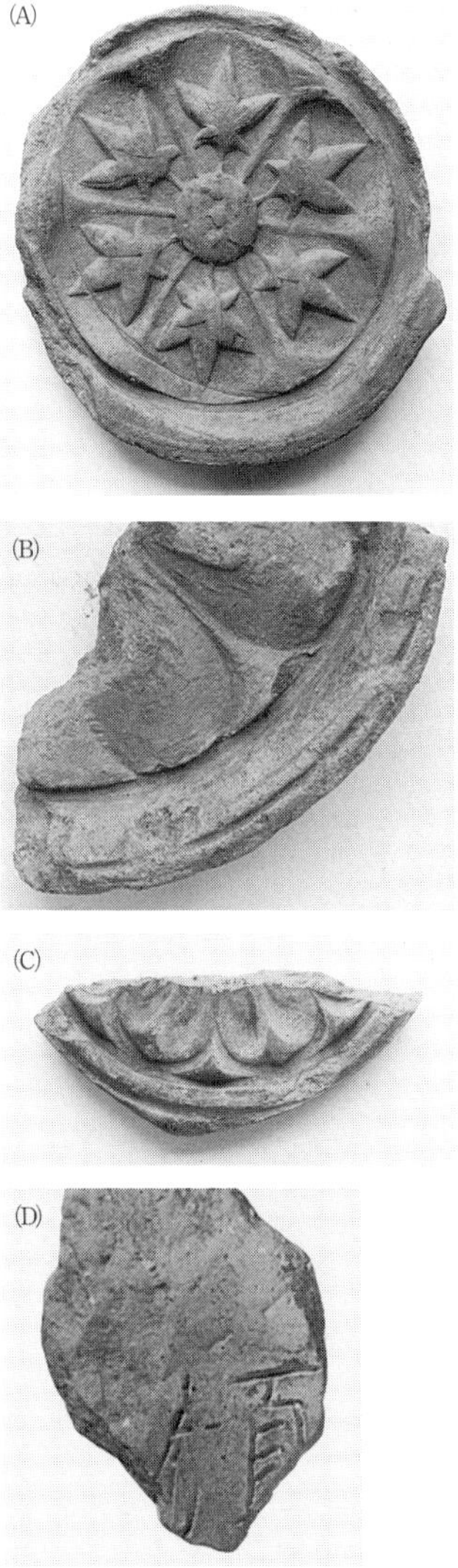

横見廃寺出土の古代軒丸瓦(A〜C)と「領」の箆書《へらがき》をもつ軒平瓦《のきひら》(D)

見廃寺《みはいじ》（三原市本郷町）である。調査では、版築《はんちく》仕立ての基壇や推定回廊跡・築地《ついじ》跡など注目される遺構も確認されたが、とくに前頁写真の三種類の軒丸瓦が芸備地方の仏教文化を考えるうえできわめて重要な資料となっている。

写真（A）の軒丸瓦は、いわゆるパルメット文様であり、奈良法隆寺若草伽藍《わかくさがらん》跡出土の軒丸瓦に類似し、写真（B）の軒丸瓦は、蓮弁《れんべん》の子葉のさきに火焔文《かえんもん》といわれるトゲ状の突起をもち、奈良県飛鳥の山田寺《やまだでら》や檜隈寺《ひのくまでら》の瓦と同じ笵《はん》型（瓦文様のいがた）を用いたものと考えられている。そこには、国家建設に邁進《まいしん》する朝廷とのきわめて強い関係がうかがわれる。火焔文は、正敷殿廃寺《じょうじきでん》（安芸高田市向原町《むかいはら》）や、明官地《みょうかんじ》廃寺（同市吉田町）などからも出土しており、口絵写真で紹介した鳥形の須恵器などの出土地と一部重なっているようである。

これに対し写真（C）の軒丸瓦は、外区外縁の下側部分に三角状の突起がある、いわゆる水切り瓦であり、芸備地方独特の軒丸瓦である。水切り瓦のセンターは、七世紀後半から九世紀まで存続した寺町《てらまち》廃寺（三次市、口絵参照）である。寺町廃寺では、ていねいなつくりの基壇や法起寺《ほっきじ》式の伽藍配置が確認され、大量の瓦や三彩《さんさい》陶器片も出土した。創建の時期や、瓦・基壇などに百済《くだら》文化の影響がみられることなどから、寺町廃寺は平安時代初期の『日本霊異記』に、三谷《みたに》郡司の祖先が百済の僧侶弘済《ぐさい》を招いて建立したと記されている三谷寺であると考えられる。

寺町廃寺から出土した軒丸瓦の多くには、水切りがほどこされており、創建当初から衰退まで継続的に使用されたことがわかっている。また創建時のものは、岡山県総社《そうじゃ》市の栢寺《かやでら》廃寺の軒丸瓦と同じ笵型であることも確認され、三次周辺と吉備とのつながりの強さも改めて知られるようになった。水切り瓦は三次

❖コラム

地下に眠る文字資料・墨書土器

律令国家の成立は、文字社会の出現、列島諸地域への文字の浸透をもたらした。文字は文明社会の指標であるが、その文明化をもたらしたのは、都からの官人だけではなく、渡来系の人びとや僧侶たちもその役割をはたした。今、日本各地の古代遺跡から出土する文字資料が注目されている。

広島県内でも、古代遺跡の調査で、墨や箆《へら》で文字を記した遺物が確認されている。備後国府跡では、底部に「枚田」「田」という墨書のある須恵器や灰釉《かいゆう》陶器が出土し、青迫《あおさこ》遺跡(安芸高田市甲田町)では「田」「新」「上中」などの墨書をもつ須恵器が、下郷桑原《しもごうくわばら》遺跡(府中市上下町)では「万呂」の箆書《へらがき》の須恵器が出土している。また西本6号遺跡でも、「解除」と記した七世紀終わり頃の須恵器が出土している。安芸国分寺における平成の調査でも、多くの墨書土器が出土したが、本郷平《ほんごうひら》廃寺のほか横見廃寺・明官地廃寺・宮ノ前廃寺など、国分寺以前の寺院においても、箆書の文字瓦が確認されている。文字文化が、仏教文化とあいたずさえて、芸備地方に根をおろしはじめていたのである。

安芸国分寺で確認された墨書土器のなかには、「講」「院」の二文字をたくみに組み合わせた文字もみうけられ、漢字を熟知した僧侶たちの生活の一部が彷彿とされる。安芸国分寺からは、木簡や「国分」の文字が箆書された丸瓦のほか、緑釉《りょくゆう》陶器や越州窯青磁など、高度な文化の流入を伝える遺物が数多く出土している。

「講院」墨書土器(『安芸国分寺東方遺跡発掘調査報告書』による)

盆地から安芸国東部地域にかけて伝播しており、文化の地域的一体性がうかがわれる。

芦田川中下流域でも、七世紀後半から寺院の建立がはじまっている。伝吉田寺《でんよしだでら》（元町廃寺《もとまち》）跡（府中市）や、宮の前廃寺《みやのまえ》（福山市）、栗柄廃寺《くりがら》（府中市）などでは、瓦文様や伽藍配置など相互に共通する特徴がみられる。また中谷廃寺《なかたに》や内砂子《うちさご》、小山池廃寺《こやまいけ》（ともに福山市神辺町《かんなべ》）などでも瓦の出土が確認されている。奈良時代にはいると、本郷平廃寺（尾道市御調町）や廃法光寺《はいほうこうじ》（福山市）なども造営されている。この地域の瓦には川原寺《かわらでら》や法隆寺、藤原宮など畿内文化の強い影響はうかがわれるが、水切り瓦は一点も確認されていない。備北・安芸地域とは異なった仏教文化が、展開していたと考えられる。

七世紀後半から八世紀前半における以上のような仏教文化の浸透のうえに、八世紀中頃の国分寺の造営が行われたのである。安芸国分寺は、東広島市西条町でその法灯が維持されている。昭和七（一九三二）年から現在まで、断続的に発掘調査が行われ、史跡公園としての整備も進められている。南門跡・中門跡のほか金堂跡・講堂跡などが確認され、東大寺式の伽藍配置が想定される。軒丸瓦・軒平瓦のほか、丸瓦や緑釉陶器なども出土しているが、水切り瓦はまったく使用されていない。地域の独自性を無視・否定することが、古代国家の特徴であるが、それは寺院造営のなかにも貫徹されていたのであろうか。

備後国分寺も、現在福山市神辺町下御領《しもごりょう》に法灯がうけつがれている。昭和四十九年からの発掘調査によって、塔・金堂が東西にならび北側に講堂を配する法起寺式の伽藍であることがわかり、南門跡も確認された。素弁《そべん》蓮華文軒丸瓦や重圏文《じゅうけんもん》軒丸瓦、鬼瓦などが出土した。前者は伊予や阿波の国分寺との類似性が指摘されている。国分尼寺は、現段階では両国とも未詳である。

2　芸備地方への回帰

「国例」の時代へ●

八世紀の奈良時代を、中央政府による画一的な政策が地域社会に強要された時代とするならば、九世紀は政府のめざす政策・理念と地域の実情とのくい違いがあきらかになり、政府が地域の実情・秩序をうけいれて、修正を余儀なくされた時代といえる。とくに地域に赴任して行政を担当する国司たちが、政府に先行して修正を加えた政策である「国例《こくれい》」を実施したので、のちに政府がこれらの一部を追認するという手続きがとられた。

たとえば、前節で紹介した延暦二十四（八〇五）年の備後八郡における生糸から鉄製品への調品目の変更についても、鉄生産の向上と、不足がちな生糸納入の強要への不満が、国司から上申されていたと考えられる。また、陸上交通中心の画一的な交通政策を見直し、都への物資輸送や国司の赴任などに船の利用を容認し、「山谷嶮阻《けんそ》にして、人馬疲弊す」という状態の緩和がはかられたのも、国司や国司の意をうけた観察使の申請によるものであった。この結果、備後・安芸の駅馬の削減、承和五（八三八）年の安芸各駅の駅子への食料給付、備後国の駅家削減など、駅制に伴う負担の軽減がはかられたのである。

こうした改革の眼目が、民力の涵養《かんよう》にあったことはいうまでもない。とくに安芸国は、「土地墝薄《こうはく》にしてその田は下々なり、百姓の農作、いまだ盈儲《えいちょ》あらず」といわれるほど、農業基盤の弱い地域であった。農業基盤の弱さは、天候異変による生活破壊につながりやすく、安芸国には再三飢饉《ききん》がおこっていたのである。このため、大同元（八〇六）年から安芸・備後の田租は、四割削減がしばらく続けられている。実情を重視しなければ、制度そのものが維持できない状況となっていたのである。政府も地域の実情にあわせて、法令の弾力的運用を模索したが、こうした方策の前提には、地域の状況をつぶさにみてまわり、実情を把握する国司たちの意見具申が必要となっていたのである。

　国司たちの眼は、地域に新しく台頭してきた経済的富裕者（富豪《ふごう》）にもむけられていた。たとえば、天長十（八三三）年に安芸国司は、佐伯郡の伊福部五百足《いほきべのいおたり》や同豊公《とよきみ》、若桜部継常《わかさべのつぐつね》が、三〇町以上の田を耕作して四万束以上の米をたくわえ、施しなどによって人びとの信望を集めていることを報告している。この結果、五百足らは位階をあたえられ、支配秩序のなかに組み込まれたと考えられる。また、その二年前には、安芸国の吉彌侯部佐津古《きにこべのさつふる》と同軍麻呂《むらまろ》が、華風になれ教喩が理にかなっているという理由で、外従八位《げじゅはちいの》下《げ》と外少初《げしょうそ》位下《いのげ》の位をあたえられている。おそらく、経済的な実力をつけ、周辺の人びとを国司の意図する方向に取りまとめていく手腕が認められたのであろう。九世紀には、不作・飢饉にあえぐ人びとが多くなっていたが、その一方には、このような経済的な有力者が登場していたのである。

　五百足らは部姓を称しているから、奈良時代初めには地域の有力者ではなく、農業にはげんで財をなした力田《りきでん》の輩《やから》でもある。また佐津古らは、東北地方から強制移住させられた俘囚《ふしゅう》かその子孫である。いわば、ともに新興の有力者であるが、奈良時代の郡司一族もいくつかの家に分かれながら、郡内での政治的・経済的力を保持していた。国司たちの国内行政は、このような新旧の有力者を取りこみ、地域の実情を加味しながら実現されていたのである。この過程で、芸備の諸地域は、ふたたび地域の特性を取り戻しはじめるのである。

こうした社会の変化から、国家支配の衰退を考えることはまちがいではないが、律令制の崩壊や放棄という評価はあてはまらない。いわば柔軟な国家体制への移行といえよう。備後国内では、貞観十五（八七三）年の不作のさいに、七〇〇〇余人の免税が実施され、元慶三（八七九）年には班田《はんでん》準備の完了と、一万三〇〇〇余人の班田をうける男子の数が政府に報告されるなど、国司による地域掌握はまだ実現していたのである。画一性が否定され、より柔軟に、しかもより細部に国司の支配が浸透していったのである。全国で実施されている国府・国衙《こくが》の発掘調査によれば、地方役所が整備されてくるのは、実はこの九世紀なのである。

「海賊」問題と瀬戸の社会●

九世紀前後の地域社会の変動は、瀬戸内海の沿岸地域でもおこっていた。従来の貴族・寺社による海上輸送だけでなく、政府が米の輸送や国司赴任のさいの航路利用を許したため、海上交通の活況が史料のうえでも確かめられるようになった。また、製塩でも藻塩《もしお》採鹹《さいかん》・土器製塩から、塩田による採鹹と釜や鉄製大皿による煎熬《せんごう》へ変化し、製塩の大規模化に伴って、地域の有力者や貴族・寺院による海浜山野の囲い込みも進んだ。たとえば、備後国深津郡では、右大臣藤原良相《よしみ》が、製塩のために浜六町・山八九町を囲い込んでいる。

こうした事態は、海を生活の舞台の一部としてきた人びとに、さまざまな変化をもたらした。貴族・寺社と積極的に結びつく人びと、故郷からはなれて海運労働に従事する人びと、生活基盤のない異郷に流浪する人びと、漁師として専業化していく人びとなど多種多様であった。

貞観年間（八五九〜八七六）の瀬戸内海沿岸諸国では、郡内の課丁などが増加し、徴税業務などに支障をきたしていることなどを理由に、郡司の増員や、郡の分割が行われているが、これは人びとの流動化、すなわち社会的移動に伴う国司の対応と考えられる。当時の国司が、地域社会への支配の浸透をはかっていたことを想起すべきであろう。安芸国でも、貞観二（八六〇）年に佐伯郡、同四年に安芸郡、さらに翌年に佐伯郡で主政《しゅせい》（郡司の一員）などが増員されている。

こうした人びとの流動化と移動の活発化は、交通・流通の活発化と表裏一体であり、たとえば深津市《ふかつのいち》のような、沿岸諸国からも交易にやってくる商業地区が出現したが、他方では、さまざまな社会的混乱がおこった。支配者の側からみれば、それらの総体的表現が「海賊」行為であった。「海賊」行為には、たしかに文字どおり暴力で物品を強奪することもあったが、交易に伴う紛争の暴力的決着、移動に伴う新旧居住者間のトラブル、移動・流動をおさえ定住化をうながそうとする国司と人びととの軋轢《あつれき》なども考えられる。

政府の「海賊」取り締まりは、最初は承和五（八三八）年に命じられたが、その後は海賊の動きがしずまっていたのか、本格的な命令がだされたのは貞観四年である。備前国から都へ官米を運ぶ船がおそわれたのがきっかけで、安芸・備後など一三カ国に追捕令がだされ、その後は毎年のように発令され、「海賊」行為がしずまらない国は国司を処罰することなどが命じられた。貞観九年には備後国などでの捕縛の進展を賞するとともに、沿岸諸国の連携が要請された。

藤原保則《やすのり》が備前守であった貞観十六年ころに、備後国の調絹を盗んで備前国にはいった安芸国の偸児《とうじ》（盗人）が保則の名声を聞いて自首してきたので、保則が米と報告書を偸児にあたえて備後国に送り返し穏便に処理したという説話は、このころ諸国間の連絡体制が緊密化していたことを示すものであろう。このような方策の成果か、ふたたび「海賊」問題が正史にみえるのはその一二年後の元慶五（八八一）年であった。

しかし、元慶五年の「海賊」取り締まりにさいして、浪人二四〇人をもって武装戦闘集団を組織し、「海賊」取り締まりにあてるという備前国の意見が採用されたことは、瀬戸内の歴史のうえで大きな転換点であった。暴力をもって暴力を防ぐことが意図され、これによって国司の権限はいっそう高まったともいえるが、本質的な事態の解決とはいえず、逆に武力行使が日常化する危険性をもっていたのである。内海地域は表面的な暴力の鎮静とはうらはらに、武力の時代にはいっていったのである。

古保利・青目寺の仏と芸備の神々

奈良時代以降も多くの寺院が、芸備の地にその甍《いらか》を輝かせ、仏教的なものの考え方や文化を浸透させていった。当時の仏教説話集『日本霊異記』には、村落を遍歴・乞食《こつじき》する僧侶や、村の寺院などに居住する僧侶、さらには国分寺僧侶と地域の人びととの、法会・講説・療病・知識などをとおした交流が描かれている。芸備地方では未確認であるが、関東地方ではこうした説話の世界が、遺跡・遺物によって、人びとの現実の信仰世界であったことがあきらかになりつつある。

平安時代初期にも、両国分寺が存在していたことは、その維持費を捻出するための貸し付け稲が準備されていたことからも確実である。前述の宮の前廃寺・寺町廃寺のほか、廃和光寺《はいわこうじ》や廃法成寺《ほうじょうじ》（ともに福山市）、康徳寺《こうとくじ》廃寺（世羅郡世羅町）、塔谷《とうたに》廃寺（福山市神辺町）や青目寺《しょうもくじ》（府中市）などもあらたに信仰を集めたであろう。こうした仏教世界の広がりは、多くの僧侶をうみだしたと考えられる。すでに宝亀五（七七四）年には神石郡志麻《しま》郷の物部多能《もののべのたの》が、沙弥慈数《しゃみじすう》として税を免除されたことが「正倉院文書」に記されている。また、九世紀末に高僧として都の人びとの帰依《きえ》をうけた権律師《ごんのりっし》・東寺長者《とうじちょうじゃ》の益信《えきじん》は、備後国の人で品治氏の出身であった。

しかも、平安時代初期には、山林などにおける修行を重視する風潮が強まり、また天台・真言両宗が、地方寺院を別院などに編成するようになったため、諸国の仏教文化はより厚みを増すこととなった。山林での修行は、信仰対象の仏像を塑《そ》像・乾漆《かんしつ》像から木像に変化させた。また、密教の影響で、さまざまな像容、意匠・動きが加味された表現が行われ、骨太でかつ多様な造形の一木造《いちぼくづく》りの仏像がつくられた。芸備地方でも古保利薬師堂《こほりやくしどう》（山県郡北広島町古保利）の薬師如来座像を中心とした仏像群をはじめ、青目寺（府中市）の聖観音像などの仏像群、廃報恩寺《はいほうおんじ》（世羅郡世羅町赤屋）の十一面観音立像、善根寺廃寺（三原市）の諸像などが、この時期の仏像として著名である。

善根寺廃寺木造月光菩薩像(三原市)　像高166cm，カヤの木の一木造りで背刳りをほどこした堂々たる像容である。このほか，平安後期のものも含め9体が県重要文化財に指定されている。地元の人びとの努力と誠意により，収蔵庫がつくられ保存がはかられている。

仏教文化の進展に対し、九世紀になると地域の神々への信仰も史料のうえで確認されるようになった。島・山・岩・水・日・雷など自然そのものの崇拝にはじまる在来の信仰は、氏族の確立に伴う祖先神や疫病神などの意識も加わり複雑化していったが、こうした神々が、七世紀以後に国家・政府が考える神々の秩序のなかに組み入れられていった。芸備地方でも、すでに推古二十六（六一八）年に、安芸の霹靂《かむとき》（雷）神の組み入れが『日本書紀』には記されている。また、西本《にしもと》6号遺跡（東広島市）を、七世紀後半の国家神的性格の神殿とする意見もある。

さらに、伊都岐島《いつきしま》（厳島）神と速谷神《はやたに》（廿日市市）が弘仁二（八一一）年に名神に列せられて以後、芸備の神々への叙位が政府編纂の歴史書には記されている。また『延喜式』には政府が幣物をささげる神社として三三頁図中の神社（延喜式内社）名が列挙されている。地域の神に位階をあたえ幣物をささげ全国的秩序のなかに位置づけることも、国司による

速谷神をまつる速谷神社（廿日市市）　速谷神は９世紀には伊都岐嶋神とともに朝廷の崇拝をうけたが，12世紀以後は伊都岐嶋神社（厳嶋神社）隆盛の影にかくれ，地域の人びとの信仰の対象となった。飽速玉命を祭神とするのは江戸時代以後である。

地域社会の状況把握に依存していた政府としては、国司の地域支配を円滑に進めさせることを配慮したものであった。

このような中央政府の姿勢は、十世紀にはいるといっそう強まり、ついには一定の税を政府におさめることを条件に、国司の長官（受領）にそれぞれの国（任国）の支配を請け負わせるようになった。またこれに応じて、律令時代とは異なる政治の仕組みや運営方式も採用された。かくしてうまれた政治体制を王朝国家体制といい、この基本的な枠組みは鎌倉幕府が登場する十二世紀末まで維持された。

任国支配を実現するためには、各地域の実情を正確に把握することが必要になったので、受領は、律令時代の郡司の子孫や新しく台頭してきた地域の有力者を利用し、時代の変化にあわせた地方行政組織の改編を再三実施していった。こうしたなかで、地域における政治的・経済的・社会的変動があいつぎ、旧郡司層や有力農民層が淘汰・盛衰を繰りかえしながら、新しい時代をになう勢力に成長していったのである。

3章

土着の領主と東からきた領主

内部荘の景観(安芸高田市吉田町。上方にみえるのは郡山城跡)　内部荘内には国衙在庁源氏の所領があった。しかし，南北朝時代以降の毛利氏の発展のなかで源姓の三戸氏らはその家臣化していく。

1　三篠川と太田川

高田郡三田郷の伝領と源頼信●

平安時代後期の三田郷《みたごう》（広島市安佐《あさ》北区）は、高田郡司《たかたぐんじ》（大領《だいりょう》）であり郷司《ごうじ》でもあった藤原氏の足跡をたどれる地として著名である。

三田郷は、長元四（一〇三一）年の守仲譲状《もりなかゆずりじょう》以来、守仲—守満《もりみつ》—守頼《もりより》—守遠《もりとお》—頼方《よりかた》—頼成《よりしげ》—成孝《しげたか》と伝領されたとされる。しかし、この系譜において藤原氏であることが明確なのは頼方の代からであり、それ以前の「守」を一字に用いる氏と、「頼」を一字とする氏を同族とは考えにくい。

延久二（一〇七〇）年の伴有恒《とものありつね》の三田郷内私領田畠の売券《うりけん》には、郡判として「権大介凡《ごんのだいすけおおし》」とあり、また応徳二（一〇八五）年に藤原頼方は、「故権（守脱）守遠宿彌《すくね》」に子息がなく死去したため、頼方が「彼末葉《かのまつよう》」であるから「譜代之理」にまかせて郡務を執行したとする。またここで頼方は「前郡司《さきのぐんじ》頼如」という人物名もあげている。

守遠以前は凡氏《おおしし》と考えられる。高田郡には三田・風早《かざはや》・豊島《としま》・麻原《おばら》・甲立《こうたち》・船木《ふなき》・粟屋《あわや》の七郷があるが、承保三（一〇七六）年に国衙《こくが》書生の凡貞行が風早郷本垣（保）の私領水田二一町六反を藤原頼方に売り渡しているので、この凡氏の本拠は風早郷であったと思われる。また、藤原氏が三田郷を本拠としていたのは、それが「守遠住郷」「先祖敷地」として屋敷をかまえていたからである。傾向的には凡氏から藤原氏への勢威の推移が知られるが、頼方以前の高田郡司職は、たがいに本拠が隣郷で姻戚関係にあった凡氏と藤原氏のあいだで多様な移動をしていたと考えたほうが実態にあっている。

頼方は永保三（一〇八三）年の太政官符《だじょうかんぷ》に「高田郡大領従五位下藤原朝臣《あそん》頼方」とみえ、承徳二（一〇九八）年にその地位を襲《おそ》った嫡子頼成の代にかけて私領を集積していく。このころ郷内の住人間では田畠の売買が進行していたが、藤原氏は、たとえば国衙書生で三田郷公文《くもん》預《あずかり》の丹治《たんじ》氏が官米などの徴税活動をとおして未済分の代償として集積していた田畠などをさらに買得している。こうして藤原氏の私領であった別符重行名《べっぷしげゆきみょう》は拡大し、住人に対して私的支配をおよぼすようになるが、そこには在地領主制形成期のありようをみてとれる。

仁平元（一一五一）年に成孝は源頼信《みなもとのよりのぶ》に三田・風早両郷と別符重行名を譲与する。天仁三（一一一〇）年に父頼成から譲与されて以来、成孝の政治的・社会的地位は弱体化していた。そして仁安二（一一六七）年には、源頼信は厳島《いつくしま》神社神主佐伯景弘《さえきかげひろ》に公験《くげん》をそえて三田郷を寄進する。

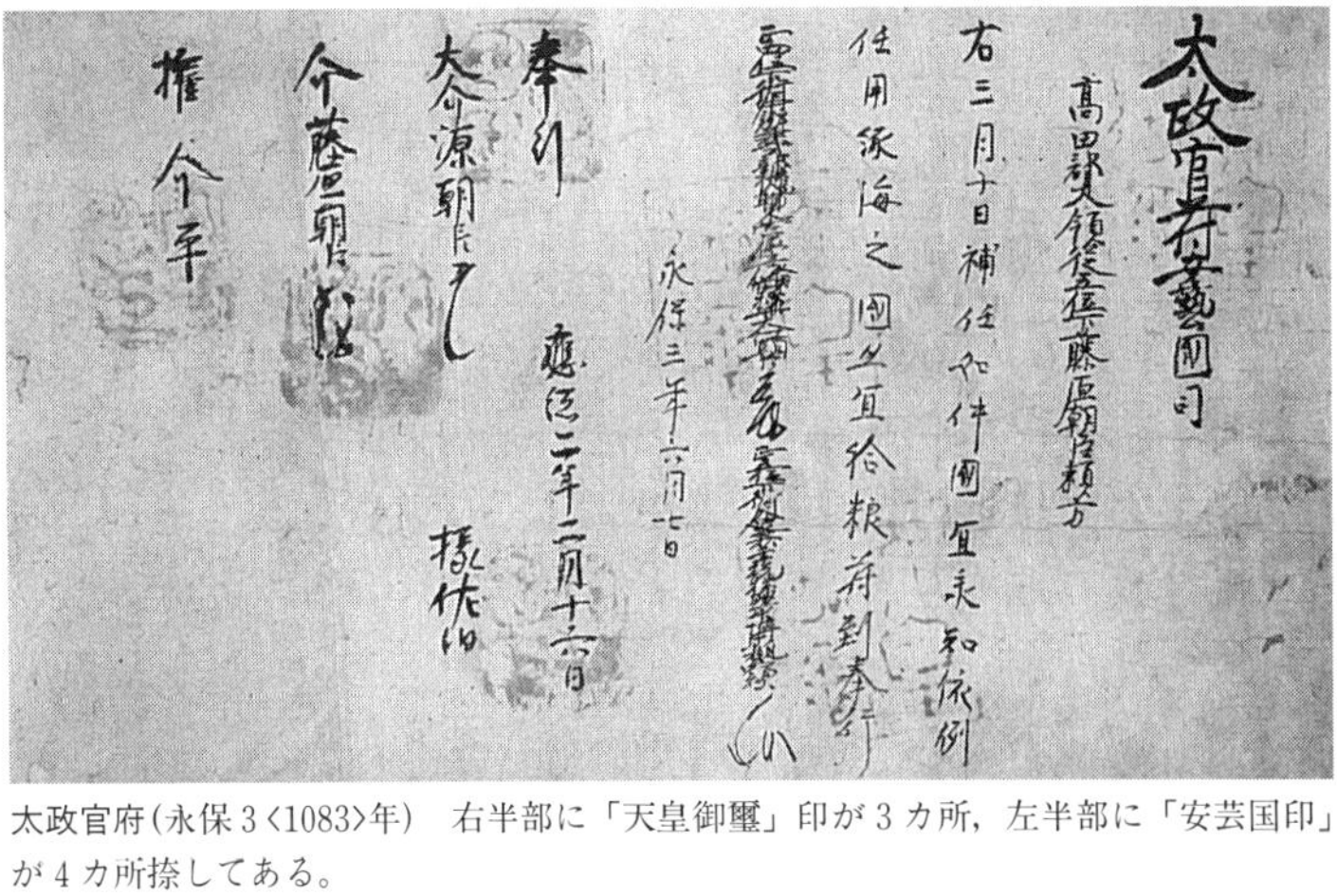
太政官符

太政官府(永保 3〈1083〉年)　右半部に「天皇御璽」印が 3 カ所，左半部に「安芸国印」が 4 カ所捺してある。

治承四（一一八〇）年に頼信の子頼綱《よりつな》が佐伯景弘に宛てた書状には、成孝が頼信に三田・粟屋両郷を譲与したのは、荒郷の経営が不調で多額の負債をかかえ、頼信の経済力を見込んだためであったこと、頼信はそれらを完済し、その没後は頼綱が相続して従来どおり勤仕してきたが、このたび「宮仕」のため上《じょう》洛《らく》するので寄進したとする。

頼綱は別名「可部《かべ》源三郎」とも称しており、本拠は可部にあった。可部は太田川と根谷《ねのたに》川が合流し、また三田郷のほうから流れでる三篠《みささ》川とは深川・玖村《くむら》辺りで合流する河川水運の要衝である。三田・風早両郷には「杣山《そまやま》」も存在し、永久四（一一一六）年には、掾　橘　光時《じょうたちばなのみつとき》が風早郷内の私領水田五町を国衙への「筏未《いかだみ》進代《しんだい》」として藤原氏に売り渡した例もある。

のちの建保五（一二一七）年には、安芸守護《あきしゅご》で可部荘地頭を兼帯していた宗孝親《そうたかちか》が、従来佐東《さとう》川（太田川）を河下《かわくだ》しされる榑《くれ》は一〇〇〇寸につき二〇〇寸を通行税率とし、国衙と地頭が各一〇〇寸折半する方式であったのに対して非法を加え、国衙とのあいだで相論《そうろん》になっている。

このような可部地域に本拠をおき、経済力を有する源頼信・頼綱父子は、太田川・三篠川の流通経済をも生業《なりわい》にし、金融にも関与した商人的領主であり、その富裕さ・有勢さから、広島湾頭に伝統的に勢力を有する佐伯氏の族長である厳島神社神主景弘と関係を結んだものと思われる。

ところで粟屋郷は高田郡七郷のなかでももっとも北よりに位置する。同郷は、山県《やまがた》郡を源流とし、吉田・甲立と安芸中央部を貫流する可愛《えの》川を下流で押さえる。対岸は備後三次《びんごみよし》であるが、同郷は備後中部からの馬洗《ばせん》川、北部からの西城《さいじょう》川・神之瀬《かんのせ》川がまさに合流する位置にある。そしてこれより可愛川は江《ごう》の川となって北上し、日本海側の江津《ごうつ》に流れでる。この粟屋郷の土地柄は、治承三年の安芸留《る》守所《すどころ》目代《もくだい》行《ぎょう》蓮《れん》施行状に、粟屋郷から海橋立内裏《あまのはしだてだいり》（六条内裏《ろくじょうのだいり》）。その呼称は丹後の天の橋立を模した「海橋立池」に由来。六条院御堂は承安元〈一一七一〉年に焼失）の材木・檜皮《ひわだ》を田率で別納させるとみられるように、河川における流通経済をも生業とする源頼信・頼綱にとっては、可部と同様の性格を有していた。

山県郡凡氏と佐東倉敷●

平清盛《たいらのきよもり》が権勢をふるい、その信仰が厚かった安芸一宮厳島神社の神主佐伯景弘の地位が高まるなか、国内では厳島社領の形成が進む。

　長寛二（一一六四）年六月に山県郡司の系譜を引く凡氏一族の凡家綱《いえつな》は、佐伯景弘を介して平清盛に地主《じしゅ》として志道《しじ》領を寄進し、みずからは下司職《げししき》に任じられた。こうして成立した志道原《しじわら》荘の本家は平氏、領家は厳島神社である。

　また、嘉応三（一一七一）年正月の厳島社領壬生《みぶ》荘の立券《りっけん》文によると、その四至《しいし》は、東は多治比《たじい》、南は可部荘、西は三角野《みすみの》、北は春木谷《はるきだに》・川戸《かわど》村であり、

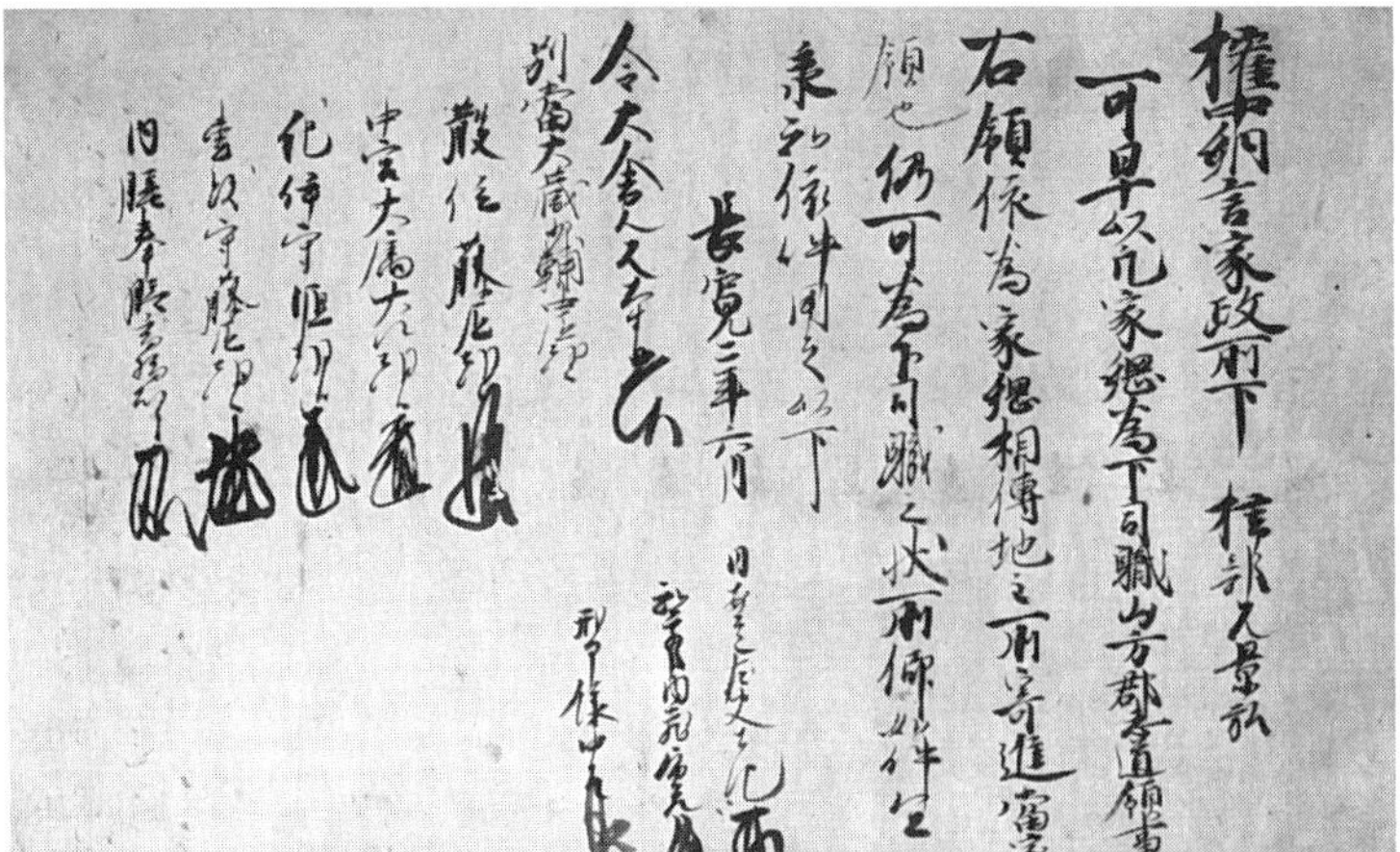

権中納言平清盛家政所下文(長寛 2〈1164〉年)　厳島神社の神主佐伯景弘に宛てたもので，平氏と神社の関係を示す「厳島文書」中の初見である。

山県郡南部の壬生《みぶ》郷を中心にして広域であった。

この立券文の日下《にっか》には、公文《くもん》凡、下司凡、散位《さんい》凡宿禰の三人の凡姓のものが署判している。また荘内の大規模名《みょう》として福光《ふくみつ》名（四〇町余）、千代末《ちよすえ》名（九三町余）などが注目されるが、これらは凡氏一族の仮名《けみょう》である。

現在は古保利薬師《こほりやくし》と通称されている古保利山福光寺（廃寺）は、裏山に多数の古墳を有し、山県郡衙《ぐんが》をみはらす位置にある。この寺院には、本尊の薬師如来《にょらい》坐像、その脇侍の日光《にっこう》・月光《がっこう》両菩薩《ぼさつ》立像、千手観音《せんじゅかんのん》立像、三躯《く》の十一面観音立像、吉祥天《きっしょうてん》立像、四躯の四天王立像など平安時代初・中期の仏像が遺存している。福光寺は凡氏の菩提《ぼだい》寺であり、これらの遺跡・遺物は、凡氏の伝統的な山県郡司としての圧倒的勢威と地域の信仰の厚さを物語る。

なお、福光名は寺原《てらばら》荘内にもあるので、荘園の枠を超えた本来の福光名の広大さがうかがわれる。また、壬生荘の西堺にあたる三角野は、のちの寛元四（一二四六）年には、応輸田《おうゆでん》八町四反一八〇歩に所当鉄《しょとうてつ》一三四斤三目三分を賦課されており、鉄を年貢としていたことが知られる。地域資源としての鉄の存在が注目される。

ところで、この立券文には「倉敷一所　在佐東郡桑原郷内本神領内」とある。壬生荘は日本海へ流れでる江の川・可愛川の上流に位置し、瀬戸内海へ流れでる太田川水系ではない。しかし、壬生荘の倉敷地《くらしきち》は太田川河口に設けられたのであり、年貢物などは壬生荘から峠越えをして太田川に運び、河下ししたと考えられる。

また、志道原荘も江の川水系であるが、仁安元（一一六六）年の倉敷の立券文によると、倉敷地は「佐東郡内伊福郷《いおき》堀立《ほたて》」に所在する。この倉敷には、畠が二町六反、在家は一六宇あり、その所有者は厳島神社の神人《じにん》・供御人《くごにん》、京都八坂《やさか》神社の末社である佐東祇園《ぎおん》社の神人たちである。彼らは、上流から河下しされ、集積された年貢物などの保管・運用を行う商人的存在であった。

なお、この「堀立」を名字の地とする内海商人に戦国時代の堀立壱岐守直正《いきのかみなおまさ》がいるが、その活動については後述する。

佐東倉敷地や周辺の所有者の性格をもう少し考えてみたい。長寛二（一一六四）年のことであるが、清《きよ》原清末《はらきよすえ》は厳島神社に佐東郡若狭《わかさ》郷内六町の私領田畠・栗林を寄進している。この六町は、もとは厳島神社の所司西光房《さいこうぼう》の私領であったが、清末の父清宗《きよむね》が長さ四丈五尺、腹七尺の船一艘《そう》を値として買得したものであった。この清宗は周防《すおう》の住人であり、平素は安芸に居住していなかったため、知人の津四郎大夫末道《つしろうたゆうすえみち》にその管理をまかせていた。清宗のあと嫡男である清末が領作するが、清末は「京田舎往反」の日常であったため、末道がこれを私領と号して売るという事態を招き、それを聞きおよんだ清末が厳島神社に寄進するということになったのである。この寄進状には、清原清末の署判に「清末嫡女夫権国造佐伯」と併記されている。

太田川河口に父の代から所領をもつ清原清末は、内海において運輸業をいとなむ商人的領主であったと考えてよい。「津」を名乗る港津に由来する名字の人物と関係を結んだのも、そうした生業をつうじてであろう。また佐伯氏との婚姻関係も、佐伯氏の海上の流通経済への関与から考えて十分理解できる。

これが太田川河口の倉敷地や周辺において河川水運と内海流通を結びつけ、連動させた商人たちの平安時代末期の具体像である。畿内《きない》から下向してくる商人もあったが、こうした在地性の強い地域商人の活動もいとなまれていた。内海にのぞんだこの地域では不可欠の視点である。

材木資源と河川流通●

源平の争乱で灰燼《かいじん》に帰した東大寺大仏殿の再建用材木が周防から伐りだされたことはよく知られているが、安芸も古くから木材の産地であり、安芸榑《くれ》は特産品として需要が多かった。

すでに十二世紀初めに「筏《いかだ》未進代」として私領水田が売買された例をあげ、材木が国衙の徴税対象となっていたことをのべているが、こうした材木は国府や畿内など各地の造営事業に使用された。

鎌倉時代にはいると、材木の関係史料も多少ふえる。たとえば、仁治元（一二四〇）年に幕府は賀茂《かもの》御《み》祖社《おやしゃ》領の都宇《つう》・竹原両荘の領家と地頭小早川茂平《こばやかわしげひら》の相論を裁許し、材木は領家三分の二、地頭三分の一と定めている。また、康元元（一二五六）年には、蓮華王院《れんげおういん》領沼田新荘の檜《ひのき》は伐採禁止であったにもかかわらず、新荘地頭小早川国平《くにひら》が比曾《ひそ》（檜曾。檜の小さい丸太）三〇〇〇支を伐り取り、沼田川を下して河口の借上人《かしあげにん》にあたえようとし、本荘地頭の小早川茂平に奪い取られる事件がおきている。同様に文永元（一二六四）年ころには、根谷川流域の三入《みいり》荘で地頭熊谷直時《くまがいなおとき》と弟祐直《すけなお》のあいだで榑五四〇〇余寸、材木三九〇余支を押し取ったかどうかが争われている。とくに河口の借上人の存在は注目され、この時期に商品としての材木の流通が増大したと考えられる。

こうした状況をふまえ、材木の流通に対する課税も強まる。すでに十三世紀初めに太田川河下しの榑は可部において二〇%の通行税率が賦課され、それを国衙と地頭が折半する方式であったことをのべた。その税率が高かったわけでもない。

後述する藤原親実《ちかざね》による厳島神社造営時のことであるが、嘉禎三（一二三七）年に周防玖珂《くが》郡の石国《いわくに》荘沙汰人《さたにん》は、安芸御領関所の御使《おつかい》らが山代《やましろ》御荘《みしょう》関《せき》沙汰人の制止を承引せず、八〇余人の多勢で小瀬《おぜ》川河口の同荘関浜におかれていた板四八〇枚のうち一三五枚を運び取ったこと、浮口《うきくち》（通行税）は四八枚であるから残りの八七枚は押領《おうりょう》であること、山手と同じく本来それは一〇％であるから不当だと訴えている。

　小瀬川、太田川、沼田川、そして芦田《あしだ》川など、芸備両国内の河川の河口は、上流からの物資の集積地であり、商人らも集住し、地域の流通経済と内海水運との接点として機能した。それゆえに河口の支配は重要であり、領主は城郭をかまえたり、重臣を配置したりした。

　内陸部の可愛《えの》川の流通もまた重要である。平安時代の高田郡粟屋郷についてはすでにのべたが、文永四（一二六七）年に内部《うちべ》荘福原分地頭の源頼智は惣地頭《そうじとう》の催促に応じて年貢米をだす場所として武浦《たけうら》津をあげている。大朝《おおあさ》の筏津の奥を源流と

筏流し(安芸太田町中筒賀松原轟の浜)　木馬道をとおって小川まで運ばれた木材は，鉄砲流しや堰流し，一本流しなどの方法を繰りかえして筏浜(筏場)に集められ，筏に組み立てられ，太田川を河下しされた。

する可愛川流域は材木資源も豊富であり、吉田に高宮郡衙《たかみや》がおかれていたことも可愛川水運と無関係ではない。のちの南北朝時代初めに吉田荘にはいった毛利氏《もうり》が、川沿いに土居《どい》をきずき、郡山《こおりやま》の通称本城によったのも可愛川水運に関係する。やや下流の宍戸氏《ししど》の五龍《ごりゅう》城も同様である。それは彼らが河川領主的性格をもそなえていたことを示している。

室町時代にはいると、文安二（一四四五）年に竹原・尾道《おのみち》の船が延暦寺護摩堂《えんりゃくじごまどう》造営用木を積載して兵庫北関を通関し、応仁元（一四六七）年には玖波津《くばつ》の問丸中務《といまるなかつかさ》が周防秋穂《あいお》八幡宮の別当坊俊乗《しゅんじょう》を案内して吉和《よしわ》の山中にはいり、杣人《そまびと》に銭を渡し、會木《そぎ》を地御前《じごぜん》でうけとり、船で周防に運送している。港町の問丸《といまる》が、依頼人と杣人を仲介することによって材木の商品化と流通は急速に拡大した。

毛利元就《もとなり》は永禄四（一五六一）年に厳島神社の大鳥居を造立する。真柱《しんばしら》二本の出所は能美《のうみ》島の能美氏社《うじしゃ》と中村八幡宮の楠《くす》、脇柱は仁保《にほ》島と岩国の白崎《しらさき》八幡宮で各二本といずれも広島湾頭で調達しているが、それらの伐採・運送に動員された人員は九〇〇〇人を超える。これは続く社殿の造営とともに領国主となった毛利氏の大事業であった。

秀吉の統一政権が樹立されると、多くの造営事業が諸大名に割り当てられた。天正十四（一五八六）年に毛利氏は京都方広寺《ほうこうじ》の大仏殿建立のため材木一三〇〇本と鉄の供出を命じられる。石見《いわみ》・長門《ながと》など日本海側の材木はいったん下関《しものせき》に集め、周防・安芸・備後・備中《びっちゅう》などの材木は河口に集めて船で尼崎《あまがさき》に運送している。

このとき毛利輝元《てるもと》は家臣の入江《いりえ》喜三郎に三篠川沿いの高田郡井原・秋山辺へ索縄《ひきなわ》や河普請《かわぶしん》道具を用意してでむくよう命じているが、これは材木運送のために三篠川の河底の砕石や削平、浮かべた材木に縄をくくって引っ張り、河下しした状態を示している。木材の伐採・搬出には、多くの木挽《こびき》人夫、材木引人夫を動員し、また谷筋に何キロもの木馬《きんま》道を敷設するとはいえ、河川こそ材木運送の主要な道であった。

天正十七年から毛利輝元は太田川河口の中州を埋め立て、広島築城をはじめる。佐東周辺の社寺の大木も伐採して造営用木に供用されている。この築城は、平安時代末に太田川河口に厳島社領荘園の倉敷地がおかれて以来、中世をとおして歴史的に形成されてきた土地柄をふまえたものであり、またそれを前提にして近世の幕藩体制は河川水運をいっそう整備し、機能を高めたのである。近代になっても連結された筏は太田川を頻繁に下った。

広島の地が山と河と海の恩沢を一体化できた地域経済の要地であり、またそうした時代が長かったことに改めて注目する必要がある。そして峠の道、河の道、海の道をにぎわせた山の民、農作の民、河の民、海の民、それぞれの生業をふまえた交流の歴史と生活文化から学ぶところは、多くかつ深い。

2　国衙と守護・地頭

佐伯景弘と葉山頼宗●

佐伯《さえき》郡の譜代郡司の系譜を有する厳島《いつくしま》神社神主佐伯景弘《かげひろ》は、平氏の吹挙によって安芸守《あきのかみ》に任じられた。当時の安芸国衙機構の構成を知るため、十二世紀における留守所《るすどころ》下文《くだしぶみ》の署判者をみると、佐伯氏は大判《だいはん》官代《がんだい》として同中頃からあらわれる。これは佐伯氏一族の田所《たどころ》氏である。しかし、それよりも上位の惣大判官代や介《すけ》の地位に源《みなもと》姓のものが署判していることが注目される。

平家納経《へいけのうきょう》の厳島神社への奉納や高倉院《たかくらいん》の厳島参詣《さんけい》、清盛《きよもり》らの千僧供養《せんそうくよう》などに示されるような平氏の崇敬によって、佐伯景弘はその権勢を高めたが、そのことは逆に平氏の没落によってその地位を失うことにつながる。安芸では沼田荘の沼田氏、備後《びんご》では大田荘の橘《たちばな》氏らが平氏にしたがって滅亡している。

源頼朝《よりとも》が樹立した鎌倉《かまくら》幕府は、安芸守護に甲斐《かい》源氏の武田信光《のぶみつ》を補任《ぶにん》する。『吾妻鏡《あづまかがみ》』文治五（一一八九）年十月二十八日条にはつぎのような記事がある。

安芸国大名葉山介宗頼（頼宗）が武田信光の催促に応じ、源頼朝が奥州《おうしゅう》の藤原氏攻めに下向するのに従うため駿河《するが》国藁科《わらしな》河辺まで来た時、既に頼朝が鎌倉を進発したと聞いて帰国してしまった。梶原景時《かじわらかげとき》は、これを「自由之至《いたり》」とし、「誡《いましめ》御沙汰」がなかったら傍輩《ほうばい》への示《しめし》がつかないと進言した。その結果、宗頼の所領等を収公する決定が行われた。

のちの嘉禎二（一二三六）年の能美荘荘官等申状《もうしじょう》には、「守護所城次郎頼宗」は源平争乱時に平氏にそむいたこと、頼宗跡は宗孝親《そうたかちか》が給ったことなどが記されている。

宗孝親は惟宗《これむね》姓の朝廷下級官人であったが、源頼朝に属し、武田信光のつぎの安芸守護につく。孝親の安芸国支配の体制は、のちの守護藤原親実《ちかざね》代の嘉禎四年九月の厳島神社神官等解《げ》に「前守護兼在国司宗左衛門尉孝親、在庁兄部職《こうべしき》たるにより加判をわんぬ」とあり、それが建久七（一一九六）年の時点のありようを示していることから、すでにそのころ守護＝在国司＝在庁兄部体制であったことが判明する。幕府守護の宗孝親が、在国司と在庁兄部（国衙の長官職）を兼任し、朝廷の支配系統である国衙をも掌握していたのである。

それは、孝親が安芸の「大名」「介」とも「守護所」とも称された源頼宗跡を守護領としてあたえられたためである。「葉山介」とは、国府の「早山(馬)立城」によっていたため、「守護所」とは、国衙において軍事面を担当していたための呼称である。源頼宗は安芸国衙においてもっとも有勢な在庁であった。

この葉山頼宗こそ十二世紀の惣大判官代や介の地位にあった源姓の在庁の系譜を引く人物であった。

ところで、葉山頼宗は所領のすべてを幕府に没収されたわけではない。厳島社領内部荘内清元《きよもと》名にかかわる外題の署判者は、建久七年十月は「前左兵衛尉惟宗(宗孝親)」であるが、建暦二（一二一二）年六月には「前右兵衛尉源」となっている。内部荘地頭は守護兼帯であったが、源姓のものが還補されており、在地における源氏の根強い力を推測させる。

こうしたなか、中央の政治情勢の変動は安芸土着の領主層を直撃する。幕府樹立以来所領・所職などの諸権益を徐々に侵害されながらも、幕府の政治権力としての未熟さゆえに共存してきた朝廷は、国衙系勢力を基盤に立ちあがり、承久三（一二二一）年に承久の乱

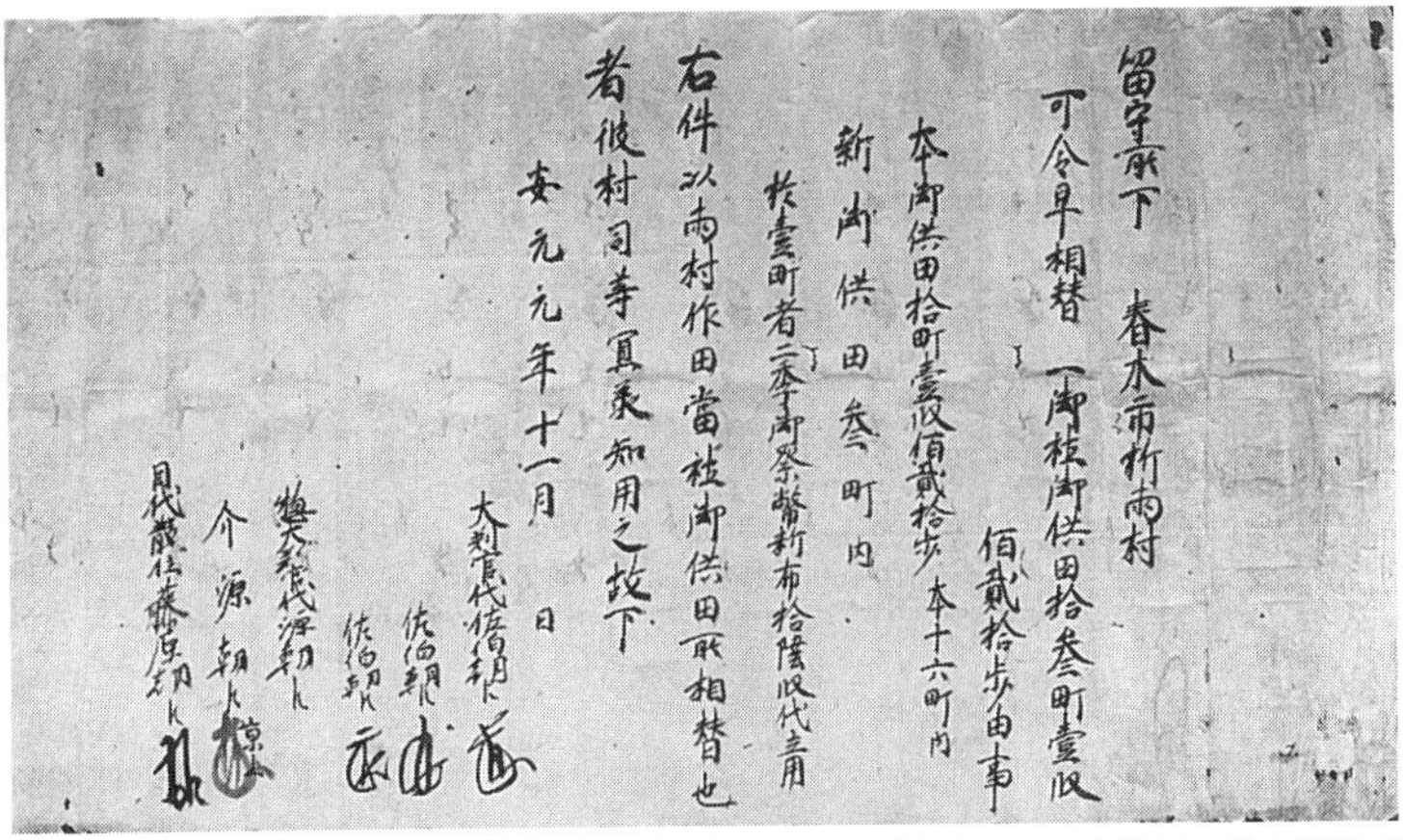

安芸国留守所下文(安元元〈1175〉年)　この「介源朝臣(花押)京上」の人物は，葉山頼宗である。

がおこる。安芸では、守護宗孝親も、有勢在庁の源氏も、ともに朝廷方に与党し、その敗北の結果、決定的に所領・所職などを没収される。

のちの建武元（一三三四）年五月に「葉山城次郎頼宗五代之後胤」と称する備後泉荘内踊喜《ゆき》村（神之瀬川下流の庄原市口和町）一分地頭源頼連《よりつら》は、先祖義職《よしもと》が承久の合戦に朝廷方に味方し、所帯などをことごとく幕府に没収されたこと、元弘三（正慶二＝一三三三）年以来播磨《はりま》・京都六波羅《ろくはら》・備後《びんご》などで幕府方の軍勢とたたかい、そして船上山《せんじょうさん》の後醍醐《ごだいご》天皇のもとに馳参し、続いて上洛して軍忠にはげんだことをあげ、本領の返付と勲功の賞にあずかりたいと訴えている。南北朝の動乱期には、内部荘内の源姓の三戸《みと》氏らも南朝方として活動している。

しかし、動乱がほぼ終息し、応安四（建徳二＝一三七一）年に毛利元春《もとはる》に内部荘地頭職があずけられ、そのうちの福原村が備後長和《ながわ》荘四分一地頭の長井氏をついでいた元春の四男広世《ひろよ》に分与されると、その系統は毛利福原氏を称する。

こうして内部荘は毛利氏領となり、三戸氏らは毛利氏にしたがう。この動乱期には伝統的な国衙在庁系領主も最終的にその基盤を失い、東国から移住してきた武士団があらたな秩序形成の担い手となっていくのである。

藤原親実と佐東の武田氏●

承久の乱で朝廷方に与《くみ》した罪に問われて厳島神社神主の地位をついに追われた佐伯氏のあと神主職についていた周防《すおう》守護藤原親実《ちかざね》は、文暦二（一二三五）年五月に武田氏にかわって安芸守護に補任された。親実は、寛元三（一二四五）年にはふたたび周防守護に復しているので、その在職は一〇年の短期間であった。

父は中原親能《ちかよし》という明法家《みょうぼうか》で源頼朝《よりとも》に近侍しており、親実も幕府の御所奉行をつとめた。
文暦二年六月五日に幕府は藤原親実に宛て「守護奉行に付き、前周防守親実朝臣領知せしめ、孝(宗)親の例を追い、沙汰を致すべし」と下知《げち》し、その対象として原郷、佐東郡本《こおりもと》、安南《あなん》郡地頭職、佐西郡内・苅田《かった》郷内・桑原内・長田郷内四カ所の散在名田、在庁兄部、松崎八幡宮下職、祇園神人《ぎおんじにん》兄部職、山川得分、久《ひさ》武《たけ》名散在田畠をあげている。

守護宗孝親が在国司・在庁兄部を兼帯していたことはすでにのべたが、ここに在庁兄部とその仮名《けみょう》である久武名が含まれていることから考えて、その体制が守護武田氏を経て藤原親実にも継承されていることが確かめられる。

親実の安芸守護補任は厳島神社の造営と関係する。佐伯景弘が平氏の援助のもとに造営した社殿は、建永二（一二〇七）年の火災、そして再建にもかかわらず貞応二（一二二三）年にまたもや焼失した。守護に補任される直前の三月に親実は摂政家から、安芸国務を厳島神社につけ、それによって社殿の造営を完成すべく命じられた。朝廷は安芸国衙領を厳島神社の造営料として年貢物などを再建費用にあて、一方、幕府は親実を守護に任じ、国内の地頭御家人の指揮権をあたえて造営課役を国役として負担させるという、公武両権力の強力な支援のもとでその完成を期したのである。

莫大な経費と材木、そして労働力を要して復興された社殿は、仁治二（一二四一）年に遷宮が行われたが、神官らは「宝殿具屋の華美、超過すること雲泥なり、御躰玉殿の荘厳《そうごん》、金玉光を耀《よう》し、錦繍《きんしゅう》色を尽くし、ほとんど帝都の神社に異ならず」と賞賛している。

佐東郡・安南郡地頭職はのちに武田氏領としての実態が知られるが、祇園神人兄部職も佐東祇園社を精神的拠《よりどころ》にして経済活動を行う神人らの統轄権であり、佐東倉敷を中心に展開する流通経済をふまえれば考えやすい。また山川得分については、すでにのべた「河手」などと呼称される材木などの物資への通行料賦課権も含まれており、これが、国衙から守護へ継承されたと理解すればより具体的になる。久武名も苅田久武、粟屋久武などが確かめられる。

承久の乱の勲功によって八木村地頭に補任された香川氏は、寛元三（一二四五）年ころに八木村住人と対立している。地頭側は、八木村住人と連帯した山門領五箇寺の前預所《さきのあずかりどころ》らが、地頭又代官の住宅を追捕し、「神宝を地頭の倉本に振らしめ」、地頭職を侵害したと訴えている。「神宝」とは山門の宗教的権威を象徴する物体と考えられるが、それを地頭館内の倉本でふって香川氏の立ち入りを禁止し、押し取ったというのである。倉本とは、のちの戦国時代には蔵屋敷、そこにおさめ

3川合流部(広島市)　左から太田川，根谷川，三篠川。左上は熊谷氏の高松城跡。西岸の丘陵は香川氏の八木城跡。その手前に渡場があった。天正3 (1575)年に島津家久は高松城をみて八木から対岸の玖村に渡った。

❖コラム

世界遺産

厳島神社は平成八（一九九六）年に世界文化遺産に登録された。「世界の文化遺産及び自然遺産の保護に関する条約」は、一九七二年にユネスコの総会で採択されたが、日本国が批准したのは二〇年後の平成四（一九九二）年のことであった。

登録によって、かつては天下・国家の政策の都合によって破壊されたり、脅威を加えられた遺産（たとえば明治維新の神仏分離や、いわゆる開発を想起すればよい）も、当該国のいかなる都合によっても破壊・滅失されることがさけられる法的根拠を得たのである。

条約は、第四条で締約国に遺産を「保護し、保存し、整備し、及び将来の世代へ伝えることを確保する」ことを義務づけ、第五条でそのための立法上、学術上、技術上、行政上、財政上の適当な措置をとることなどを具体的に求めている。

そして第二十七条において、締約国は教育および広報事業をつうじて遺産を尊重することを強化するよう求められ、「遺産を脅かす危険並びにこの条約に従って実施される活動を広く公衆に周知させること」を約束している。締約国による教育・広報事業が強化されなければ、公衆の力も発揮されにくい。したがって、この箇条は、公衆が「遺産を脅かす危険」を察知してそれを排除する力や、遺産を「将来の世代へ伝えることを確保する」力をそなえているという認識を前提にしている。

地域社会には身近な文化財も多い。諸遺産の歴史的・文化的・自然的価値を共有し、その困難をきわめた継承と保存の歴史に学び、公衆の一員として課せられた責任をうけとめ、条約や国内諸法規に効力を生じさせる地道な努力が待たれている。

られた年貢物などの運用を担当する人物をさす呼称としてあらわれる。

すでにのべたが、太田川・根谷川・三篠川が合流し、河幅がもっともせまくなる場所は、この八木と東岸の玖村のあいだである。ここは戦国時代には山陽道の太田川を渡河する渡場として渡守がおかれていた。ここには鎌倉時代までには借上人的性格の住人らが居住しており、新入部の地頭香川氏とのあいだで経済権益の争奪が行われたのである。香川氏は太田川に突きでたその拠城の位置から、河口を押える河川領主の性格が濃い。

幕府はこの紛争について、山門関係者と連帯して横車を押している八木村住人の兄弟四人を鎌倉に召し下して流刑、山門僧についても関東に召し下して罪科に処することを決定している。

河口の経済性は職人らもささえた。寛元二年ごろに鍛冶《かじ》・大工・細工《さいく》人らの存在があきらかであるが、戦国時代には大鋸引《おおがびき》や檜物師《ひものし》なども存在し、囲舟《かこいぶね》（構造船）の建造から曲物《まげもの》まで、材木を加工した諸種の生産が行われていることが確かめられる。

武田氏は、鎌倉時代の終わりごろにこうした流通経済の展開を基盤にして成立した「佐東市」「佐東八日市」をみおろす位置に築城する。佐東金山《かなやま》（銀山）城である。

元徳三（一三三一）年に田所蓮性《れんしょう》代子息信兼は、元亨元（一三二一）年に打ち渡した府中在庁屋敷除田一町を開田荘住人西道の妻橘氏女が契約期間の一〇年をすぎても返さず、守護代福島新左衛門信綱の権威をかりて押作したと訴えている。また、建武二（一三三五）年の矢野合戦のさい、福島新左衛門入道は守護武田信武方の軍忠見知《けんち》の奉行人、同五年には福島左衛門四郎入道が武田氏守護代として確かめられる。この福島氏は国衙在庁の出自であった。このことは、守護武田氏による安芸国衙機構の掌握が、数々の争乱を経てもなお国衙船所惣税所職《さいしょ》や広島湾頭諸所に所領を有する有勢在庁田所氏ではなく、それに対する在庁福島氏を守護代に任じるという方法によってはたされていたことを示している。

尾道と「悪党」●

元寇《げんこう》のころから西国の多くの国においては北条《ほうじょう》氏家督《かとく》（得宗《とくそう》）や、また北条氏一門が守護職を掌握する。安芸は一門の名越《なごえ》氏が守護であったが、備中（得宗）、周防・長門《ながと》（一門）、讃岐《さぬき》（一門）、土佐《とさ》（得宗）、豊前・日向《ひゅうが》・大隅《おおすみ》（一門）なども掌握している。これは北条氏が、東アジア諸国から琉球《りゅうきゅう》を経て南九州にはいる流通を掌握し、豊後水道《ぶんごすいどう》・瀬戸内海を交通路として確保することを意図したものであった。こうした国際性豊かな内海流通と地域経済が連動すると、港町の繁栄はいっそう進む。同時に政治権力による経済権益の掌握と、「悪党」「海賊」の弾圧が強化され、他方にそれを生業《なりわい》とするものたちの反発も生じる。

備後の守護には元暦元（一一八四）年に備中・備前とともに土肥実平《どひさねひら》が任じられた。沼田荘地頭小早川《こばやかわ》氏の祖である。そして承久の乱後の貞応二（一二二三）年に大江広元《おおえひろもと》の子長井時広《ながいときひろ》がつき、その嫡流は鎌倉にあったが、庶流の六波羅評定衆《ろくはらひょうじょうしゅう》家である泰重《やすしげ》─頼重《よりしげ》─貞重《さだしげ》の系統が相承する。

尾道は高野山金剛峯寺《こうやさんこんごうぶじ》領大田荘の倉敷地として発展した港町であるが、その繁栄ぶりは大田荘預所淵信《えんしん》の存在に象徴される。

正安二（一三〇〇）年四月に大田荘本郷・寺町の荘官百姓らは、預所淵信の非法を訴えているが、そのなかで淵信をつぎのように描いている。

妻子眷属《けんぞく》百余人の人数を扶持《ふち》し、着裳の女性数十人を朝夕召しつかい、また数十疋の上馬等を立飼い、自国他国の荘園を借上げ、その用途かれこれ勝計すべからず、あるいは尾道出入の作法、乗輿五六張、女騎数十騎、家子郎等《いえのころうとう》その勢百余騎に及ぶか、上下二三百人前後左右に従う、もし往復の雑人等近づくの時は、是非なく打擲《ちょうちゃく》蹂躙《じゅうりん》に及ぶ、一国の守護なおもって比肩に及ばず

淵信は、百騎を超える家来《けらい》を率い、他国の荘園をも請け負って広域的な商業活動をいとなみ、その勢威は守護でもおよばない「財宝倉に満つ」商人的領主であった。

ところで、元応二（一三二〇）年に高野山金剛峯寺の衆徒らは朝廷に訴状を上申し、備後守護長井貞重が代官の子息高致《たかむね》らを尾道浦に乱入させ、放火・殺害・刃《にん》傷《じょう》・略奪をしたことに対し、処罰を要求している。

衆徒らは、代官円清《えんせい》・高致以下数百人の「悪党」の罪状をあげ、「凡《およ》そ其《そ》の悪行は、山賊海賊の大犯を超ゆ」とする。その一は、守護不入地に乱入して狼藉《ろうぜき》したこと、二は、神社・仏閣数カ所、民屋一〇〇〇宇に放火したこと、三は、用意した大船数十艘に仏聖人供以下の資産雑物を運び取ったこと、四は、守護人であるのに殺害・刃傷などの大悪行を行ったこと、五は、「当浦名誉悪党」

▲尾道市出土の中国から輸入の白磁碗　口縁部と下半分に文様が施され，きわめて良質の輸入陶磁である。中世尾道の国際性豊かな繁栄ぶりがうかがわれる。

►浄土寺多宝塔(尾道市)　正中2(1325)年の焼失後，港町の商人道蓮・道性らの援助によって，嘉暦2(1327)年の金堂に続いて，元徳元(1329)年に再建された。

と号して無謬《むびゅう》の新預所の下部《しもべ》数輩を搦《から》め取ったことである。さらに「西国名誉海賊医師兵衛入道心覚……守護代扶持の悪党なり」とする。また、守護は大犯三カ条を職掌とし、狼藉を鎮めるべきであるにもかかわらず、当守護は「名誉賊徒」を扶持し、浦々所々で恣《ほしいまま》に山賊・海賊・夜討・強盗を働き、さらに守護の権威をもって国衙の所務を押領したという。

これらの事実から、治安をまもるべき守護の「悪党」と指称される悪行ぶり、そして国衙への押領行為が注目される。この事件は、守護長井貞重が守護代高致を改易し、「悪党」を扶持しないことなどを約束して落着するが、南北朝の動乱の前兆ともいえる秩序の弛緩《しかん》の進行を示している。

つぎに厳島神社所蔵のいわゆる反古《ほご》紙経紙背《しはい》文書の内容から、尾道の対岸の歌島（向島）の経済状況をみてみたい。経の筆写が元徳二（一三三〇）年のことであるから、紙背文書はすべてそれ以前の記事である。

たとえば、嘉元四（一三〇六）年に歌島の在家人らは、この地は耕作田畠が少なく、酒屋が四五宇あって莫大な量の酒をつくり、領家である大炊寮《おおいりょう》に三〇余貫の酒をおさめているが、その負担が大きいので酒の員数を減らして欲しいと訴えている。

また同年に歌島公文《くもん》兼預所の知栄《ともひで》（法名明仏）は、歌島領家方の得分として大外記《だいげき》中原氏に公用銭四二貫文を納入する。ただし、このうちの四分の一は浜右衛門入道が知行しているので、年貢銭も一〇貫五五〇文は浜氏（海にかかわる名字）の負担としている。

知栄は、歌島を本拠にし、対岸の吉和《よしわ》郷、備後泉荘、西大寺《さいだいじ》の所在する備前吉井川河口の金岡《かなおか》東荘なども請け負っており、内海地域において広域的な活動をする商人的領主であった。そのことを明確に示すのが、応長元（一三一一）年に明仏が山城の淀《よど》魚市の次郎兵衛尉に宛てた替銭（為替《かわせ》）の史料である。これは現存するもっとも古いものであるが、その内容は、この割符《さいふ》が着いたら三日のうちにこの使いに京都の錦小路《にしきこうじ》町の両替屋《りょうがえや》で一〇貫文を支払うよう書き送ったものである。淀の魚市は海産物の市場として知られているが、歌島の公文が、淀の魚市の商人や京都の両替屋と為替決済のネットワークを形成し、それを十分機能させていたことは注目される。

摂津《せっつ》尼崎《あまがさき》から手紙が四日で到来したと記す書状もあり、歌島は海路畿内の情報がはいりやすい状況であった。因島《いんのしま》や伊予《いよ》弓削島《ゆげしま》などの塩は著名であるが、それらの地域特産物を集めて畿内へ海路輸送するシステムが働いていたのである。

また、東寺《とうじ》領（因島荘か、弓削島荘か）百姓が年貢未納のうえ負物《ふもつ》をおって逃散《ちょうさん》し、歌島に逃げこんだことについて、東寺側の僧某は歌島公文に宛て、「且は御近隣之事、かくの如き事、相互之御事に候」とのべ、返付

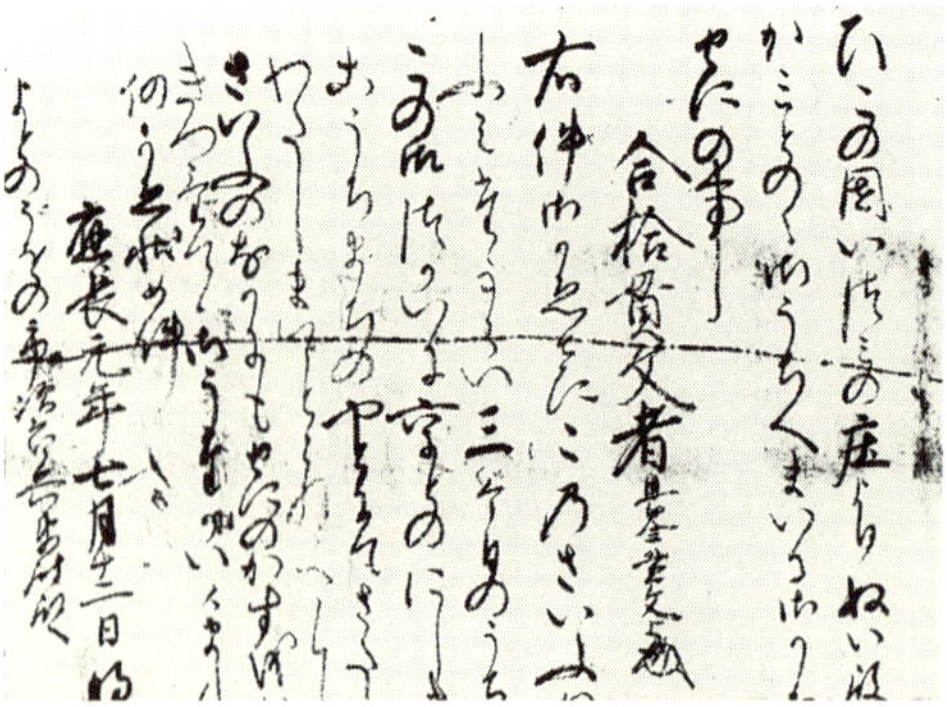
替銭(応長元〈1311〉年)　横線はこの替銭を反古にしたことを意味する。裏は白紙であるので，こうした反古紙をつないで写経をした。経の寸法にあわせて裁断されたので，反古紙の下部の文字が切断された。

を求めている。この事実は、個別の荘園の枠を超えた「近隣」の秩序維持が領主層相互の問題として了解されていたことを示している。海の民にとって海は壁ではなく道であり、共通の生活の場であった。

こうしてみると、川用にしろ海用にしろ、やはり船は重要である。分業の未発達の時代における地域経済のそれぞれの分野の生産から消費に至る一連の過程について、生活の営みの視点から、その局面ごとに細かくかつ総合的に考えなくてはならない。

東からきた領主●

源平の争乱、承久の乱後に東国武士は、芸備両国内に土着の領主からの没収地を給与された。三善《みよし》宗孝親が葉山頼宗跡をあたえられたことはすでにのべたが、備後大田荘下司の橘兼隆《かねたか》・同光家《みついえ》跡は康信《やすのぶ》、沼田荘の沼田氏跡は小早川遠平《とおひら》が領有した。

承久の乱後には、安芸では守護が宗孝親から武田氏、また異姓の他人をして神主に任じてはならないとされた厳島神社神主が佐伯氏から藤原親実に交替したほか、世能荒山《せのあらやま》荘が阿曽沼《あそぬま》氏、安芸町村が平賀《ひらが》氏、大朝本《おおあさ》荘が吉川《きっかわ》氏、都宇《つう》・竹原両荘が小早川氏、温科《ぬくしな》村が金子氏、三入《みいり》荘が熊谷《くまがい》氏、八木村が香川氏にあたえられた。

このほか、備後三谷《みたに》郡の広沢氏、地毗《じび》荘の山内首藤《すとう》氏は鎌倉時代初めごろ、安芸吉田荘の毛利氏、志芳《しわ》荘の天野氏、竹仁《たけに》村の児玉《こだま》氏、高屋保の平賀氏らは同中頃にその知行が確かめられる。ただ、源氏方として軍忠をつくした山方介為綱《ためつな》の系譜を引く壬生荘地頭為忠《ためただ》が、建仁三（一二〇三）年に小代行平《しょうだいゆきひら》にかえられたような例もある。

これらの事実は、東国武士の芸備両国内における所領の知行を示すものであって、彼らが本拠を東国からただちに芸備に移したことを示すものではない。小早川氏・吉川氏・山内首藤氏らが移住してきたのは鎌倉時代終わりごろであるし、毛利氏のように南北朝の動乱期にはいってからの例もある。

しかし、このような幕府の政策は土着の伝統的な領主層にとって深刻な問題を生じた。土着の領主層は、新しく所領をあたえられた東国武士とのあいだに婚姻関係を結ぶことによって緊張緩和をはかり、融和の道を選んでいる。

山県郡の寺原荘内平田宮《ひらたみや》荘地頭職、寺原荘内福光《ふくみつ》名内地頭給は、寛元元（一二四三）年までに凡氏女・平田高信から周防制多迦丸《せいたかまる》に譲与されている。寺原荘の中枢部である。周防氏は本姓は藤原氏、厳島神社神主で安芸守護であった藤原親実の一族である。山県郡の譜代郡司である凡氏についてはすでにのべたが、平田氏はその一族で平田宮荘を名字の地とする領主であった。凡氏女は制多迦丸の養母という関係であるので、氏女が藤原氏に嫁し、その関係でこれらの所領を譲与したと考えられる。

平安時代終わりごろに佐伯氏の勢力は三篠《みささ》川流域にものびていた。建暦二（一二一二）年に佐伯考支・同大子は嫡子知忠に長田郷と深河《ふかわ》末次名田畠を譲与し、惣領知忠のもと庶子支直らはその下知にしたがい、御家人役や一宮の公事《くじ》などを勤仕するよう命じている。建保二（一二一四）年の佐伯考支入道譲状では、その伝領を「為延《ためのぶ》嫡子為重《ためしげ》、嫡女嫡子知忠」と記している。為延・為重と相伝されたこれらの所領は、嫡女が嫁した家に伝えられることになった。

長田郷は妻保垣《めほがき》・高田原《たかたばら》両別符とともに厳島社領であったが、それらの地頭職には建保四年に佐伯為弘《ためひろ》が補任され、以来為貞《ためさだ》・為久《ためひさ》と相伝される。「為」の字を用いているので、為延・為重らと同族である。

ところで佐伯為弘は、すでに安元三（一一七七）年に吉田荘内高田原の官物末進分を領家花山院家に上洛して弁済している事実がみられる。長田郷と妻保垣別符は、かつての高田郡風早郷の内部に存在していた長田村・本垣村、高田原別符は同甲立郷を分割して成立した所領である。このことは、在地領主の成長に伴って郷が解体してその内部の村などが領域支配の対象となったこと、土着の領主が幕府から本領を安堵されて地頭職に補任されていることなどを示している。

佐伯為久は、弘安四（一二八一）年に男子がいないとしてそれらの地頭職を女子姫松に譲与する。佐伯姫松（尼せんあ）はその後内藤氏に嫁し、正安三（一三〇一）年に同所領を子息内藤景廉《かげかど》にゆずり、以後内藤氏が相伝する。

この内藤氏は、当時守護＝在国司であった武田氏の代官内藤氏の一族であった。為久はこれらの地頭職を譲与するさい、厳島神社の恒例社役をつとめることを厳命しているが、この佐伯氏は厳島神社社官佐伯氏と深い関係にあったと考えられる。

凡氏、佐伯氏は、ともに安芸土着の伝統的な名族で

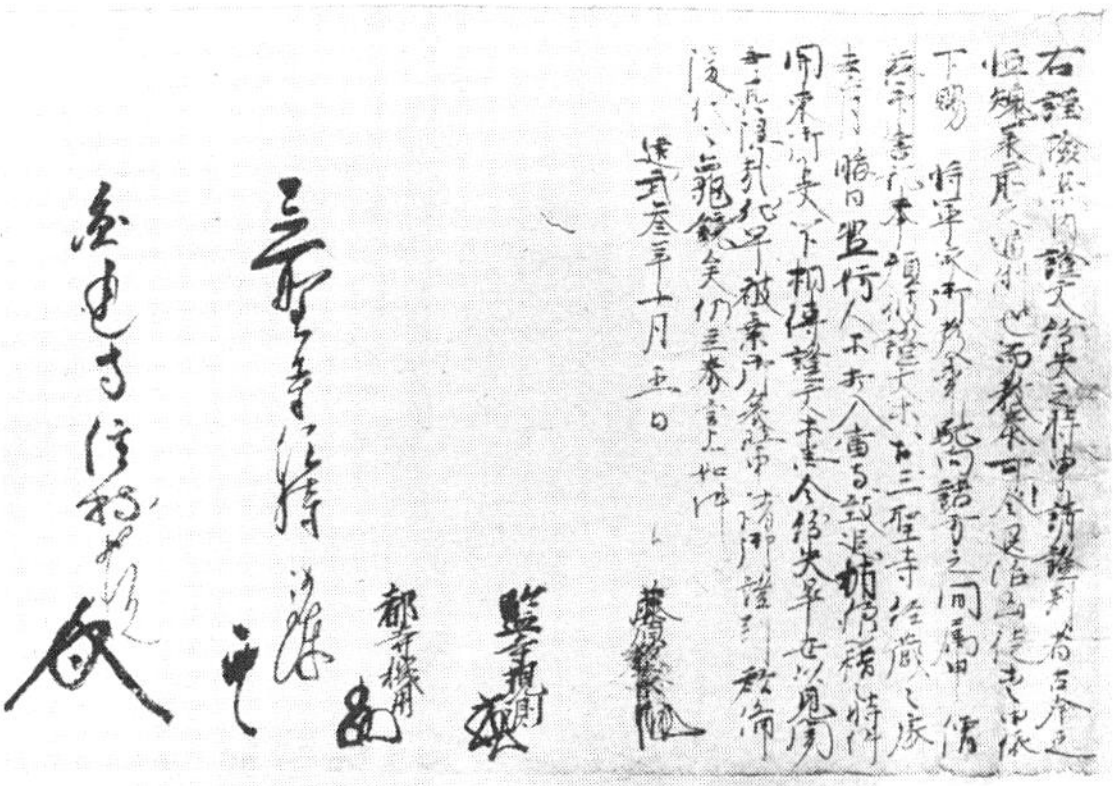

内藤教泰紛失状(建武 3〈1336〉年)　建保 4(1216)年の将軍家政所下文以下 8 通の相伝文書の紛失を証明したもの。三聖寺住持虎関師錬の署判もある。師錬は佐伯姫松の 3 男，教泰の叔父にあたる。

あり、一族も広く蟠踞《ばんきょ》しており、後継に適当な人物がいなかったわけでもなかろう。しかも、婚姻を結んだ相手が、厳島神社神主で守護・在国司の藤原氏や、同じく守護・在国司の武田氏の代官内藤氏であったということは、幕府の政策を脅威と感じ、守護方と緊密な関係を取り結ぼうとしていたことを十分うかがわせる。こうして土着の領主は生きのびるために解決すべき時代の課題を少しずつはたしていく。

一方、東の領主たちの鎌倉時代末から南北朝時代にかけての移住は、動乱の激化に伴って直接在地支配にあたらなければ西国の所領の維持がむずかしくなったことによる。そして移住が進めば、土着の領主との婚姻関係も深まる。

毛利元春《もとはる》は曾祖父時親《ときちか》とともに足利尊氏《たかうじ》方として転戦するが、一時吉田荘地頭職を奪われ、やむなく元春は母方の祖父三田入道《みたにゅうどう》のもとに身をよせる。麻原郷を本拠とした父親衡《ちかひら》は、土着の領主の三田氏の娘と婚姻を結んでいたのである。三田氏は旧三田郷土着の領主の系譜を引くものと思われるが、毛利親衡は同じ高田郡・三篠川流域の領主との婚姻関係の形成をとおしてその在地秩序にはいりこんだのである。このような関係の歴史的かつ広域的展開が、のちの室町時代になって土着の領主も東からきた領主もあわせて「安芸国人《こくじん》」と呼称される結集につながっていく。

4章

境目地域の領主連合

鏡山城跡(東広島市)　大内氏の安芸国支配の拠点であり，代官は安芸国人領主の統合をはかった。

1　動乱の世相

地頭領主の成長と地域信仰●

元徳三（一三三一）年三月五日に安芸三入荘《あきみいり》（広島市安佐北区《あさきた》）の新荘惣領熊谷直勝《くまがいなおかつ》は子息直氏《なおうじ》に詳細な譲《ゆずり》状《じょう》を作成しているが、これは置文《おきぶみ》の機能をそなえていた。

第一条は幕府への御公事《くじ》以下の勤仕であるが、第一四条では亡父行蓮《ぎょうれん》の譲状によって公役《くやく》の沙汰《さた》権を永代直氏に譲与し、それに違乱をする庶子らは「行蓮死骸《しがい》敵対」であり、罪科に行うとする。第二二条では、子孫が数多くいても、皆父子敵対をすれば不孝であること、それは死骸敵対・父子敵対で重科に行うとする。そして第二五条では、実子がない場合、一族中の器量ある人物を養子にするか、それもいなかったら他人を養子にするよう書き記している。

直勝にとっては、子孫が亡父行蓮譲状、直勝譲状にそむくことは、死骸敵対・父子敵対であり、ただちに重科に処せられるべきことであった。ただこの内容は、実態的に惣領の統制がきびしかったと読み取るべきではなく、弛緩《しかん》する親権、それによる惣領権の弱体化をふまえ、再結集をはかろうとしていると判断すべきである。

この譲状には再結集のための精神的拠《よりどころ》としてさまざまな事柄が書き記されている。第四条には、御本尊の迎接曼陀羅《ごうしょうまんだら》は先祖熊谷直実《なおざね》が法然上人《ほうねんしょうにん》の筆として信心し、以来相伝してきたものであること、それゆえにはやく伽藍《がらん》を建立してそれをたてまつるべきであるとする。第八条には、集福寺《しゅうふくじ》の勤行《ごんぎょう》は代々続けてきたものであるので直氏が管領し、退転させてはならないこと、違乱するものは死骸敵対・父子敵対で不孝の仁であるのでただちに重科に行うとする。

所領の嫡子への譲与にあたり、惣領権を機能させるため、その方法を家の歴史、とりわけ法然上人筆の迎接曼陀羅と氏寺集福寺の興行に求め、それを遵守《じゅんしゅ》する拘束力の根源を「行蓮死骸敵対」「父子敵対」の文言のように元惣領や前惣領の存在にみいだそうとしていることは、迎接曼陀羅をたてまつる伽藍の建立をつぎの惣領の課題としていることと連続する。最後の第二七条に直勝は、譲与伽藍の興行後に子孫中に器量の人がいないときは、それはした所領のすべてを御本尊に寄進すると記し、それは代々の菩提《ぼだい》を弔うためであるとする。生身の子孫としては、家の存続上おおいに危機感をおぼえる内容である。

越後《えちご》佐橋《さはし》荘の南条を本貫とした毛利時親《ときちか》が吉田荘にはいったのは建武五（延元三＝一三三八）年のことであった。時親は曾孫の元春《もとはる》とともに足利尊氏《あしかがたかうじ》方に属し、南朝・足利直冬《ただふゆ》方として活動する孫の親衡《ちかひら》とたたかってい

三入荘の景観(広島市)　根谷川沿いに開けた帯状の地から，山あいの谷田にはいりこむ。

る。惣庶・親子らが相分れてたたかう動乱期の一コマである。

吉田は高宮《たかみや》郡の郡衙《ぐんが》が所在したところである。背後の郡山《こおりやま》には、現在も山頂近くに満願寺跡の伝承地があるように、古くから密教の山岳寺院があった。それは山県《やまがた》郡衙にのぞむ福光寺《ふっこうじ》とやや似ている。また南麓の祇園社《ぎおんしゃ》（清《すが》神社）も、吉田荘が平安時代の終わりごろに祇園社一切経会《いっさいきょうえ》の料所として本家米三〇〇石をあてられて以来、それが続いた事実もある。

その郡山の山中の寺院には、南北朝時代に「郡山坊主権大僧都《そうず》」とよばれる僧がいた。僧は親衡存命中の吉田荘領有を保証している。のちの大永三（一五二三）年の毛利元就《もとなり》の家督相続のさい、満願寺栄秀《えいしゅう》が郡山登城の吉日を卜定《ぼくじょう》している。また、郡山東の峰の堂から移されて満願寺境内に安置されていたと伝えられる十世紀ごろの作の千手観音《せんじゅかんのん》立像が残されており（安芸高田《あきたかた》市吉田町清住寺）、平安時代以来の山岳

清住寺千手観音立像(安芸高田市吉田町)
平安時代初期の作。高さ152cm。

寺院の隆盛は推定できる。

高宮郡衙と密接な関係をもつ山岳寺院、このような地域社会の伝統的な宗教的権威をみずからの領主支配のなかにどう取りこんでいくか、毛利氏のような東国からきた領主にとっては大きな課題であった。

南北朝・室町時代の毛利氏惣庶間紛争のさい、庶子家に攻められた吉田惣領家は郡山を一時的に立てこもる要害としている。戦国時代には、元就の兄興元《おきもと》の館は可愛《えの》川にのぞむ土居《どい》（秀岳院《しゅうがくいん》跡）にあったし、天文九（一五四〇）年の尼子《あまご》氏との合戦場は大田口であり、そこが郡山の東南部の独立峰、通称本城の前面であることから、その要害が本城であったことは確実である。それは古代以来地域社会の崇敬の厚い山岳寺院があった郡山をさけた感もある。

しかし、天文十七年ころにはじまる毛利氏の城普請は、その戦国大名化とともに郡山の全山城郭化に発展する。そしてそれは、形態としては郡山城内の一画に満願寺の堂宇が所在するという形をとった。

領主はこうした社寺の修理・造営、そして祭祀《さいし》などを主宰する外護者となって、その責務をはたしていく。その過程で領民の信仰は領主への帰属意識の成熟と重なっていった。領主が、観念的にも地域社会の統合者となるためには、さまざまな段階を経ながら長い年月を必要としたのである。

「中国」の成立●

足利尊氏が京都に室町《むろまち》幕府を開いたからといって、それが即座に全国を支配する政権になるわけではない。京都政権の列島支配はまったく不均質であった。

足利尊氏は建武二（一三三五）年に建武政府に反旗を翻し、劣勢のなか播磨《はりま》・摂津《せっつ》の守護に盟友の赤松円心《えんしん》を任じ、海路鎮西《ちんぜい》にのがれた。筑前多々良浜《ちくぜんたたらはま》で勝利して上洛《じょうらく》途中、厳島《いつくしま》神社へ造果保《ぞうかほ》を寄進し、尾《お》道《みち》浄土《じょうど》寺《じ》の本尊十一面観音立像の前において三十三首の法楽和歌を催し、鞆《とも》では軍議を行うなど、芸備両国にも多くの足跡を残している。

帰洛後の政権内部では、尊氏・高師直《こうのもろなお》と弟直義《ただよし》の関係がしだいに悪化し、尊氏の子で直義の養子となっていた直冬が、貞和五（正平四＝一三四九）年四月に鞆に来津する。『師守《もろもり》記』（中原師守の日記）や『太平記』では、直冬の立場は、備中《びっちゅう》・備後《びんご》・安芸・周防《すおう》・長門《ながと》・出雲《いずも》・伯耆《ほうき》・因幡《いなば》の八カ国を成敗する「中国探題《たんだい》」としてあらわれる。これは、現在の中国地方をほぼおおう広域的な官職と考えられる。

これに対し、尊氏は近国の国人《こくじん》らに直冬討伐を命じ、備後の杉原又四郎は鞆に直冬を襲撃する。翌観応元（正平五＝一三五〇）年には、高師直の弟師泰《もろやす》が直冬討伐のため「中国」へ発向している。

以後、尊氏方、直義・直冬方、南朝方の三者のあいだで鼎立《ていりつ》、あるいは合従連衡《がっしょうれんこう》による複雑な政治情勢が展開される。国人は、一族・惣庶相分かれてたたかい、地域社会は動乱にまきこまれる。いわゆる観応《かんのう》の擾乱《じょうらん》である。

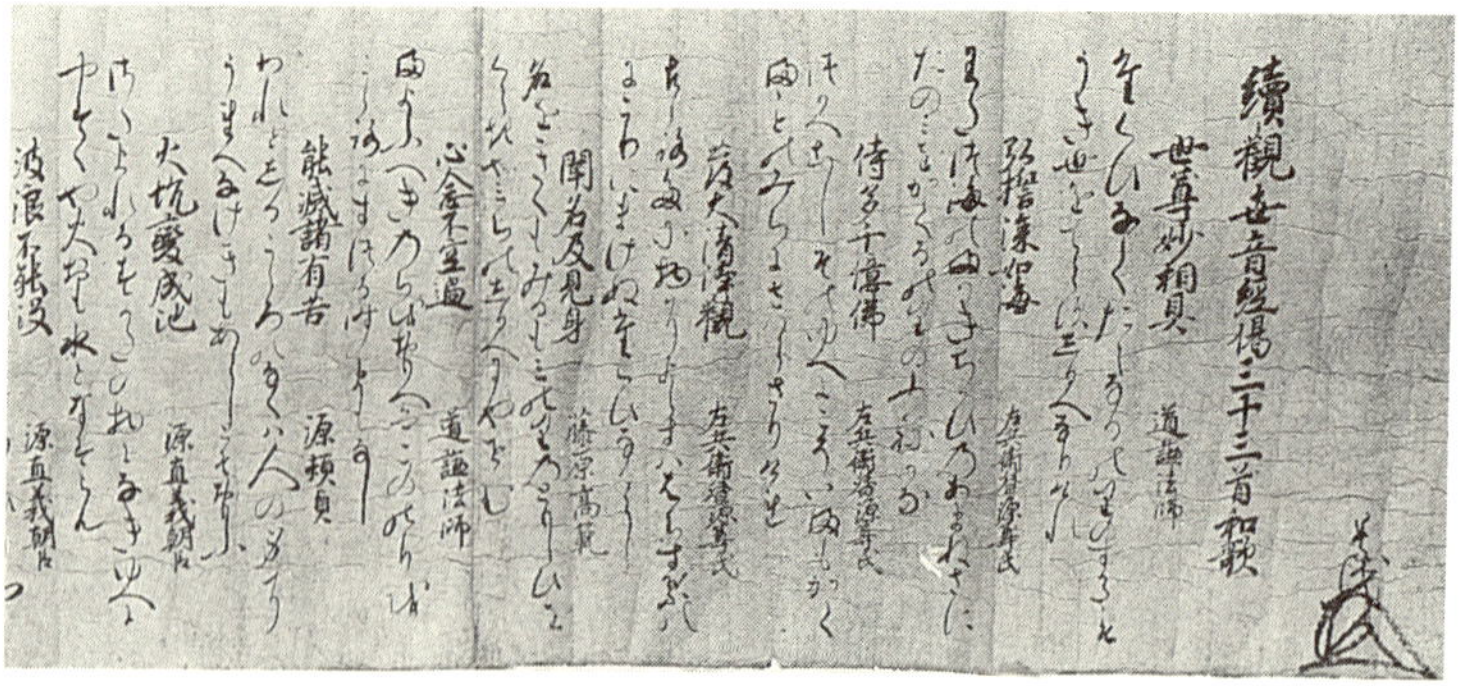

紙本墨書観世音法楽和歌(前半部)　袖に足利尊氏の署判がある。また巻末には「建武三年五月五日於備後国浄土寺詠之」とある。

こうした情勢のなかで「中国」という地域呼称は成立した。従来「西国《さいごく》」と総称されていたなかから、「中国」が独立したのである。たとえば、文和三（正平九＝一三五四）年に将軍足利義詮《よしあきら》が細川頼有《よりあり》（頼之《よりゆき》弟）に「中国凶徒退治」にしたがうよう命じたり、延文元（正平十一＝一三五六）年には直冬や彼を庇護《ひご》する山陰の山名時氏《やまなときうじ》、防長両国の大内弘世《おおうちひろよ》らの南朝方勢力を打倒する「中国討手《うって》」のことが議せられたり、その命令をうけて下向した細川頼之は「中国管領《かんれい》」などと呼称された。

細川頼有は文和五年に備後守護に任じられ、中国管領細川頼之は、備前・備中・備後・安芸などにおいて軍事指揮、押領《おうりょう》の停止、下地《したじ》の遵行、所領の預置《あずけおき》などの広域的支配権を行使している。幕府は、頼之の尽力で貞治二（正平十八＝一三六三）年

鞆の景観(福山市)　中世以来の地割の方法を示す建造物も遺存し，また海岸線は江戸時代中・後期のものであって港湾諸施設も存在する。内海の東と西の潮の境目の良港として国際交流も活発な，いわば友好の入江であった。

には、山名時氏・大内弘世を服属させ、直冬を石見《いわみ》に没落させている。

「中国」は、現在の中国地方をおおう広域的な地域呼称として、南北朝時代中頃に京都の支配者層に認識された。しかも、「中国凶徒」「中国討手」のように、京都政権に敵対するものがいる地域とされた。

この呼称の由来は、地理的には九州との中間という意味であるが、京都の足利政権と、南朝を奉じてそれに対抗する九州の領主、山陰の山名氏や防長両国の大内氏との政治上の〝中間〟として成立した。したがって、足利政権からみると、細川頼之・頼有兄弟の任務が反幕府の地域大名の打倒・服属を目的としていたように、東部は味方地であるけれども、西部は敵方地、中部はその境目にあたる構図であった。

大内氏は、幕府方に転じたものの、朝鮮・中国・琉《りゅう》球《きゅう》などの東アジア諸国との貿易に基づく経済力を基盤にして独自性・主体性を保持した。

そして大内弘世は、貞治五年七月に石見を制圧し、益《ます》田《だ》兼《かね》見《み》らを率いて安芸山県郡北部の大田に進出してくる。その後、国人領はさけながらも、東寺修造料所に付せられていた安芸国衙《こくが》領を激しく押領する。

安芸国衙領は、観応年間（一三五〇～五二）以来守護武田氏やその被官の郷保地頭らが動乱を好機と押領を重ね、その停止を幕府から命じられた大内弘世も、軍事下の一時的措置として国衙領のうちを拝領したとして、それを支配下の軍勢にあずけおいた。また、沼田小《こ》早《ばや》川《かわ》氏による入《にゅう》野《の》郷・郡《こう》戸《ど》郷・戸《と》野《の》郷、厳島神主家の己《こ》斐《い》村・佐《さ》西《さい》郡内、平《ひら》賀《が》氏の入野郷、武田氏の佐《さ》東《とう》郡《そ》杣《ま》村、温《ぬく》科《しな》氏の温科村、香川氏の八木村など、国人らによる近隣の国衙職の押領も激しく行われた。

こうした国衙領の押領とほぼ並行して安芸国内に散在する厳島社領の押領も進んだ。太田川河口の坪《つぼ》井《い》・古《ふる》河《かわ》・堀立・吉《よし》次《つぐ》などの平安時代以来の倉《くら》敷《しき》地が、金《かな》山《やま》（銀山）城の武田氏によって押領されているほか、平賀氏が造果保、毛利氏が小山・上竹仁《かみたけに》、宍戸《しし ど》氏が高田原、天野氏が志芳《しわ》荘内の二分方など、有力国人が本領周辺を押領している。

国衙領や厳島社領などの荘園の押領によって、武田氏、大内氏、国人らの経済基盤は増大したが、散在所領を押領された厳島神主家は佐西郡を固有の領域とする国人領主化の道を歩むことになった。また、内海流通の要港である厳島の利をいかして海洋領主として朝鮮とも貿易をするなど、内外の流通経済にも積極的にかかわっていくのである。

安芸国人一揆●

幕府・細川氏と地域大名の両勢力が相拮抗《きっこう》するなか、将軍義満《よしみつ》は、明徳《めいとく》の乱において山名氏を追討し、続いてそれに大きく貢献した大内義弘《よしひろ》を応永六（一三九九）年に和泉堺《いずみさかい》に攻め滅ぼした。応永の乱である。朝鮮や中国との貿易に実権を有し、瀬戸内海の支配も可能であった大内氏の勢力の削減と、それによってみずからの基盤を拡大することが目的であった。

乱後に幕府は、大内義弘の弟盛見《もりみ》がまもる周防・長門の平定にのりだす。応永七年七月には大内弘茂《ひろしげ》（義弘弟）を下向させるとともに、八年には備後守護に山名氏惣領の常熙《じょうき》、九年には石見守護に山名氏利《うじとし》、十年には安芸守護に山名満氏《みつうじ》を任じ、大内氏攻めの包囲網を形成した。山名満氏は明徳の乱で滅亡した氏清の子息である。満氏は守護代小林氏を入国させ、福原広世《ふくばらひろよ》、吉川経見《きっかわつねみ》、竹原小早川陽満《ようまん》らをしたがえて、大内氏与党の安芸国人と激しい戦闘を行う。平賀妙章《みょうしょう》は、応永十年暮れの高屋における守護方との合戦で三人の子息を戦死させている。

幕府は、山名常熙の申しいでに応じ、守護方に抵抗する中心人物である平賀・武田両氏に対して御使を下向させて調停をはかるとともに、なお抵抗するものは退治すべしとの将軍家の治罰の御教書《みぎょうしょ》を発している。

このような幕府・守護方の措置にもかかわらず、応永十一年九月二十三日に三三人の安芸国人は五カ条の一揆契状《いっきけいじょう》を結ぶ。治罰の御教書をくだされた武田氏は加判していないが、その庶子家の伴氏、武田氏支配下の佐東・安南《あなん》・安北《あんぽく》各郡内の香川・品河・金子・温科・遠藤・三須各氏らが署判していることが注目される。また造果保の窪角《くぼすみ》氏、久芳《くば》氏のように国衙領地頭も加わっている。

契状の第一条は、理由なく本領を放たれた場合には一同で愁訴《しゅうそ》する、第二条は国役《くにやく》は一揆衆で談合する、第三条は合戦には即刻馳参する、第四条は一揆衆中《しゅうちゅう》で相論があった場合は談合して道理のあるものに加担する、第五条は将軍の命にはしたがう、とある。

南北朝時代中頃に大内氏が安芸国衙領を押領して以来、安芸国人のなかには大内氏から所領を給与されたり、また大内氏を庇護者とたのむものも少なくなかった。

応永の乱直後に将軍義満は天野氏の本領志芳荘を闕所《けっしょ》にしているし、石見守護山名氏利は入部早々国人領の安堵《あんど》を本領・新恩地・当知行地に区分して行っている。また幕府は安芸守護山名満氏に宛て、国内の

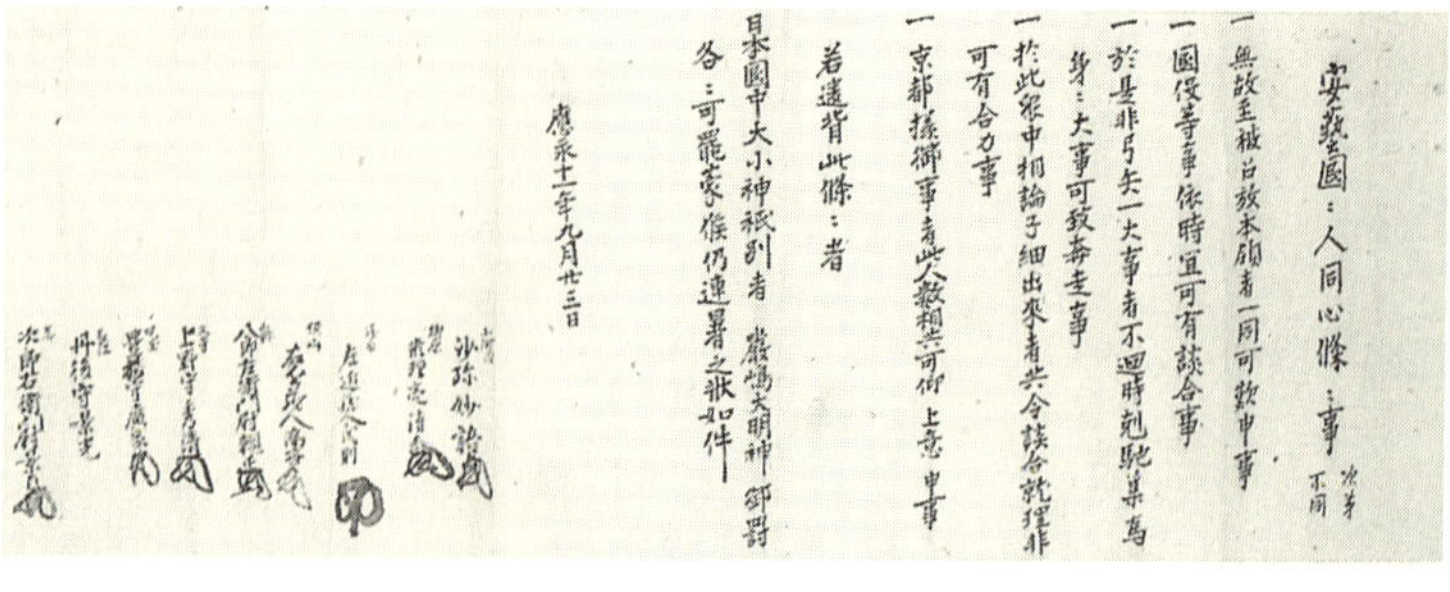
安藝國々人同心條々事　次第不同
一無故至被召放本領者、一同可歎申事
一國役等事、依時宜可有談合事
一於是非弓矢一大事者、不廻時剋馳集、為
身々大事可致奔走事
一於此衆中相論子細出來者、共令談合、就理非
可有合力事
一京都様御事者、此人數相共可仰上意申事
若違背此條々者
日本國中大小神祇別者、嚴嶋大明神御罰
各々可罷蒙候、仍連署之状如件
應永十一年九月廿三日

地頭御家人以下の当知行・本領・新領の支証を提出させるよう命じており、事実満氏が吉川経見の当知行地を安堵している例もある。このことは、新守護の安堵政策の実施のなかで大内氏から給与された所領が整理・没収される可能性があったことを示している。

このような歴史的背景をふまえれば、契状の第一条はよく理解できる。それゆえに大内氏与党の国人の危機感は強く、その抵抗は激しかった。戦争は長期化し、守護山名満氏も国内を転戦して一揆衆の討伐にあたった。備後からも石見からも、多くの人的・物的援助が続けられた。

応永十三年にはいって事態は急展開する。山名常熙と一揆側の中心人物であった毛利光房、平賀妙章との交渉のなかで、常熙は幕府討伐軍を派遣すると恫喝《どうかつ》した。その結果、彼らはついに降伏することを決断し、起請文《きしょうもん》を提出した。それに対して常熙は、幕府討伐軍の発向停止、一揆衆を赦免して御免の御教書を申請すること、そして安芸守護を山名満氏から同熙重《ひろしげ》に交替させることを約束している。

応永十四年にはこの地域の守護的地位にあった武田信之《のぶゆき》が、幕府・守護方にしたがった熊谷在直《ありなお》に可部《かべ》荘西方内の品河跡（一揆衆の品河実久の没収地）を給与している。一揆衆と幕府・守護方の最大の争点

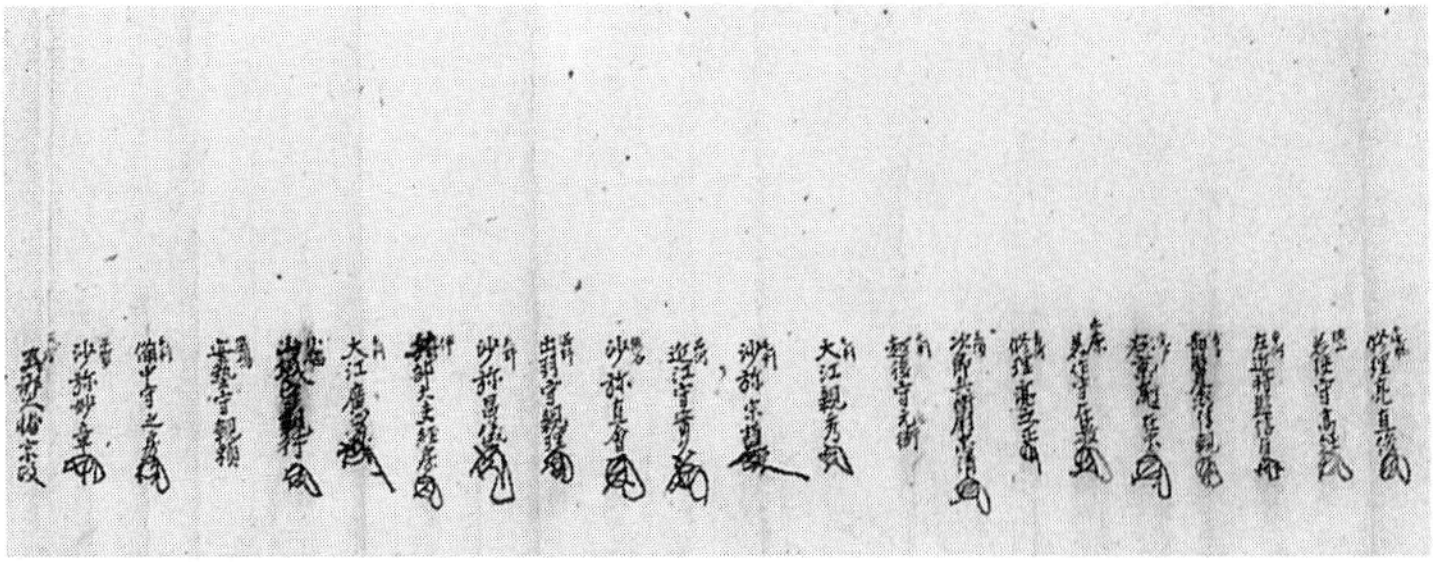
安芸国人一揆契状(応永11〈1404〉年)

は契状の第一条にあったが、幕府・守護方は一揆衆の目的を具体的に打ちくだき、所期の目的を達している。その意味では、一揆は政治的に崩壊したといえる。

契状の第五条から考えて、一揆衆は将軍に直属し、衆中として在地秩序の維持を行うことを構想したのかもしれない。しかし、時代の諸条件は一揆衆中をいわゆる公権の受皿《うけざら》とするにはなおととのっていなかった。

将軍義満の大守護弾圧政策が、その与党の国人を制圧し、守護と国人の関係を弱体化させようとするのは当然である。幕府・細川氏が後援する山名氏と、東アジア諸国との貿易を基盤に独自性を保持する大内氏とのまさに境目として、安芸国人らは人的・物的に大きな損害をこうむりながらも貴重な経験をした。国人の結集が安芸の支配秩序の維持に力があることを示すとともに、それが境目の生きる道であることを宣言した意義は大きかった。

分郡主武田氏●

安芸守護としての山名氏の支配領域は一国全体におよぶものではなかった。南北朝時代中頃の守護武田氏《うじ》信《のぶ》が給与・預置・安堵した所領は、高田郡・豊田郡にも数例あるが、安南・安北・山県の三郡にかぎられる。武田氏が鎌倉時代の支配基盤を継承して佐東郡を本拠にこれら三郡に支配をおよぼしていたことはあきらかである。応永二十二(一四一五)年に山県郡の吉川経見の本領安堵を吹挙した武田信守《のぶもり》の支配領域は「分郡」、その地位は「郡主」と称されている。

応永の乱後の安芸国内では、武田氏は東部の沼田小早川氏とならび立つ強大な領主であった。沼田小早川氏は、乱後の中国地域の緊迫した政治情勢のなかで、将軍家奉公衆の立場から幕府・守護山名氏方として活動した。応永十二年二月の将軍義満袖判《そではん》御教書によって沼田荘領家職が、下地は小早川則平《のりひら》の知行、年貢は一五〇貫文で則平が請け負うことになっているが、これはその軍事行動に対する褒賞と考えられる。

一方、一時反守護方として活動したが一揆契状に加判しなかった武田氏は、分郡主と位置づけられた。この意味を幕府の安芸国支配政策の基軸がなによりも大内氏勢力の制圧と削減にあったことをふまえて考えると、それは褒賞であるとともに、大内氏に対する最前線の防波堤としての役割を期待したものといえ

武田氏分郡内略地図

る。山名氏の備芸石三国守護への補任《ぶにん》の目的が、大内氏封じ込めのための包囲網の形成にあったこととあわせると、幕府は大内氏に対して二重の備えをとったことになる。

ところが、幕府内部において細川氏と山名氏の対立が進行すると、情勢は大きく変化する。

永享三（一四三一）年の大内盛見没後の持世《もちよ》と持盛《もちもり》の相続争いに端を発した合戦において、山名常熙は持世を積極的に援助し、また嘉吉三（一四四三）年には、嘉吉《かきつ》の乱のさいに赤松邸で横死した前石見《いわみ》守護山名熙貴《ひろたか》（熙高）の娘が、惣領持豊《もちとよ》の猶子となって大内持世の養嗣子教弘《のりひろ》に嫁しているように、婚姻関係をとおしてその結びつきを強化している。山名氏が大内氏と結んだ情勢をふまえ、幕府・細川氏は武田氏を大内氏に対する安芸国人層統合の中核とした。

康正三（一四五七）年に安芸国内では、大内氏と厳島神主家、武田氏と毛利・吉川・小早川各氏らの連合軍の軍事衝突がおこった。このときの合戦は、佐東・佐西両郡の境界辺、あるいは武田氏の金山城麓で行われており、大内氏とその先陣を切る厳島神主家、その侵攻を防ぐ武田氏の武力抗争の実態と性格を如実にあらわしている。

反大内氏方の中核として課せられた役割が高まると、大内氏は武田氏分郡の動揺を画策する。応仁・文明の乱中に武田信賢《のぶかた》は細川勝元《かつもと》のもとに在京するが、文明二（一四七〇）年ころに武田元綱《もとつな》が兄信賢にそむいて郡司らを殺害している。幕府は内藤泰廉《やすかど》や沼田小早川熙平《ひろひら》らに元綱討伐を命令し、大内氏は福原広俊《ひろとし》らに元綱への援助を求めている。この事件は、文明十三年に落着するが、それは元綱に分郡内の割分地を渡すという大内氏方に有利な形であった。

武田氏の一族としては伴・国重・福井、譜代家臣としては武藤・福島・山県・内藤、分郡内の国人としては、佐東・安南両郡内の香川・品河・戸坂・金子・温科・白井、安北郡内の熊谷・遠藤・三須、山県郡内の吉川・寺原・今田・有田・壬生《みぶ》、そして高田郡土師《はじ》の中村らの各氏がいる。

中世の婚姻は、両家の連合の基礎であった。郡主武田氏支配下にあった時代の熊谷氏の場合、惣領家は代々毛利・宍戸・温科・伴各氏から正室を迎えている。また、女子の嫁ぎ先は、厳島神社神主妻もあるが、すべて分郡内の三須・香川・白井・有田の各氏、そして武田氏奉行人の内藤氏である。この事実は、熊谷氏以外の分郡内の国人もまた同様の婚姻関係にあったことを推測させる。したがって、分郡の展開のなかで武田氏と国人らは歴史的に形成された幾重もの婚姻によって強く結束していたと考えられる。

そしてさらに注目されることは、熊谷氏が毛利氏の一翼をになない、天文十（一五四一）年に武田氏を討滅したあとにおいては、信直の娘が吉川元春《もとはる》、山内隆通《たかみち》、天野元明《もとあき》ら芸備の有力国衆に嫁し、郡主武田氏支配下の時代と顕著な相異を示している事実である。

地域の支配秩序が領主連合によって保障されている境目においては、婚姻のあり方、その広がりが権力編成と深い相関関係をもっていた。

2　国人と大名

国人領主の惣領権●

応永十一（一四〇四）年の安芸国人一揆契状に署判した三三人には同名のものがあり、たとえば毛利氏は惣領光房ら五人がみえる。毛利氏の永享六（一四三四）年の所領面積は、吉田惣領家一七六町余、麻原氏一五八町余、坂氏一二四町余、福原氏九二町余、中馬《ちゅうま》氏八二町余、河本氏三五町余と、全体で六七〇町余を六家で分割領有していた。

しかし、永享二年の毛利熙元《ひろもと》宛の毛利光房譲状、また宝徳三（一四五一）年の毛利豊元《とよもと》宛の熙元譲状には、その譲与地として吉田荘・内部荘・豊島《としま》郷・竹原郷・坂郷・麻原郷・有富《ありとみ》郷・入江保が記されている。これらの譲状記載の在所は、吉田惣領家が直接支配して年貢を徴収できる一七六町余をのぞくと、ほかは各庶子家への割分地であって、その年貢は各庶子家が徴収するのであり、惣領としては惣領権しか行使できなかった。この時代の惣領権は、基本的には幕府が賦課する段銭《たんせん》などを庶子家分について催促・徴集し、惣領家負担分とあわせて弁済する権限である。段銭などは図田《ずでん》面積（「大田文《おおたぶみ》」記載の田数）を基準に賦課されたが、国人領の図田面積はこの時代には幕府・守護への軍功の褒賞としてしばしば減少を認められている。毛利氏の場合、文安三（一四四六）年には二一九町余であった。

ところで、この譲状の在所名と毛利氏惣庶の本拠の関係は、吉田荘は惣領家、内部荘は福原氏ら、麻原郷は麻原氏、坂郷は坂氏となろうが、その領有は必ずしも一円的であったわけではない。

たとえば永享六年の毛利氏所領面積の基礎史料であった福原氏所領惣田数日記によると、福原氏は内部荘内福原村に四四町余と全体の四八％程度を有するが、ほかは坂・竹原・豊島・吉田などに散在している。この福原氏の例から考えて、各家の所領も名字の地を中核にしながら他郷へも散在していたこと、したがってその結果、郷内において惣庶各家の所領が入り組み状態にあったといえる。

さて、吉田惣領家の直轄所領面積は全体の約二六％である。一族のなかにおいてその基盤や地位が強固であったとはいいがたいし、事実惣庶間の紛争も激しかった。

応永二十五・六年には、庶子家にその拠城を攻められた吉田惣領家は、福原氏の援助を得てたたかっている。この紛争は、平賀頼宗・宍戸弘朝・高橋玄高《げんこう》の三人の安芸国人が連合して調停し、以後もしこの調停にそむいて無法をしかける側があったならば、三人としては調停を遵守している側を援助することを双方に契約しており、以後の保障秩序としての機能ももっていた。また享徳四（一四五五）年には、毛利氏庶子家の公役《くやく》の無沙汰《ぶさた》が問題化し、幕府は分郡主武田信賢にも毛利熙元に合力するよう命じている。

　このような不安定な惣庶関係は室町時代の国人領主が克服すべき課題であったが、こうした惣領権を制度的に機能させようと取り決められたのが惣庶間契約であった。宝徳三（一四五一）年の毛利熙元譲状には、つぎのようにのべる。

　一家中において各別の野心を構え、公役等を異議に及ぶ輩《ともがら》あらば、上聞に達し、かの地を松寿丸（豊元）に相《あい》計《はから》うべきもの也《なり》、ことに近年の書違《かきちがへ》の旨を守り、成敗《せいばい》致すべし、

惣領が公役などを勤仕しない庶子家を成敗する根拠は、近

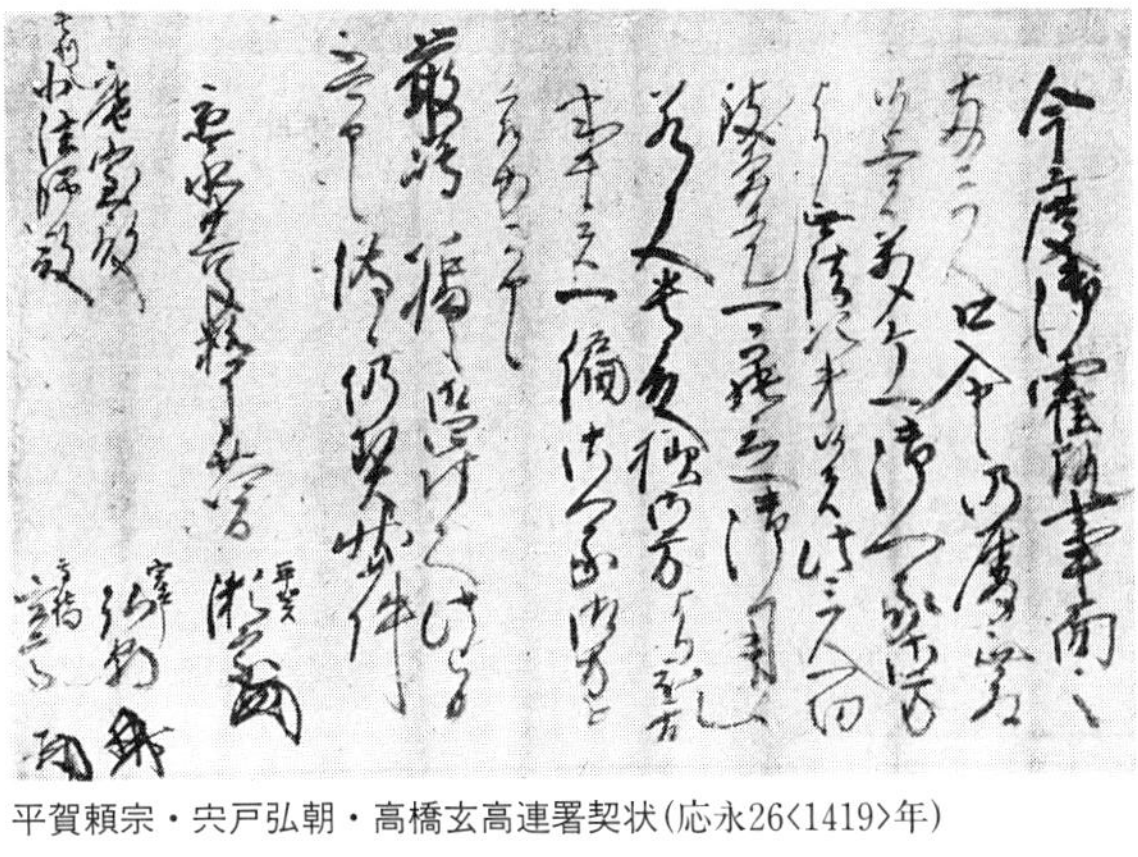

平賀頼宗・宍戸弘朝・高橋玄高連署契状(応永26〈1419〉年)

年つくられた「書違」であるとしている。

書違は、室町・戦国時代の境目の安芸や石見国内の国人領主間契約に用いられた。書違は、刺違えて死ぬなどと同じ用語法であり、当事者同士が同年月日（多少ずれる場合もある）に契約内容を書きあげた起請文（誓約書）を交換して盟約した契状をさす。二通でセットである。

書違が毛利氏惣領の家中成敗権行使の法的根拠とされていることは、この時代の毛利氏惣庶が分割領有を基礎とする盟約関係であったことを逆に示している。この書違が成立したのは文安元（一四四四）年のことであり、長禄四（一四六〇）年になって最大の庶子家麻原氏がたび重なる公役などの緩怠の咎《とが》により、万事惣領にしたがう旨を誓約した起請文の内容に違背するとして、その所領を没収されている。長年にわたって吉田惣領家に対抗してきた麻原氏は、上洛して将軍家につかえたが、文明三（一四七一）年に惣領豊元は山名・大内両氏の西軍側に転じ、地域大名の支配下に属して麻原氏旧領を実質的に確保した。

こうして吉田惣領家は、永享六年の所領面積でいえば、一七六町余に麻原氏旧領の一五八町余を加え、全体の約半分を直接支配下におき、惣領権の基盤を強化した。

庶子家起請文＝書違と、それを法的根拠とした惣領の家中成敗は、京都の将軍権力の介入にもかかわらず、在地において十分に機能した。その背景には、安芸における領主連合の発展と、それをささえた地域大名大内氏の勢威があった。

守護山名氏の備後国支配●

応永の乱後の緊迫した政治情勢のなかで芸石両国内の大内氏与党の国人らを討伐する役割をおって備後守護についた山名常熙にとって、守護所尾道を有し、宮氏・杉原氏ら将軍家奉公衆の本領もあって幕府・守護権力がはいりやすかった備南はともかく、同中部・北部の掌握は緊急の課題であった。

応永八（一四〇一）年に世羅《せら》郡の高野山領大田荘へ進駐した山名常熙は、翌九年には将軍家御教書によって請額《うけがく》一〇〇〇石で守護請し、下地《したじ》の知行も認められる。これによって、経済基盤をかためるだけでなく、安芸中部への軍勢の進撃にとって要衝である世羅郡を掌握した。大田荘の寺納年貢は、応永九年から永享十一（一四三九）年までの三八年間に未進累計二万六〇〇〇石に達しており、それは年平均約五四〇石という請額の半分強という多額にのぼっている。この守護請は、「天下」、すなわち幕府の危機に直面して将軍が命令して生じた事態であり、守護山名氏がその目的を遂行していくためには、未進を増加させ、守護領化を進めるのは当然のことであった。

また山名常熙は北部の地毗《じび》荘の山内氏の力をたのみとした。山内氏は鉄生産を行ってきた強大な国人で

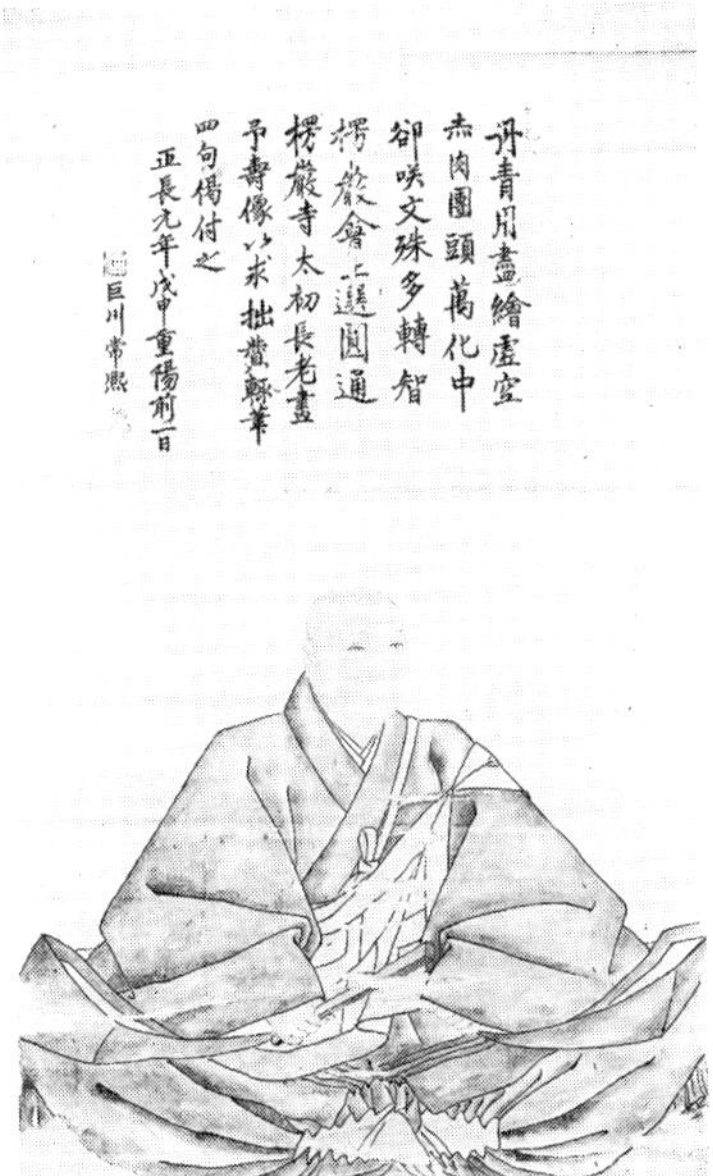
山名常熙画像　楞厳寺住持太初周廓が描いた寿像に正長元(1428)年９月11日に常熙が自賛したものである。

あった。文安二（一四四五）年に尾道や瀬戸田の船が合計一三〇駄の鉄を積載して兵庫北関を通関しているが、そのなかに地毗荘内河南・河北年貢の鉄二〇駄がみえる。山内氏の編成のあり方には、いくつか特徴的なものが認められる。一つは、山内氏の本領一六九貫文、給分四〇貫七〇〇文とそれぞれ貫高表示し、本領には二十分の一、給分には十分の一の役銭が賦課されていること（この賦課率の差異は、〃時の権力〃との関係における本領と給分の性格のちがいに基づく）、二つは段銭知行制の存在である。

守護大名は、十五世紀初期にはみずからの取得段銭を成立させる。ところが、同中期になると、その守護取得段銭を支配下の国人領主に給与するようになる。たとえば、文明二（一四七〇）年に守護山名持豊は山内豊成《とよしげ》に山内氏領の信敷《しのお》東西・地毗荘・津口《つくち》領家《りょうけ》・岩成下村《いわなりしもむら》・伊予半済《はんぜい》の公用段銭を給与している。

この時代の通常のあり方は、本年貢は領主、段銭は幕府や守護が取得していたが、右の場合結果的には年貢も段銭もともに山内氏の取得するところとなる。このことは、山内氏が合戦時の軍役の勤仕や所領貫高賦課の役銭の納入をはたすならば、山内氏領に守護山名氏権力は介入できない状態を生じている。

もともとは守護の経済基盤強化のために創出された守護段銭であったが、戦時下において明所《あけしょ》（給人のいない土地）の不足から支配下の国人領主を懐柔するために用いられた。このように守護大名の領国支配は、その展開のなかでみずからの基盤を喪失し、ゆきづまる。政治権力の崩壊期に共通してみられる特徴的事象の一つである。

守護山名氏は流通経済にも積極的に関与した。

尾道には名刹《めいさつ》が多いが、永享年間（一四二九～四〇）の西国寺《さいこくじ》の再興に関する寄付帳には、冒頭に山名持豊が閻魔《えんま》堂再興の施主であること、また一〇〇貫文を寄付したことが記され、以下に源目寿丸、山名教《のり》時《とき》、目寿丸の母、山名常勝、山名熙高《ひろたか》、山名教之の署判と寄付の内容が記帳され、そのあとに「当国沼隈郡新荘長者実秀（花押）五重塔婆建立寄付之、銭二十貫文　紫紙金泥最勝王経《こんでいさいしょうおうきょう》一部天暦十年（九五六）丙辰三月吉日」とある。守護代の犬橋近江《いぬはしおうみ》守満泰《みつやす》、その嫡子豊家《とよいえ》はしばらくあとに記帳されている。

沼隈新荘とは、近世の本郷村（福山市本郷町）を中心とした地域一帯を称するが、古くから銅山があった。また本郷村の東隣の赤坂村には「長者か原」「金堀谷」という地名があり、そこには「長者屋鋪《やしき》」と称する所もあり、「新荘太郎といへる長者」伝説も伝わっていた。長者か原銅山は、本郷銅山とともに近代にまで続いた。

沼隈新荘の長者実秀は、銅山経営で財を蓄積した富裕な商人的領主であり、守護山名氏の特権商人であった。備後で産出された赤銅は日明《にちみん》貿易の主要な輸出品であり、尾道がその積出し港であったが、このような特権商人による銅山経営はその背景として注目される。

また山名氏は領国内の生産物や在京用途を輸送するために直属船を所有していた。尾道に船籍がある住吉丸は「備後国料船」＝守護山名氏の直属船であったが、この住吉丸は兵庫北関へ物資を輸送したり、また同じ国料船の鞆宮丸や田島宮丸とともに入明船としても確かめられる。ほかにも直属船はあるが、いず

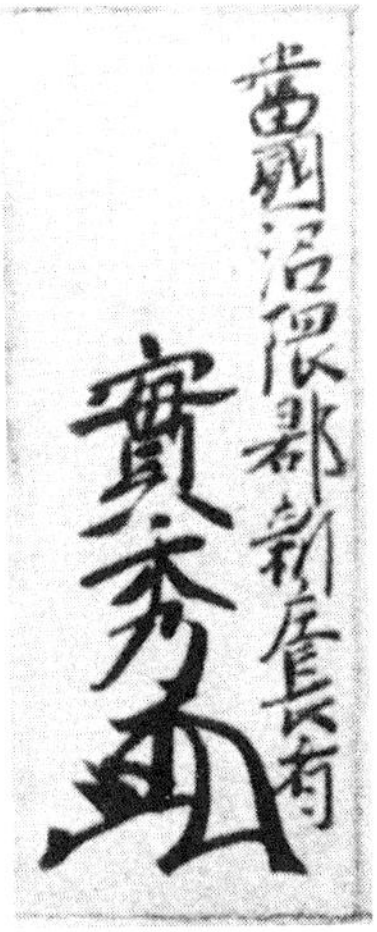
沼隈郡新荘長者実秀の署判

れも沼隈新荘から松永湾にでた藁江《わらえ》港を利用している。この周辺地域は塩の特産地でもあった。

守護山名氏の流通経済への積極性は、海陸の交通の要衝を押さえた守護領、鉄・銅・塩などの地域特産物を生産・流通させる特権商人の掌握、直属船による畿内《きない》への輸送や明との貿易などにあきらかである。

この時代には守護や商人らによって、尾道を接点にして尾道辺の地域内流通と、瀬戸内海、さらに東アジア的規模で展開する隔地間流通が密接に結びつけられ、国際性豊かな地域社会が現出していたのである。

大内氏と東西条

南北朝時代の中頃に大内氏が安芸に侵攻して国衙領の押領を行ったことなどはすでにのべたが、その一つの結果が東西条《とうさいじょう》の領有である。大内氏は西条盆地のほぼ中央に位置する鏡山《かがみやま》に拠城する。ここは広島湾頭から瀬野川、熊野路、黒瀬川にそい、また三津《みつ》から峠越えをしてはいるが、交通上は東は田万里《たまり》、西は志和奥屋《しわおくや》から湯坂を越える山陽道、あるいは久芳《くば》を経て備北へつうじる街道の起点としても要衝である。

東西条の状況は、応仁・文明の乱ごろから具体的に知られるようになる。境目であるがゆえに国人の行動の分散性・遠心性が作用しやすい安芸において、大内氏は、国人領主連合による地域の支配秩序の発展を援助しながらも、その統合をはかるために、東西条代官として重臣を派遣した。

文明二（一四七〇）年に仁保弘有《にほひろあり》は西条衆を率いて摂津の海辺部に転戦しているし、続く安富行房《やすとみゆきふさ》は、志和堀の天野氏、毛利氏一族の坂氏・福原氏らの協力を得て毛利氏惣領家と盟約をかため、国内の秩序維持を進めている。

さらに明応九（一五〇〇）年ごろには杉弘相《ひろすけ》、永正四（一五〇七）年にはその嫡子杉興宣《おきのぶ》の在職が確かめられる。杉興宣は、この年大内義興《よしおき》が前将軍足利義稙《よしたね》を擁して上洛するにあたって、備後の国人山内氏

❖コラム

備後砂

帝釈峡《たいしゃくきょう》の夏森《なつもり》には「備後砂《びんごずな》」とよばれた鉱石が産出する。別名八方砂《はっぽう》ともよばれる白色粒状の石灰石《せっかいせき》であり（大塊をくだくとすべて八角の形の小塊に分かれる）、厳密にいうと石灰石が黒雲母花崗《くろうんもかこう》岩《がん》の貫入をうけ、その接触部が熱のため変質して糖晶質になったものである。炭酸カルシウムの純度は日本一できわめて良質の再結晶した結晶質石灰岩である。

『芸藩通志』『西備名区』『毛吹草《けふきぐさ》』などの江戸時代の記録類に記されており、その用途は盆石の敷砂である。このことは、備後砂が盆石が盛行した室町時代には注目され、利用されていたことをうかがわせる。

事実、享禄三（一五三〇）年に越後《えちご》上杉氏は備後砂の入手をはかったが、それは当時京都でも「稀物」であった。さらにくだって備北の山内隆通《たかみち》は将軍足利義輝《よしてる》に音信として大刀・馬・備後砂一〇俵を献上している。それは将軍家の庭にしかれ、将軍はその比類ない美しさにおどろき、秘蔵品とした。将軍義政《よしまさ》の東山時代には書院造や枯山水式石庭等々に〝わび〟〝さび〟の特徴ある文化が展開されたが、備後砂はその敷砂として重宝されたと推察される。

また山内隆通の備後砂献上は、隆通が将軍義輝から毛氈鞍覆《もうせんくらおおい》・白笠袋《しろかさぶくろ》の免許というこの時代の尊卑の秩序のなかにおける栄誉を授与された時期にほぼ合致する。

備後砂が文化の時代的特質をいっそう顕著にさせる作用をはたしたことはもちろんであるが、地域特産物が山内氏の家格をあげ、備後および周辺の国において山内氏の名声を確立していくうえに一定の役割をはたしていたことを示すものである。

に軍勢催促をしている。東西条代官の広域的活動の一例である。
大永二（一五二二）年には陶興房《すえおきふさ》が代官であった。ところが翌三年春に佐西郡の厳島神社神主友田興藤《ともだおきふじ》が佐東郡の武田氏とともに出雲の尼子経久《あまごつねひさ》に与《くみ》し、大内氏とたたかうという事態が生じた。このため陶興房ら大内氏軍は安芸への陸路をふさがれてしまう。その間隙をぬって尼子経久は毛利氏ら安芸国人をしたがえて東西条にはいり、鏡山城を攻略した。

東西条代官は郡代とも呼称される。その又代官である小郡代には在地の西条衆の有力者が登用されており、杉弘相代には蔵《く》田《ら》田《た》右京進《うきょうのしん》、落城時は蔵田房信《ふさのぶ》であった。

鏡山落城後の大内氏による安芸回復は、大永四年に友田興藤との講和によって佐西郡を落着させ、また広島湾頭の尼子氏与党の駆逐によって進められるが、なによりも大永五年三月に毛利元就を尼子氏方から離反させて大内氏に属させたことが大きかった。毛利元就は志和の天野興定《おきさだ》と書違を取りかわし、個別の連合をかためながら着実に大内氏方をふやしていく。

陶興房は、炎上した鏡山城を放棄したらしく、杣山《そまやま》城を普請《ふしん》して直臣の伊香賀壱岐守《いかがいきのかみ》をいれ、毛利氏重臣の志道広良《しじひろよし》と緊密

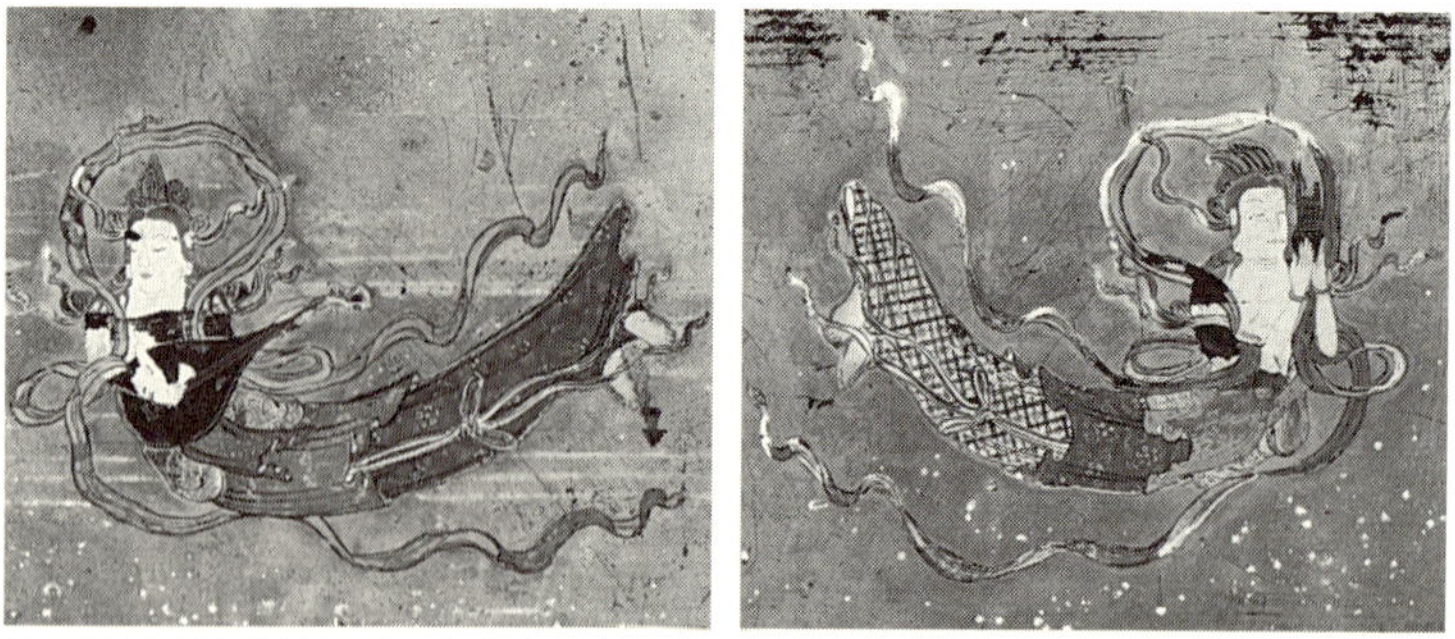

飛天像(東広島市福成寺)　福成寺は真言宗の古刹で，大内氏の氏寺である山口の氷上山興隆寺の末寺であった。この飛天像は，本堂厨子の扉の内側最上段に描かれている。室町時代初期の作。なお，左右は扉を開けたときの状態。

な連携を保ちながら、尼子氏との戦線を一気に備後北部の和智辺《わち》まで押し返した。こうして大内氏方と尼子氏方の境目は、中国山間地域に移動した。

東西条の範囲は、鏡山城落城後の大永三年八月十日の注文によると、西条盆地から南と西の内海沿岸にまで広がっている。貫高では合計五〇〇〇貫文余にのぼる。そして、たとえば「御薗宇《みそのう》三百貫　毛利知行」「東之村二百貫　阿曾沼《あそぬま》知行」のように、各在所に貫高・給人名が記されている。このような形で東西条には数百貫文単位で毛利・阿曾沼・平賀・天野・野間《のま》・多賀谷《たがや》・竹原小早川らの各国衆が知行地を給与されていた。

これらは、毛利氏の場合、さかのぼって文明七（一四七五）年の豊元代に大内政弘から御薗宇・寺町・寺家・原・三永・金蔵寺《こんぞうじ》領を軍功の褒賞として給与されて以来の所領である。ほかの国衆の給地の場合も、同様に戦時における大内氏への忠節の褒賞と考えてよい。

大内氏が長年にわたって安芸国衆らに東西条で多くの給地をあたえてきたことと、重臣を東西条代官として派遣していることのあいだにはつうじるものがあり、それは、境目であるがゆえに分散性・遠心性が作用しやすい国衆の行動を大内氏のもとに求心化させ、それによって安芸国衆の統合を進めていくという意図があったと考えられる。国衆平賀弘保は、陶興房の鏡登城のさい、太刀と馬を贈っているが、そのような儀式も統合という視点からすると重要な機能をもっていた。

東西条代官としてはこのあと槌山《つちやま》城によった弘中隆兼《ひろなかたかかね》の活動が確かめられるが、歴代のうち仁保弘有・安富行房・陶興房にはあきらかに海洋領主的性格がみられる。大内氏の朝鮮・中国・琉球そして南蛮との貿易・交流は著名であるが、陶氏の本拠の周防富田《とんだ》の弥益《いやます》丸はすでに室町時代に入明船としても確かめられる。

安富行房は、毛利豊元に「有合候之間、唐瓶茶碗一対、瑠璃盃《るりはい》一」を贈っている。安富代の所領は、周防熊毛郡三井村・高水荘などのほか、大内氏の筑前進出に伴ってあたえられた遠賀《おんが》荘代官職や、早良郡原村・曾我部《そがべ》村（新開《しんかい》新左衛門尉跡）などであり、博多《はかた》などの北部九州で外国産品をみずから仕入れる条件もととのっていた。「有合候」という文言には、みずからの手元に日ごろからおいていたことがうかがわれ、また、「比興候へ共、加様之物御数寄之由申候之故」に贈るという文言からは、趣味を共有している様相、あるいは国衆らの茶道具好きの茶人振りが浮かびあがる。

書違

大永五（一五二五）年六月二十六日に毛利元就と天野《あまの》興定《おきさだ》は、書違《かきちがへ》を取りかわし、盟約した。起請文様式の両文書中に「向後においては、大小事御扶助を得、相応の奉公を申すべく候」とある。「扶助」（「扶持」とも書く）と「奉公」は、従来主従関係のなかに位置づけて解釈されてきたが、この場合は当事者の国衆が相互に同文言を記しているのであるから、対等な横の関係における用語といえる。この文言が、国衆の相互協力と扶助の盟約のキーワードである。

しかしこの文言は、毛利氏を一方の当事者とする場合には、毛利氏が「国家」宣言をし、陶晴賢《はるかた》と断交したころから、各国衆との個別の機会をとらえて変化していく。

天文十八（一五四九）年の天野隆綱《たかつな》（興定子）宛の毛利隆元《たかもと》起請文には「大小事御扶助を得、奉公を致すべく候」とあるが、同二十三年の隆綱宛の元就・隆元連署起請文には「大小事聊《いささか》も疎意

❖コラム

なく、別儀長久申し談ずべく候」と記されている。毛利氏は、国衆天野隆綱に対して「奉公」を「申し談ず」にかえたのである。

このような使用文言の変化は偶然のことではない。隆元の嫡子輝元《てるもと》と、国衆宍戸隆家の娘との婚約が決まり、永禄六（一五六三）年に隆元はそのことに関して妹婿の宍戸隆家宛の書状案を作成する。案中の「長久御扶助を得、奉公をせしむべく候」に元就は「申し談じ候歟《か》」と添削している。元就は、書違の用語としての対等な横の関係における「奉公」と、主君に対する縦の関係の場合のそれを明確に区別して考えていた。

また、石見国衆益田藤兼は永禄六年に毛利氏に服属するが、元就は藤兼宛の起請文に「長久申し談ずべく候」と記す。ところが元就と藤兼のあいだを仲介した吉川元春は、藤兼宛の起請文に「永々御扶助を得、奉公を致すべく候」と記すとともに、毛利氏への「御馳走」（軍事的勤仕）を求めている。すなわち、元就は吉川元春と益田藤兼を書違で盟約させ、みずからは一段上にあって彼らをして馳走させる立場＝国衆の統合者と位置づけたのである。

国衆連合のキーワードである「奉公」の使用をやめたところに、元就の毛利氏「国家」づくりの観念面の動きが確かめられる。

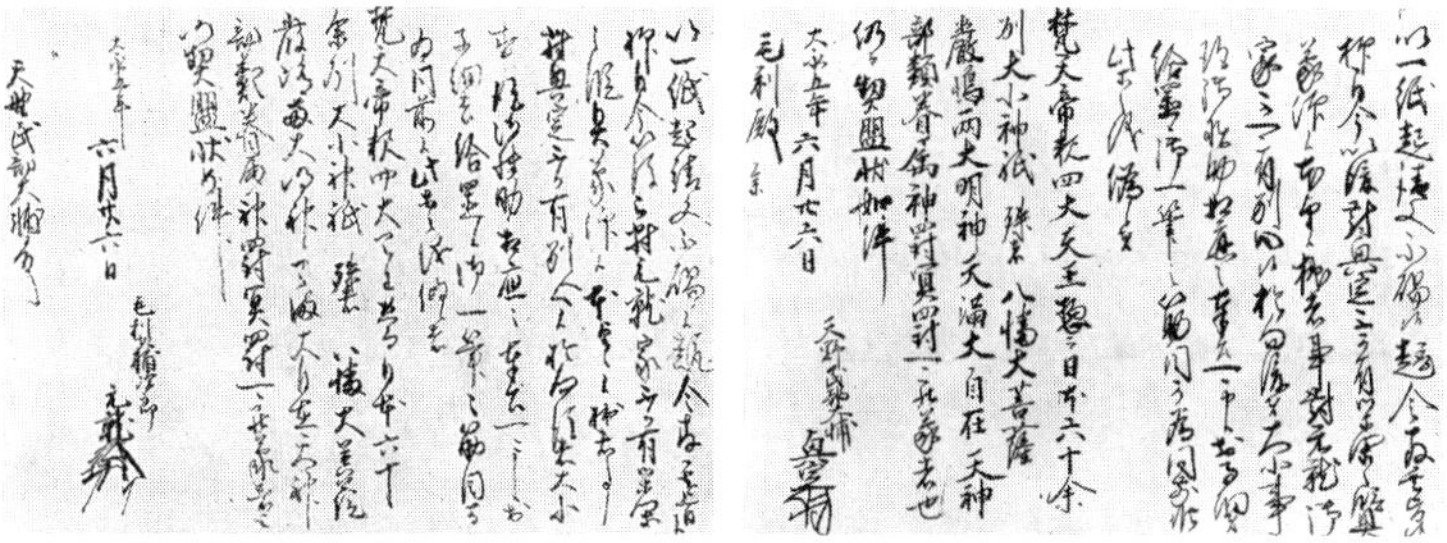

書違　天野興定起請文(右)と毛利元就起請文。

3　境目の盟主

高橋氏の領域と性格●

高橋氏は芸石国人領主連合の盟主の地位にあったが、享禄二（一五二九）年五月に毛利氏・和智氏・宍戸氏・大内氏（弘中隆兼）らの連合軍にその拠城である安芸横田の松尾城と石見阿須那《あすな》の藤掛《ふじかけ》城を攻め落とされて滅亡する。当主興光《おきみつ》が尼子氏方に与したためとされる。

その領域は、さかのぼって文明八（一四七六）年九月十五日に高橋命千代《めいちよ》が益田兼尭《かねたか》・貞兼《さだかね》父子に宛てた契状によって知られる。この契約は、文明の争乱期に従来からの密接な関係をふまえて結束の強化をねらった両氏の相互協力と扶助の盟約である。この契状には、惣領命千代が幼少であるため、同名や被官の一六人のものが傘連判《かされんぱん》して盟約の確認と保証をしているが、その署判者の名字が地名と一致する例がみられ、高橋氏庶子家の分出の態様がおおよそ知られるのである。それは口羽《くちば》・雪田《ゆきた》・長田《ながた》・出羽《いずわ》（君谷《きみだに》出羽氏は別族。島根県邑智郡邑南《おおなん》町）、生田《いけだ》・北・横田（安芸高田市美土里《みどり》町）と、連合的形態をとりながら国境を越えて一円的領域を形成していた。

翌享禄三年に大内義隆は毛利元就に上下荘（吉茂《よししげ》上荘・同下荘）・阿須那・船木・佐々部・山県の旧高橋氏領の知行を認める。元就は、直轄領も設定したが、石見国側は高橋口羽氏を志道通良、安芸国側は高橋北氏を弟就勝《なりかつ》に襲家させ、支配にあたらせた。これによって毛利氏領は石見東南部にまで大きく拡大し、石州《せきしゅう》路や江《ごう》の川《かわ》を口羽で押さえ、また鉄資源も掌握した。南北朝時代以来高橋氏にその所領の大半を押領されていた君谷出羽氏は毛利氏の与力となり、高橋氏と毛利氏に両属であった佐々部氏は毛利氏の家臣化する。

　享禄二年は中国山間地域において尼子氏が攻勢に転じたころであり、備後北部では蔀山《しとみやま》城を本拠にして出雲南部地域にも所領を有する多賀山《たかのやま》氏が尼子氏に攻略されている。さらに天文五（一五三六）年に尼子氏は、毛利氏に接近する山内氏を屈服させ、当主直通《なおみち》を廃し、その娘の嫁していた聟《むこ》多賀山通続《みちつぐ》の嫡子隆通《たかみち》を孫娘（豊通《とよみち》の娘）と結婚させ、備北をかためた。多賀山氏や山内氏は、出雲南部の三刀屋《みとや》・三沢・花栗（石見佐波《さわ》氏の庶子家）各氏と姻戚関係にあり、国境を越えて領主連合を形成していた。

　ところで、無年号であるが高橋氏攻めの直前と推定される四月二十二日に大内義隆は竹原小早川興景《おきかげ》に宛て、毛利氏家中で「錯乱」におよぶ事態があったが即時静謐《せいひつ》した、まだ不慮の儀が出来《しゅったい》する危険があるのでそのときは支援をするよう書き送っている（『小早川家文書』四七八）。これは高橋氏攻めをめぐって毛利氏内部で対立抗争があったことを示している。それは、濃い姻戚関係にあった高橋氏と毛利氏に両属

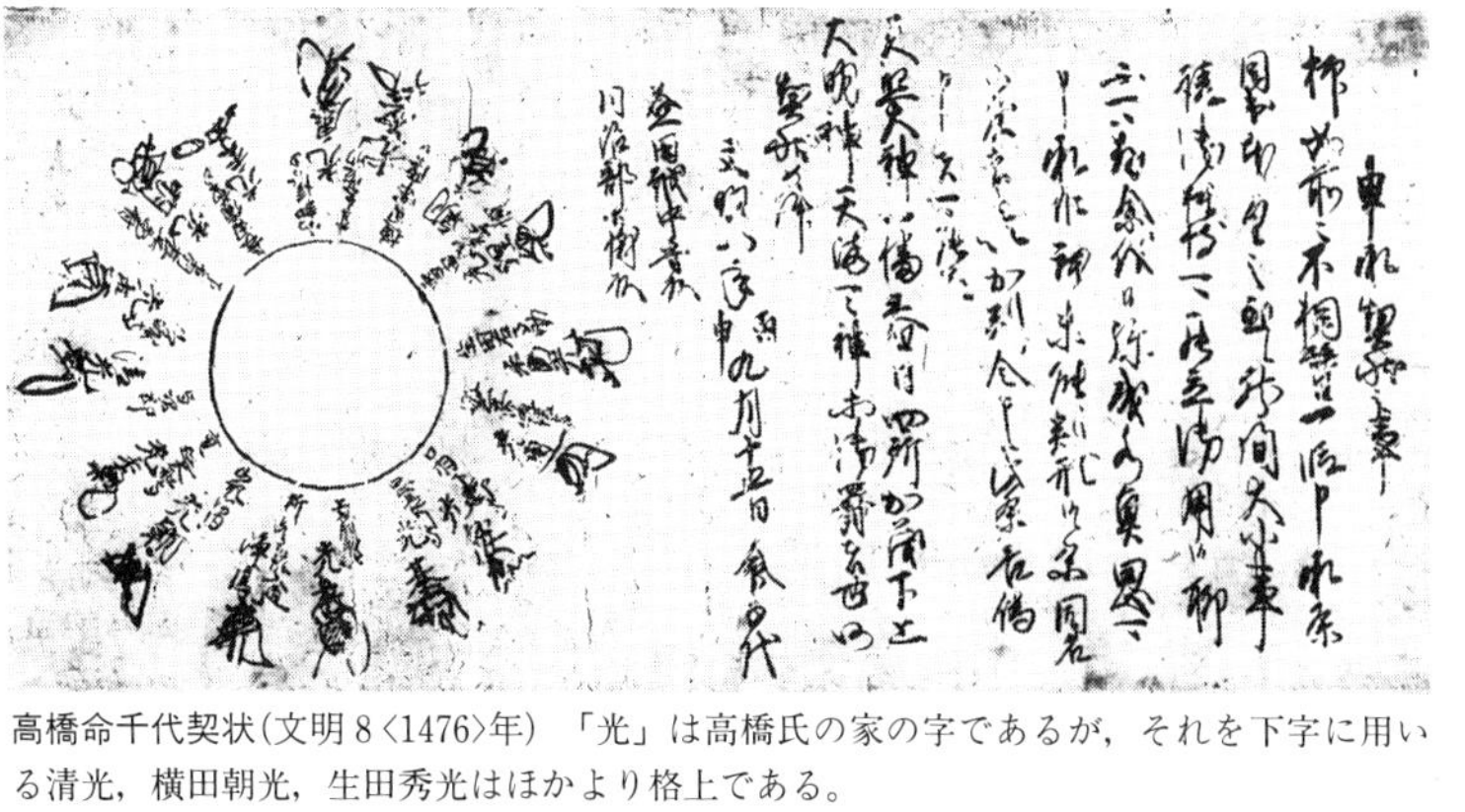

高橋命千代契状（文明8〈1476〉年）「光」は高橋氏の家の字であるが，それを下字に用いる清光，横田朝光，生田秀光はほかより格上である。

する周辺領主の存在や、毛利氏の家のなかで盟約が張りめぐらされ、上下の秩序が保ちにくい状態であったことを前提にすれば、理解しやすい。

享禄五年に福原広俊《ひろとし》ら毛利氏のおもだった三二人のものが、灌漑《かんがい》用水の整備、また負債農民・悴《かせ》被官・小中間・下人の人返を約束し、もしこれに違反したものは元就が「御下知」＝処罰を加えてもかまわないことを誓約している。高橋氏討滅という衝撃を力として、個別のかぎられた事項ではあるが、毛利氏の家のなかで在地支配を共同で行おうとする法的な秩序がはじめて成立したのである。いわば「家中《かちゅう》」の成立である。なお、全般的に元就の「上意」による〝家中成敗権〟が確立するのは、天文十九（一五五〇）年に井上元兼らの一族を誅伐《ちゅうばつ》し、その直後に福原貞俊《さだとし》以下二三八人のものが起請文を作成してそれを誓約したことによる。

ともあれこうして家中の統制もはじまった。

天文九年に尼子晴久《はるひさ》は、高橋氏のあとの国衆連合の盟主となっていた毛利氏の郡山《こおりやま》城を攻撃する。元就は、天野興定・竹原小早川興景らの国衆、陶隆房ら大内氏軍の来援もうけながらそれを切り抜け、その勢いで尼子氏と盟約していた分郡主武田氏を金山（銀山）城に攻め滅ぼした。元就は、大内義隆から深

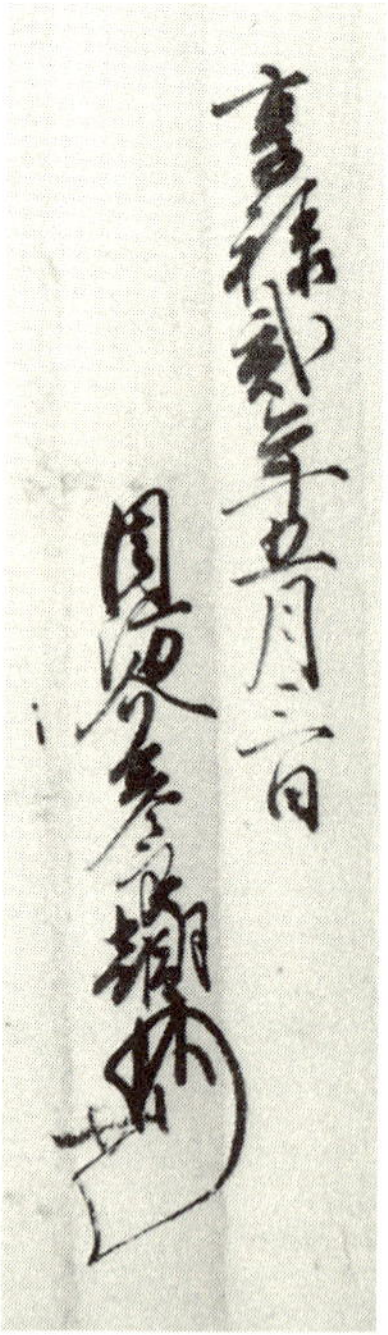

大内義隆の署判（享禄2〈1529〉年）　無年号の大内義隆書状でも，花押の編年を作成することによって，同形状の花押であれば年号が特定できる。

川・玖村・緑井・温井・原・矢賀・中山などの武田氏旧領を給与され、本格的に広島湾頭に進出した。このときに大内氏は桜尾城の友田興藤、その弟で厳島神社神主の広就をも討滅し、ここに鎌倉時代以来の藤原姓神主家もたえた。

こうした画期的な結果を可能にした基盤は、高橋氏を討滅し、その旧領を併合した毛利氏の強大化にあった。高橋氏の滅亡は、戦国時代初めごろのこの地域の最大の事件であったといえる。それはまた、歴史の敗者の構造や性格を究明することなくしては、勝者の実態の解明も行いがたいことをよく示している。

大内義隆は、天文十二年に大軍を率いて出雲にはいり、月山富田城《がっさんとだ》を攻撃する。この軍には、郡山攻めのさいに尼子晴久にしたがった吉川興経《きっかわおきつね》も加わったが、結局興経は大内氏にそむいて富田城内にはいる。備北の多賀山氏、山内氏らも同様の行動をとったため大内氏は敗退し、毛利元就も吉田へ逃げ帰った。

大内義隆は毛利元就に吉川興経の所領を没収して給与した。このことが、天文十六年に吉川氏家中で興経を廃し、元就の二男元春を養子として相続させる事件に発展する。興経の祖父国経《くにつね》の妹が尼子経久《つねひさ》の妻となっていた関係から、尼子氏方として活動してきた吉川氏も、ついに大内氏方の毛利元就の支配下にはいることになった。このことは、すでに竹原小早川氏をついでいた元就三男隆景《たかかげ》が天文十九年に沼田小早川氏の家督をも相続することになったのとあわせ、毛利元就の権勢をいっそう強化する。

こうして安芸・石見の国境地域から尼子氏の勢力は駆逐《くちく》されたが、備後北部の三吉《みよし》氏、山内氏、多賀山氏らが尼子氏から離反して毛利氏に服属を約するのは、毛利氏と陶氏が断交する前年の天文二十二年まで待たなければならなかった。山内隆通の服属は、毛利元就の女婿宍戸隆家の仲介による。隆家は、祖父元源室、父元家室が、それぞれ隆通の祖父直通の妹、父豊通の妹であった両家の濃い姻戚関係を利用した。

国人領主連合の発展●

南北朝・室町時代に国人らは、中央・地方における動乱や政治抗争に対応したり、領主権の確保を目的にして契状を取り結んで地域的に結集した。既述した安芸国人一揆はその一例であるが、それらはいずれも外部からの政治的衝撃を契機に形成されていた。ただ安芸国人一揆が契状に衆中の相論を調停しようとする箇条をもうけていたように、国人らが戦国時代にかけてなにを課題とし、在地支配のための領主連合をどのように発展させていったかについて考える必要がある。

「書違」というこの時代の国人の盟約にとって、領主連合は調停者となり、以後保障者として動くのであり、その判断は、毛利氏惣領から処罰された麻原氏が将軍家に庇護されたように、必ずしも幕府の判断とは一致しない。既述した応永二十五・六年の平賀・宍戸・高橋三氏の調停は、のちに毛利豊元がのべているように、「上意」によるものではなく、「国傍輩之取合」によるまさに在地的な調停であった。また享徳四（一四五五）年に幕府が毛利熙元《ひろもと》の惣領権行使とそれへの分郡主武田信賢《のぶかた》の合力を命じた事件も、管領細川勝元は「上意」による決着は困難と判断し、「私無為」による秩序維持を認め、安芸の領主連合の機能を重視している。

このように境目の安芸の国人らは、現実の紛争を処理することをとおして、相互協力の盟約と紛争処理の基準になる取り決めをつくりあげ、戦国時代にかけてその機能をいっそう高めていく。

永正九（一五一二）年三月三日に天野興次・天野元貞・毛利興元・平賀弘保・竹原小早川弘平・阿曾沼弘秀・高橋元光・野間興勝・吉川元経の安芸国衆九人は、一揆契約を結ぶ。なお、この時期には国衆家は惣領の統制を強化し、庶子家らを親類衆として家臣上層に位置づけていたので、署判者はいずれも惣領一人である。

契状は、第一条の将軍あるいは諸大名から軍勢催促があっても、一人で判断しないで衆中で相談し、請けるか請けないかを決める、第二条の衆中の親類・被官人以下が他出した場合、「洞《うつろ》」(各国衆の家中のこと)において相互に許容しないことなど、五カ条からなっている。

永正五年に大内義興は前将軍足利義稙《よしたね》を擁して上洛し、将軍に復職させる。ところが八年八月に細川澄元《すみもと》らの反撃にあい、同十六日に一時丹波《たんば》へのがれるが、同二十四日の船岡山合戦において細川澄元の軍勢を破ってふたたび京都を奪回している。この経過のなかで、大内義興に一貫してしたがった石見の益田宗兼らとは別に、八月十四日に芸石衆が「闕落《けつらく》」している。このことは実態としては芸石衆が大内義興形勢不利と判断して勝手に戦線から離脱して帰国した状態をさすが、その該当者は高橋元光・吉川元経・毛利興元の三人であった。

永正九年の国衆一揆は、京都でいわば敵前逃亡した国衆と、船岡山合戦に勝利して京都を奪回し、戦功を褒賞されてのちに帰国した平賀弘保や竹原小早川弘平など、多様な動きをした九人が、あらたに現出した大内義興と尼子経久の対立を背景にして結んだものである。こののち、毛利興元が高橋元光の娘、吉川元経が毛利興元の妹、興元の弟元就が吉川元経の妹と

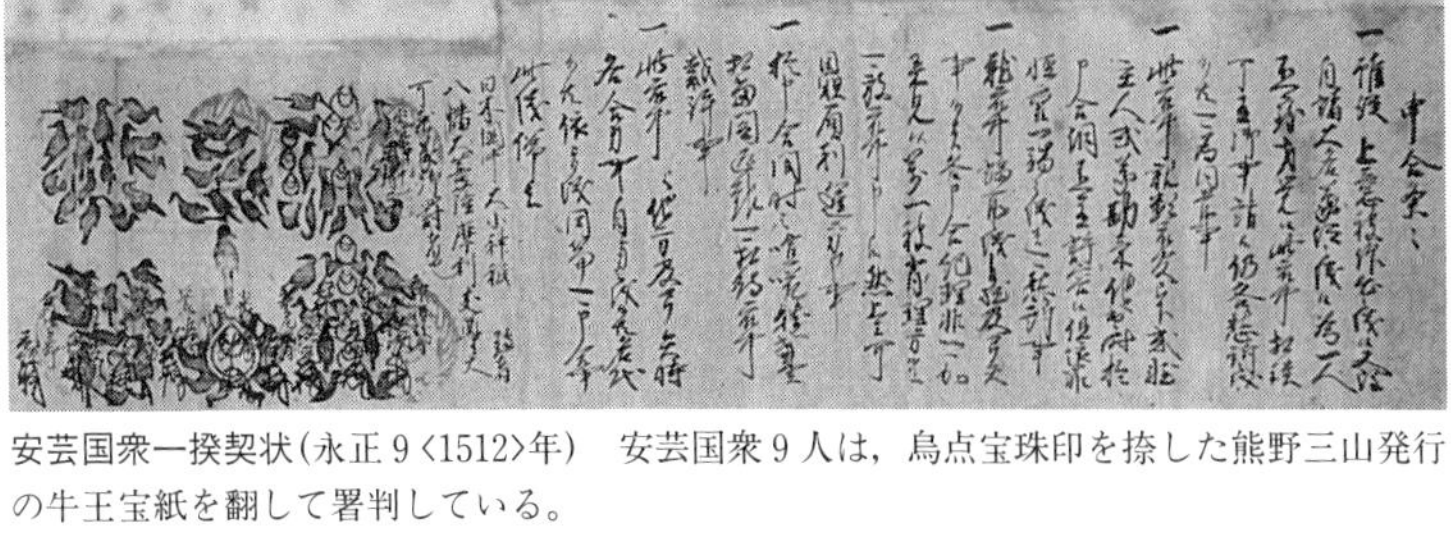

安芸国衆一揆契状(永正 9〈1512〉年)　安芸国衆 9 人は，烏点宝珠印を捺した熊野三山発行の牛王宝紙を翻して署判している。

つぎつぎと結婚するが、この事実は三家が右のような政治的背景のもとで大内義興を強く意識しながら婚姻関係によってその結束を強めた証《あかし》である。

ここでは第二条に注目しなければならない。丁度このころ志和盆地の天野興次と天野元貞の両国衆間で逃亡した忰者・中間の人返協約が結ばれている。政治的緊張下の盟約上の付随的な事柄であるにしても、それを多数の安芸国衆間協約に拡大し、在地秩序による解決をねらったことは注目できる。

既述した享禄五（一五三二）年の毛利氏家中における人返協約も同様の問題であるが、合戦の多発する状況のなかで逃亡が拡大していたのであろう。

国衆間で逃亡被官の人返が明確に協約されるのは、天文二十二（一五五三）年の小早川隆景と平賀広相間の被官・中間、そして弘治四（一五五八）年の天野隆重・元明と天野元定間の下人に関するものである。これは、右述した十六世紀初期の中間の逃亡から、中期にはそれが下人層へ拡大した事態に対応した人返協約であるが、緊縛《きんばく》強化の背景には、大内氏討滅戦中における軍事力編成への支障をさけるねらいもあった。

さて、弘治三年の大内氏滅亡によって、毛利氏を統合者とする安芸国衆連合を公権力とする支配形態が確立する。元就と隆元は、いわゆる三子教訓状の思想によって家をかため、また安芸国衆一〇人との傘連判の作成によって罰則を明記して軍勢の狼藉《ろうぜき》を禁止し、それを各国衆家中にも徹底させた。毛利氏「国家」としての法的秩序の形成である。

この国衆間協約を各国衆家中に徹底するという領国内治安秩序の維持の方式は、この時期の重要な課題であった人返にも適用された。永禄（一五五八〜六九）初年に毛利氏の主導のもとに多数の安芸国衆間において、下人が逃亡した場合に相互に人返を行って彼らを緊縛する協約が結ばれた。これは、公権力の統合者＝国家主としての毛利氏が、領主制の内部構造から生じた矛盾を解決するために創出した法であった。

国衆にも逃亡される側、逆にうけいれる側の双方があったわけであるが、こうした協約が成立するということは、国衆が自領の利益のみでなく、国衆全体の利益を追求することが、自領の利益をもその根底において保障することになるということを深く認識した結果である。こうした広域的な視野での価値を認める意識の形成は、主権的権利の制限を容易にし、変革の道づくりを進めていく。

なお、国衆の主従制的支配のもとに緊縛された下人らと異なって、領域内の百姓は、のち豊臣政権下で毛利氏が実施した惣国検地時にその名請場所において土地緊縛されることになる。

堀立直正と能島村上氏

海に囲まれた中国地域における毛利元就の戦国大名領国形成とその支配には、水上勢力の軍事的・経済的両面からの協力が不可欠であった。

堀立直正は、すでに指摘したが、平安時代の終わりごろに山県郡の厳島社領志道原荘の倉敷地が設けられた太田川河口の堀立を名字の地とする。直正は、天文十（一五四二）年の武田氏滅亡後に武田氏旧領の佐東を領有した毛利元就に属した。佐東は、天文十五年に元就が隆元に家督を譲与したのちも福井・山県両氏を触頭《ふれがしら》とする元就直轄領として編成され、佐東衆とよばれる元就直臣《じきしん》団を輩出した。そして彼らはのち領国の拡大と支配にあたって多くの重要な実務をになっている。

堀立直正は、毛利元就が陶晴賢と断交した天文二十三年には、金山城の大内氏在番衆や廿日市《はつかいち》・厳島の制圧に活躍する。そして厳島合戦後の毛利氏の防長両国侵攻においても、三田尻《みたじり》や赤間関《あかまがせき》などの港町を調略し、弘治二（一五五六）年には赤間関の鍋《なべ》城を攻略し、以後天正六（一五七八）年ころまで二十数年間にわたって軍事的には鍋城番、行政的には赤間関代官として勤仕している。

堀立直正がこれらの港町の攻略戦において調略の成果をあげたのは、廿日市・厳島・三田尻・赤間関などの各町衆と日常的に流通経済活動をつうじて形成していた人間関係を有効に作用させたためである。

直正は、多くの材木や板を用意して鍋城の会所・塀《へい》・番屋などをはじめ、長門火山《ひのやま》城、対岸の門司《もじ》城などの城普請をみずからの財力で行い、また兵粮《ひょうろう》米を数百俵単位で調達して提供したり、八朔《はっさく》には毛利氏に米一〇〇俵を贈るなど、その諸物資の調達・輸送能力、資金力、普請力などの大きさは注目される。その傘下には、すぐれた職人・商人・船頭・水夫らが編成されていたと考えられ、元就が直臣としてめしかかえた内海商人の典型として特筆される。毛利氏の直属水軍はこうした実態と性格を有する佐東衆の川内《かわうち》衆を編成して形成されたものであった。

中世は海に国境がない時代であった。海の道を利用して内海・中国地域の大名・国人・商人・「海賊」らは、みずから主体的に東ア

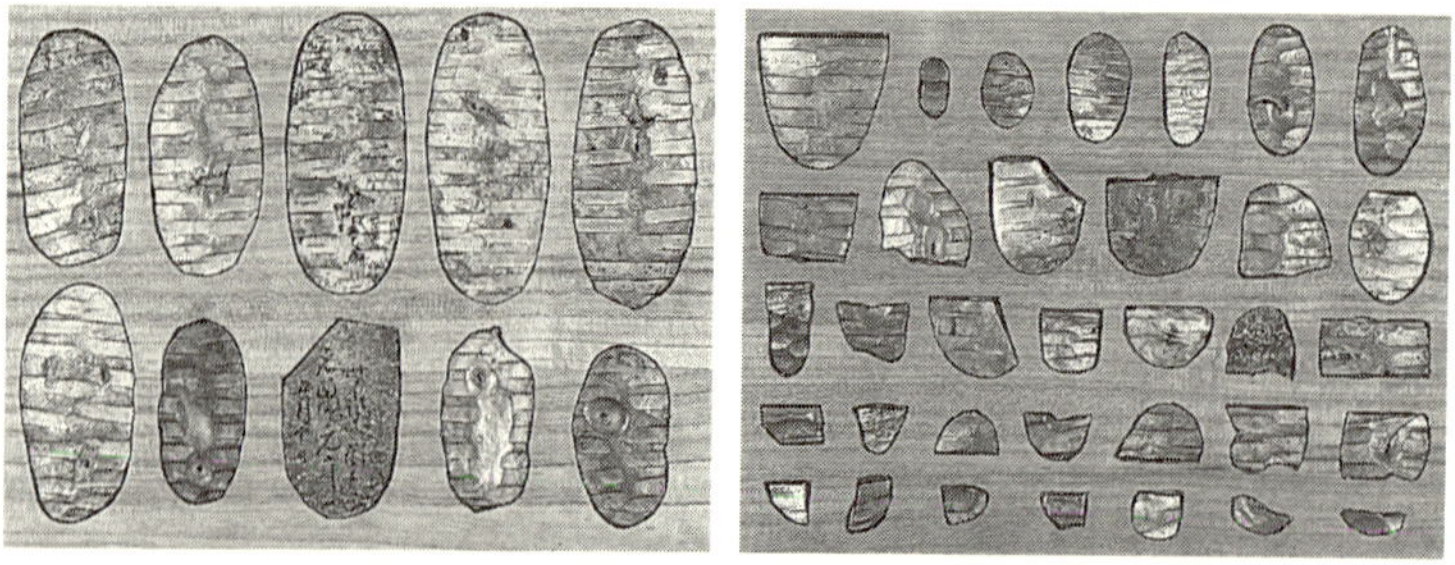

灰吹銀　灰吹法により精錬された判銀。左下段真中のものには「元亀元年五月十日」の墨書がある。完形のもので最大縦13.2cm×横 6cm。切断して重さの値打ちで流通した。

ジア諸国に渡航してその経済権益を共有し、共存していた。とくに十六世紀の日本から中国への銀の流出は注目される。たとえば一五六一年のポルトガル人バルトロメウ゠ヴェーリョが作成した「世界図」に描かれた日本列島に数少ない地名の一つとして山口や銀鉱山（石見銀山）が記入されているように、ヨーロッパ人の世界観において極東にあいまいな形で位置した日本は、まさにフランシスコ゠ザビエルが一五五二年の書翰でいう「銀の島」として認識されていたのである。こうして同後期にはいるとヨーロッパ人も日本銀を求める動きに参入し、流通はいっそう拡大した。

このような広域的な流通に寄生して通行料を徴収し、そのかわりに上乗りして水先案内と警固を行い、その通航の安全を保障していたのが「海賊」である。「海賊」は、中世の海の秩序を維持する集団を象徴する呼称であって、けっして蔑称《べっしょう》ではない。

応仁元（一四六七）年の西軍大内政弘の上洛時には蒲刈《かまがり》の多賀谷氏ら、永正四（一五〇七）年の大内義興のときは能島《のしま》村上氏らが警固船をだして協力している。能島村上氏は、このときの褒賞として細川高国から塩飽《しあく》島代官職を給与され、塩飽において津公事《つくじ》＝通行料の徴収権を獲得している。

文明十五（一四八三）年の因島《いんのしま》村上吉充《よしみつ》譲状には、譲与地として御判地（守護からの給与地）のほか、私領と札浦《ふだうら》があげられている。この札浦が通行料の徴収地である。

よく三島村上氏と称されるが、地域大名の領国支配が展開するなかで、この因島村上氏は備後山名氏、そして大内氏、のち毛利氏に属す。来島《くるしま》村上氏は伊予河野氏の一族として活動する。ともに陸の大名の軍事力編成に組みこまれた水軍の性格が濃い。しかし、能島村上氏はきわめて自立性・独自性が強かった。それは、内海のまさに境目にあたる芸予諸島のほとんど真中といえる能島を本拠城にし、広く大きな海の支配権を基盤にしていたからである。

戦国時代に確認できるところでは、能島村上氏の札浦は、筑前国内、上関《かみのせき》、厳島、塩飽、堺と、北部九州から内海全域に分布している。

弘治元（一五五五）年の厳島合戦では、能島村上氏は、みずからの直轄領とした厳島に掟《おきて》を下して廻船への警固米＝通行料の賦課を否定した陶晴賢には与せず、毛利元就に加担した。そしてその後は、陸の大名が相互に戦争していても、一方に与することをさけ、いずれの大名とも友好の保持につとめた。たとえば、永禄年間（一五五八〜六九）の毛利氏と大友氏の戦争中には毛利氏への協力が不十分であったとみられ、それを問題にされて毛利氏、小早川氏の水軍に能島城を攻められ、大友氏水軍の支援をうけたこともある。しかし、これは、陸の大名の戦争中にその片方に積極的に加担した場合、敵方となった大名の領国

村上武吉・同元吉の署判　花押の形状からは海の波が連想される。

過所旗　縦53.3cm×横44.8cm。

❖コラム

能島村上氏の過所旗と船幕

天正九（一五八一）年に村上武吉が厳島の祝師《ものもうし》にあたえた過所旗と同様のものとして、天正九年三月二十一日に武吉が紀州雑賀《さいか》の向井経右衛門尉にあたえたもの（平成十一〈一九九九〉年五月に和歌山県立博物館で公開）、天正十年十二月十九日に村上元吉が筑前今津の問《とい》左京亮にあたえたもの（『筑前町村書上帳』）など数例が知られる。

また、これとは別に当時「幕」あるいは「紋幕」と呼称されていた船幕がある。永禄年間ごろの九月二十六日に平戸の松浦隆信《まつうらたかのぶ》は村上武吉に宛て、「御幕」の下付を申請して給ったことを慶び、このうえは「御用」があったら腹蔵なく命じてもらいたいとのべている。また、赤間関の問丸役佐甲氏は関町の特権商人でみずから海上輸送を行う内海商人であったが、天正十三年三月十日に佐甲藤太郎は村上元吉に「紋幕」を所望してあたえられ、「海上異儀なく往返」を保障されている。

札浦の分布とともに、これらの遺存する過所旗と船幕の関係史料の内容からも、能島村上氏の広く大きな海の支配権と海上勢力の編成のありようを確かめられる。

天正十六年に「海賊」停止が布令されたのに対し、能島村上氏は、小早川隆景をはじめ、伊予《いよ》に封じられた福島正則《まさのり》・戸田勝隆《かつたか》らをとおして秀吉への取りなしを依頼し、政治的妥協の道を模索した。しかし、それは統一政権の樹立を推し進める天下人秀吉にとって不可欠の政策であり、妥協が成立するような事柄ではなかった。「海上賊船」を詰問する秀吉の申し入れを無視し、さらに証拠がないといい張った能島村上氏に対し、秀吉はたしかな事実であるから当事者の成敗だけでなく元吉の身上にも迷惑がおよぶと恫喝《どうかつ》し、曲事《くせごと》であると断じて、あがく能島村上氏を屈服させた。

内に所在する札浦において、通行料が徴収できなくなる事態を想定し、それを回避するためであった。能島村上氏が陸の各大名と全方位・等距離外交をつらぬこうとしたことは、広い海域に分布する札浦を拠点にして能島村上氏の広域的な海上支配権が維持されている構造をふまえれば、容易にうなずける。分権であるからこそ、能島村上氏は「海賊」として勢威を誇示できたのである。

のち「天下人」の地位についた豊臣秀吉《ひでよし》は、天正十六（一五八八）年に長崎を直轄領とし、外国船の長崎や平戸への回航を命じ、外国産品の輸入地を固定した。そして「海賊」を停止し、外国産品を畿内へ安全かつ自由に輸送する体制をととのえ、貿易の独占を実現した。この事実は、「海賊」の海上支配権という存立基盤が、秀吉によって政策的に否定されたことを意味する。秀吉は、海に関しては「海賊」の権益を奪取した存在であった。

地域主権の戦国時代に陸の大名の個別主権からはなれて広く大きな海を支配した能島村上氏は、多くの海上勢力を編成した海の大名であった。天文十年に友田興藤が滅亡後、大内氏の支配下において厳島神社神主に任命された杉景教《かげのり》は能島に在城しており、また厳島の祝師《ものもうし》は天正九年四月二十八日に能島村上武吉《たけよし》から布に「上」の字が書かれた過所旗をあたえられている。ともに商船を仕立てて海上を往来する海洋領主的性格を有しており、その活動保障の代償として能島村上氏に対して軍役などを勤仕していたものと思われる。そこには、土地所有の論理と異なり、海に生きる人びと固有の営みの構造がみえる。

能島村上氏の場合、毛利氏とは戦国時代をとおして盟約の関係であった。しかし、「海賊」停止令後に毛利氏の家臣化していく。海上支配権の象徴であった過所旗もまたその役割をおえる。

5章

戦国時代の安芸・備後

発掘された吉川元春館跡の庭園(山県郡北広島町)　築山・立石・池・敷石などで構成される戦国時代の庭園遺構が検出された。

1　毛利元就の登場

天文十九年の毛利元就●

天文十九（一五五〇）年は、戦国大名毛利元就《もうりもとなり》の生涯のなかでもっとも重要な節目となる年であった。まず第一に、元就の次男元春《もとはる》の吉川《きっかわ》家相続、三男隆景《たかかげ》による小早川《こばやかわ》家相続が名実ともに実現したのがこの年である。毛利家と吉川家の関係は深く、元就の妻（法名妙玖《みょうきゅう》）は吉川国経《くにつね》の娘であり、元就の妹は吉川元経《もとつね》に嫁いでいる。一方で吉川国経の妹は尼子経久《あまごつねひさ》の妻となっており、吉川氏は尼子氏勢力下の出雲《いずも》・石見《いわみ》の国人《こくじん》とも姻戚関係を結んでいた。吉川氏の当主興経《おきつね》は尼子氏に属しており、いったん尼子氏に服属しながらすぐに大内氏の陣営に復帰した元就とは、しばしば対立を繰りかえしていた。このため吉川氏の内部では、天文十五年ごろから一族の吉川経世《つねよ》や宿老の森脇祐有《すけあり》を中心に、興経を引退させて毛利氏から養子を迎えようとする動きがあらわれてくるが、引退する興経の処遇をめぐって交渉が難航していた。しかし、翌十六年七月興経が毛利氏側の要求をうけいれて決着し、十九年二月ごろに元春は吉川氏の本拠に初めて入部した。一方、隆景は天文十三年小早川氏の支流竹原小早川家を相続していたが、本家の沼田《ぬた》小早川家を相続したのはやはり十九年のことであり、翌二十年十月沼田の高山《たかやま》城に入城した。

これによって元就は、元春・隆景を両翼として安芸《あき》・備後《びんご》の国人との盟約関係をいっそう強化するとともに、吉川氏をつうじて出雲・石見の国人とのつながりを確保し、小早川氏をつうじて瀬戸内海の海上勢力との結びつきを強めることができるようになった。のちの毛利両川《りょうせん》体制の基礎が、このとき形成されたのである。

第二に重要な出来事は、この年の七月十二・十三の両日、家中の最有力者井上元兼《もとかね》とその一族を討滅したことである。井上氏はもともとの譜代家臣ではなく、室町時代中頃に毛利氏と主従関係を結ぶようになった。大永三（一五二三）年元就家督相続時の家臣連署状に署名した井上一族は一五人中五人に達しており、享禄五（一五三二）年の家臣連署起請文《きしょうもん》でも三二人中九人を占めていた。井上衆は元就の家督相続と前後して、毛利氏家中で親類衆や有力譜代をもしのぐ勢力をほこるようになったのである。のちに元就は小早川隆景に対して、自分は兄の興元《おきもと》死去以来四〇年、井上衆の横暴に堪忍を続けてきたと述懐しているが、それはいいかえると、元就の家督相続の流れを決定づけたのは、家中の最大勢力である井上衆の元就支持であったことを示している。

ところで、井上衆が急速に勢力を拡大した基盤はどこにあったのだろうか。注目すべきことは、井上衆

紙本著色毛利元就像　天正19(1591)年凞春《きしゅん》龍喜《りゅうき》の賛がある。菩提寺洞春寺の広島への移転にさいし製作されたと考えられる。

と流通・経済との深い関わりである。たとえば、井上元兼は郡山《こおりやま》城下の三日市で、石見銀山に往来する商人から「駒之足《こまのあし》」と称する通行税を徴収する権利を掌握していた。郡山城下の絵図をみると、元兼の子である源五郎就兼《なりかね》の屋敷は三日市にあったとされており、就兼が「内之商人」とよばれる商人たちを配下としていたことも知られる。また、多治比《たじい》川左岸の地と考えられる「中河原」にも、井上衆の所領があった。「中河原」は可愛《えの》川（江《ごう》の川）との合流点にも近い河川水運の中継地と考えられ、そのような交通の要地を井上衆が掌握していたのである。さらに、井上衆が討滅されたとき、和泉《いずみ》国堺に滞在していて難をのがれた井上一族がいたことも確認できる。どうやら井上衆は吉田の市町《いちまち》や商業・流通に対する支配権とそれに基づく強大な経済力をもっていたらしい。家中《かちゅう》のものだけではなく市町の商人や百姓までも井上衆に迎合していたという井上衆罪状書の表現は、あながち誇張ではなかったのである。井上衆の討滅は、彼らが保持していた経済的な権益を元就が奪い返したという側面もあったと考えられる。

元就は天文六（一五三七）年ごろから井上衆打倒を計画し、大内氏の援助を求めていたが、周囲の情勢により実行できなかった。ようやく井上衆討滅をはたすと、元就はただちに大内義隆《よしたか》に報告して承認を得た。七月二十日には、元就への服従を誓約する家臣二三八人の連署起請文を提出させ、家中に対する支配権を確立した。年末には毛利氏の家政機関としての五人奉行《ぶぎょう》が発足したが、この五人奉行制は、のちに戦国大名毛利氏の中枢支配機構に発展することになる。

このように天文十九年の元就の決断と行動は、毛利氏が戦国大名として発展していくための基盤を、家中の内と外でかためることになったのである。

戦国大名としての自立

天文二十（一五五一）年八月、陶隆房《すえたかふさ》（のち晴賢《はるかた》）が主君の大内義隆を倒すと、毛利元就もこれに呼応して広島湾頭に兵を進め、一帯を占拠した。元就は翌二十一年二月、佐東郡内所々《さとうぐんないしょしょ》知行注文を陶氏に提出し、五月には隆房が擁立した大内義長《よしなが》（晴英《はるひで》）から正式に安堵《あんど》された。元就は天文十九年八月以前に陶隆房から、大内義隆をしりぞけて嫡子義尊を当主とするクーデタ計画を告げられ、安芸国衆の同意を取りつけるよう依頼されていた。佐東郡一帯の領有は、隆房の計画に事前に同意したさい、その見返りとしてあらかじめ承認されていたものであろう。これによって毛利氏は、金山《かなやま》（銀山）城をのぞく広島湾頭の主要部分をほぼ完全に手中におさめることができた。その後、元就は陶氏の下に属しながら、安芸・備後の国人たちの盟主としての地位をいっそう確固たるものにしていった。

天文二十二年末から翌年にかけて、元就にふたたび大きな転機が訪れようとしていた。このころ毛利氏は陶晴賢から石見津和野《つわの》の吉見正頼《よしみまさより》攻めへの参陣を求められていた。晴賢に謀殺される危険を承知のうえで石見に参陣するか、陶氏と手を切って自立するか、背後をうかがう尼子氏の動向もにらみながら、元就と隆元《たかもと》・元春・隆景らの協議が続いていた。業を煮やした晴賢は平賀《ひらが》氏に使僧を送り、毛利氏から離反させようとした。しかし平賀氏は、逆にこの使僧をとらえて毛利氏のもとに送ったので、ついに元就は陶氏と対決することを決意した。

天文二十三年五月十一日夜、平賀氏などに挙兵の覚悟を告げた毛利氏は、翌十二日ふたたび広島湾頭に出兵して金山・己斐《こい》・草津《くさつ》・桜尾《さくらお》の諸城を接収し、さらには厳島《いつくしま》を占領した（防芸引分《ぼうげいひきわけ》）。毛利氏は草津に児玉就方《なりかた》、桜尾には桂元澄《かつらもとずみ》をおき、厳島の宮ノ城（宮尾城）には城番として己斐豊後守《ぶんごのかみ》などをいれ、広島湾頭の防備をかためた。こうして毛利氏は、戦国大名として自立する道を歩みはじめた。

石見津和野の陣中にあった晴賢は、ただちに反撃を開始し、部将宮川甲斐《かい》守を安芸に進発させた。石見から周《す》防《おう》にはいった宮川甲斐守は、山代《やましろ》（山口県玖珂《くが》郡山間部）の土豪たちを組織して安芸に進撃し、廿日市の北西の折《お》敷畑《しきばた》山に陣をかまえた。六月五日、宮川甲斐守率いる陶軍と桜尾城をでた毛利軍が山麓の明石《あかし》で衝突し、宮川甲斐守は討死した（折敷畑合戦）。緒戦の敗北を知った晴賢は、吉見氏と講和を結んで山口に戻り、大軍を率いて安芸にむけて進発して岩国に本陣をおいた。翌弘治元（一五五五）年になると、府中の白井氏をはじめとする陶方の水軍の活動が活発になるが、毛利氏は広島湾頭に確保した軍事拠点の防衛体制をかためて陶氏との決戦にそなえた。九月二十一日、厳島神社の秋の祭礼が終了するのを待っていたかのように晴賢は厳島に上陸し、塔の岡に本陣をおいて毛利方のまもる宮ノ城に対する攻撃を強めた。これに対して毛利氏は、小早川氏の水軍をよびよせ、

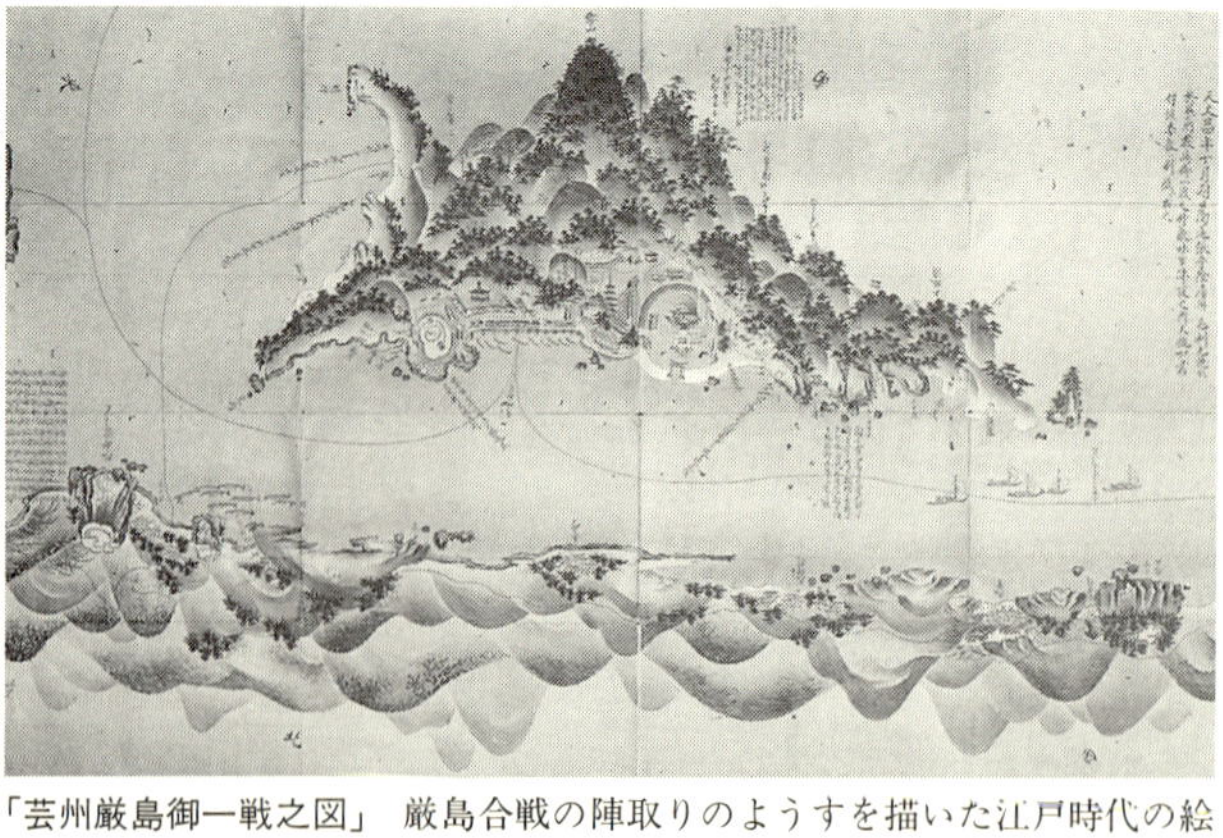

「芸州厳島御一戦之図」 厳島合戦の陣取りのようすを描いた江戸時代の絵図。博奕尾の毛利元就の本陣，塔の岡の陶晴賢の本陣，毛利方のまもる宮ノ城などが描かれている。

毛利元就の調略

毛利元就は知略・謀略にすぐれた武将であり、たとえば厳島合戦では、厳島に囮《おとり》の城をきずき、謀略によって陶晴賢をおびきよせたといわれている。しかし、これは江戸時代の軍記物の創作であり、史実とは異なる部分が多い。まず、囮の城とされる「宮城《みやのしろ》」(宮要害)は、毛利氏が厳島を占領する以前からあった城であり、これに毛利氏が修築を加えたものである。陶晴賢が岩国から厳島に渡海したのは、軍事的な合理性に基づくものであり、天文九(一五四〇)年の郡山城救援のさいも同じ経路を採用している。厳島は、この地域に覇権を確立しようとする勢力にとって、軍事的・政治的・経済的に重要な意味をもっており、晴賢はみずからの判断で厳島に渡海したと考えるべきであろう。

元就の調略の実像は、もっと大きな戦略構想であった。元就は九州の少弐《しょうに》冬尚《ふゆひさ》に書状を送り、挙兵を要請している。いうまでもなく陶氏を背後から牽制《けんせい》しようとする戦略である。また、厳島合戦の直前まで井原《いばら》元造を備前・備中に派遣し、備前に侵入した尼子氏に対抗していた備中の三村《みむら》氏を援助している。当時、元就がもっとも恐れていたのは、陶氏と尼子氏にはさみうちにされることであった。東で反尼子勢力を援助することによって、尼子氏を牽制したのである。石見でも、福屋《ふくや》隆《たか》兼《かね》を味方につけ、陶・尼子両氏の動きを封じこめた。このように元就は「防芸引分」直後から着々と布石を打っていたのである。さらに元就は、前章でふれた堀立《ほたて》直正《なおまさ》をはじめとする広島湾頭の諸勢力や神領《しんりょう》衆を味方に引きいれ、厳島合戦の勝利に結びつけた。さまざまな地域勢力を組織し、その力を最大限に引きだした構想力こそ、元就の調略の神髄であった。

❖コラム

来島《くるしま》村上氏の来援を得て、九月晦日《みそか》夜渡海して厳島の包《つつみ》が浦に上陸し、博奕尾《ばくちお》を越えて十月朔日《ついたち》未明、塔の岡の陶の本陣を急襲、退路を断たれた晴賢は自刃した（厳島合戦）。

勝利をおさめた毛利氏は、周防岩国に本営を進め、周防・長門《ながと》両国の平定に着手した。周囲を湿地で囲まれた須々万沼《すずまぬま》城の攻略は難航したが、弘治三年三月にようやく陥落させた。陶氏の本拠富田若山《とんだわかやま》城を開城させた毛利軍が防府《ほうふ》に本陣を移すと、大内義長は山口を放棄して長門に逃れ、長府《ちょうふ》の且山《かつやま》城に立てこもったが、四月三日長福寺で自刃し、大内氏は滅亡した。これによって毛利氏は、安芸・備後・周防・長門と石見の大半を領国とし、名実ともに戦国大名となった。さらに永禄五（一五六二）年から九年に至る出雲富田《とだ》城包囲戦の末、宿敵ともいえる尼子氏をくだして山陰地方を支配下におさめた。

大永三（一五二三）年の家督相続から約五〇年のあいだに、安芸の有力国人領主であった毛利家を、中国地方の大半を支配する戦国大名へと成長させた毛利元就は、元亀二（一五七一）年六月十四日七五歳でその生涯を閉じた。元就の長男隆元は永禄六年八月急逝しており、毛利家の家督は孫の輝元《てるもと》が相続していた。そこで晩年の元就は、吉川元春・小早川隆景と親類衆の福原貞俊《ふくばらさだとし》・口羽通良《くちばみちよし》が共同して輝元を補佐する体制をつくった。四人は「御四人《おんよにん》」とよばれ、毛利氏の事実上の最高指導部を構成し、若い当主輝元をささえた。また、元就に才能をみいだされ、その側近として取り立てられた家臣たちは、そのまま輝元の近臣として引き継がれた。隆元の死という難局をのりこえるために元就がきずいた新しい体制は、元就の死後も毛利氏をささえ続けたのである。

織田政権との対決●

毛利氏は、四方の戦線を、東は「上口《かみくち》」（山陽）、西は「下口《しもくち》」（九州）、北は「北前」（山陰）、南は「沖口」

「道前《どうぜん》」（瀬戸内海、四国）とよんでいた。元就の晩年、毛利氏を取りまく四囲の状況は、けっして安穏なものではなかった。永禄十二（一五六九）年、山陰で尼子氏の再興をめざす山中鹿介《やまなかしかのすけ》（幸《ゆき》盛《もり》）らが尼子勝久《かつひさ》を擁して挙兵し、九州では大友《おおとも》宗麟《そうりん》（義鎮《よししげ》）が毛利氏包囲網をつくるため、尼子勝久や備前の浦上宗景《うらがみむねかげ》、村上水軍の将村上武吉《むらかみたけよし》らと連絡を取りあい、さらには大内輝弘《てるひろ》（義隆の伯父）を援助して周防に上陸させ、山口に乱入させた。毛利氏は、筑前《ちくぜん》の立花《たちばな》城で大友軍と対峙《たいじ》していた吉川元春・小早川隆景らを撤退させ、まず大内輝弘を鎮定させた。ついで尼子勝久を敗走させて山陰をふたたび領国化し、備中に軍を進めて浦上・宇喜多《うきた》氏を圧迫して講和を結び、小早川氏の水軍と来島・因島《いんのしま》の村上水軍によって、村上武吉を本拠能島《のしま》に包囲して封じこめた。こうして毛利氏は元亀三（一五七二）年までに、宗麟がつくりあげた反毛利氏包囲網を崩壊させ、危機的状況

起請文

村上武吉起請文(「毛利家文書」)　永禄13(1570)年能島の村上武吉が毛利氏に提出した起請文。熊野牛王宝印の裏に書かれ，武吉の花押の上に血判がある。

をのりきった。しかし、東では天下統一をめざす織田信長《おだのぶなが》の勢力が急速に拡大していた。天正四（一五七六）年二月、信長に追放された足利義昭《あしかがよしあき》が備後鞆《とも》に下向してきた。これによって表面上は親善関係を維持してきた織田政権と毛利氏の関係は、決定的な局面を迎えた。毛利氏は、はじめ慎重な態度をくずさなかったが、五月に至り信長と対決することを決意した。これをうけて義昭は、毛利氏領国内の国人たちに協力を命ずるとともに、上杉・武田・後北条《ごほうじょう》氏や四国・九州の諸大名にも毛利氏とともに決起することをうながし、反信長の大包囲陣が形成された。

当時信長に直接抵抗していたのは、大坂の石山本願寺《いしやまほんがんじ》であった。本願寺の要請をうけた毛利氏は水軍を派遣し、七月十三日から翌朝にかけて大坂の木津《きづ》川河口で織田方の水軍を破って本願寺に兵粮《ひょうろう》をいれた。この合戦は毛利軍と信長軍が直接衝突した最初の戦いであったが、織田方の大船をすべて焼きくずして数百人を討ち取り、毛利方の損害は死傷者数人という大勝利となった。毛利方の水軍は、毛利氏直属の河内《かわの》内警固《うちけご》衆、小早川氏配下の沼田警固衆、能島・因島の村上水軍、宇喜多氏の水軍などで構成されていたが、その中核はやはり村上水軍であった。この戦いは、まさに瀬戸内海の「海賊」の勝利であった。

翌天正五年三月、輝元みずから吉田を進発し、先鋒《せんぽう》となった宇喜多直家《なおいえ》は播磨《はりま》に侵入し、毛利氏水軍は讃岐《さぬき》にも渡海した。これに対して信長は、部将の羽柴秀吉《はしばひでよし》を中国筋に派遣して毛利氏にあたらせた。こうして毛利・織田両軍の主力の対決の時期は近づいていった。天正五年末、毛利氏は山陽・山陰の南北両軍が一丸となって、美作《みまさか》を経て播磨に進む方針を決定した。翌六年三月、播磨の三木《みき》城の別所長治《べっしょながはる》が毛利方についたことは毛利軍の播磨進出の好機となり、四月尼子勝久らがまもる上月《こうづき》城を攻撃し、七月には勝久らが自刃して開城した。さらに摂津《せっつ》の荒木村重《あらきむらしげ》が信長にそむいて毛利氏に服属したことによって、戦況は毛利氏にとってさらに好転した。

ところが天正七年に至り、備前の宇喜多直家が信長にくだったことによって、播磨の別所、摂津の荒木、石山本願寺などの反信長勢力は毛利氏との連絡をたたれ孤立することになった。天正八年正月別所長治が自刃して三木城が陥落し、七月には荒木村重も没落し、まもなく本願寺も降伏した。このため毛利氏は、山陽では備中・備前国境付近を防衛線とし、山陰では吉川経家《つねいえ》を因幡《いなば》の鳥取城において防備をかためた。同時に無勢の毛利軍が山陽・山陰の「南北両口」に分散していては敗北は必至とみた輝元らは、たがいに申し合わせて一点に戦力を集中させることを考えた。

しかし、天正九年十月秀吉に包囲されていた鳥取城は、一〇〇日あまりの籠城戦の末、吉川経家が自刃して陥落した。のちに安国寺恵瓊《あんこくじえけい》は、毛利軍と秀吉軍を比較して、兵員の数も機動性も財力も戦略も、すべて秀吉軍より劣っていること、鳥取城や備中高松城が秀吉に包囲されても、毛利軍は迅速《じんそく》に援軍を派遣することができなかったこと、山陽と山陰に戦力が分散し、統一的な戦略がないこと、などを指摘している。たしかに、秀吉は全軍の兵粮を馬の飼料に至るまで一手に調達していたとされるのに対して、毛利方の鳥取城への兵粮の補給は遅れていた。石見銀山の富と瀬戸内海の水軍の力によって中国地方に大領国をきずいた毛利氏は、兵農分離を実現しつつあった統一政権の軍事力に圧倒されつつあったのである。

戦国の合戦●

戦国の世とはいえ、両軍の主力が激突する大規模な合戦がいつもおこっているわけではない。敵対する二勢力の境界は、かなり広い幅をもった「境目」として存在し、そのなかに両者の軍事拠点としての城郭が点在し、合戦はそれらの城郭の争奪を主要な舞台とするようになる。具体的には、包囲、籠城、後詰《ごづめ》の援軍の到着（後巻《うしろまき》）、両軍の対峙という経過をたどりながら、大小の戦闘が繰りかえされることが多い。場合によっては敵と味方が「境目」地帯でたがいに年貢を折半する「半納《はんのう》」も行われた。

城郭も天然の要害に立てこもる段階からはじまって、しだいに堀や土塁、切岸《きりぎし》など人工的な防御施設をめぐらした大規模な山城がきずかれるようになり、合戦も長期化していった。それに伴って、兵員の数だけではなく兵粮・武器・弾薬などの補給能力の大小が勝敗を大きく左右するようになり、米・塩・鉄などの物資の移出の制限や敵方の補給路を断つ「通路切搦《きりからめ》」や苅田《かった》・稲薙《いねなぎ》・放火などの戦術がとられた。商人や職人も、武器や軍需物資の調達や生産、築城工事などに動員された。さらに「調略」とよばれる秘密工作や「忍《しのび》」や山伏《やまぶし》を用いた情報収集、敵の使者をとらえて書状などを奪う「使切《つかいぎり》」、その裏をかいて偽の書状をわざと敵に奪わせるなど、舞台裏での駆け引きも活発に行われ、合戦は戦国大名領国の総力をあげた戦いとなっていった。

たとえば、天文九（一五四〇）年九月から翌十年正月にかけて、毛利氏が尼子氏の大軍を郡山城に迎え撃った郡山合戦を例としてのべてみよう。郡山合戦は三つの段階に分けて考えることができる。第一の段階は、九月四日の尼子軍の着陣から十月十一日の青山の合戦に至るまでで、尼子方が主導権をにぎって攻撃をしかけ、毛利方がこれを迎え撃つという形態の戦闘が続いた。このとき尼子軍は城下の町屋《まちや》などに放火し、毛利方を挑発した。

第二は、十一月を中心に毛利方が吉田周辺の広い範囲で尼子方の補給・連絡路を断つための作戦＝「通路切搦」を行った段階である。毛利方は、「籠城」ということばとは裏腹に、郡山城からたびたび出撃し、各地で遊撃戦を展開した。この作戦は、尼子軍に徐々に大きなダメージをあたえていったと思われる。

第三は、十二月三日の陶隆房の援軍の山田中山への到着を契機として毛利・陶方が積極的な攻勢に転ずる段階で、翌十年正月十三日の戦闘で尼子久幸《ひさゆき》を失った尼子軍は、その夜のうちに敗走した。

このような経過をたどった郡山合戦における毛利方の勝因（裏を返せば尼子方の敗因）の第一は、大内氏の援軍の力である。後巻（後詰）の援軍のない籠城戦には、勝利の見込みはほとんどないのである。大内氏の援軍の第一陣は西条《さいじょう》にいた杉隆宣《たかのぶ》と竹原の小早川興景《おきかげ》であり、九月二十六日以前に坂に到着していた。坂・豊島《としま》にむけて出撃した尼子軍は大内氏の援軍とたたかってやぶれ、郡山城の包囲網をつくることができなかった。戦局に大きな転機をもたらしたのは陶隆房の援軍の到着であったし、尼子方の敗北を決定づけた正月十三日の戦闘も、陶軍は尼子軍と正面から衝突し、大きな損害をあたえた。陶軍が青山を大きく迂回《うかい》し背後から尼子軍を攻撃したという通説は、江戸時代の軍記物の創作である。尼

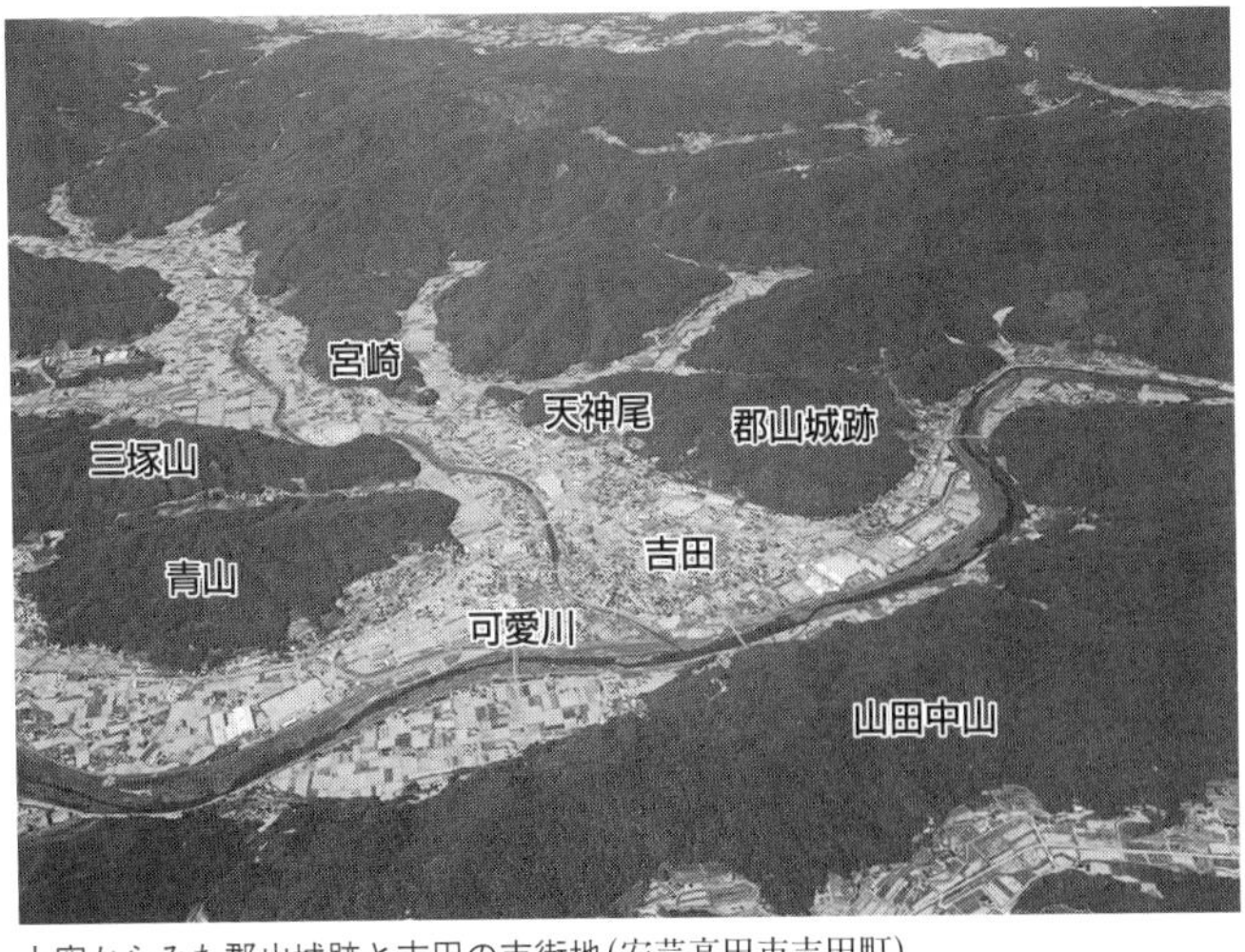

上空からみた郡山城跡と吉田の市街地(安芸高田市吉田町)

子氏としては、金山城の武田氏と桜尾城の友田興藤《おきふじ》に大内氏の援軍をくいとめる役割を期待していたが、陶隆房は岩国から厳島を経て海田《かいた》に上陸し、三篠《みささ》川沿いに吉田にむかったため、武田氏や友田興藤がこれを阻止することはできなかった。

第二の勝因は、毛利氏に味方した安芸の国衆の力である。天野興定《あまのおきさだ》はみずから郡山城に入城し、宍戸《しし ど》氏は五龍《ごりゅう》城にあって尼子軍が郡山の東側に進出することを阻止し、正月十一日には元就に協力して宮崎長尾の尼子陣を攻撃した。竹原の小早川興景ははやくから援軍として出動していた。これに対して尼子氏の陣営に加わったのは吉川興経のみであり、尼子氏の安芸国衆に対する工作は完全に失敗していた。毛利元就は、尼子方の平賀興貞《おきさだ》を天文九年六月に倒しており、西条の杉隆宣がいち早く援軍として駆けつけることを可能にした。

第三の勝因は、元就の周到な準備である。元就は尼子氏の攻撃にそなえて家臣の給地を一時的に返上させたり、軍資金を上納させたりしていた。みずからは長期戦にそなえて兵粮を準備し、「通路切搦」によって尼子方の補給路を切断した元就の戦略の勝利である。

2 毛利氏領国の構造

家中と国家●

毛利氏は、「防芸引分」から厳島合戦の勝利、周防・長門両国の平定という過程を経て戦国大名へと成長した。ちょうどそのころ、元就や隆元は、みずからの実力によって形成した領国を「国家」と称するようになる。支配の客体としての「国家」は、毛利氏の「家」と「国」とを合体したものである。毛利氏の「家」とは、室町時代の国人領主段階以来の、いわゆる「家中《かちゅう》」である。

これに対して「国衆《くにしゅう》」は、もともと毛利氏とは身分的に同格の存在であり、それぞれが「家中」を構成している。大内氏や尼子氏の支配下にあった国人の多くは毛利氏に服属したが、積極的な加担であれ実質的には降伏であれ、起請文の交換によって毛利氏に「一味」したものと意識された。彼らは依然として自立的な地域支配権を維持しており、毛利氏の「家来」になったわけではなかった。毛利氏と国衆との関係が防長平定後も基本的に変わりがなかったことは、弘治三（一五五七）年の軍勢狼藉《ろうぜき》などの禁令が、毛利氏の下知《げち》と「家中」の連署起請文の提出、毛利氏と安芸・備後それぞれの国衆との「申合《もうしあわせ》」という二重の手続きによって行われ、しかもその「申合」には、署名者の身分的対等を示す傘型連判状が用いられたことにもあきらかである。毛利氏はそれぞれの「国」の公的な支配者としての地位を大内・尼子氏から継承することによって、国人が幕府・守護にはたしてきた「国並《くになみ》」の奉公を毛利氏に対してはたすよう求めたのである。

また、毛利氏は領国拡大の過程で寺社に対して、所領の寄進などの保護政策を実施している。対象となった寺社は、それぞれの「国」の一宮《いちのみや》などの有力寺社であるが、これらの寺社は特定の領主の支配に属する寺社ではなく、「国」の公的支配者の支配に属し、「公役《くやく》」として仏事・神事をとり行い、「国家安全」のための祈禱《きとう》を行うべきものとされていた。そのような寺社を保護することは、「国家」の公的支配者としての戦国大名の義務であり、それをはたすことによって公権力としての正当性を示すことができた。

毛利氏は農民に対しても「公儀」としての戦国大名権力の正当性を主張した。毛利氏は防長侵攻時に地《じ》下人《げにん》一揆《いっき》の激しい抵抗に遭遇した。そのさい、軍勢狼藉の禁止のための措置をとり、場合によっては地下人の側の防戦権を容認して狼藉の防止につとめ、地下人の支持のうえにあらたな支配者としての正当性を主張しようとした。

ところで、国人領主から戦国大名に成長した毛利氏が直面した課題は、統治の担い手である官僚組織の整備と法秩序の確立であった。毛利氏の領国支配組織の中枢に位置するのは、奉行人である。天文十九（一五五〇）年から永禄三（一五六〇）年にかけて、赤川元保《あかがわもとやす》・粟屋元親《あわやもとちか》・国司元相《くにしもとすけ》・桂元忠《かつらもとただ》・児玉就忠《こだまなりただ》の五人の奉行が活動した。このうち赤川・粟屋・国司の三人は、当主である隆元の奉行人であり、有力譜代家臣の出身である。これに対して桂・児玉は、家督を隆元にゆずった元就の奉行人である。桂元忠は親類衆桂元澄《もとずみ》の弟であり、児玉就忠は毛利氏譜代ではなく、竹仁《たけに》郷地頭の児玉氏の出身である。元就は隆元に家督をゆずったあとも多治比や佐東郡の所領を「隠居分」として知行し、家督相続以前からつかえていた家臣や佐東郡の土豪（佐東衆）などに給地としてあたえて、元就独自の家臣団を維持していた。桂と児玉は、元就の意向の代弁者として奉行人組織に加えられたのである。

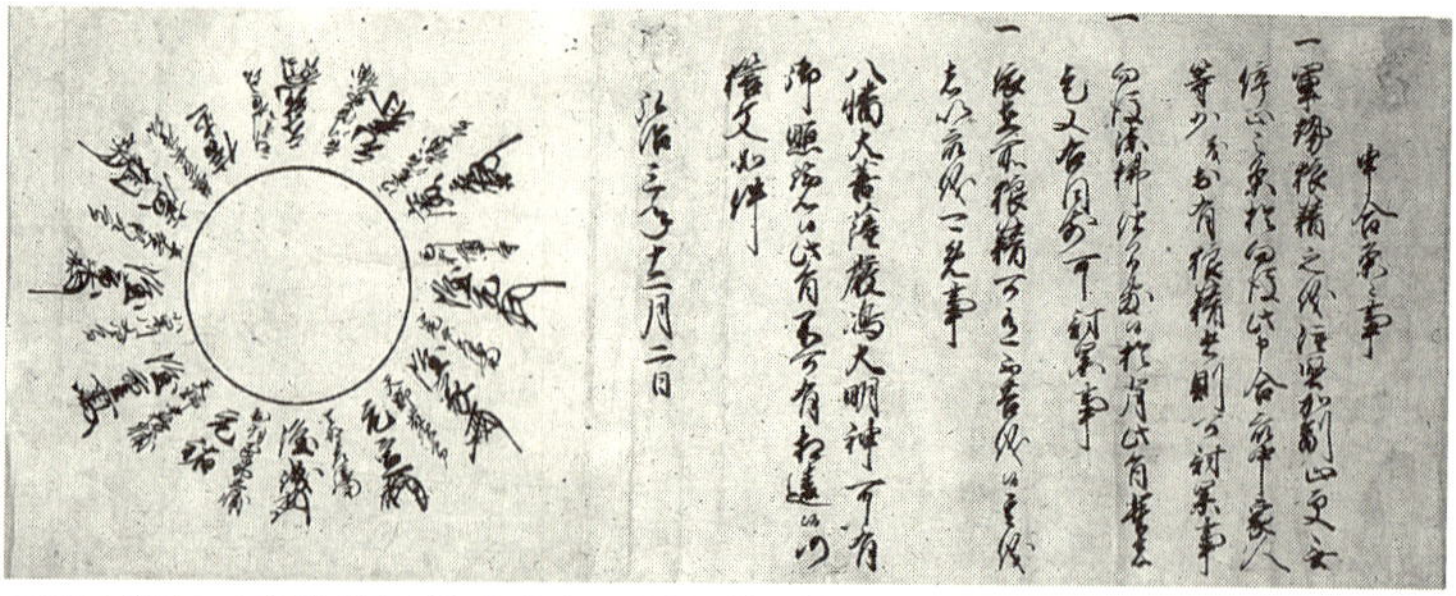

毛利元就外11名契状（「毛利家文書」）　毛利元就・隆元と吉川元春・小早川隆景をはじめとする安芸の国衆（石見の出羽氏を含む）が円形に署判を加えている。

奉行人のもとには「小使《しょうし》」とよばれる実務官僚層がいた。彼らの多くは、固定した職務はもたず、元就や隆元の命令にしたがってさまざまな実務を遂行した。

ところで、元就や隆元が「法度《はっと》」というとき、それは法、あるいは法に基づいて禁止または処罰すること、などを意味しているが、「法度」が「政道」と一対のものとして用いられる場合は、法による支配または秩序を意味していた。戦国大名としての毛利氏が制定した「法度」の最初の例は、弘治三（一五五七）年の「郡御法度《こおりごはっと》」（「郡並法度《ぐんなみ》」）と「防長法度」である。いずれもその詳細な内容は不明であるが、毛利氏の家中だけではなく、領国全体または一定地域に適用される法として機能していた。その後、毛利氏は法典化された基本法を制定することはなかったが、さまざまな形式・内容の法を制定しており、それを「国家之御法度」と称している場合もある。しかし、毛利氏が制定した法は、量的にも内容的にも、法による支配を実現するにはあまりにも不十分なものであった。

戦国大名毛利氏の軍事力●

戦国大名毛利氏の軍事力を構成する家臣団は、その系譜や毛利氏との歴史的な関係によって「家来」と「国衆」に区分されている。「家来」（家人）は、代々毛利氏につかえているいわゆる「譜代」家臣団であり、さらに、その系譜によって「親類」と「被官」に区別される。「親類」は、もとは毛利氏の一族（庶家）であったものが家臣化したもので、戦国時代には福原・桂・志道《しじ》・口羽《くちば》・坂・長屋氏の嫡流が、とくに「親類衆」とよばれ、独自の地位を占めていた。「被官」は、赤川・飯田・渡辺氏などのように南北朝時代以来毛利氏につかえている家臣や、吉田周辺の中小領主が家臣化したものなどからなる。これらの家臣は「吉田衆」とよばれ、毛利氏直属の軍事力を構成している。

天文二十二（一五五三）年に毛利氏が実施した「具足《ぐそく》さらへ」（家臣が出陣のさい、引き連れていく兵員の数を確定する作業）によれば、「具足注文」に記載された家臣は一一六人、具足数一〇五八両である。「具足注文」に記載されていない家臣がいることを考慮すると、当時の譜代家臣団の動員具足数は千数百両程度で、具足の家臣一人が中間《ちゅうげん》などの戦闘員を二人召し連れていたと仮定すると、動員できる軍勢の総数は三、四千人程度と推定することができる。

一方、国衆は、「熊谷陣《くまがいじん》」「宍戸手《ししどて》」などと合戦注文に記されているように、それぞれが一つの独立した軍団を構成していた。国衆がどれほどの軍勢を率いて出陣するかは、毛利氏と国衆との個別的協議によって決まり、そのさいよりどころとなったのは「国並」（ほかの国衆と同じ程度）という曖昧《あいまい》な基準であった。それでも毛利氏が国衆を動員できたのは、婚姻や養子縁組などによって網の目のように結ばれた国衆連合の人格的なつながりがあったからであり、その中心にいて重要な役割をはたしていたのが吉川元春と小早川隆景であった。

戦国大名としての毛利氏が実際に動員した軍勢の数を記した信頼すべき史料は、数えるほどしかない。天正六（一五七八）年播磨上月城《はりまこうづきじょう》を攻撃した毛利軍を三万とする吉川元長書状（「吉川家文書別集」八二）、天正十年備中高松で羽柴秀吉《はしばひでよし》と対峙《たいじ》した毛利軍を一万とする熊谷信直《のぶなお》書状（「厳島野坂文書」一〇五二）などである。熊谷信直は、毛利軍の陣容が吉田衆と安芸・備後・備中・出雲の国衆の連合軍であることを具体的に語っている。動員可能兵員数としては、もっと大きな数字が想定できるが、ほかの戦線への備えや本国の防衛に割かなければならない人数を考慮すると、実際に前線に投入できる軍勢の数は、およそこのようなものであったと考えられる。

他方で毛利氏は、領国内の地侍《じざむらい》（土豪）を一所《いっしょ》衆《しゅう》として編成し、譜代家臣を寄親《よりおや》としてその指揮下に編入した。一所衆は、もともと大内氏が軍事動員のさいの部隊編成の方法としてはじめたものであるが、毛利氏はこれを地侍の組織化に利用した。これによって毛利氏は直属軍事力の基盤を著しく拡大・強化することができたのである。

質的な面で注目されるのは、鉄砲である。毛利氏が実戦で鉄砲を初めて使用したのは、弘治三（一五五七）年の周防須々万沼城攻撃のときのことである。鉄砲を軍事力として活用するためには、すぐれた射撃技能をもつ射手を必要とする。鉄砲の射手は「鉄《てっ》砲放《ぽうはなし》」とよばれているが、その一人である飛落小《とびおちこ》次郎《じろう》は、郡山合戦注文には「御中間《ちゅうげん》飛落」と記されており、もとは元就につかえる中間であったものが鉄砲の射手とされているのである。「鉄砲放」の中間は「鉄砲衆」とよばれ、数人から数十人程度の小規模な戦闘集団を構成して前線に配属された。

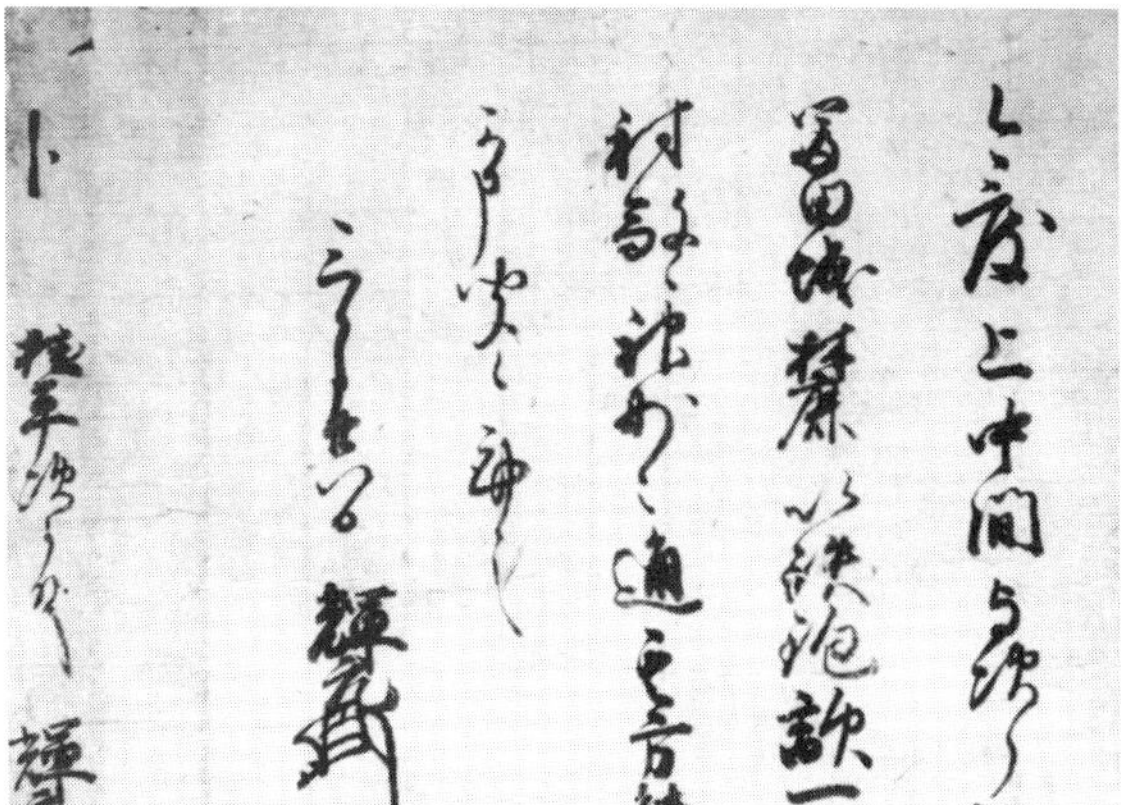

毛利輝元書状(「田中家文書」)　毛利元就の中間与次郎が出雲富田城の麓で，鉄砲で敵一人を倒したことが記されている。

戦国大名段階での毛利氏直属の鉄砲衆の総数は、およそ数百人程度と推定される。鉄砲は城をまもるための武器として大きな威力を発揮したため、前線の城に在番する家臣は毛利氏に鉄砲衆の派遣を要請した。毛利氏としても彼らの忠誠を確保するためには派遣の要請に応ぜざるをえず、数挺《ちょう》から数十挺程度で分散配属しなければならなかった。この場合、鉄砲は在番衆に対する毛利氏の「誠意」であり、援軍派遣の「約束手形」として機能した。純粋な軍事的合理性（鉄砲の集中）よりも、前線の部将との信頼関係（鉄砲の分散）を優先するところに、毛利氏の軍事編成の特質、あるいは限界があった。

中世遺跡へのアプローチ

中世考古学の発達のために先駆的な役割をはたした草戸千軒町《くさどせんげんちょう》遺跡の発掘調査が終了した平成三（一九九二）年、あらたな中世遺跡調査事業が開始された。広島県と山県郡大朝町・千代田町・豊平町（いずれも現山県郡北広島町）、高田郡吉田町（現安芸高田市）の四町が協力して、史跡吉川氏城館跡・毛利氏城跡などの遺跡を、民衆の視点で調査・研究することによって、地域社会の全体像をあきらかにしてその成果を学校教育や生涯学習の場に提供するとともに、遺跡整備によってその活用をはかり、町づくりや地域活性化の推進に役立てることを目的とする事業である。これまでに万徳院《まんとくいん》跡（旧千代田町）・吉川元春館跡（旧豊平町、一二一頁写真参照）・小倉《おぐら》山城跡（旧大朝町）の発掘調査と郡山城跡御里屋敷《おさとやしき》推定地（旧吉田町）の試掘調査、万徳院跡の整備事業が終了し、吉川元春館跡の整備事業が進行中である。

遺跡の調査・研究は、考古学のみならず文献史学・歴史地理学・民俗学・建築学などの方法を駆

❖コラム

使して総合的に進められている。万徳院跡・吉川元春館跡の調査では、十六世紀後半の寺院跡や居館跡の全貌をあきらかにしただけではなく、文献史料の研究によって建設時期をかなり精確に特定したり、独特の石垣築造技術をもつ職人（石つき之もの共）の活躍や万徳院を建立した吉川元長《もとなが》の意図などをあきらかにした。また、郡山城跡の御里屋敷推定地の調査では、試掘調査の結果と地籍図・古文書の検討結果から、推定地には「御里屋敷」は存在しなかったことを解明し、江戸時代の軍記物や地誌・記録類に依拠したこれまでの「歴史」の見直しを提言した。さらに自然科学分析により吉川元春館跡の二つの埋桶《うめおけ》がトイレ遺構であることが確認され、当時の食生活や病気、農業、環境などもあきらかにされた。

　広島県の中世遺跡の調査・研究は、草戸千軒町遺跡の発掘調査以来、全国的な注目を集めており、その成果を展示・公開している広島県立歴史博物館には大勢の見学者が全国から訪れている。引き続き調査される予定だった毛利氏城跡は、文献史料（同時代の古文書・記録）にもめぐまれている中世遺跡である。考古学・文献史学をはじめとするさまざまな研究方法の相互検証による新しい成果が期待されていたが、事業は中止されている。

整備が進む万徳院跡(山県郡北広島町)　発掘調査の結果をもとに，建物跡の舗装，庭園・風呂屋の復元などの整備工事が進められ，歴史公園としてオープンした。

散使と目代●

毛利氏領国のうち、毛利氏が直接支配する公領（蔵入地《くらいりち》）には代官がおかれていた。すでに国人領主のころから、豊島《としま》・坂などの郷村に代官がおかれていたが、郷村全体が公領になっていたわけではなく、一部は家臣の給地となっていたり、寺社領も含まれていた。代官は「草使」ともよばれている（「草遣」とも表記されるので、「くさづかい」と読むのであろう）。戦国大名としての毛利氏が任命した代官としては、安芸佐東郡・佐西《さざい》郡、周防玖珂郡などにみられる。これらの地域は毛利氏が軍事的に占領した地域であり、毛利氏の公領が多く設定されたからである。

代官の任務は、公領の年貢の徴収、段銭《たんせん》・夫役《ぶやく》の徴収などである。代官には譜代家臣が任じられるが、代官の得分《とくぶん》は相当な額であり、給地の給与とかわらない意味をもっていた。代官は現地に自己の家臣を派遣して支配にあたらせたり、現地の給人《きゅうにん》を一所衆として指揮し、郷村の支配にあたらせていた。

そのさい、重要な役割をはたすのは、散使《さんし》などとよばれる郷村役人である。散使は、荘園制下の下級荘官の一つで、年貢の計算などにあたる「算司」がその語源と思われる。しかし、戦国時代の散使は年貢・夫役などの徴収、給地の打渡《うちわたし》などの実務を行う郷村役人であった。散使となるものは、郷村に土着し実質的に郷村を支配している土豪であった。毛利氏は、散使を農村支配の末端として掌握し、散使給をあたえた。散使のなかには、毛利氏から給地をあたえられて家臣となっているものもいるが、その場合でも家臣としての給地と散使としての給分は区別されていた。家臣の給地の場合は、給人が散使を任命したと考えられ、一つの郷村に複数の給人が給地をもつ場合、給人ごとに散使を任命している場合もあるが、すべての給人がそれぞれ散使をかならずおいたわけではない。いずれにしても、郷村の支配は現地の土豪が郷村内で保持している支配力に依存しており、その点においては、公領も給地もかわりはなかった。

さらに注意すべきことは、戦国大名としての毛利氏の軍事力の基盤の強化である。毛利氏は領国拡大の過程で、郷村の地侍たちがもっている抱地《かかえち》の一部の年貢負担義務を免除して給地としてあたえて家臣化した。そのうえで、その郷村を支配する代官に任命した譜代家臣のもとに一所衆として編成したのである。たとえば、粟屋元通《もとみち》が、代官職をもつ安芸津田《つだ》・周防岩国の地侍を一所衆として率いて備中飯山に在番しているのがその例である。これはほかの戦国大名の寄親・寄子《よりこ》制に相当するものであるが、これによって毛利氏は広範な地侍層を組織し、寄親である譜代家臣のもとに編成することができるようになり、直属軍事力の基盤は拡大・強化された。

また、毛利氏は領国拡大の過程で、地域的な分業流通の中心となっている港町を支配下におさめ、そこに譜代家臣や一門を配置して支城在番と町支配を一体化させ、領国支配のための拠点とした。「防芸引分」の直後には、草津（広島市西区）・廿日市・宮島・小方《おがた》（大竹市）という安芸西部の港町を掌握し、のちには備後の尾道・鞆も公領として、代官支配地としている。

市《いち》や町には目代《もくだい》とよばれる役人がおかれていた。たとえば緑井《みどりい》（広島市安佐南区）の市の目代は、「防芸引分」の軍事行動に参加し、毛利氏から対馬守《つしまのかみ》という受領《ずりょう》名と給地、宮島有之浦《ありのうら》の屋敷をあたえられている。とくに宮島の屋敷は、目代の商業活動の拠点としても利用されたと考えられる。目代は若干の給分をあたえられて市や町の支配をまかされた。とくに街道沿いの市や町は、宿駅としての機能をもっていたので、「送り夫」「伝馬《てんま》」などが公役《くやく》として賦課され、飛脚《ひきゃく》による通信、軍事物資の輸送などに利用された。その公役を徴収する目代の役割は重要であった。市や町を支配することは、同時に交通路を支配することでもあった。

　戦国大名としての毛利氏の財政の基盤として重要なのは、公領から収納される年貢や領国全体から徴収される段銭であるが、同時に無視できないのは市・町や商人・職人に対する支配、広い意味での流通に対する支配による収入である。さらに、商人・職人を支配することによって、遠隔地商業、手工業技術、輸送手段としての船など、いわば領国内の先進的な経済力を掌握することができた。たとえば、尾道の商人渋谷《しぶや》氏が毛利氏から年貢・段銭をあずけられて弾薬などの物資の購入にあたっているのがその例であり、莫大な戦費を確保するため富裕な商人から米銭の融通をうけることもたびたびであった。毛利氏の財政の循環は、商人の経済力を構造的に組みこむことによって維持されていたのである。

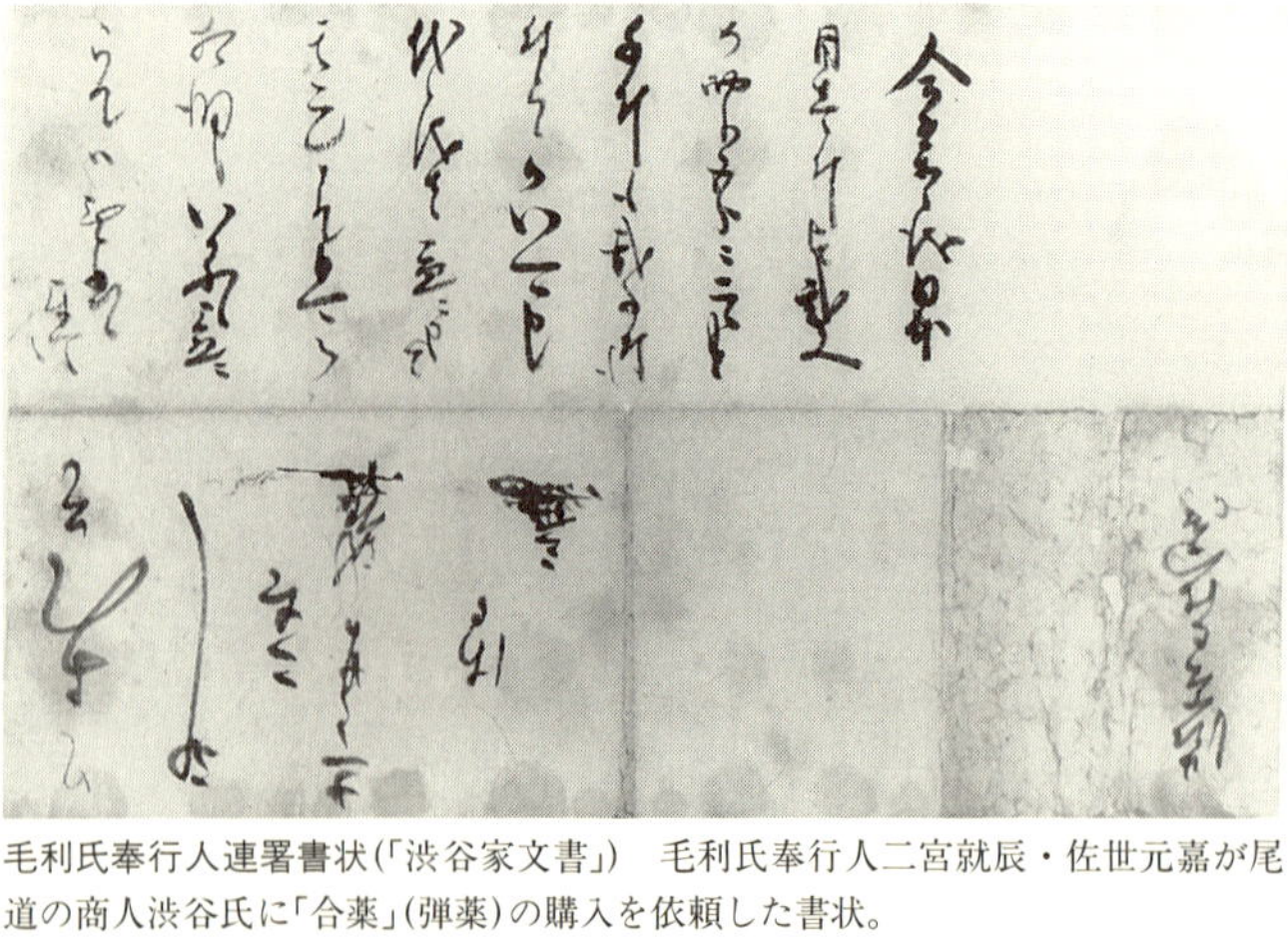

毛利氏奉行人連署書状(「渋谷家文書」)　毛利氏奉行人二宮就辰・佐世元嘉が尾道の商人渋谷氏に「合薬」(弾薬)の購入を依頼した書状。

3 豊臣政権下の毛利氏領国

「天下」と「国家」●

天正十（一五八二）年六月四日、備中《びっちゅう》高松で毛利氏は羽柴秀吉と誓紙を交換して講和を結んだ。両者の交渉は、毛利氏が備中・美作《みまさか》・伯耆《ほうき》に加えて備後《びんご》・出雲《いずも》も割譲することと、高松城主清水宗治《むねはる》の切腹をめぐって難航していたが、六月二日本能寺《ほんのうじ》で織田信長《おだのぶなが》が明智光秀《あけちみつひで》に殺されたことを知った秀吉は、領国割譲問題を先送りして講和を結んだのである。翌十一年九月には、毛利氏から人質として小早川元総《もとふさ》（のち秀包《ひでかね》）、吉川経言《つねのぶ》（のち広家《ひろいえ》）が大坂に送られた。領国の境界が最終的に確定したのは天正十三年のことで、備中の高梁川《たかはし》以西、伯耆の西三郡の領有が毛利氏に認められた。これによって毛利氏の領国は、安芸・備後・周防・長門・出雲・石見・隠岐《おき》の七カ国と備中・伯耆の各半国となり、あわせて「八カ国」と称した。

豊臣秀吉の統一政権の支配下に属することになった毛利氏は、四国・九州・関東と続く秀吉の全国統一戦争に動員されていくなかで、戦国大名から豊臣期大名へと転化していく。とくに天正十四年に打ちだされた一連の政策は重要である。

まず、この年の二月ごろから、毛利氏は全領国規模で知行高調査を実施し、国衆を含む全家臣から起請文形式の「付立《つけたて》」を提出させた。これは、直接的には豊臣政権の九州平定の軍事動員に対応するための知行高調査であるが、同時に翌年開始される惣国検地の前提作業でもあった。

つぎに六月には、「諸関停止」「渡船定」「人沙汰《ひとさた》」の三カ条からなる「分国掟之条々」を発布した。関所の廃止と渡船の運賃の公定は、九州出兵のための幹線交通路である山陽道の整備を目的としたものである。「人沙汰」とは、被官人や年貢などの負担に耐えきれず逃亡したものを、もとの主人に返還することを定めたものである。この「分国掟」は、四月十日に秀吉から朱印状をもって実行をせまられた内容と一致している。したがって、これらの政策は、直接的には豊臣政権の軍事動員に対応できる体制を整備するためのものであるが、これをつうじて毛利氏は領国支配体制全般の刷新をはかっていくことになった。

注目されるのは、この時期になって「国家」という語が、「国家一大事」「為国家候間」という特徴的な文脈のなかで使用されはじめたことである。「為国家」(国家のため)という語句は、戦国大名段階でもしばしば使われているが、それは「国家安全」を祈禱する寺社を保護するための論理として用いられていた。ところが、この時期になると、「天下御用之時者、為国家候之間、別以理可馳走事」(「厳島野坂文書」五五六)のように、「天下」=豊臣政権の「御用」=動員に対応するために、寺社にあたえていた旧来の特権を否定し、「馳走」=あらたな負担・奉仕を強制することを、「国家一大事」という状況を理由として強行しようとする論理に転換している。毛利氏はみずからを「天下」=豊臣政権の下での一「国家」として位置づけ、支配体制全般の刷新、豊臣期大名への移行を実現しようとしたのである。具体的には、天正十五年に惣国検地を開始し、翌十六年末には広島築城を決定したが、これらについてはのちにのべることにする。

天正十六年七月、輝元は小早川隆景・吉川広家とともに上洛《じょうらく》し、輝元は従四位下・参議に叙任され、隆景・広家もそれぞれ叙位任官された。すでに毛利氏は、永禄二(一五五九)年正親町《おおぎまち》天皇即位料献上を契機として、元就が従四位上・陸奥《むつ》守、隆元が従四位下・大膳大夫に叙任され、将軍からは相伴衆《しょうばんしゅう》に加えられ、隆元は安芸・備後などの守護職に補任された。毛利氏は、本来同格の存在であった国衆に対して、相対的にその地位を上昇させることができたのである。天正十六年以降、毛利氏一門・国衆・親類衆・有力譜代から輝元の側近に至るまで多くの家臣が叙位任官されているが、輝元らをのぞくとすべて従五位下に統一されている。これによって輝元は国衆との身分的な同格性を克服し、みずからを頂点とする新しい身分秩序を編成することが可能になった。このころを境として国衆をも包摂した新しい毛利氏の「家中」が形成され、旧来の家格や系譜にはとらわれない幅広い家臣を結集した権力中枢が成立した。また、慶長二（一五九七）年ころになると、家臣全体を有力家臣を組頭《くみがしら》とする組に編成する新しい軍事組織がつくられた。

さらに文禄四（一五九五）年、毛利輝元は徳川家康・前田利家《としいえ》・宇喜多秀家《ひでいえ》・小早川隆景とともに五大老となった。東は家康、西は輝元・隆景が分担し支配するとされ、毛利氏は豊臣政権下の大大名としての

毛利輝元画像

地位をかためた。しかし、慶長五（一六〇〇）年の関ヶ原の戦いでは、家康を打倒しようとした石田三成《みつなり》らによって西軍の主将としてかつぎだされ、敗戦によって防長二カ国に転封《てんぽう》されることになった。

広島築城●

毛利氏の本拠郡山城は、標高三九〇メートルの郡山にきずかれた大規模な山城である。江戸時代の地誌や記録によれば、郡山城は南北朝時代に毛利時親《ときちか》によってきずかれたとされているが、史実とは認められない。当時の城郭は、合戦にそなえて急遽《きゅうきょ》構築される一時的な軍事施設であり、恒常的に維持されるものではなかった。大永三（一五二三）年家督を相続した元就が入城した郡山城の原形は、室町時代中頃になってきずかれたものと考えられる。元就の兄興元の時代には、「要害」に譜代家臣が在番し、城誘《しろこしらえ》役の賦課によって恒常的に維持される体制が確立していることが、史料的にも確認できるようになる。また、山上の「要害」とは別に、平地には日常の居館である「土居《どい》」があった。興元の居館は、その死後は菩提《ぼだい》寺秀岳院《じしゅうがくいん》となっている。当時の郡山城は、郡山の南東端の一支峰（本城）にあったが、興元の「土居」はその近くの可愛《えの》川（江の川）と多治比川の合流地点のそばにあったと推定される。

元就の代になって郡山全山に城郭が拡張されると、郡山城は、山上部分の「城」と山麓部分の「里（麓）」に区分されるようになる。山頂は「かさ」とよばれ、元就の居所があった。家督を相続した隆元は「尾崎」とよばれる郭《くるわ》にいた。山上の郭には、年寄・奉行衆や側近が「在城」していた。「在城」は一時的なものではなく、妻子を伴って生活していた。「里」は、郡山の山麓をめぐる堀の内側をさす。「里」には「里衆」とよばれる近習が居住し、彼らは交替で山上に「登城」して奉公した。

輝元は天正十年代前半の時点では、郡山城の修築と城下の整備につとめていた。その重点は、堀を含む山麓部分の城郭の整備と城と城下の威容をととのえることにおかれており、大門・会所などの建造物をたてることや城下の建物を白壁に塗ることなどが行われた。さらに輝元は吉田から「中郡《なかごおり》」（三篠川流域）をとおって広島湾頭に至る幹線道路の整備を進めた。

天正十六（一五八八）年七月輝元は吉田を出発してはじめての上洛の途についたが、このとき輝元は上洛準備のため「惣普請《そうぶしん》」ができないことをなげいており、新城建設の構想はまだ芽生えていない。しかし、聚楽第《じゅらくだい》や大坂城を目の当りにした輝元は、それまでの方針を転換し、郡山城にかわる新城建設を決意した

芸州広島城町割之図　毛利輝元時代の広島城下を描いた絵図として伝えられているが，二の丸がないなど城の縄張が実際とは異なっている。

ものと考えられる。「佐東普請」とよばれた広島築城は、天正十六年末には既定の方針となっており、翌十七年三月ごろから実際の工事がはじまり、七月以降本格化し、備後・出雲などの国人も動員され、労力と資材の提供が知行高に応じて割り当てられた。このとき輝元は備後の湯浅《ゆあさ》氏に「佐東広島之堀普請」を命じている。これが「広島」という地名の確実な初見である。普請奉行には穂田《ほいだ》元清《もときよ》と二宮《にのみや》就辰《なりとき》が任命された。その後も工事は続行され、天正十九年初めころまでには、未完成部分を残しながらも輝元が入城する準備がととのったようである。さらに、文禄元（一五九二）年四月には豊臣秀吉が広島城に到着し、城の内外をみて「城取町割」を賞賛した。

広島築城と並行して、家臣を城下町に集住させる政策が進められた。「芸州広島城町割之図」（山口県文書館）によれば、国衆についても城下に屋敷があたえられている。しかし、一方では本領の居屋敷も依然として維持されており、広島の屋敷は当主が出仕したり、人質としての妻子を住まわせるためのものであった。国衆が広島に住むことは「在《ざい》広島役目」と称されており、一種の軍役のように意識されていた。また譜代家臣も、吉田から広島へ完全に移住したとはいいがたく、依然として「吉田住人」を名乗るものもあった。

このように、毛利氏時代の広島は、家臣団の在地性を完全に否定したものではなかった。もっとも国衆を含む家臣団が広島に屋敷をかまえて毛利氏の政治の中枢に参画する機会がふえるようになったことは重要であり、旧来の家格や系譜にとらわれない幅広い家臣を集めた権力中枢が成立するようになる。

広島築城に伴い、佐東・安北・安南三郡の蔵入地は広島城の城領としての役割をはたすようになり、家臣給地の収公、蔵入地化が推進された。佐東郡については、元就時代以来の家臣の給地は収公され、山県郡内で替地があたえられた。安北郡については、熊谷氏の本領をのぞくと家臣給地は皆無の状態である。

惣国検地と村請●

戦国大名としての毛利氏が、あらたに領国化した地域でなんらかの検地を実施したことは、いくつかの事例で確認できるが、それは領国全体からみれば、やはりごく一部の地域にすぎなかった。毛利氏が全領国を対象として統一的な形式で検地を実施したのは、天正十年代後半の惣国検地が最初である。

毛利氏は天正十四(一五八六)年前半に「家来分限究《ぶげんきわめ》」と称する家臣の知行高調査を実施し、国衆を含む全家臣団から郷村単位の知行高を記載した「付立」を提出させた。この「付立」の高は、惣国検地後の打渡状に記された「指出前《さしだしまえ》」の石高と一致しており、この知行高調査は、惣国検地の前提作業であったと考えられる。さらに、天正十五年になると、長門国で検地が開始された。まず郷村から指出《さしだし》が検地奉行に提出された。これは、田畠一筆ごとの所在地・面積・分米・分銭・名請人などを詳細に記載した坪付《つぼつけ》指出とよばれる形式の文書である。今のところ、坪付指出の実例として確認できるのは、「有光《ありみつ》家文書」(山口県文書館)に残る長門国正吉《まさよし》郷の指出案のみであるが、なんらかの指出が郷村から提出され、これをうけて郡別に定められた検地奉行の指揮下に編成された検地役人が、村ごとの検地作業を実施したと考えられる。

惣国検地は、天正十五年長門国、十六年周防国、十七年安芸国・出雲国、十八年備後国・石見国と順次実施され、十八年末には全領国の検地が完了したものと考えられる。その結果は豊臣政権にも報告され、天正十九年三月、毛利氏領国を一一二万石とする秀吉宛行《あてがい》状がだされた。

惣国検地の村単位の検地帳のただ一つの遺存例である周防国大滝村(山口県玖珂郡和木《わき》町)の野執《のとりちょう》帳

（岩国徴古館）によれば、検地役人は天正十六年八月二十四・二十五日の二日間村内を一巡し、田畠・屋敷の一筆ごとの面積、分米・分銭、名請人、給主名を調査している。検地にさきだって村から指出を徴集し、それをもとに「野執」とよばれる実地調査を役人が実施したのであろう。

　この検地結果をふまえて給人に給地を引き渡す「打《うち》渡《わたし》」の手続きが行われた。「打渡」は、検地帳から給人別に給地を名寄せして作成される「打渡坪付」を給人に交付することによって実施された。この作業は、吉田ののちには広島に集積された村別検地帳を用いて行われた。

　天正十六年から十八年の打渡は、内藤元栄を統括責任者とし、長門国は林就長《なりなが》、周防国は長井元親《もとちか》が内藤とともに各郡別の奉行を指揮して実施された。ところが、天正十九年九月から翌年にかけて、八人の年寄・奉行あるいは四人の奉行が連署した打渡状が集中的に発給されている。同時に四人の奉行のうち佐世《させ》元嘉《もとよし》・二宮就辰が、内藤元栄を介さず直接検地奉行や現地の代官を指揮して

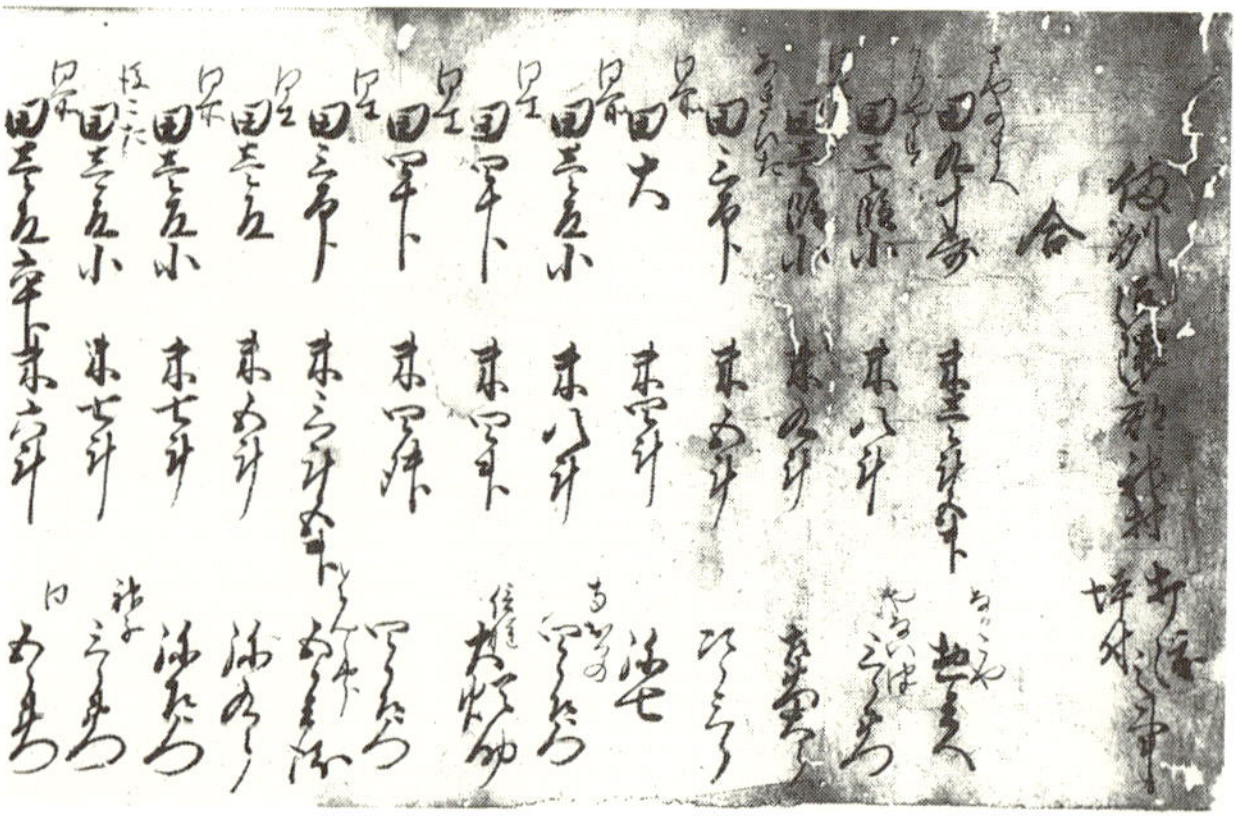

惣国検地の打渡坪付の冒頭部分（「渋谷家文書」）　天正19（1591）年，渋谷氏が検地奉行からうけとった備後沼隈郡神村の打渡坪付。

「八箇国御時代分限帳」を読む

「八箇国御時代分限帳」（山口県文書館）は、給人別に知行高の合計と国郡別の内訳を記した数字だけの帳簿であるが、見方によっては、さまざまな情報を読みとることができる。備後南部の諸郡を例として、「分限帳」の「読み方」を紹介しよう。

本文でものべたように、備後南部では、杉原・木梨《きなし》・古志《こし》・有地《ありち》・楢崎《ならさき》氏などの国人が所領を大幅に削減されたり、他国へ知行替になっている。あらたに神辺《かんなべ》城主となった毛利元康《もとやす》は、城のある安那《やすな》郡全域とその南の深津郡のほとんどを所領とし、沼隈・品治《ほんじ》郡と備中小田・後月《しづき》郡をあわせると、神辺周辺で約一万八六〇〇石を領有している。また、品治郡には中間頭田中・飛落の給地と中間衆（鉄砲衆でもある）の給地が設定されている。郡内には天正末年から慶長五（一六〇〇）年にかけて築造された大規模な石垣をもつ相方《さかた》城があり、中間衆はこの城に配置されたと推定されている。神辺城や相方城は、豊臣政権下の大名となった毛利氏が、東方への警戒（豊臣政権との緊張関係）を持続していたことを象徴するものであるが、そのような毛利氏中枢の認識を「分限帳」から読みとることができる（岸田裕之「備後国相方城と毛利氏」『内海文化研究紀要』二四）。

また、沼隈郡には、五〇石・一〇〇石単位の画一的な高の給人が多いが、そのほとんどは警固衆であり、二〇〇石を三人が三等分している例もある。これは、家臣数人が共同して警固船一艘を仕立て船役をつとめるため、あわせて二〇〇石をあたえられたものである。豊臣政権下の毛利氏が警固衆の組編成を進めるため、沼隈郡内の国人の跡を重点的に配分した結果を「分限帳」が示しているのである。

❖コラム

打渡を行うようになる。これは、惣国検地後の大規模な知行替《ちぎょうがえ》の実施に対応するものであった。

惣国検地は、国衆を含むすべての家臣の本領や給地を統一的に把握することを可能にしたので、知行替を容易にした。安芸の国人の場合は大きな変化はないが、備後南部においては多くの国人が没落したり、他国へ知行替になっている。備後北部の山内氏は本領を維持しているが、安芸・出雲の給地を失い、本拠地本郷に平賀氏の給地が設定されるなどの大きな変化があった。

つぎに、周防大滝村や安芸西浦村を例として、惣国検地によって確定された農民の名請《なうけ》状況をみると、数町以上の名請地をもつ土豪・有力農民がいる一方で、五反以下の農民が名請人として掌握されていることがわかる。土豪は同時に毛利氏から給地をあたえられている給人であり、彼らの村落内における支配者的地位は容認されている。また、安芸山田村の例では、惣国検地によって面積は一・六倍、分米は一・九倍に増加している。年貢増加率は、比較の対象となる惣国検地以前の検地の実施状況によって一律ではないが、農民からの収奪強化がはかられていたことはまちがいない。これに対して農民は年貢減免を求めて検見《けみ》を要求した。給人は年貢の一定の割合の減免を認め、残りを農民に請け負わせる方法をとった。この場合、請負の主体は土豪・有力農民であって、すべての高持百姓で構成される村が請負の主体となる江戸時代の村請とは異なることに注意する必要がある。

4 中世の生活と文化

信仰と交流●

戦乱のたえまない戦国の世にあって、家臣が「物詣《ものもうで》」や村の八幡《はちまん》の祭礼をつとめるための休暇を申請し、大名もこれを認めるという意外な事実が多くある。つぎにのべる毛利氏家臣玉木吉保《たまきよしやす》は、織田政権との戦争のさなか、天正九（一五八一）年六月から七月にかけて伊勢神宮・熊野三山・高野山に参詣している。伊勢神宮の御師《おし》村山家に伝えられた毛利氏とその家臣団の書状を写した「贈村山家返章」（山口県文書館）は、戦国武士の伊勢信仰のようすをよく伝えてくれる。日本の歴史上もっとも長期にわたって戦乱が続いた中世は、反面、人や物の移動、情報の伝達など、広い意味での交通が、われわれの予想をはるかに超える広がりをもって展開した時代なのである。

中世の安芸・備後においては、古代以来の陸上の幹線交通路としての山陽道、同じく海上の幹線交通路としての瀬戸内海水運、中国山地を南北に横断して山陰とを結ぶ陰陽交通路、太田川・江の川などの河川交通、などを組み合わせることによって、人と物の移動を実現していた。中世の交通路を地図上に精確に復元することは、必ずしも容易なことではないが、中世の芸備を往来した人びとが書き記した日記や紀行文などによって、その道筋を大まかに推定することはできる。

応安四（一三七一）年、九州探題今川了俊《りょうしゅん》が備後・安芸を西下したさいの経路はどうであろうか。備中矢掛から備後にはいった了俊は尾道（浦）に到着し、沼田《ぬた》、入野《にゅうの》、高屋、瀬野、海田（浦）、佐西《さざい》（浦）、厳島、大野中山、玖波、黒川を経て、周防多田にはいっている（「道ゆきぶり」）。

つぎに、天正三年九州の島津家久《いえひさ》が伊勢参宮のため東上した道程をたどってみよう。三月二十三日小瀬川（渡）を渡って安芸にはいり、小方（町）で船をたのんで宮島に渡り、厳島神社に参詣したのち、廿日市（町）に渡り、草津（町）、己斐《こい》（町）、祇園原《ぎおんはら》（町）、引御堂《ひきみどう》（町）、緑井（町）、八木（渡）、湯坂、志和西、椛坂《かばさか》、西条四日市、田万里（町）、和田崎（町）、沼田川（渡）、三原（町）、今津（町）、山田（町）を経て鞆に至り、鞆から船で塩飽《しあく》に渡っている（「中書家久公御上京日記」）。

今川了俊と島津家久の道程を比較すると、基本的には古代の山陽道の経路を踏襲しているものの、部分的にみると多くの違いがある。まず備後においては、古代の山陽道が安那郡・芦田郡・御調《みつぎ》郡の山間をとおって安芸に至るのに対

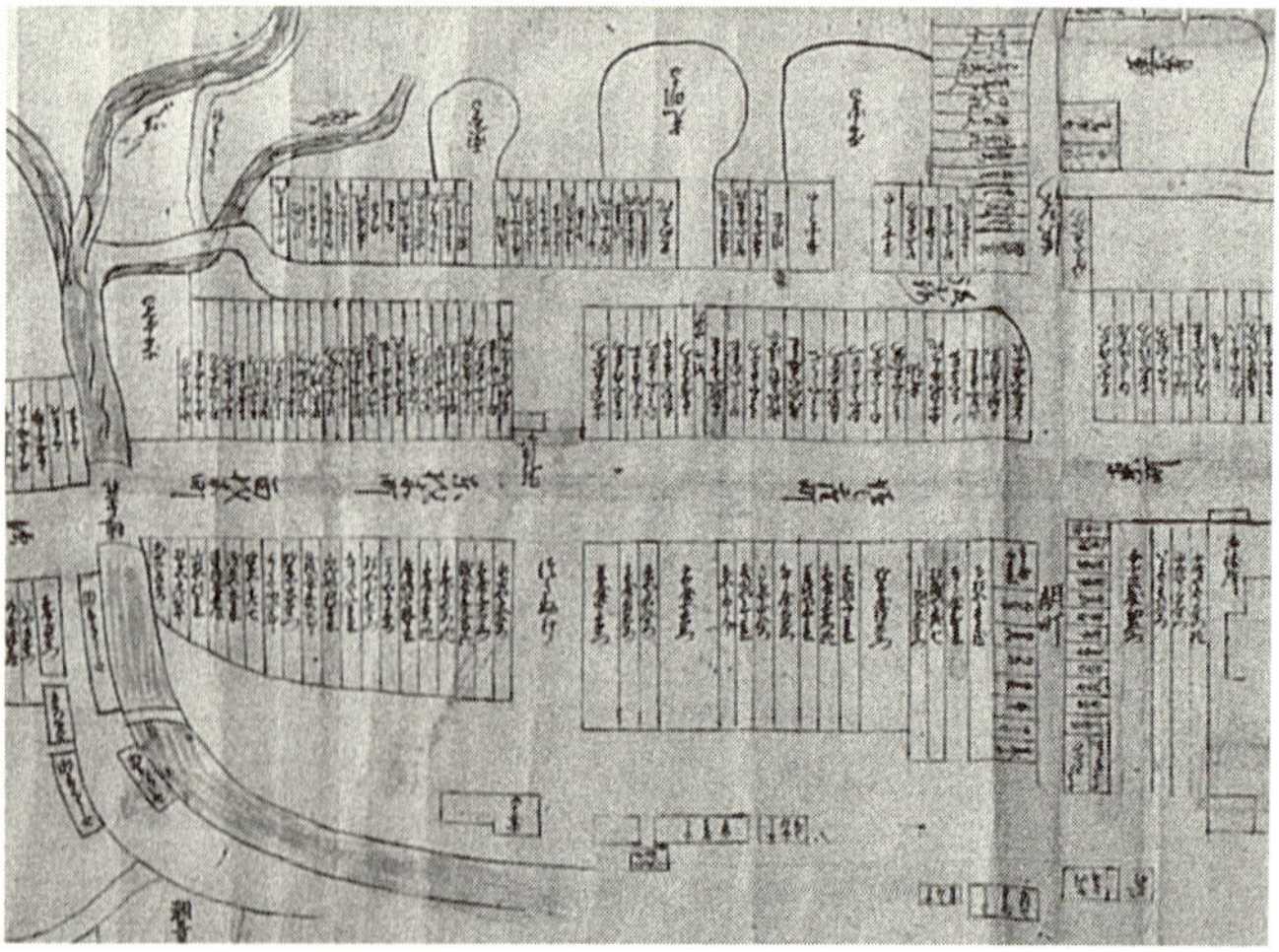

伝寛文年間の廿日市町屋絵図　江戸時代の町屋絵図であるが，「塩之座町」「東材木町」など，中世の市町に由来する町名が確認できる。

して、了俊は備後にはいると海沿いを進んで尾道に至っている。家久も三原から今津を経て鞆に至り、そこからは海路をとっている。安芸においても、古代の山陽道は、府中から戸坂《へさか》を経て太田川を渡り、伴《とも》・石内を経て廿日市の平良《へら》にむかうが、了俊は海田から海岸沿いに佐西の浦（廿日市）に進んでいるし、家久は己斐から北上し、八木で太田川を渡り、湯坂峠を越えて志和にはいっている。いずれにしても、「浦」から「町」という地名の表記の変化に象徴される瀬戸内海沿岸部の発展に伴い、交通路が海沿いに変化していることは確かである。

さらに、ほとんど陸路を経由せずもっぱら海路によって安芸・備後を通過している場合もある。たとえば、天文十九（一五五〇）年京都東福寺の僧梅霖守龍《ばいりんしゅりゅう》は山口に下向したさい、和泉《いずみ》の堺から船で厳島に至り、小舟で小方へ渡って以後は陸路を用い、帰途も小方から厳島へ渡って室津の五郎大夫の船を雇い、音戸《おんど》の瀬戸《せと》、蒲刈、竹原、鞆を経て堺に帰っている。

このように、陸路も海岸沿いをとおり、瀬戸内海の航路も発達すると、陸路と海路の結節点となる港町の重要性がますます高まってくる。たとえば、南北朝時代「佐西の浦」とよばれていた廿日市は、室町時代以降、安芸西部の中心的な市町《いちまち》として発達した。安芸西部の山間部の人びとは、材木などの山の産物を廿日市で売却した。周防東部や石見西部の山間部で生産された紙も街道によって廿日市に運ばれ、「紙の座」が成立した。また、廿日市には「塩の座」があり、島嶼《とうしょ》部の塩浜で生産された塩は「塩船」で廿日市に運ばれ、空となった船には製塩用の薪が積み込まれ、「薪船」となって島に戻っていった。このように、港町は、さまざまな物資の集散地となり、山間部から島嶼部に至る広い地域の人びととの生産と生活をささえる経済的なセンターとしての役割をはたしていた。

『身自鏡』の世界●

毛利元就が、自筆書状のなかで、戦国の世は歌も連歌も能も芸も慰《なぐさめ》も何もかもいらざる世の中であり、必要なのはただ武略、計略、調略だとのべていることは有名である。しかし、元就はみずから『続古今和歌集』を書写するなど、和歌の勉学にはげんでおり、多くの和歌や連歌の句を残し、その死後、聖護院道澄《しょうごいんどうちょう》や里村紹巴《さとむらじょうは》によって元就の歌集や句集がまとめられているほどである。また、元就は大内氏旧臣で歌人としても知られていた大庭賢兼《おおばかたかね》と交わりを結び、『源氏物語』を書写させるなど、和歌以外の古典にもつうじていたし、蹴鞠《けまり》にも親しんでいた。長男隆元も、少年時代に人質として山口に滞在し、大内文化にふれていたこともあり、学問や芸能に関心が深かった。隆元には画才があったのか、自筆の花鳥図や自画像も伝えられているが、元就も、厳島に逗留《とうりゅう》している絵師に墨絵の山水画や着色の花鳥図を描かせ、その出来をみて屛風《びょうぶ》の絵をあつらえようとするなど、絵画にも関心があったようである。

元就の次男吉川元春も文武兼備の武将として知られてい

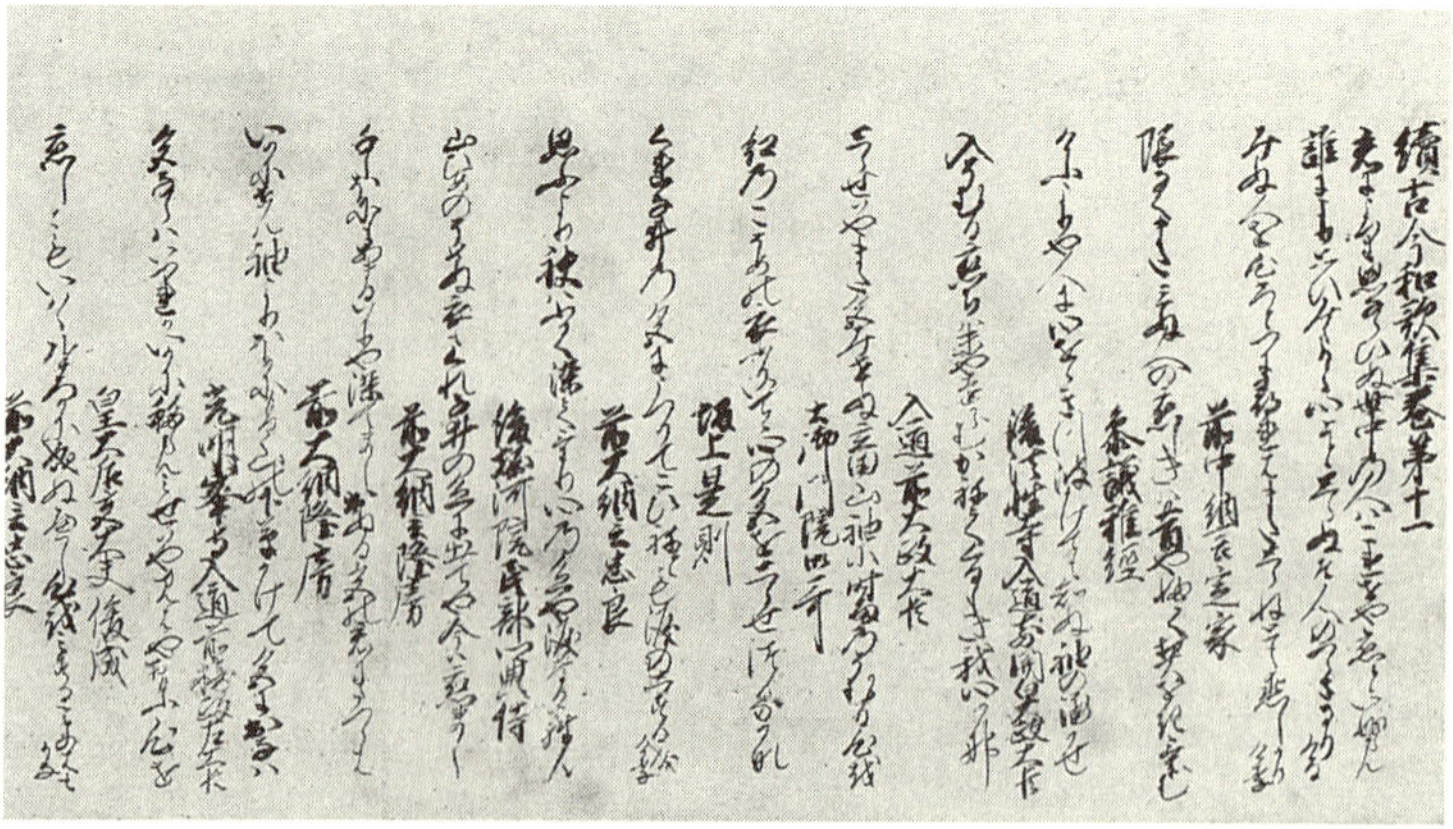

『続古今和歌集』巻十一　毛利元就がみずから書写したものである。

る。出雲富田城包囲の陣中で二年近くの歳月をかけて『太平記』四〇巻をみずから筆写したことは有名である。元春は、吉川氏中興の祖といわれる吉川経基《つねもと》が書写した『古今和歌集』や『元亨釈書《げんこうしゃくしょ》』など、吉川家伝来の書物を大切に保管するとともに、大内氏の一族右田弘詮《みぎたひろあき》が書写した『吾妻鏡《あづまかがみ》』、貞応本『古今和歌集』など、大内氏に由来する書物の収集にもつとめている。元春の長男元長も宗教や学問に深い関心をよせていたことが、菩提寺西禅寺《さいぜんじ》の住職周伯恵雍《しゅうはくえよう》に宛てた一六〇通あまりの自筆書状によってうかがえる。元長は明日出陣というあわただしい状況のなかで書物の校合を依頼したり、陣中にも多くの書物を携帯して書写したりしている。

　ところで、戦国時代の武士たちは、どのようにしてこのような学問や教養を身につけ、古典や芸能に対する関心を深めていったのだろうか。毛利氏家臣玉木吉保が元和三（一六一七）年にあらわした自叙伝

枇杷に鷹図　毛利隆元筆の花鳥図。このほかに隆元筆の「白鷺図」や自画像が伝えられている。

『身自鏡《みのかがみ》』を手がかりとして考えてみよう。吉保は天文二十一（一五五二）年安芸佐東郡温井《ぬくい》村の土豪玉木忠吉の長男として生まれ、一三歳のとき元就の御前で元服し、又三郎吉保と名乗った。ただし、「萩《はぎ》藩閥閲録」巻八二によれば、吉保は元亀三（一五七二）年六月に輝元から加冠されている。このように『身自鏡』の年代の記述には、吉保の記憶違いによるものと思われる誤りがあるが、ここでは原文にしたがっておく。元服した吉保は、その年の二月「学文」のために勝楽寺という真言宗の寺にはいり、ただちに院主俊弘法印から「いろは」の書き方を教えられ、五日のうちに習いおえた。続いて仮名文や漢字を習い、終日手習いして夕方には清書して師匠にみせ、一三歳で『庭訓往来《ていきんおうらい》』『貞永式目《じょうえいしきもく》』その他の往来物を読みおえ、一四歳で『論語』『和漢朗詠集』『四書五経』『六韜三略《りくとうさんりゃく》』など、一五歳では『古今集』『万葉集』『伊勢物語』『源氏物語』などを読み、歌書の講釈を聞き、和歌の道を学んだとしている。一六歳のとき、寺をでて弓や乗馬の稽古をはじめ、ときには蹴鞠を楽しんだ。その後は連歌・仮名遣い、さらには料理などを学んでいる。毛利氏が豊臣政権に属して以後は、吉保も京都や大坂にのぼる機会がふえ、易学・茶の湯・医学（薬学）なども学んでいる。吉保によれば、少年時代の手習の師匠は名医であり、そのころから医学を学んでいたといい、慶長六（一六〇一）年には、「藪偽介白翁」（医者）が「心気佐労斎」（病気）に

戦国武士と『源氏物語』

『源氏物語』諸伝本中の善本で、多くの活字本の底本とされている大島本『源氏物語』は、石見《いわみ》津和野《つわの》の吉見正頼旧蔵本であり、もともとは大内政弘が飛鳥井《あすかい》雅康に書写させたものである。この飛鳥井雅康筆『源氏物語』は、大内義興《よしおき》の娘が吉見正頼に嫁いださい、大内氏から吉見氏に移った

❖コラム

と推定されている。しかし、弘治三（一五五七）年大内義長が山口を退去したのち、山口を占領した吉見正頼が「日本国王之印」などを押収して毛利氏に提出した事実を考えると、『源氏物語』も大内氏滅亡時に正頼が入手した可能性も否定できない。

吉見正頼は永禄七（一五六四）年に毛利・大友氏の講和斡旋のため長府長福寺に滞在していた聖《しょう》護院門跡《ごいんもんぜき》の道増《どうぞう》・道澄《どうちょう》に「桐壺《きりつぼ》」「夢浮橋《ゆめのうきはし》」の書写を依頼している。在陣中に古典を書写することは、本文でもふれた吉川元春・元長父子が有名であるが、正頼もまた同様であった。

毛利元就も『源氏物語』を手許にそなえていたらしく、『春霞集』には、あきらかに『源氏物語』から作意を得たと思われる歌がいくつか含まれている。元就の四男元清も、『源氏物語』の書写を大内氏旧臣原氏に依頼している。また、郡山城の麓にある祇園社《ぎおんしゃ》（清《すが》神社）の連子窓《れんじまど》の下枠には、京都の九条稙通《たねみち》が天正四（一五七六）年十二月から翌年正月まで滞在し、日々『源氏物語』を講釈したという落書が残っている。戦国武士たちが『源氏物語』によせる関心の深さを示す史料は、意外に多いのである。

連子窓断片(清神社，安芸高田市)　窓の下枠に落書がある。

打ち勝つという筋書きで病気の治療法を説明した戯作まで記している。

このように、玉木吉保が身につけた学問や教養は、実用的な知識から古典まできわめて幅広い。玉木氏は、毛利氏の家臣といっても土豪クラスであり、けっして上層の家臣ではない。吉保は惣国検地のさいは検地役人をつとめており、少年時代の教育で身につけた実務的な能力が役に立っていることはまちがいない。しかし、『身自鏡』のなかで吉保が学んだとする書物と、吉川元長の自筆書状にあらわれる書物を比較すると、まったく同じとはいえないが、それほど隔絶した違いがあるわけではない。吉保が学問を身につけた場所である勝楽寺は、「八箇国御時代分限帳」によれば、安芸国佐東郡で五二石余の寺領をもつ。その住持は元就の名代として幾度か厳島神社に参詣していたことが確認できるが、それほど有力な寺院ではなさそうである。このような寺院が、土豪クラスの武士の識字・計算といった基礎的な能力から文化的な教養までを身につける教育施設として機能していたのである。

6章

幕藩制下の芸備地方

福山城本丸(明治維新期)

1　大名権力と芸備の民衆

福島氏の入国と改易●

慶長五（一六〇〇）年関ヶ原の戦いの結果、毛利《もうり》氏は防長二州に封じ込められ、芸備《げいび》地方は福島正則《まさのり》がおさめることとなった。正則は毛利輝元《てるもと》がきずいた広島城を本拠とするとともに、神辺《かんなべ》城と三原《みはら》城に重臣をいれ、あらたに小方《おがた》（大竹市）に亀居《かめい》城、三次《みよし》に尾関山《おぜきやま》城、東城《とうじょう》に五品嶽《ごほんがだけ》城、鞆《とも》に鞆城をきずいて戦時体制にそなえた。福島氏の入国は、芸備地方に新しい社会のシステムとなりつつあった兵農分離と石高制の徹底をもたらす画期ともなった。それは慶長六年に太閤《たいこう》検地に準拠した検地の実施過程で、家臣に対して石高によって知行地を分けあたえたこと、農民に対しては支配の単位が村であり、年貢なども石高を基準に決定されることなどが示されたからである。そして正則の家臣団の多くが毛利氏の場合と異なって芸備農村の出身者でなかったため、知行地をあたえられた給人《きゅうにん》と知行地の領民との人的関係は、毛利氏時代とくらべてきわめて薄いものとなった。

一方で慶長五年から六年にかけて、在地に残った旧毛利家臣団は、福島氏に召し抱えられるか百姓身分として登録されるかの岐路に立たされていた。天正年間（一五七三～九二）、輝元の命令によって周防《すおう》国から備後芦田《びんごあしだ》郡広谷《ひろたに》村（府中市）に家来数十人を引き連れてきた有間久右衛門《ありまきゅうえもん》は、結局この地にとどまり新領主の福島氏への仕官に望みをつないだのであった。久右衛門父子は「郡中《ぐんちゅう》案内者」として仕官したようであるが、地位などの詳細は記録されていない。慶長六年十月、神辺城にはいった福島丹波《たんば》は深津《ふかつ》郡惣百姓に対して、「諸給人衆《しょきゅうにんしゅう》の百姓手作りは堅く御法度《ごはっと》に候事」と命令しているが、これは給人衆の手作りがなかば公然と行われていた毛利氏時代の遺風を一掃するとともに、広谷村にあって福島丹波につかえたと思われるこの有間久右衛門のような土豪たちを想定してだされたものであろう。逆に召し抱えられなかった土豪たちは、「御帳面に付き候百姓」とされ、武家の奉公人となることさえも禁止された。こうして兵農分離体制が着々と実現されていったのである。

さて福島氏の領国支配については後述することにして、ここでは福島氏改易の経緯について言及しておきたい。元和三（一六一七）年広島城下は大洪水に見舞われ、城の石垣や櫓《やぐら》などが損壊した。正則は翌四年四月ころから、石垣普請を含む大規模な城郭普請を、すなわち本丸から惣構《そうがまえ》に至るまでの工事を幕府に無断で行い、それを何度か事後的に報告したようである。そしてこれが将軍秀忠《ひでただ》の耳にはいり、同五年四月になって幕府から糾問をうけることとなった。正則は弁明のため江戸へ参勤し、新規普請分を破却するという条件で事なきを得たのであった。しかし正則は本丸についてはかなりの部分を破却したようであるが、二の丸、三の丸については裸城になってしまう恐れからか破却しなかった。また世子忠勝《ただかつ》の上洛遅延、人質（忠勝の子）提出の不履行という事態を前にして、事を穏便にすまそうとしていた本多正純《ほんだまさずみ》ら幕閣は、秀忠の怒りをおさえきれず、福島氏の改易に踏み切らざるを得なくなったのである。したがってこれは従来いわれてきたような幕府の陰謀というようなものではなく、福島氏の政治的手続きに問題があったといわざるを得ないのである。

同年六月末、広島城の明け渡しも無事成立し、七月福島正則は信濃川中島《しなのかわなかじま》（長野市）四万五〇〇〇石をあたえられ、その地に蟄居《ちっきょ》した。寛永元（一六二四）年七月に死没、享年六四歳であった。

広島藩と福山藩の成立

福島氏改易後、芸備地方は浅野長晟《ながあきら》と水野勝成《かつなり》の支配するところとなった。浅野氏は紀伊《きい》国の三七万石から安芸《あき》国一円と備後《びんご》国八郡四二万六五〇〇石余を拝領し、「広島の義は中国の要《かなめ》に候」という将軍秀忠の言にみずからを位置づけた。また中国地方で初の譜代大名であった水野氏は、大和《やまと》国郡山《こおりやま》(奈良県大和郡山市)六万石から備後国七郡と備中《びっちゅう》国小田郡(岡山県笠岡市・小田郡矢掛《やかげ》町・井原《いばら》市の一部)の一部をあわせて一〇万石を拝領し、「西国の鎮衛《ちんえい》」としての位置づけをうけた。いずれも防長両国の毛利氏を強く意識したものであった。浅野氏はそのまま広島城にはいったが、水野氏の場合は神辺城にはいったものの、一国一城令のためかなり破却されており、海辺に近い芦田《あしだ》川河口にあらたな城郭と城下町を建設することとした。元和八(一六二二)年に城郭が完成したこの城下町を福山と命名した。

水野氏は加増分にみあう家臣団を福山で召し抱えたようである。前述の有間久右衛門は慶長十七(一六一二)年に没したが、子の平左衛門は勝成から知行一〇〇石をあたえられ、「代官役仰せ付けられ居村において之《これ》を勤め」た。元和九年には勘定《かんじょう》奉行に昇進し、福山城下に引き移り、代官職は広谷村に住む弟の八郎兵衛が引き継いでいる。水野氏はこのように農村の事情をよく理解している在郷の毛利・福島遺臣を代官に任命し、年貢の徴収を請け負わせたのであった。

水野氏は後述するように、領内において開発と勧農につとめたが、元禄十(一六九七)年八月、勝種《かったね》が三七歳で逝去すると、翌十一年五月には遺児勝岑《かつみね》もわずか一歳半で病没し、嗣子断絶で改易処分となった。水野領は幕府領とされて検地が行われ、一〇万石から一五万石に打ち出された。元禄十三年には南部の諸郡一〇万石が松平忠雅《ただまさ》にあたえられ、神石《じんせき》・甲奴《こうぬ》郡などの北部五万石はそのまま幕府領とされた。しかし松平氏は宝永七（一七一〇）年に伊勢国桑名（三重県桑名市）に転封《てんぽう》となり、かわって阿部《あべ》正邦《まさくに》が下野《しもつけ》国宇都宮から入封《にゅうほう》した。以後幕末まで阿部氏がこの地をおさめた。なお幕府領であった神石・甲奴郡の一部二万石は、享保二（一七一七）年九州中津藩奥平《おくだいら》氏の飛領《とびりょう》となった。

一方、広島城にはいった浅野氏は、水野氏のように城郭建築や城下町の整備にわずらわされることはなかったので、大名権力の確立と農村支配の合理化にいっそう意をそそいだ。元和五年十一月、藩主長晟は家老浅野左衛門佐《さえもんのすけ》知近《ともちか》を広島城内で謀殺した。浅野知近は浅野家初代長政の甥にあたり、浅野家中の筆頭として一目おかれてきた老臣であった。処罰におよんだ表向きの理由は、知行地として三原をのぞんだ知近に三次三万石をあたえたところ異議をとなえて出仕しなかったためであったが、おそらく長晟が入封早々に知近を謀殺したのは、知近が戦国時代の気風をもち、知行に対する考え方も著しく前時代的であり、大名権力とその官僚的「家中」を確立していくうえで障碍《しょうがい》となりつつあったからであると思われる。

浅野長晟画像　浅野長政の次男であったが，兄の幸長《よしなが》が慶長18(1613)年に病没したので跡を継いだ。広島藩初代藩主として，藩政の基礎を確立した。

また寛永元（一六二四）年にはこれまた家老の亀田高綱《たかつな》が退藩する事件がおきている。原因は家老上田宗箇《そうこ》らとの確執によるものといわれるが、くわしいことは不明である。この亀田にかわって浅野高英《たかふさ》が東城一万石をあたえられ、三原の浅野忠吉《ただよし》（三万石）、小方の上田宗箇（一万七〇〇〇石）と三家老が国境に配備され、その後幕末まで続いた。

大名から知行をあたえられるということは、給人としてその土地と人民を所有し、個別に支配する権限をあたえられることであったが、長晟はとくに三家老以外の家臣には、その権限を形骸《けいがい》化させたうえで地方《じかた》知行制を実施した。すなわち給人に対し知行地を分散してあたえ、また知行地の百姓をくじ引きで決めるくじ取り制を導入して、知行地に対する給人の個別支配を弱め、結果として実質的には俸禄制に近いものとしたのである。こうして家臣たちは主君から知行をもらい給人領主として主君に軍役を奉仕するという性格よりも、役人として国家（藩）に奉仕するという官僚的性格を強めていくこととなったのである。このような武士の存在形態は兵農分離と石高制を前提として存在する近世武士団の一つの特質であったといえよう。ちなみに水野氏も十七世紀なかばには俸禄制に移行し、その後をついだ松平氏も阿部氏も俸禄制を採用した（以下、便宜上、浅野氏支配領域を広島藩、水野・阿部氏の領域を福山藩と称する）。

「泰平」の実現と開発の時代●

元和偃武《げんなえんぶ》以降、広島藩と福山藩もまた臨戦体制から解放された。例外として寛永十四（一六三七）年の島原の乱のときに福山藩が百姓軍用夫を伴って出陣した事例があるが、おおむね「泰平」が実現したのであった。近世大名としては、もはや「戦《いくさ》の器用」ではなく「政務の器用」が重要視されることとなった。それは領内の耕地開発をはじめとする勧農・殖産を積極的に行い、経済の発展を推進させることが求められたのであった。

　水野氏には土木事業に精通したいわゆる「巧者」がいた。一人は勝成・勝俊《かつとし》につかえた神谷治部《かみやじぶ》であり、もう一人は一六五〇年代から七〇年代まで開発を担当した本庄重政《ほんじょうしげまさ》である。神谷治部の時代には、城下のすぐ南に隣接する野上《のがみ》・沖野上新涯《おきのがみしんがい》と、東に広がる三吉《みよし》村・市村《いちむら》沼田・深津沼田・引野《ひきの》沼田の各新涯が完成している（下図参照）。これらはいずれも一〇〇町歩前後の大新涯であった。藩主勝俊は正保元（一六四四）年、深津沼田新涯沖の堤《つつみ》普請（千間《せんげん》堤）にあたって「諸百姓見積もり次第に扶持方《ふちがた》遣わすべく候」と、百姓へ賃銭米を支給し、それでも人足が不足する場合は、福山・鞆・笠岡の町人を雇うことを命じている。ま

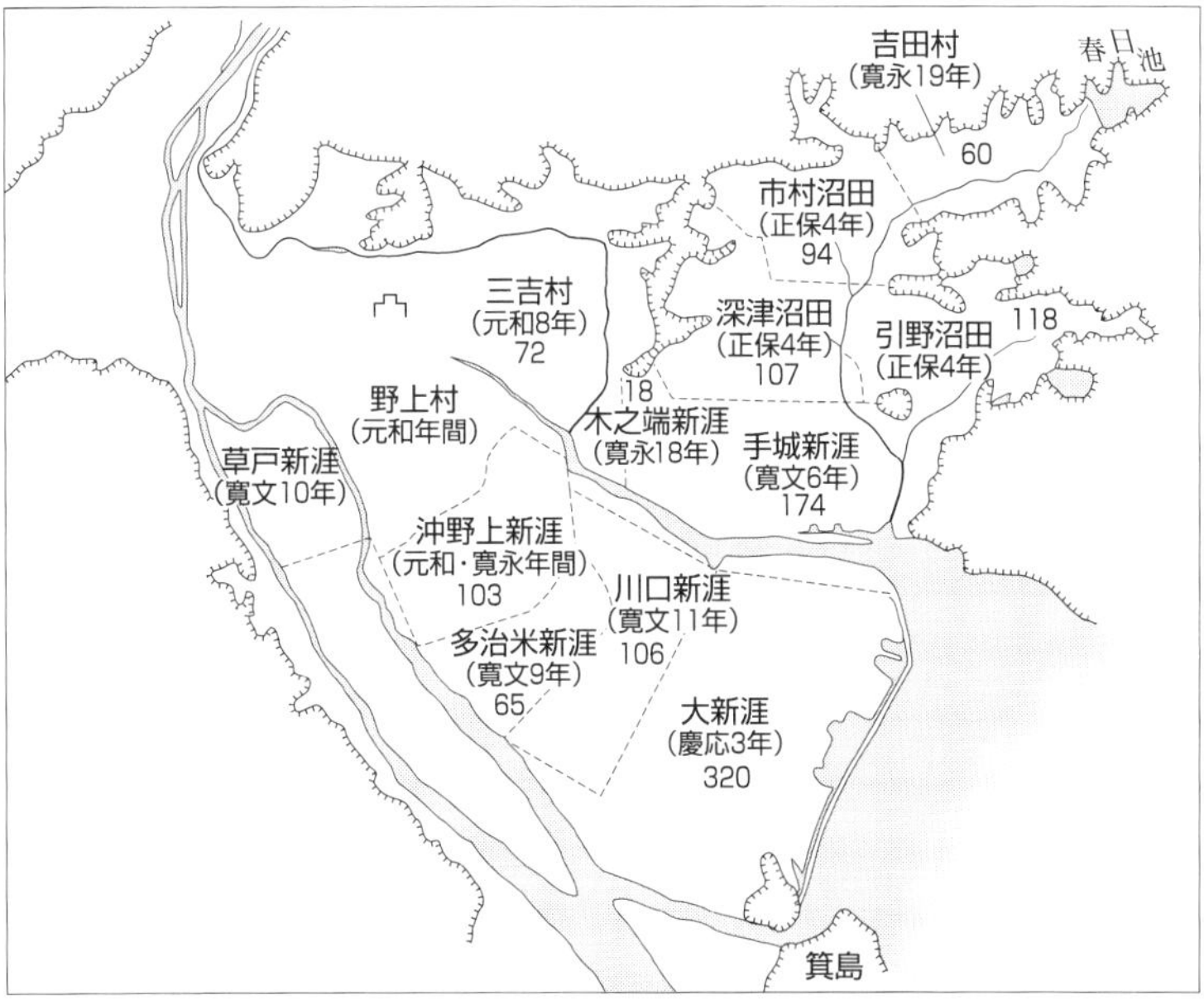

福山城下沿岸部の新涯(数字は面積。単位は町歩)　現在の福山城の東から南にかけての市街地は，17世紀後半までに開発された埋立地の上に展開していることがわかる。

芸備地方の大規模新開(17世紀)

郡　村	新開名	築調年代	面積
沼隈郡高須村	高須新涯	万治2年	町 55
同　松永村	松永新涯	寛文2年	78
御調郡西野村	宮沖新開	元禄13年	127
賀茂郡下市村	大新開	慶安3年	75
同　広村	大新開	元禄2年	110
安芸郡海田市村	海田新開	寛文元年	81
広島城下近郊	国泰寺新開	寛永11年	45
同	蟹屋・大須新開	万治3年	95
同	東新開	寛文3年	123
同	西新開	〃	144
同	切支丹新開	延宝6年	45

さに藩営事業として家中・領民一丸となって大規模工事に取り組むことを宣言したのであった。ついで本庄重政の時代にも開発が進んだ。重政の新涯の工事の中心は松永湾の干拓にあったが、福山でも手城《てしろ》新涯や多治米《たじめ》新涯などを完成させた。

広島藩でもはやくから広島城下周辺の開発がはじめられている。国泰寺《こくたいじ》村（広島市中区）一帯は福島氏時代の慶長年間（一五九六〜一六一四）に完成されているが、浅野氏も十七世紀なかばには、城下町の東側に蟹屋《かにや》・大須《おおず》新開、そして猿喉《えんこう》川の南側に一〇〇町歩を超える東新開・西新開（皆実《みなみ》新開）を干拓し、西南部にも十七世紀末までに舟入《ふないり》新開や観音《かんおん》新開を造成した。これも福山藩同様、藩営事業として行われたのであった。そのほか大規模干拓事業として上表に示したように、松永新涯、三原の宮沖《みやおき》新開、竹原下市《しもいち》の大新開など、十七世紀末の元禄年間（一六八八〜一七〇三）ころまでに各地で積極的な開発が行われたようである。

こうした藩主導の大規模新開とは別に、従来の荒れ地などを営々と汗水たらして良好な田畑にかえていく作業も続けられた。もちろんこれらは小規模な開発ではあったが、検地から一〇〇年以上も経過すると田畑の存在形態は大きくかわった。寛永十五（一六三八）年に蔵入地《くらいりち》に行われた浅野氏の地詰《じづめ》（幕府には報告しない非公式の検地）から一五〇年たった広島藩では、つぎのような事態におちいっていた（『芸州政《げいしゅうせい》基《き》』）。

> 寛永の頃検地これ有り候《そうら》えども、其《そ》れ以来もかつき高又は起こし開き地などの分、時々御改めこれ無き故、唯今にてはいつれの村も古水帳《こみずちょう》に引当も分明させ難く、すべて混乱相聞こえ候、……勿論村方実《じつ》の毛付《けつ》け畝高《せだか》も唯今にて相知らず候につき、第一免組《めんそ》の相当積もり難く、御所務方《ごしょむかた》正道相成らず候

これはすなわち、近世初頭の検地以来「かつき高」（災害などによって潰れ地となった本田畑）や開発地を把握してこなかったので、検地帳と現実の耕地が一致しないこと、そのために「御所務方」（年貢のこと）の賦課も正しくは実施されていないことが語られている。写真の安芸《あき》郡吉浦村のように山が開発されていても村絵図では山林のままであり、村の石高も近世初頭のままであった。このことは元禄

明治後期の吉浦村(呉市)　山々がすべて段々畑として開発されている。これらの大半は江戸時代に開発されたものと思われる。

年間に検地が実施された福山藩でも、十九世紀にはいると同様の事態におちいっていたと思われる。

また十七世紀には、藩の主導で溜池の築造や、河川の治水・水利工事が行われた。福山藩ではとくに地質的にめぐまれていなかったためか、寛永十年から正保二（一六四五）年にかけて、神谷治部を総指揮として瀬戸《せと》池（沼隈《ぬまくま》郡）、春日《かすが》池（深津郡）、服部《はっとり》大池（品治《ほんじ》郡）がつくられている。とくに服部大池の水は安《やす》那《な》・品治・深津三郡二〇カ村で利用された。また広島（三次）藩においても庄原盆地の国兼《くにかね》池と上野池などの工事が行われた。以上のように、「泰平」を保証する公儀として登場した大名権力のもとで行われた精力的な諸開発は、まさに「開発の時代」とよぶにふさわしいものであったといえよう。

2　百姓の世界と村

領主の理念と近世村落●

前述したように慶長六（一六〇一）年、福島正則は領内で検地を実施した。この検地は「村」を行政・自治の基本単位とした点で画期的であった。まず安芸国高田郡北村（安芸高田市）における福島検地をみておこう。北村の検地は坂井信濃と山内弥市郎《やいちろう》が担当であったが、「改め方荒増しにて其の上増し高多く御座候」という検地を行ったので、「百姓半分も鋤鍬《すきくわ》荷ない候て立ち去り候」と、半分の村人が走り百姓と化したのである。「改め方荒増し」とは、「竿入《さおい》れ荒増しにて齟齬《そご》多く御座候」ということのほかに、「山べりの平地、川筋は水通りのほか」の田畑でもない土地を「高付け地」とし、「近所百姓持高に詰め込んだことをさしている。これは百姓の立場からみれば、まったく過酷な検地の方法である。しかし坂井らは「早々開発仕るべし」と命令しながらも、開発がなるまではこれらの土地を「年々荒れ申す名目」で高から引くことを許可している。実際、この時期には耕地化されていない原野や荒れ地が多く存在したのではないだろうか。北村ほど極端ではないにしろ、多くの村で開発を前提にした原野の高付けがなされたことは十分に考えられる。

浅野長晟《ながあきら》が百姓に対し荒れ地の開発を奨励し、「所により起こし難き所」は「二年にても三年にても」年貢を免除することを約束しているのは、前領主である福島氏の継承のみならず、当時の公儀としての領主理念の具現であろう。その長晟から安芸国境に近い小方《おがた》に給知を拝領した家老の上田主水《もんど》(宗箇)は、(1)「小方町中の儀万事孫衛門《まごえもん》(小方町庄屋)の次第たるべく候」とし、ほかの四カ村も「其の在々庄屋共相談」して「肝煎《きもい》るべき」ことというように、町・村の自治を認め、(2)走り百姓を呼び戻す努力をし、帰住したものが百姓として成り立つまでは上田家家中が各種の援助をする、(3)家中送り迎えの「加子《か こ》飯米《はんまい》船賃」は必ず支払い、以後決して「むざと」村人を使用しないことなどを申し入れている。これは村や町の自治を大名権力が保証し、年貢・夫役《ぶやく》などは常識的な範囲でしか徴発しないことを約定したものである。

こうした大名・家中の姿勢(領主理念)に対し、近世村落の対応はいわば老獪《ろうかい》とでもいうべき力強さがあった。たとえば近世をつうじて年貢率をほぼ固定させていること、かつての荒れ地を耕作不可能の土地として幕末に至るまで認めさせていること、そしてなによりも元禄期(一六八八〜一七〇三)の岡山藩による福山領の(水野氏改易時の)検地を例外として、広島藩の寛永地詰、福山藩の寛文地詰以外は、検地の実施を許さなかったことにみてとれるであろう。つまり当時の村人たちは一方的に年貢を搾取《さくしゅ》されるだけの存在ではなく、「百姓成立」を保証するという領主の申し入れを「既得権」として遵守《じゅんしゅ》しながら、藩による勝手な年貢増徴をも規制していたのである。

福山藩や広島藩で享保二（一七一七）年から三年にかけておこった百姓一揆《いっき》は、これらの既得権を侵害するような増税や新税の創設を「契約」違反として訴えたものであった。なかでも三年の広島藩享保一揆は、有力な村役人が所務役人と頭《かしら》庄屋に任命されて農村支配にあたる制度そのものを撤回させているが、それは村々の内部事情をよく知っている所務役人や頭庄屋に年貢徴収をされたら年貢増徴につながることは必至であったからである。以後、とくに広島藩の農村支配体制は後退する。前述の『芸州政基』の著者が「御所務方正道相成らず」となげいているのは、こうした近世村落に対するいらだちの表明でもある。

以上のように、領主の理念を盾としながら、百姓身分を中核としたきわめてしたたかな村落共同体が形成されていったのである。

村人の世界●

つぎに、安芸国山県《やまがた》郡壬生《みぶ》村（山県郡北広島町）を手がかりに村人の世界に目をむけてみよう（次頁図参照）。壬生村は福島氏の慶長検地で畝四七町余、高五一九石余の村とされ、内部には壬生市《いち》がある。村の西側に「城山の高嶺聳《そび》え」、東北から南にかけて田園が広がっている。壬生市は交通の要衝として、また壬生城の市町として、中世から存続してきた。毛利氏時代には市に目代《もくだい》がおかれ、運輸業者なども存在していたようである。村の人口は延宝九（天和元＝一六八一）年に四一〇人であったが、文政二（一八一九）年の明細帳《めいさいちょう》では六五二人となっている。文政期（一八一八〜二九）には村人の七割が農業に従事し、二割は「売事ならびに職人」で、一割が浮過《うきすぎ》とよばれた人びとであった。この村では百姓と記されながらも農業を主としない村人が十数軒存在した。これは市に居住する村人であるが、百姓たちも農事の暇《ひま》をみつけては「売事・荷の駄賃運び」を行っていた。

さて壬生村では一割が耕宅地をもたない浮過であるとのべたが、浮過とは十八世紀以降の広島藩独特の身分呼称である。周知のように福山藩や広島藩では村人の階層によって各種の呼称があった。福山藩水野氏の時代には本家《ほんけ》（本役家《ほんやくや》）・間脇《まわき》・下人《げにん》、松平氏時代には本百姓・名子《なご》・水呑《みずのみ》といった呼称が、地詰《じづめ》帳や差出《さしだし》帳などにみられる。阿部氏時代には入封早々に差し出させた宝永八（正徳元＝一七一一）年の差出帳で村によっては前代の呼称を用いているが、以後基本的には賤民身分をのぞいて本家などの身分呼称は曖昧《あいまい》になっていった。広島藩でも百姓のほかに小《こ》百姓・部屋《へや》・下人などのよび方がみられたが、十八世紀以降になると百姓と浮過の呼称が多く使われた。しかしこれらの多くは藩に対する使用例であって、現実の村社会でどのように使

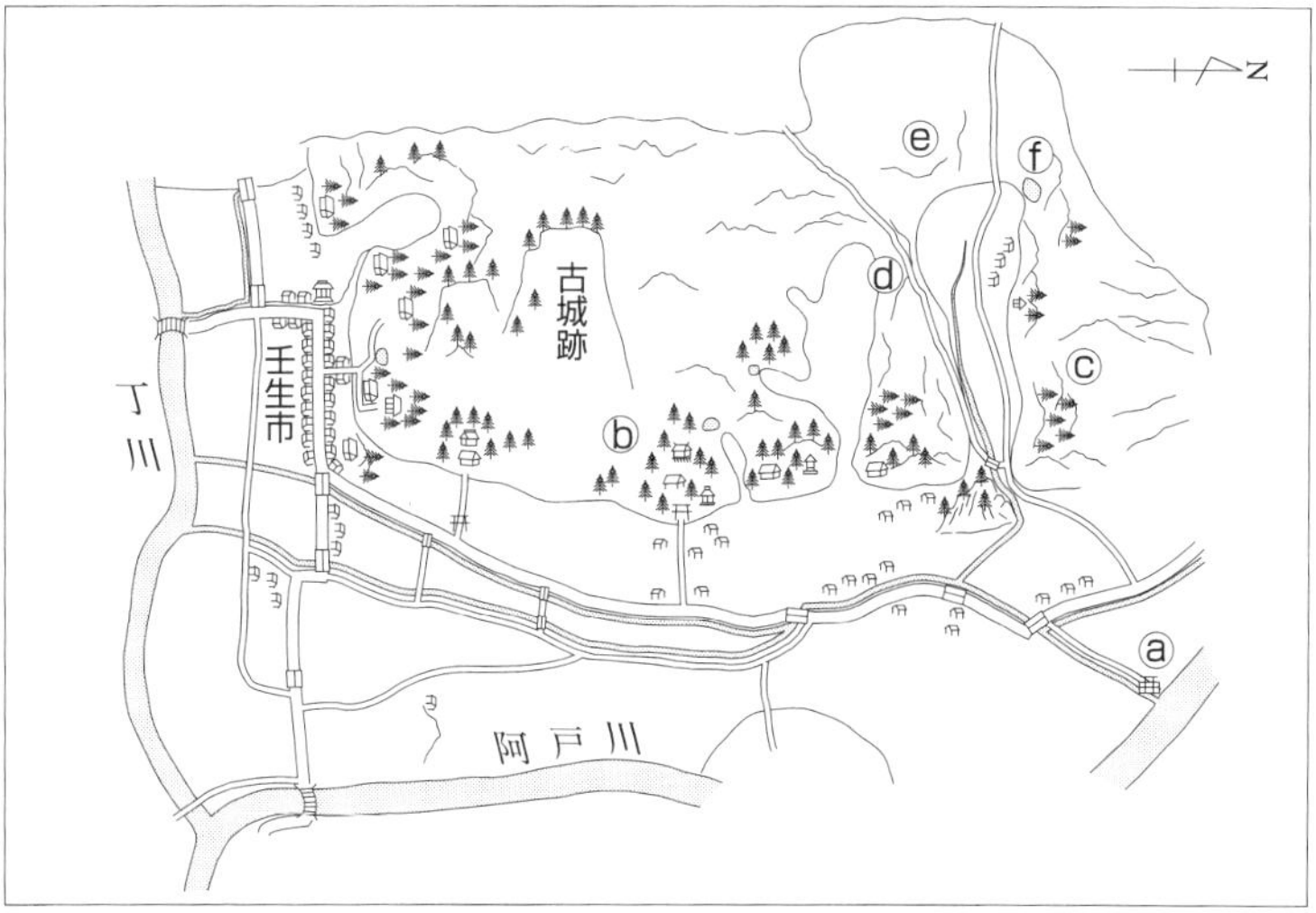

19世紀初頭の壬生村「村絵図」　壬生市を東西に通る道路は高田往還とよばれ，西は多治比村(安芸高田市)に連なり，東は隣村の有田村で石州往還に接続する。中世以来の古い街道である。なお丁川と阿戸川は合流して東の川井村，土師村に流れる。

山内の生活

山県《やまがた》郡加計《かけ》村（山県郡安芸太田町）の隅屋《すみや》は同郡の戸河内《とごうち》村（同町）などの奥深い山で鑪《たたら》を経営していた。鑪には付属の鍛冶屋も設けられており、これらの製鉄作業場を山内《さんない》とよんだ。鑪では砂鉄《さてつ》を銑《せん》に溶解する作業が行われた。ここでは全体の作業の指揮をする村下《むらげ》、村下の補佐役で炭の吟味をする炭坂《すみさか》、天びんふいごをふむ番子《ばんこ》、炭を焼く山配《やまはい》・山子《やまご》などの労働者が働いていた。また銑を精錬する鍛冶屋では、大工・左下《さげ》・手子《てご》と、鍛冶用の炭を焼く小炭焼などが働いていた。山内には彼らの家族も一緒に住んでおり、政ケ谷《まさがたに》鑪鍛冶屋では天明七（一七八七）年に三二一人が暮らしていた。うち女性は一四五人であった。

彼ら労働者は、日々の食糧米などを勘場《かんば》（山内の事務所）から借りて生活し、その借米・借銭と彼らの賃金は盆と暮に決済され、そのとき条件によってはほかの山内に移る場合もあった。しかし多くは鉄山経営者に隷属し、自分はもちろん子や孫に至るまで、終生同じ経営者の山内で働いたようである。

「山内の者無用に出山《しゅつざん》仕《つかまつ》る間敷《まじく》、地下《じげ》の衆を山内へ引き込み申さず事」という山内掟《おきて》にみられるように、山内では近くの百姓集落との交流は制限されていた。また「諸商人山内へ入り込ませ申さず」ことを原則とし、やむをえない場合は荷物を改めて許可した。また「僧俗に限らず何人にても一宿も仕らせず」、医者も治療がおわればただちに送り返す掟が徹底されていた。こうした掟は一一歳から七〇歳までの男子に読み聞かせ請印をとっているから、男子は一一歳になると山内の仕事に従事させられたようである。一人前になると結婚することができたが、それも経営者に届けで

❖コラム

て許可を得なければならない規則となっていた。

板ケ谷《いたがたに》鍛冶屋山内には明治初年、一九の家族が居住していたが、その妻の出自をみると、二人が農、一人が商で、ほかはすべて山内出身であった。同じ山内やほかの山内の女性と結婚する場合が多かったのは、近くの農民と交流が制限されていたためだけではないだろう。なによりも彼らは鉄山経営者の所有物とみなされており、ある種の差別意識もあって農民に敬遠されたのではないだろうか。ともかく彼らは一生山内で働き、生活し、そして死を迎えた。写真の餅ノ木《もちのき》山内の彼らの墓石は、多くは破損・整理統合され、今や忘れ去られようとしている。

餅ノ木山内の墓石(山県郡安芸太田町)　この墓石近辺にもたくさんの墓石が散乱・放置されている。

用されていたかあきらかではない。土地を所持せず年貢・夫役負担という「百姓役」を負担していないという意味においての浮過であり、沿岸部農村や島嶼《とうしょ》部では農業以外に活路をみいだす裕福な浮過は少なくなかったのであった。また壬生村には社人《しゃじん》一軒、出家三軒、医師一軒が居住していたが、なかでも社家の井上家は清高堂《せいこうどう》(寺子屋)を経営し、かつ「壬生連《みぶれん》」とよばれた俳壇の中心的存在であり、彼らは村役人層とともに村の文化・教養の担い手でもあった。

ところで壬生村には村の治安などに貢献した革田《かわた》身分の人びとが居住していないが、近村の革田が役目をはたしたのであろう。こうした例は多い。たとえば元禄十(一六九七)年、山県郡小原《こばら》村ほか四カ村に革田がいなかったので、近くの三右衛門なる革田と村の警固などに関して契約を結んでいる。また沿岸部の安芸郡警固屋《けごや》村は対岸の瀬戸島の革田に役目を依頼していた。福山藩では、えた・茶筅《ちゃせん》身分が村落に居住し、広島藩の革田同様、村人の差別をうけながらも死牛馬処理役・牢番役・行刑役・警固役などを担当させられた。

このほかにも中国山地にはわずかではあるが、木地師《きじし》とよばれた職人が山深い里に居住していた。彼らは数十年単位で用木を求めて移動した。十九世紀段階では山県郡戸河内《とごうち》村(山県郡安芸太田町)や佐伯《さえき》郡吉和《よしわ》村(廿日市市)で稼業していた。また鑪《たたら》製鉄が盛んであった中国山地には、その鑪の職人や鍛冶屋の職人家族が「山内《さんない》」とよばれた人里はなれた場所で労働していた。彼らは村の人別《にんべつ》帳には含まれておらず、村人とは恒常的なつきあいはなかったようである。

沿岸部や島嶼部の村々も百姓身分が多いが、農業の比重は低い。たとえば大崎下島の大浜村(呉市)では百姓二一一軒、浮過二九軒、漁師二〇軒、革田二軒であったが、「耕作四歩方、山稼《やまかせ》ぎ三歩方、漁業弐《に》歩方、船働き壱《いち》歩方に御座候」というのが村の産業の実態であった。山稼ぎは木挽《こび》きとして出稼ぎにでることである（一九六頁参照）。また漁業集落も各地に成立していた。

村の生活と年中行事●

壬生村絵図（一七五頁図参照）に描かれているように、高の免の鬮《ひ》（図右下部のⓐ）より取水する井手が村の田をうるおした。谷間の田はいくつかの溜池から水を引いていた。これらの井手や溜池からの取水には種々の取決めがあり、これをまもることが村人に求められた。腰林《こしばやし》（ⓑ・ⓒ）、野山《のさん》（ⓓ〜ⓕ）もまた堆《たい》肥《ひ》をつくるための肥草や、薪・柴草の供給源であり、農業や日常生活には欠かせない空間であった。村ではそのため掟をつくり、違反したものには罰金などが課せられた。

こうした村規制の存在は、村落共同体の成熟を示すものであるといえよう。安芸国では村のなかに真宗の信仰を核とする講中《こうじゅう》組織が発達した。これは葬式のさいに式一切を取りしきり、また「出家を招き当番の宅へ相集まり、宗意の掟を乱さざる様、若《も》し身も不行状の者は善道へ導き、第一御上《おかみ》の御法度《ごはっと》を相守り、倶々《ともども》睦まじく因《ちな》み合い候様申し合い仕り候会講《かいこう》」であった。

福山藩では荒神信仰の組織が発達し、組ごとに荒神をまつり月々の会食などで団結を強めた。また中世末に成立した宮座《みやざ》も残存し、村の鎮守・氏神の祭祀《さいし》を行うことによって村落共同体の紐帯《ちゅうたい》が保たれた。広島藩では宮座は講中の発達によってすたれたようである。

つぎに村の年中行事をみよう。村人は一年中過酷な労働を強いられていたわけではない。一年のうち何日かを休日とし、行事や祭りを行った。地域によって差異があるが、大まかにのべておこう。

まず広島藩の正月は「革田長袖《ながそで》袴《はかま》を着し烏帽子《えぼし》をかづき仕来《しきた》りを以て、元旦未明より旧家を始めとして順々に家ごとに農家の寿《ことぶき》目出度《めでた》きことを唱え舞い申し候」と、革田の人びとの万歳《まんざい》ではじまった。福山藩ではこの風習はなかったようである。正月十四日夜には左義長《さぎちょう》が行われた。五節句《ごせっく》は上層農民を中心に行われたが、端午《たんご》などの農繁期にあたるものは略式としたが、備後では「幟《のぼり》祝いと申し右幟を立て色々の飾り物仕り候」村もあった。そのほか村人の楽しみとして七月の盆踊り、九月の氏神祭礼（秋祭り）が行われた。前述の壬生村では三月十五日に八幡宮で「当年中風雨順次五穀成就」を祈り、六月十七日には殿様御武運長久を祈る国恩祭を実施し、そして秋九月に「大祭」を行い神楽舞《かぐらまい》を催している。こうした祭りには各地から諸商人が参集して店をだし、にぎわった。

ところで安芸国では近世後期になって伝統的な儀式や行事が絶えた例が多いようである。たとえば賀茂郡仁方村《にかたむら》（呉市《くれし》）では正月の門松《かどまつ》は、「塩浜共に十三軒三ヶ日の間建て来たりしに安永の頃より永絶たり」と報告されている。山県郡でも門松や注連飾《しめかざ》りなどは社人のほかは飾らなかった。これは真宗の影響であろう。仁方村の「船稼ぎいたす者は（真宗の）宗意に絶えてなじまず、船々へ松竹注連を飾る」という記述からもあきらかである。そのほか二月九日の「事の節」、虫送り、盆のとき墓前へ灯籠《とうろう》や花を飾ること、十一月の「卯《う》祭り」（新嘗会《にいなめえ》）、節分の豆まきなどが「雑行《ぞうぎょう》・雑修《ざっしゅ》」にあたるとされ、安永年間（一七七二～八〇）以降行われなくなった。「兎《う》の毛の先ほども雑修しては極楽往生叶わずと心得」たからである。このような安芸門徒の信仰のあり方は、人びとに合理的精神をもたらすこととなるが、一方で多くの伝統的儀式が忘れさられることにもなったのである。

3　城下町の成立と芸備の都市

城下の町割を読む●

近世にはいると城下町が各地で建設された。芸備地方の城下町は広島・福山・三原・三次があるが、以下、広島と福山を例にしながら城下町の空間を観察しよう。

毛利輝元によって建設された広島城下町は、福島氏・浅野氏によって着実に中国第一の城下町に整備されていった。それまで広島城下のはるか北側をとおっていた山陽道が、福島正則によって城下町を貫通させられたことはきわめて重要であった。城下の東の入口にあたる猿喉橋《えんこうばし》（次頁の図のⓐ）から京橋（ⓑ）を渡って、現在の本通り筋の平田屋《ひらたや》町（①）・播磨屋《はりまや》町（②）・革屋《かわや》町（③）を経て中島本町（④）から広瀬・観音・己斐《こい》に抜ける山陽道と、堺町（⑤）を分岐点として北にのびる石見《いわみ》・出雲《いずも》街道が接続されたことは、領国経済の中心としての役割を決定づけた。しかもこの通りに面する屋敷地をすべて町人地とした福島氏の方針は、商業の発展をいっそう促すこととなった。とりわけ毛利氏時代にその家臣熊谷玄蕃允《くまがいげんばのじょう》の屋敷地であったところに胡社《えびすしゃ》をたて、東側を東引御堂《ひがしひきみどう》町（⑥）、西側を胡町（⑦）として「市の町」としたことは象徴的である。

広島城下町の空間は、城郭と武家屋敷地・藩用地が三分の二以上を占めている。外堀の内部は御用屋敷や家老・番頭級の重臣たちの屋敷があり、城郭の東側の八丁堀（㋐）・鉄砲町（㋑）・流川《ながれがわ》（㋒）・幟《のぼり》町（㋓）などや、西側の小姓《こしょう》町（㋔）に中級武士団の屋敷が配置されている。本《ほん》川の西側の鷹匠《たかじょう》町（㋕）には中下級武士、城の北側の白島《はくしま》には下級武士、そして南側の国泰寺《こくたいじ》付近（㋖）や水主《かこ》町付近（㋗）には下級武士や重臣の下屋敷などが点在する。寺社地は福島氏の時代に真宗寺院が集められて城郭西方に寺町を形成し、国泰寺付近にも寺社が集中し、「東寺町」ともよばれた。そして町人地は城郭の東南から西南にかけて広がっている。浅野氏入封時には六〇もの町が成立していた。ちなみに浅野氏は城下町で営業していた遊女集団を宮島に移したが、福島氏時代には柳町（㋘）・東柳町（⑧）辺りで営業し、毛利氏時代には中島の元柳町（⑨）・湯屋町（⑩）辺りに遊郭らしきものがあったのではないかと地名から推測される。

　福山城下町も武家屋敷地・藩用地が三分の二以上を占めている。次頁図にみられるとおり武家屋敷は城郭の東西と南に、城郭

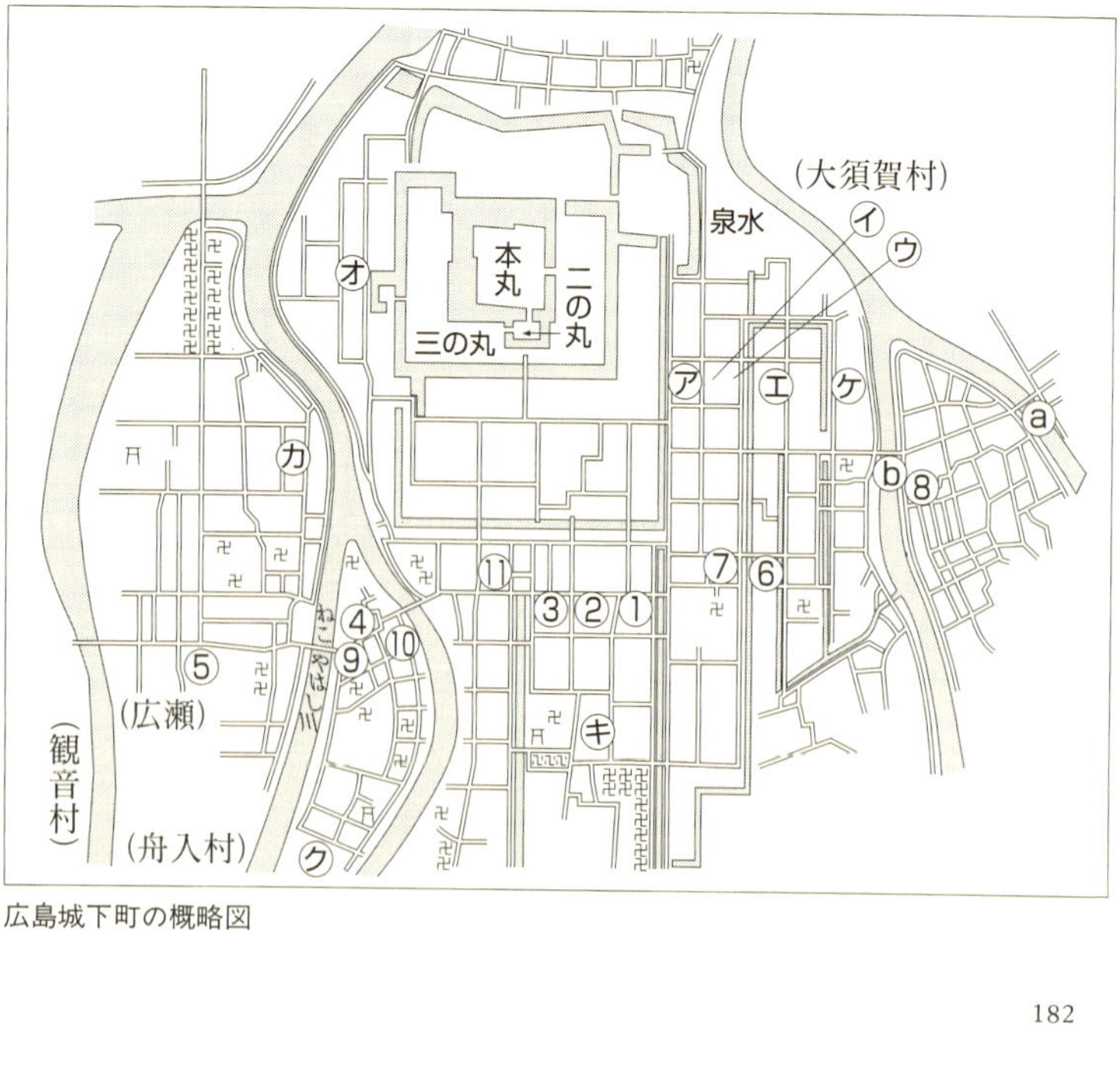

広島城下町の概略図

をつつむ形に配置されている。東側は、武家屋敷の外側に町人地が南北に設定され、さらにその外側に下級武士の屋敷地、のちに寺町とよばれた一二カ寺の寺屋敷が集められている。寺社地はそのほかにも城下の防衛的観点から四囲の要所要所に配置されている。町人地（図の網掛け部分）はおもに入《いり》川の両岸および山陽道へ至る出入り口となる吉津《よしづ》村とのあいだに配置され、ここに当初は一二町が開発され、のち三〇町となった。また広島の「市の町」と同様に、福山でも沼隈郡神島《かしま》村（福山市）の市場を大手門前に移し六斎市《ろくさいいち》を開かせたように、商業機能の城下町への集中をはかっている。

町と町人の形成●

百姓身分が村に所属してその生業に精進したように、工商身分である町人は町《ちょう》に所属して城下町商業の発展をになったのであった。広島や福山の城下町には町が形成されたが、それは町人となるべき人びとによって開発されたといったほうが正確かもしれない。いいかえれば毛利・福島時代に各地からやってきた商工人が、「銘々自

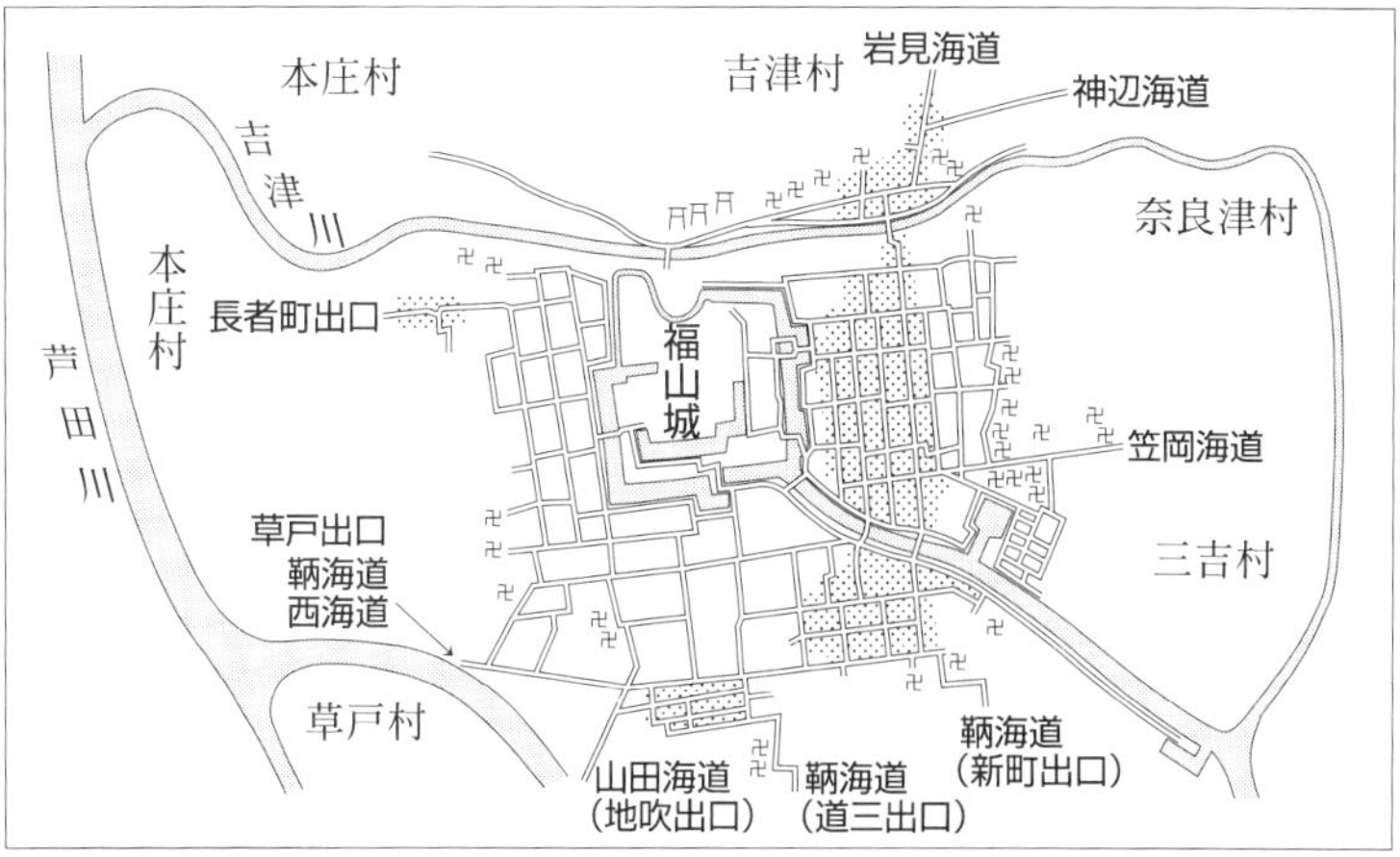

福山城下町の概略図

分の働きを以て沼・芦原を埋め」て屋敷地に開発していくことが町人身分となる条件だったのである。したがって福山の奈良屋町や広島の平田屋町など開発者の名前が町名となった場合もあった。

　では開発された町がどのような特質をもっていたのか、まず下図によって承応三（一六五四）年の広島の白神《しらかみ》一丁目（一八二頁図⑪）を事例に考えてみよう。図をみると通りの両側に大小二五の屋敷地が数えられる（西側に一〇、東側に九、南側に六）。そして通りの両端に立派な木戸が設けられていることがわかる。南側の木戸には高札がたっている。この木戸門は宵五ツ時（午後八時前後）には治安維持のため閉じられた。

　町というのは現在の町と異なって、通りの両側の家屋敷に居住する町人からなる地縁的な自治組織である。したがってこの絵図に記載されている二五人が町を構成する町人身分である。年寄役《としよりやく》は間口一六間余の万屋長右衛《よろずやちょうえ》門《もん》であり、奈良屋勘右衛門《ならやかんえもん》と鶴屋新九郎《つるやしんくろう》が組頭役《くみがしらやく》である。万屋は福島氏時代に大年寄をつとめた由緒ある大町

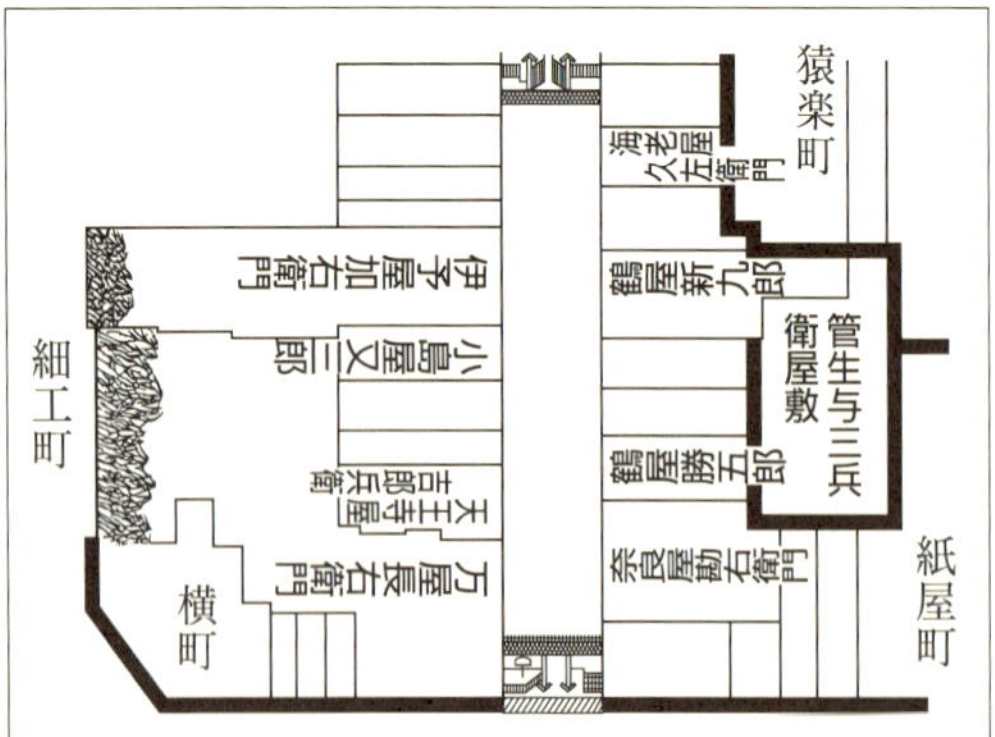

白神1丁目の切絵図　この町の通りは，現在のそごう西横のメルパルクから南にむかってはいった通りで，デオデオや県民文化センターがあるところである。

人であった。この町の特色は「他邦の御使者などを留」める御客屋に設定されていたことである。承応三年の時点では、万屋長右衛門・伊予屋加右衛門《いよやかえもん》・奈良屋勘右衛門・鶴屋勝五郎《かつごろう》・天王寺屋吉郎兵衛《てんのうじやきちろべえ》の五軒がその役をつとめ、海老屋久左衛門《えびやきゅうざえもん》宅はのちに脇本陣《わきほんじん》となり、彼らは藩の使節などを接待する「客人役《きゃくじん》」をつとめていたのである。ちなみに万屋と伊予屋の裏の樹木は、客人のための「館庭の樹木」で「物数寄《ものすき》など少しく賞愛」されていたという。また海老屋久左衛門の先代は菊屋長兵衛尉《ちょうべえのじょう》といい、浅野氏にしたがって紀州から移住し、銀方御用と「御酒御香の物」などの御用達《ごようたし》であった。小島屋又三郎の先代は奈良から移住してきたが、代々味噌・醤油をあきなった。又三郎の甥が浜屋新四郎常也《つねや》といい、のちに『厳《いつく》島道芝記《しまみちしばき》』をあらわした人物である。

さてこの絵図より以前の寛永二（一六二五）年の調査によると、この白神一丁目には四五軒の借家があった。表通りの借家もあったであろうが、おそらくほとんどは各屋敷の裏側に長屋がたてられており、そこに居住していたのであろう。福山の町でも通りに面した本家よりはるかに多い「裏借家」が形成されていた。彼らは町人身分ではないが正式の借家人として登録され、小商いや職人として渡世していた。しかし中後期になると都市の吸引力もあってか、無届けの借家人層が飛躍的に増大し、大きな都市問題となっていくのである。

この切絵図の黒い溝は「水道」であるが、水道といっても城郭の堀とつながる下水道であり、生活排水が流されていたと思われる。飲み水は井戸水が利用されたようである。ちなみに福山城下町では江戸の神《かん》田《だ》水道についで二番目に古い上水道が設置されていた。

このような町が開発中であった毛利氏時代には、平田屋惣右衛門《ひらたやそうえもん》と芥川屋孫右衛門《あくたがわやまごえもん》がそれぞれ町人頭と目代役となって町人の支配をまかされていたが、福島氏時代以降は各町が広瀬・中島・白神・中通・新町の五つの町組に編成され、それぞれに大年寄一人がおかれて町組を統括した。一方、福山城下の各町には宿老《しゅくろう》が一人ずつおかれ、このなかからさらに二人ないし三人が輪番で「大当番」を担当し、惣町（三〇町）の代表者となった。阿部氏もこの方式を踏襲しており、月番宿老の「大当番」を「宿老頭取」と呼称をかえただけであった。

門前・港町の繁栄●

近世の都市は城下町だけではない。芸備地方では中世以来の伝統をもつ都市として宮島《みやじま》・尾道《おのみち》・鞆《とも》があげられる。しかもこれらは現在においても有数の歴史的景観をもつところとして有名である。宮島（厳島《いつくしま》）は港町という側面に加えて厳島神社の門前町でもある。ここでは戦国末期より「惣中《そうじゅう》」とよばれた町人組織があり、神社に対しても独立した自治的な性格をもっており、年寄を中心とした合議制がとられていたようである。厳島門前町がこのような発達をとげたのは宮島市《いち》という名高い市立てによるところが大きい。福島正則が入部早々の慶長五（一六〇〇）年十一月、押買・押売・狼藉《ろうぜき》を禁ずる典型的な市場法をだしていることにもあきらかである。その法令のなかで「町人《ちょうにん》・市人《いちびと》」という表現があるが、町人は西町・東町で市空間を提供する「惣中」の町人であり、市人は市に参加する内外の商人たちであろう。

宮島市は春三月・夏六月・秋九月・冬十一月に、それぞれ一〇日から一カ月程度、藩公認のもとに開かれた。人寄せのために歌舞伎・人形浄瑠璃《じょうるり》・芝居などに加えて、富くじも行われた。とくに管弦祭前後の夏市は「その繁華雑閙讐《ざっそうたと》えるに物なき」と評された。山里の山県郡戸河内村（山県郡安芸太田町）では「石州の者宮島市の時分通り泊まり申し候」とのべられているように、石見《いわみ》地方の商人が中国山地を越えて宮島市に出かけていたことがわかる。

尾道もまた兵庫・赤間《あかま》が関とならんで瀬戸内海を代表する港町である。毛利氏時代以来、尾道の「地下《じげ》人《にん》」を統括してきた笠岡屋《かさおかや》や泉屋《いずみや》など五家が老《おとな》（年寄《としより》）となり、また渋谷家・鰯屋《いわしや》など有力町人六〇人が月行司《がちぎょうじ》となって「衆議」を重んじる自治組織がすでに成立していた。このことは尾道の都市空間にも町

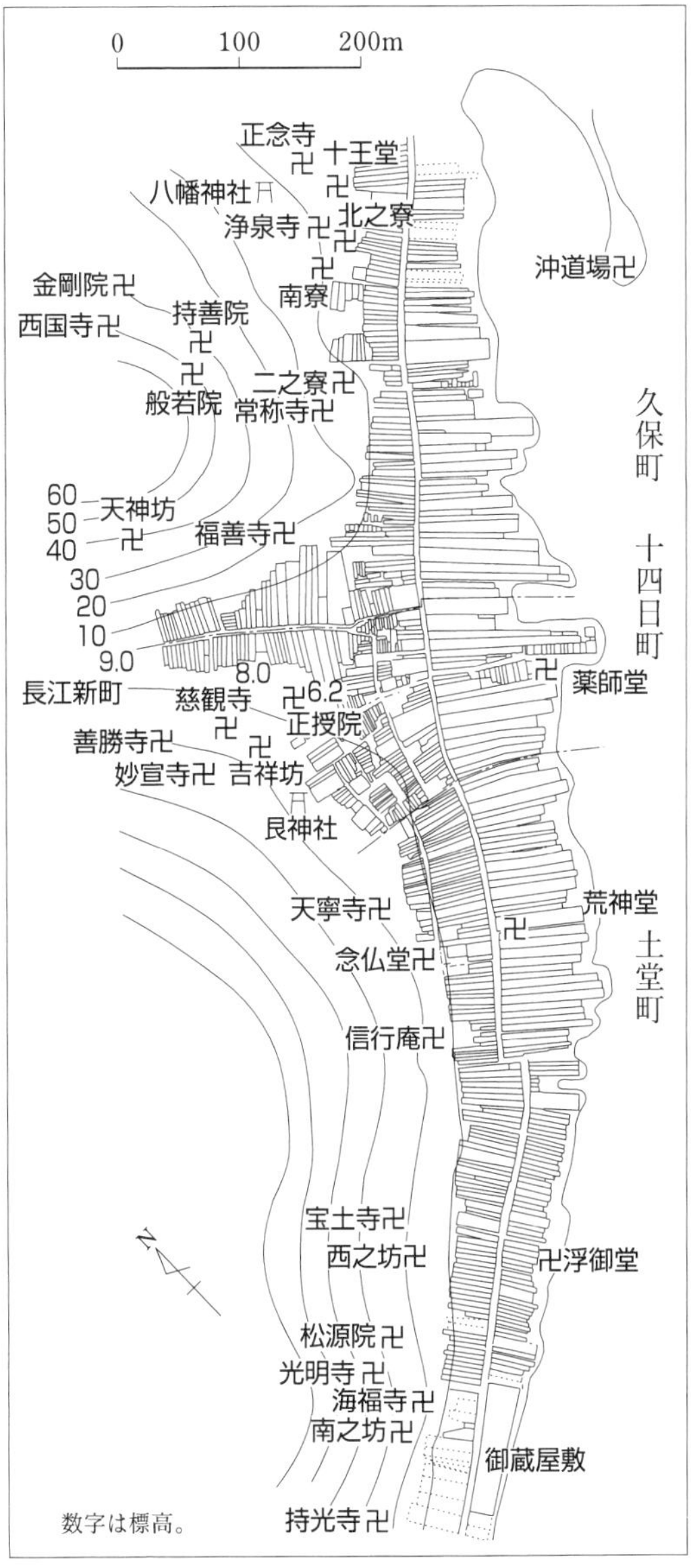

寛永年間の尾道町屋敷図

や小路《しょうじ》の地縁的共同体が成立しており、各個別町（小路）が行政的に土堂《つちどう》・十四日《とよひ》・久保《くぼ》の三町組に編成され、そのうえに自治組織である尾道惣町が誕生していたことを意味していた。この自治組織の「掟」は元和二（一六一六）年に成文化されているが、それによると年寄一人・月行司五人によるひと月ごとの輪番制がとられており、尾道惣町の繁栄と平和を強く意識したものであった。

寛永期の町割図を前頁に示してみたが、土堂・十四日・久保の本町と称されるところ、すなわち山陽道の海岸側には大短冊状の屋敷がみられる。ここは中世には屋敷地ではなく海岸であったが、とくに戦国時代になって開発が進められた。ここを埋め立ててきた地下人たちが、戦国末期から近世初頭の自治組織を担った年寄・月行司たちであり、彼らはみずから商品取引を行うとともに、問屋的存在として市場《いちば》空間を内外の商人に提供した。小地片の屋敷からなる各小路には小商人や職人、さらには船乗りや雑業層、あるいは大店の下人層が居住していた。また尾道の西端と東端、それに出雲《いずも》街道に通ずる長江新町は明き屋敷が多く、まだこの時期には家屋はまばらで開発途上であった。

鞆も尾道とならんではやくから開けた由緒ある港町である。福島氏時代に鞆城が造営されたことで、近世の鞆町は城下町として出発した。一国一城令で破却された鞆城の跡地にも藩主の屋敷があり、水野氏二代目の勝俊《かつとし》もそこに居住していたから、城下町的色彩は寛永年間（一六二四〜四三）まで続いた。元和二（一六一六）年にイギリス商館のR＝コックスが鞆の「定宿の主人」に備後産鉄六万斤を注文しているように、のちの船宿問屋に相当する町人たちで繁栄していたことがうかがわれる。そして城下町や宮島・尾道同様に、短冊状の屋敷地の集合体である町が形成されていた。おそらく築城時に中世以来の鞆を下敷きにした町割が行われ、原町・石井町・関町・道越《みちごえ》町・江浦《えのうら》町・鍛冶町・西町の七つの町の原型が成立したようである。各町には宿老・月行司・町代《ちょうだい》がそれぞれ一人ずつおかれ、各町の宿老から月番宿老がでて、鞆町の事務を取り扱った。

この門前・港町の繁栄と密接な関係にあったのが遊郭であった。尾道や鞆の遊女は古来より有名であり、入部直後の水野勝成《かつなり》が鞆に巡回したとき、遊女屋奈良屋に立ちよったと伝えられたほどであった。鞆では遅くとも寛永年間までには道越町内に遊郭街の有磯《ありそ》町が成立している。成立当初は藩から公認された奈良

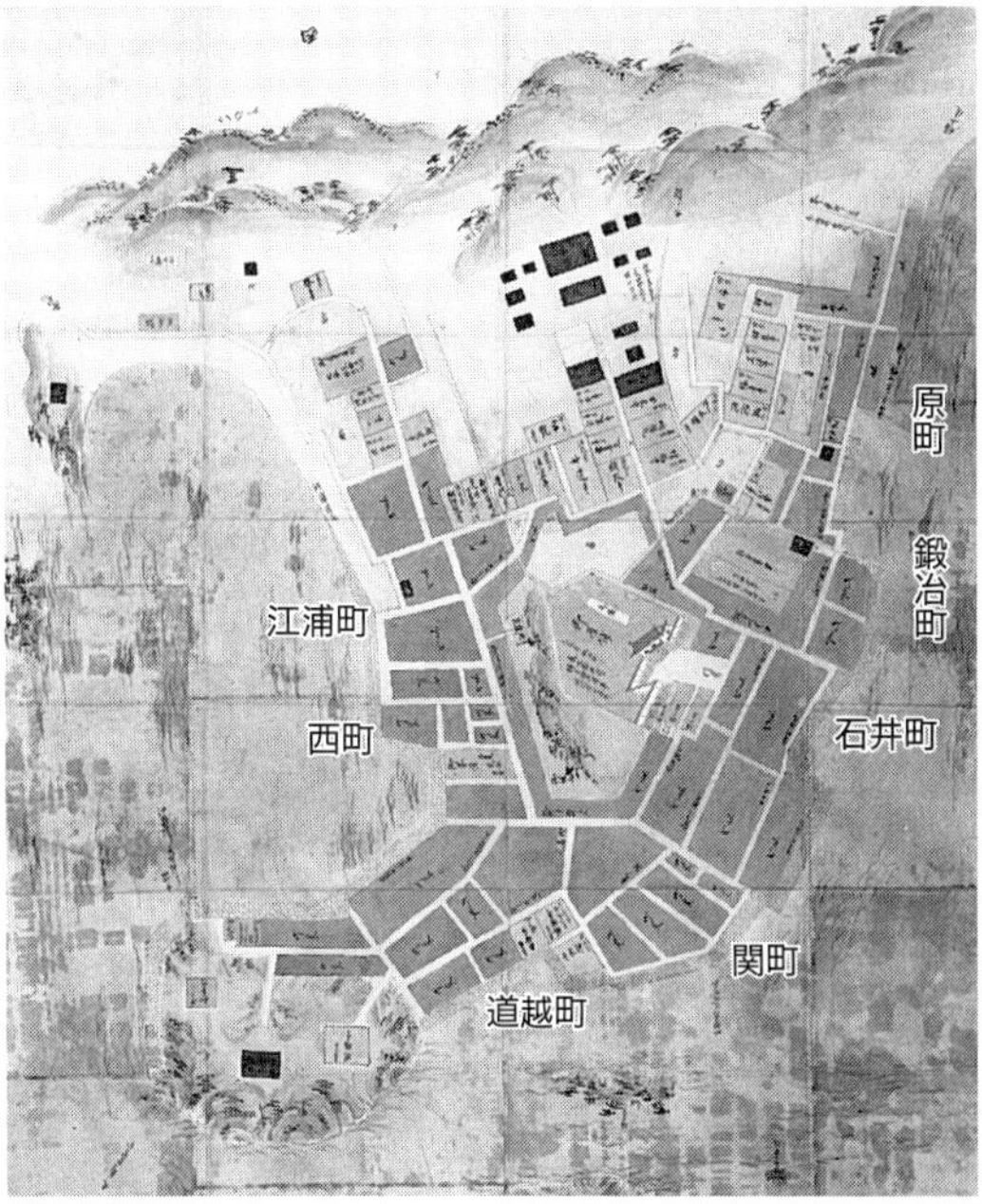

鞆町の町絵図(18世紀初頭)　この絵図以降も海岸の埋立てが進められるが，現在の鞆の浦の原型が成立していたことがわかる。江浦町の西側の海岸には焚場が設けられていた。

屋・広島屋・黒格子屋《くろこうじや》・吉野屋といった遊女屋があり、これを「四軒屋《しけんや》」とよんだ。のちに有磯町ではこれら遊女を所有する遊女屋のほかに、客を接待する場としての揚屋《あげや》も出現し、繁栄をきわめた。尾道の遊郭は、寛永年間の史料で天寧寺《てんねいじ》と艮 社《うしとらしゃ》のあいだに柳 小路《やなぎしょうじ》や傾城《けいせい》小路という地名がみられるように、当初は長江町の柳小路にあったといわれる。その後天寧寺下の幸《さい》の辻《つじ》という地区に移り、そのつぎには土堂町に女郎屋《じょろうや》町が形成され、ついで埋立地の久保町新開に移っている。その規模などは史料的にあきらかではない。宮島の遊郭は寛永の初めころ広島から小浦に移されたもので、寛文年間（一六六一〜七二）に東町の新町に移転した。

7章

幕藩体制の成熟と民衆

西方からみた広島城下町

1　進む経済社会化

芸備特産地帯の形成●

十七世紀が耕地拡大を中核とする開発の時代であったとすれば、十八世紀以降は各地で新しい産業や商品の生産がめざましい勢いで発展した時代であった。十七世紀前半に作成された『毛吹草《けふきぐさ》』には、芸備地方のめだった特産品は注記されていないが、十七世紀末から十八世紀初頭の元禄期ころからいわゆる経済効果の大きい産業が出現してくるのである。代表的な商品としては塩と鉄、そして木綿があげられる。

塩は人間の生命を左右する重要な生産品である。大飢饉《ききん》時に草の根までも食べ尽くして餓死する事例が各地で多くみられるが、それは、塩と一緒に食さなければ効果がなかったからである。芸備《げいび》地方におけるその塩の生産の嚆矢《こうし》となったのが竹原《たけはら》塩田である。前章の表（一七〇頁参照）に示したように、慶安三（一六五〇）年に大新開を開発したが、塩気が強く耕作に適さなかったので赤穂《あこう》の最新の塩田技術を導入し、六〇町歩もの入浜《いりはま》塩田に改良したのであった。福山藩でも少し遅れて松永に四〇町歩の塩田が完成し、その後続々と入浜塩田が各地に開かれ、全国でも一、二を争う塩田地帯となっていった。さて塩の生産は塩水を煮詰めるのに大量の燃料を必要としたので、島嶼《とうしょ》部や周辺の村々では銘々が所持する腰林の木を伐採して塩田に供給した。元禄四（一六九一）年にオランダ商館長の江戸参府に随行したドイツ人医師エンゲルベルト＝ケンペルは、芸予《げいよ》諸島一帯を「耕されていない荒れ果てた島や禿《は》げ山も沢山あった」と記録しているが、これらの禿げ山は塩田に薪を供給するために村人が山林を濫伐《らんばつ》した結果であろう。また明治時代の終わりに「芸備二州の海岸附近一帯は、禿《はげ》山《やま》裸《ら》峯《ほう》相連なり、其の面積約二万町歩の多きに達す。是《こ》れ蓋《けだ》し濫伐、暴採の懼《おそ》るべき遺跡」と指摘する農学博士がいたが、これも実は江戸時代の濫伐を問題にしていたのであった。濫伐がもっぱら製塩業のみによって引きおこされたわけではないが、一方で村人に貨幣をもたらしたことは確かであろう。

中国山地、とくに奴可《ぬか》郡と山県郡で盛んであった鑪《たたら》製鉄も、大量の薪と炭を消費する点において山林と深い関係があった。鉄師（鉄山経営者）らは、豊富な山林資源を求めて山中に鑪・鍛冶屋を移設していった。それをうけいれる村からみれば、その実態は現在でいう企業誘致に似たようなところがあった。たとえば山県郡戸河内村（山県郡安芸太田町）の松原や横川郷では、加計村隅屋の鑪・鍛冶屋操業をつねに誘致しようとしていた。その理由は「山手銀《やまてぎん》」（山の使用料）のみならず、

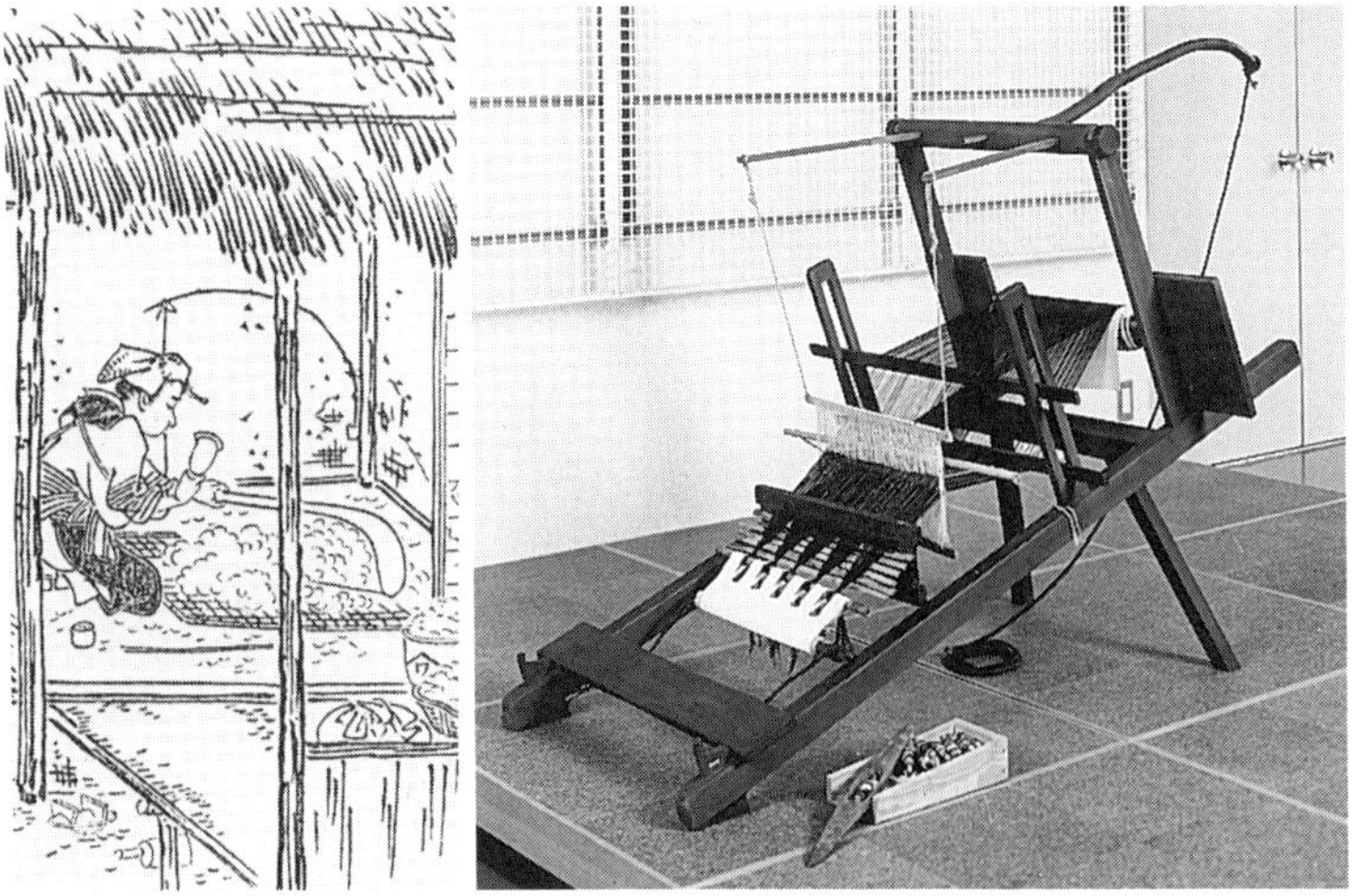

綿打ちの図(左,『芸備孝義伝』)と木綿織の地機　婦女子の賃労働の機会の増加によって,下層農民や都市下層民の家族はその日その日の飯米を買うことができるようになった。

「駄賃持ち」（鉄荷の運搬稼ぎ）と「炭伐り」（木炭の供給）によって、村がうるおうからであった。

このように、鉄や塩の生産は付近の村人に多大な経済的影響をあたえたが、農産物においても貨幣収入につながる特産品が登場した。福山藩では沼隈郡の藺草《いぐさ》（備後表《びんごおもて》）や芦田郡を中心とした煙草《たばこ》が代表的である。広島藩でも御調《みつぎ》郡の藺草や山県郡の扱苧《こぎそ》（麻）などが有名であるが、広島・福山両藩とも国民衣料である綿（木綿）の栽培・加工がとりわけ第一の特産品としてあげられる。綿の栽培は稲作の二倍以上の収益を農家にもたらしたともいわれ、十八世紀になると急速に芸備地方にも普及していった。綿の栽培は肥料として多くの干鰯《ほしか》を必要としたから、漁業の発展も促した。また綿花から実をとる作業、綿糸・反物《たんもの》にする工程で婦女子の賃労働機会が大幅に増加した。綿実は油の材料にもなったので、綿の栽培・加工は画期的な経済効果をもたらしたのであった。

行き交う人びとと船舶●

寛政五（一七九三）年二月、尾道の景気報告書が作成された。その報告内容はつぎのとおりである。⑴「近辺」では雑穀類が豊作であったが、「九州不作」だったので高値にもかかわらず（九州船が）残らず買い取っていった。⑵昨年は因幡《いなば》干鰯の移入が多くあったが、「九州辺」が不漁で干鰯の入津がなかったので、しだいに干鰯の在庫量が減っている。⑶「瀬戸内」および「対馬《つしま》辺」からの塩物《あいもの》（塩魚）の入荷は例年のとおりである。⑷米は不作のため九州からの入荷はなかったが、「関東筋・伊勢・尾張《おわり》・大坂・兵庫辺」より入荷があいつぎ、それらの米を「旅人」が買い入れていくのがめだつ。⑸米価は高騰しているが、三月になれば北国米がはいるのでそのころには米価も落ちつくであろう。

これは瀬戸内の諸港の不景気が続くなかで、尾道港では「程々に取引」しているということを報告しているのであるが、尾道が「近辺」「瀬戸内」をはじめ九州や北国、さらには「関東筋」から尾張・大坂など、要するに全国の市場と密接に結びついていることがうかがえよう。しかも十八世紀後半になると、瀬戸内各地の港で問屋・仲買の制度も確立し、日本式船舶を輸送手段とする近代的な市場・流通制度の原型ができあがったと評価してよいのではないだろうか。実際、十七世紀後半にいわゆる西廻《にしまわ》り航路が整備されてから、流通の体系は大きく整備されていった。芸備地方においては倉橋《くらはし》島の鹿老渡《かろうと》や大崎下島《おおさきしもじま》の御手洗《みたらい》のような、新しい港町が開発されたことにも象徴されるであろう。元禄四（一六九一）年に御手洗に寄港した前述のケンペルは、「数海里帆走して有名な御手洗の港に着き、夕闇のせまった港内に他の多くの船の傍《かたわ》らに錨《いかり》を投じた。本日の航海は一八海里、昨日と同じく海上には帆船が賑やかに通っていた」と、御手洗港ができて三〇年も経過していないのにすでに「有名」であったこと、また航海してきた瀬戸内海に多数の船舶が行き交っているようすが書かれている。

　船舶だけではなく人びとの出稼ぎも盛んであった。とくに広島藩の島嶼部の人びとは他領へでかけて働くものが多かったが、内陸部の村人も少なくはなかった。芸予諸島の「国郡志差出帳」をみると、諸稼

明治初年の尾道港の繁栄(『備後の魁』)　尾道町屋敷図(187頁参照)と単純な比較はできないが，海岸部がかなり埋め立てられ，広い商品荷揚地があり，商業の盛んなようすがうかがえる。

ぎの項目で船方稼ぎと山稼ぎが多くみられる。大崎下島の大長《おおちょう》・久比《くび》・大浜《おおはま》の三村では、農業・山稼ぎ・船稼ぎの人口比率は六・三・一であった。船方稼ぎは地元の船や他港の船籍に乗り込んで働くことであり、また砂利・土・石などを運搬する場合もあった。前者ではたとえば操船技術をみこまれて大坂の檜《ひ》垣《がき》廻船・樽《たる》廻船に乗り込むものもいたし、後者では備前児島郡の野崎浜（塩田）の築調《ちくちょう》に生口《いくち》島など芸予諸島の石船・土船が活躍したのであった。

山稼ぎは木挽《こびき》（杣人《そまびと》）として、大和《やまと》吉野地方（奈良県）や備前北部・美作《みまさか》地方への出稼ぎをさしていた。幕末の事例になるが、賀茂郡の沿岸部広村（呉市）で備前加茂郷杉谷村（岡山県加賀郡吉備中央町）と岩国由宇《ゆう》村（山口県岩国市）に炭焼稼ぎ五人、備中・作州・伊予松山へ屋根葺《ふき》職六人、また別子《べっし》銅山（愛媛県）へ一人が出稼ぎを願いでている。彼らは出稼ぎ先で「安芸者《あきもん》」とよばれた。それは彼らの多くが杣・木挽・大工・屋根葺・石工などの専門的な技能を身につけ、しかも粗衣粗食に耐え誠実かつ働き者であったから、その象徴として「安芸者」とよばれたのである。明治時代に移民県として名をなす広島県の素地は、すでに江戸時代に形成されていたのである。

経済の発展と「民力」●

十八世紀初頭前後に「民力さし潮のごとく」と表現された経済の発展は、十八世紀末には「下勢上を凌《しの》ぐ」という全国的状況を示すに至った。これは今までのべてきたように芸備地方にも妥当する状況のように思われる。「民力」が強くなったことの証《あかし》は第一に、沿岸部や島嶼部で人口が増大していったことにあらわれている。これは十八世紀初頭以降の甘藷《かんしょ》作の普及もあるのだが、むしろその甘藷さえも商品として売ろうとする人びとの姿、すなわち商品生産社会を基盤とする、物流の発展と労働機会の多様さによって、まさに近代社会を予感させる「経済社会」が成立していたからであった。

前述した特産品の生産、とくに国民衣料としての綿の栽培・加工は、近世中期以降の芸備地方につぎのような事態をもたらした。まず木綿作が本田畑でも栽培されはじめたので稲作が減少し、人びとの飯米として他国米が恒常的に移入されることになった。他国米は先述の尾道の景気報告書でもふれられているように、北国・九州のみならず大坂・兵庫辺からもはいってきた。これらは福山藩では鞆、広島藩では尾道・御手洗・宮島などに荷揚げされ、そこから「津々浦々奥在」の商人に買いうけられた。とはいっても福山藩の芦田郡居住の商人延藤吉兵衛《のぶとうきちべえ》（二〇〇頁参照）は寛政五（一七九三）年に備中笠岡から宇和島米二四五石を購入しているように、米の購入・売買には多様なルートが形成されていたようである。尾道では天明八（一七八八）年四月・五月・八月・十一月の四カ月間に、計二万八〇〇〇石余の他国米が取引され、また佐伯郡では文政九（一八二六）年に、郡内の「飯用」として年間二万石の他国米が、宮島や草津などで購入されている。そのうち四〇〇〇石が木綿織りの盛んな能美島《のうみ》で消費されたのである。このように芸備地方の農村部や島嶼部において、すでに飯米消費市場が形成されているところに「民力」の発展をうかがうことができよう。

つぎに、村人の食料だけではなく、年貢さえも他国米で上納する場合があったことは注目される。これを年貢買納というが、それは綿作のために本来おさめるべき米が不足していたから行われたのであった。寛政四年、広島藩は尾道町中に対して「御年貢収納の時節、他国米を村方の者に売り渡し候儀は堅く相成らず」と年貢買納を禁止している。これは福山藩も同様であった。しかし度重なる禁令に対して、事実上幕末まで年貢買納が存続したことは、みずから収穫した米の一部を年貢としておさめるという米納年貢制が、きわめて形式的になっていたといわざるをえない。

このように村人の暮らしは、貨幣のもつ意味がきわめて高い「経済社会」に順応しながら展開されてきた。そこで一つのエピソードを紹介しよう。十九世紀の初め、九州日向《ひゅうが》の修験者野田泉光院《のだせんこういん》は九州から周防《すおう》国を経て宮島に到着した。それまでは人びとの温かい喜捨をうけながら順調に旅を続けてきたが、安芸国にはいってからは事情が違ってきた。宮島では「一文にても他国の物をむさぼり取るを手柄とし、義理も人情もなき処」となげき、「私慾」に執着し、「人心は至って宜《よろ》しからず」と感想をのべている。その後広島城下にむかうが、「備前法華に安芸門徒」ということで「托鉢」もままならず、引き返して廿日市から石州へむかった。廿日市の奥のほうの農家で白湯を所望したところ、農家の娘に茶代と称して「三文ずつ取」られたことなどに立腹して、「芸州の人は人柄宜しからず」「心入れ悪しきものなり」と酷評したのであった。民俗学者宮本常一は、これを安芸国の人びとが発達した商品経済のなかで生活してきたため、非常に「勘定高い」風土が形成されていたからであるとのべている。江戸時代も二〇〇年も経過すると、近代へむかって大きく変容をとげていたのであった。

2　豪農商＝「資本」家の登場

土地と金融●
経済社会化が進むと、土地そのものが現代社会と同じように投機の対象となり、商品価値をもつようになった。たとえば福山藩のある商人は綿作の盛んな芦田郡で石高三二石余の田畑を購入し所持していた。享和三（一八〇三）年に取得した小作料は銀五貫九二四匁で、藩に年貢として二貫目余を上納し、損料などを差し引いた純益は三貫五八六匁であった。これはその年の相場で米に換算するとほぼ五五石に相当する。豊凶に左右されるとはいえ、生産力の発達した土地がいかに高水準の利益をうみだしていたかがわかるであろう。元来、田畑の売買は幕府によって禁じられていたが、広島藩では十七世紀後半から永代売買が行われ、十八世紀になると広島・福山両藩ともに土地の永代売買が広範にみられるようになった。土地とお金、この二つを蓄積しようとする動きが活発になる。

　芦田郡行縢《むかばき》村（府中市）の百姓であった久兵衛《きゅうべえ》は、元禄の初めごろ、不運にも潰《つぶ》れ百姓となり、庄屋の納屋へ夫婦で住み込むこととなった。元禄四（一六九一）年久兵衛夫婦は庄屋家の四男の下人として同郡目崎《めさき》村新涯《しんがい》（府中市）へ移り、汗水たらして主家のために働いた。その甲斐あって同十六年にはふたたび独立し、享保年間（一七一六〜三五）には広島藩領の御調《みつぎ》郡から婿《むこ》養子の新助を迎え、百姓としてうまく軌道にのるかと思われた。しかし久兵衛が没し、享保十七（一七三二）年の大凶作で大打撃をうけ、病弱であった新助も翌年に離縁となり、久兵衛後家とその娘に負担がかかり「艱難一方《かんなんひとかた》ならず」、結局「追々困窮」して元文五（一七四〇）年にはふたたびもとの主家であった分家の納屋に居住することになった。二年後には久兵衛後家も失意のうちになくなり、翌年その娘は府中市《ふちゅういち》にでて借家住まいをし、孫の吉兵衛も一三歳だったので奉公にでた。ところがこの吉兵衛の商才は並大抵のものではなかったらしい。寛延三（一七五〇）年には二〇歳ではやくも府中市の「表通り家持ち」となり、母親から正銀三〇〇目の融通もあって商売を徐々に広げていった。

　吉兵衛の初期の経済活動はあきらかではないが、米や綿を主とする商品取引、質屋、木綿織り問屋などへの資金融通など多岐にわたっていたようである。吉兵衛の母が病死した天明八（一七八八）年、吉兵衛家の総資本は二九〇貫五〇〇目、ほかに買い取った宅地・田畑は時価にして一〇七貫九〇〇目であった。吉兵衛は文政三（一八二〇）年まで生きるが、二代目・三代目吉兵衛の代にはさらに「企業家」として飛躍していった。福山藩の御用達《ごようたし》にも就任し、屋号は味噌《みそ》屋、苗字は延藤《のぶとう》を名乗った。右図のように、土地所持でいえば天保年間（一八三〇〜四三）に石高五〇〇石を超え、幕末には七〇〇石代に到達した。慶応三（一八六七）年、土地集積高七五五石余、その契約小作料一三二〇石余、小作人八九一人、府中市の貸家五〇二軒、契約家賃額銀四九貫余という大地主に発展した。一方、金銀の融資や商品取引によって不動産をのぞいた資産額も急激な伸びをみせ、同じく慶応年間（一八六五〜六七）には銀一万貫近くまで到達

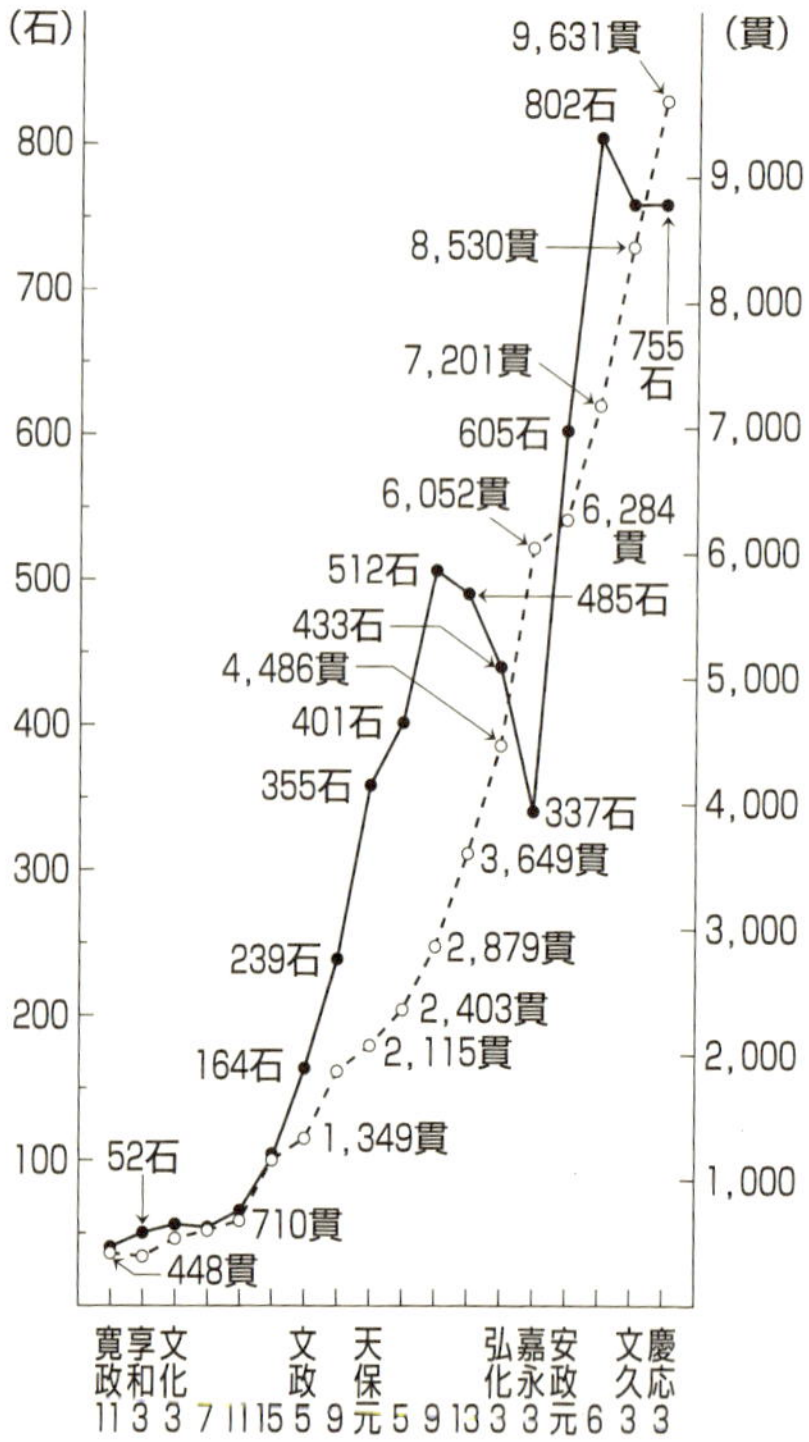

延藤家の土地集積と純資産の推移　純資産には土地評価額は含まれていない。ちなみに銀１貫目はおよそ金15両ほどである。

した。

規模の大小こそあれ、各地の都市や農村で延藤家のような家が出現した。近代社会にたとえれば、これらの家は銀行のような存在であった。もちろん農業や商工業経営に失敗した人びとは彼らに土地を取りあげられ没落を余儀なくされたが、彼ら「資本」家が蓄積した資本は地域社会の「近代化」の過程で多大な貢献をなしたのであった。

豪農商たちの社会事業●

これらの「資本」家たちをふつうは豪農商とよんでいるが、彼らはひたすら蓄財に走っていたわけではない。たくわえた財力の一部を地域社会に還元することは、当時の社会にあって倫理的にも当然のことであった。とくに飢饉時に貧民に救出米を提供することは社会的責務となっていたともいえよう。延藤家で特筆すべき社会事業をあげれば、初代吉兵衛が府中市と幕府領の上下《じょうげ》（府中市）を結ぶ街道の整備に尽力し、さらに尾道と府中市を結ぶ道路で人馬通行の難所であった鞍取坂《くらとり》（尾道市）の「磐巌《ばんがん》」を巨費を投じて開削した。また二代目吉兵衛は初代の遺志をついで、難渋《なんじゅう》者に一〇年間無利子の融通を行う「備荒銀《びこうぎん》」制度を実施した。これは、文政五（一八二二）年に府中市村・目崎村を対象としてから徐々に郡村を拡大していき、天保末年には福山藩のほぼ全町村におよんだ。

これよりさき、窮民救恤《きゅうじゅつ》と社会事業補助を目的とする義倉《ぎそう》が文化元（一八〇四）年福山に設立された。「家督（田畑）は家のため暫《しばら》く保留せざるべからざるも、金銭は之《これ》を子孫に伝うべきにあらず」と考えていた深津郡深津村の石井武右衛門は、寛政八（一七九六）年、死にのぞんで同郡千田《せんだ》村（福山市）の河相《かわい》周兵衛《しゅうべえ》に自分がたくわえた金銭を「国家有益の事業」のために利用してもらいたいと遺言したのであった。周兵衛は試行錯誤の結果、二代目石井武右衛門（河相周兵衛実弟）銀六〇貫、周兵衛一五貫、信岡平六（品《ほん》治《ち》郡戸手《とで》村）三〇貫、帯屋《おびや》（神野）利右衛門（城下）三〇貫、木綿屋《もめんや》久三郎（府中市）および津国《つのくに》屋常右衛門（城下、久三郎実弟）一五貫ずつ、計一五〇貫を集め、それに大坂の御用達五軒から一五〇貫、計三〇〇貫の調達を計画した。そしてこれを福山藩に一括上納し、利子として毎年四五貫を一五年間、計六七五貫うけとることとした。この計画が藩主正精《まさきよ》に認可されたのが文化元年のことである。このいわば経済団体は、菅茶山《かんちゃざん》によって「福《ふく》府《ふ》義倉」と名づけられた。計六七五貫の使用内訳は、二〇〇貫を月一%もしくは年一〇%の利息で領内の豪農商に貸し付け、利息二〇貫のうち五貫目を調達人へ還付し、残り一五貫の大半を社会事業費にあてることとした。また残りの四七五貫を田畑の購入費とし、その小作米を三五〇石とみ、一〇〇石を調達人の「役料」として、二五〇石を「窮民御救い米積立」としたのであった。

文政元（一八一八）年に一五年目を迎えると、石井・

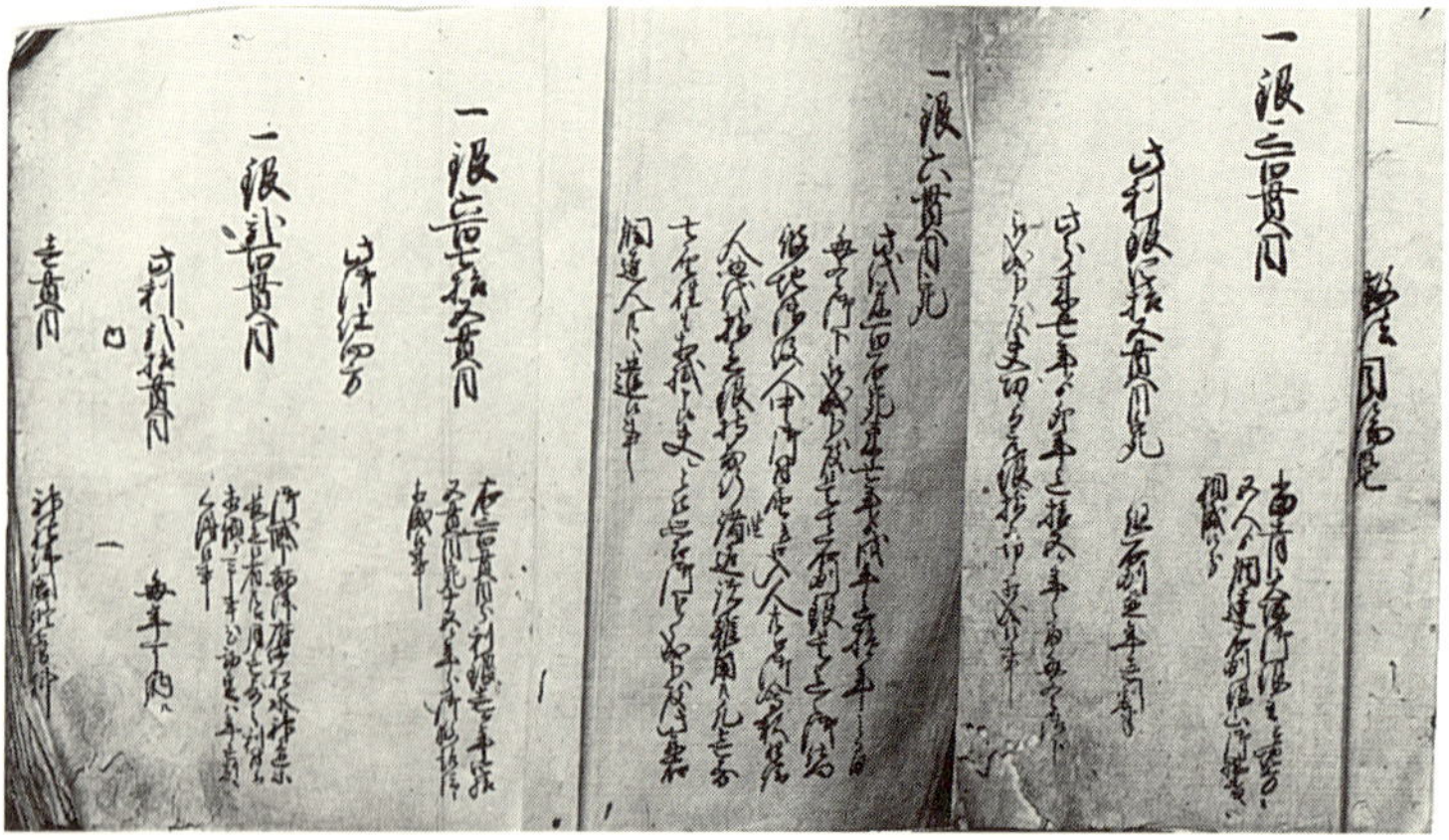

「義倉録」救法目論見の冒頭部分

❖コラム

たくましい女性の姿

近年、女性史研究は著しい発展をとげている。しかし芸備地方における江戸時代の女性の生きざまについては、「芸備孝義伝《げいびこうぎでん》」などにより、また尾道の女流画家平田玉蘊《ぎょくうん》らがあきらかにされているが、女性像については今後事例の積み重ねがさらに必要であろう。一例として、賀茂郡阿賀村(呉市)のせんを紹介しよう(「賀茂郡阿賀村国郡志書出帳」)。

せんは二〇歳をすぎて久兵衛《きゅうべえ》と結婚し、三人の子どもをもうけた。しかしその後、舅《しゅうと》と姑《しゅうとめ》が寝たきりとなり、せん夫婦の苦労がはじまった。寒気の節は寝間を暖め、夜中には粥《かゆ》を炊いて食べさせ、魚は阿賀の町まで毎日歩いていって買い求め、両親の好みに応じて調理し食べさせた。舅は老耄《ろうもう》のため無理をいったりしたが、それでも優しく接し、舅の下の世話も黙々と行ったのであった。そうこうしているうちに夫久兵衛が看病の疲れからか病死し、家は極貧となっていった。それでもせんは漁網をすく内職などをしながら、介護をおこたることはなかったという。

せんは孝女として報賞されたが、別の角度からみれば彼女はたくましい働きものであった。久兵衛なきあと、親類がみかねて居宅を売却して牛小屋を改造してそこに移れば、少し楽になると説得したが、姑が生きているあいだはそのようなことはできないと拒否し、内職とわずかの「田徳《でんとく》」でたえしのいだのであった。もちろん当時の女性はすべてとはいわないけれども実際働きものであった。延藤家の初代吉兵衛の祖母・母もそうであったように、働かなければ家そのものが成り立たなかったのである。江戸時代の女性はたんに男に追従するという受動的な存在ではなかったことは確かであろう。

信岡・神野に加えて河相清兵衛・定次郎（周兵衛の分家）から二〇貫ずつ計一〇〇貫を出資させ、これを大坂の五軒の御用達に返還して、義倉は福山の豪農商による経営体となった。このあいだに買収した土地は五〇町歩（石高六五九石余）を超え、所有する銀額は二五〇貫となり、うち一五〇貫程度を貸付銀として運用していた。

義倉設置の目的であった社会事業補助は、年柄によって中止された場合もあったが、神道講釈・仏道講釈を実施し、儒学・医学を志すものに奨学金を支給し、書物を購入して藩校の弘道館《こうどうかん》へおさめたり、人びとに貸与した。また飢饉などで領民が疲弊した文政六年には三一二〇俵（三斗俵）、天保七（一八三六）年と嘉永二（一八四九）年に一〇〇〇俵ずつ、同三年に五〇五俵、同六年に二一二〇俵、文久元（一八六一）年には一三二〇俵と他国米を購入して領内に拠出したのであった。その精神は現在も財団法人義倉にうけつがれている。

明治初期の義倉(『備後の魁』)　明治以降も尋常小学校設立や農業技術発展をはじめ，義倉図書館を設立するなど地域社会に根ざした文化教育活動を続けた。

義倉設置のメンバーは義倉での活動とは別に社会事業に尽力した。河相周兵衛は鞆港の埠頭《ふとう》築造に協力し、文化十一（一八一四）年には幕府から日光御用係を命じられた藩のために、その費用三〇〇〇貫目を実弟の石井武右衛門と延藤吉兵衛父子とで捻出している。これは費用の三〇〇〇貫が領民に賦課されれば窮民の疲弊がいっそう進行するという判断からであった。信岡平六は戸手村の用水施設の修築に資財を投入し、また自宅を説教所として開放し、村人の撫育《ぶいく》につとめた。そのほか神野利右衛門や木綿屋久三郎らも種々の社会事業に尽くしたのであった。

城下町の光と影●

近世中期以降の社会の富の増大は豪農商の登場ということにも表現されているが、これは貧富の差の拡大を意味していた。そして都市はその社会矛盾の縮図であった。広島を訪れた旅人はその繁華ぶりを三都につぐものとして賞賛している。越中《えっちゅう》富山の使僧東林《とうりん》は天保三（一八三二）年から四年にかけて広島に滞在したが、歳末の城下町の模様について、「市中灯りを張り家々夜店を開く、城下の人多く出て観る、肩々相接したやすく行くことをえず、その賑やかなること京都祇園会《ぎおんえ》の夜中の如し」と賞賛している。商店の種類も植木・金物・雑具・書物・食物・古道具・煙管《キセル》・鬢附《びんつけ》・菓子・薬種・青物・酒醤など「一つとしてあらざるものなし」と驚愕《きょうがく》し、なかでも「富豪なる店」として、呉服屋の藤屋は大坂の三井、また丸岡屋という呉服店は京の大丸にその構えが匹敵すると評価している。幕末に広島を訪れた松江藩士の桃《もも》節山《せつざん》は「町家の模様等万事浪華《なにわ》の風に甚《はなは》だよく似て、随分繁華の地なり、夜分も甚だ通行多く、夜店も大分これ有り」とのべている。まさに領国経済の中心地にふさわしい繁栄がみられたのである。

一方、城下の裏長屋には多くの貧しい人びとが暮らしていた。天保四年、町奉行所は無届けの借家人のよう。

一斉摘発を行った。このとき前述の東林は見聞きした模様を記録している。少し長いがそれを訳出してみよう。

今度町方の内所竈《ないしょかまど》というものにお調べの手がはいった。只今宿無しの者あるいは橋の下に寝、あるいは寺院または社地の門前に集まり、あるいは家中の長屋へひそかに潜《ひそ》みおる者、大抵三万人ばかりという。右の内所竈というは、領内または他国より入り込み、本家と内証にて相謀《あいはか》り借宅する者のことで、役所でも何某ということを知らぬ分である。この春急に取り調べることとなり、人びとは大いに狼狽《ろうばい》した。まず町足軽が家々の裏店へ入り、家主を呼んでその借家人の来歴を吟味し、内所竈の者であれば即座に逐《お》いだして、一刻も止まることを許さなかった。

そのような状況の下で、ある家主が内所竈の発覚をおそれて、内証の借家人に急ぎ立ち去るように命じた。しかしその者が「なにとぞ一両日ご猶予下さいませんか。小児が昨夕疱瘡《ほうそう》で相果て、未だ葬式も致さず、妻は産後わずか七日であり、私はお見受けの通り疫病を煩《わずら》って飲食も絶ち、枕もあがりませんので、急に立ち去れといわれても迷惑の至りです。どうかこの状態を御役人へ御申し上げ下されて、明後日までお許し下されよ」と嘆願したが、この家主は一向に承引せず、夫婦はやむをえず、小児の死骸を荒縄にて妻の首へかけ、自分は杖にすがって赤子を懐《ふところ》に入れて立ち出たが、妻は産後で疲れており、この悲しさに取りのぼせて門を出ようとしたとき悶絶《もんぜつ》して倒れ、ついにはかなく息絶えたのであった。

このようにして追いだされた人びとは、露宿せざるをえず夜気にうたれて死亡したものも多かったという。東林は「にわかのことで寝耳に水ゆえ人の苦しみも一方ならず、以ての外の苛政なり」と批判している。これは一種の人返し令であるが、幕府の政策にもあきらかなように、一時的に効果はあっても、こうしたいわば貧民窟はすぐさま再生産されていくのであった。実は城下町の光の部分は彼らの安い賃労働や家賃・消費でささえられていたのである。

3　近代への試練

開国とその影響●

嘉永六（一八五三）年のペリー艦隊の来航は、これまで発展してきた「経済社会」に、さらに大きな痛みを伴う変革を要求する序章となった。芸備地方でも政治や経済の破綻《はたん》といった局面に遭遇し、武士・庶民ともに時局に翻弄《ほんろう》され大きな痛手をおった。

ときの老中首座・福山藩主阿部正弘《まさひろ》が翌七年三月に日米和親条約を結び、安政五（一八五八）年に大老井伊直弼《なおすけ》が日米修好通商条約を結ぶと、日本の開国は決定的となり、幕藩体制は崩壊の方向にむかっていった。この間、福山藩は藩主正弘の指示によって改革を進めた。とくに軍技武術と漢学の試験によって人材を登用することを、多くの反対意見をおさえて実施しようとした。また洋式大砲・小銃の採用にもつとめたが、安政四年、三九歳の若さで正弘が病没し、跡をついだ正教《まさのり》・正方《まさかた》もともにはやく没したため、徹底した改革はあまり実現されなかった。

改革の不徹底は広島藩も同様であった。ペリー来航時には執政《しっせい》の今中大学《いまなかだいがく》を中心とする政権であったが、改革政権というにはほど遠く、その性格は肥後《ひご》藩の横井小楠《しょうなん》によって、賄賂《わいろ》に左右される政治であると喝破《かっぱ》されている。安政五年、新藩主慶熾《よしてる》に改革の期待がかかったが同年若くして病没し、結局、辻将曹《つじしょうそう》を中心とする改革派が権力をにぎったのは文久二（一八六二）年以降のことであった。

しかしこうした藩政改革をもってしても、開国による経済の変動に有効な対策を打ちだすことはできなかった。それは一藩規模の対策ではもはやどうしようもないほどのかつてない変動だったからである。「相場高下あるいは万物高値なるは交易の所為《せい》なり」と民衆が噂《うわさ》をしたように、それはまず主要輸出品であった生糸・茶の高騰が一般商品にまで波及したこと、それに加えて金貨の流出を防ぐため金位を三分の一におとした新しい金貨が流通したからである。これは金銀の国際比価が一対一五であったのに対し、日本では一対五と銀の価値が高かったためで、この改鋳によって金貨の海外流出に歯止めはかかったが、国内ではインフレを引き起こした。さらに慶応年間（一八六五～六七）にはいると、この金銀比価の影響が芸備地方にも浸透し、当然ながら「金相場狂い」が生じ、藩が発行していた銀札《ぎんさつ》の価値が大幅に下落したのであった。銀札建てで商っていた当地方の豪農商たちの家督が、「千両余暫時に相消え」たなどと比喩《ひゆ》されたように、大きな損害をこうむったのであった。

前述した延藤家の貸付銀は慶応三（一八六七）年に銀九〇〇〇貫にのぼっていたが、銀相場の下落を考慮すると実質的な評価額は半減するであろう。しかもこの貸付銀のうち三一〇〇貫余が経営破綻に直面している分家への融資で、一五〇〇貫が福山藩への貸付であり、いわば利子収入もおぼつかない不良債権であった。延藤家はこの後家政改革を行いながら、なんとか維新期の変動を乗り越えていったが、中小の豪農商で破産したものは少なくなかった。ましてや一般民衆の生活破綻はいうまでもないであろう。とくに日雇い・雑業に従事して生計をいとなむものや都市民衆の大部分は大きな痛手をうけたのであった。

長州戦争と広島・福山藩●

元治元（一八六四）年十月、尾張藩徳川慶勝《よしかつ》を総督とする芸州口長州討伐軍が広島に集結した。これは京都において尊王攘夷《じょうい》運動の巻き返しをねらった長州藩が、無断で藩兵を大挙上京させ、蛤御門《はまぐりごもん》付近で会《あい》津《ず》・桑名藩などの幕府軍とたたかって敗走した事件の責任を問うものであった。広島に集結した軍勢は岩国方面から攻略する部隊で、広島藩は討手一の先を、福山藩は同二の先の予定であった。しかしこの第一次長州戦争は、苦境に追い込まれた長州藩が三人の家老を死罪に処したことで和議が結ばれ、同年十二月には戦火をまじえることなく討伐軍は広島から撤兵した。

討伐軍の解兵からまもなく、長州藩では討幕派に成長しつつあった高杉晋作《しんさく》らが実権をにぎると、さきの和議に不満をもっていた幕府と長州藩の対立はふたたび決定的なものとなり、慶応元（一八六五）年四月に幕府は長州再討伐を決定した。同年十一月からふたたび芸州口の攻撃を命じられた幕府軍が広島城下に集結をはじめ、翌慶応二年五月までに軍用夫も含めて二万五〇〇〇人が屯集した。この間広島藩は幕府と長州藩のあいだに立って寛大な処置を幕府に求める周旋を行ったため、広島藩の執政辻将曹らが謹慎を命じられ、討伐の先鋒役もとかれたのであった。しかし六月に戦闘がはじまると、広島藩も守備兵として岩国方面での戦闘に巻き込まれた。

岩国口の開戦となった六月十四日は、広島藩にかわって先鋒となった彦根・越後高田藩の幕府軍が「大敗北と相成り、それに乗じて防長人追い打ち、木野《きの》・大竹《おおたけ》・玖波《くば》迄大砲火にて焼失」するありさまであった。その後精鋭の幕府歩兵軍を投入して戦線をささえたが、七月二十日に広島藩守備兵が廿日市《はつかいち》に放火して、長州兵の進撃を廿日市付近でくいとめた。当然大竹・廿日市の人びとは戦火に巻き込まれた。この地域の人びとにとってはまさに弘治元（一五五五）年の厳島合戦以来の「三百年来の大騒動」となったのである。

一方、福山藩は今度は石州口先鋒を命じられた。慶応元年十二月藩兵八〇〇人、軍用夫七〇〇余人が福山を出発し、三次に長く滞在したのち翌二年六月にようやく石州の粕淵《かすぶち》（島根県邑智郡美郷《みさと》町）に到着した。このとき藩主正方は脚気《かっけ》のため、家老内藤角右衛門《かくえもん》が浜田を経て浜田藩兵とともに兵を益田に進めたのであった。しかし最新式のミニエール銃を装備する大村益次郎《ますじろう》率いる長州軍にやぶれた。七月にはさらに増援部隊を送ったが、浜田近郊でふたたび敗走させられた。やむなく粕淵にあった正方らは撤退を決意し、七月二十三日には福山に帰陣した。

こうして芸州口に続いて石州口でも長州藩が優勢となり、八月には小倉口でも幕府軍はやぶれたのであった。この間広島藩をはじめとして、幕府と長州藩の和議斡旋の動きがみられ、さらに将軍家茂《いえもち》が大坂城で死去したため、幕府側のまったくの失敗のうちに休戦とならざるをえなくなった。この二度にわたる長州討伐は、広島城下の商人に利益をもたらしたが、まる二カ月にもわたって勤務した農兵・軍用夫への賃米銀や、彼らの留守家族への手当が、結局は藩からは支給されず郡村割（郡や村で負担すること）になったことで、人びとの負担は増大した。しかもペリー来航以来、何度となく実施された献金、わずかではあってもその出費は人びとの不満をひそかに醸成させたことは想像に難くない。慶応三年正月の竹原下市の打ちこわしや、それに続く備後恵蘇《えそ》郡の百姓一揆はその象徴的事件であろう。

●「御一新」と芸備地方●

長州戦争が事実上幕府軍の敗北という結果におわり、幕府の権威は著しく低下した。その後武力討幕を画策する薩長勢力、公武の合体によって公議政体をめざす土佐藩の動きなど、政局は混迷の度合いを強めていった。慶応三（一八六七）年十月、徳川慶喜《よしのぶ》は大政奉還を上奏し、公儀政体をもとにしたあらたな権力結集にのぞみを託したが、討幕派は十二月に王政復古を断行して慶喜の辞官納地を決定し、それに不満をもった幕府軍を鳥羽《とば》・伏見《ふしみ》で敗走させた。

この政局のなかで広島藩はひそかに薩長と軍事同盟を結んでいたので、幕府との戦争にそなえて尾道には長州藩兵と広島藩兵が駐屯していた。この間、尾道では十一月末より「ええじゃないか」がおこるが、年が明け鳥羽・伏見の戦いがはじまると尾道の駐留軍も上京を命じられた。そのさい譜代大名の阿部家＝福山藩にどう対処するかがさしずめ問題となり、結局広島藩兵は海路姫路藩にむかい、長州藩兵が福山にむかうこととなった。このとき福山藩は尾道の長州藩兵を率いていた杉孫七郎に数回和平の折衝を試みたが失敗し、福山城にこもり長州藩の動静をみまもることとした。もちろん城下の町人と武家の婦女子は各地に避難した。一月九日、福山城を包囲した長州藩兵は、福山藩が抵抗の意志のないことを知り

尾道のええじゃないか(錦絵，慶応3年)　新しい時代の到来を予感した都市民が熱狂的に乱舞したもので，東海道・近畿・山陽道筋の諸都市でみられた。

つつも一斉砲撃を加え、福山城に突入しようとしたので福山藩兵もやむなく応戦し戦闘状態にはいった。しかし福山藩の老臣吉田水山《すいざん》らが戦闘のなかふたたび交渉を進め、朝命を奉じ「同心合力《ごうりき》」することを約束して和平となったのであった。この後福山藩は長州藩などとともに伊予松山城にむかい、二月末には任務をおえ撤兵を許可されたが、同四（明治元年＝一八六八）年九月に箱館出兵を命じられ、人夫も含めて七〇〇余人が日本海を北上して箱館にむかった。

一方、朝廷から錦旗をうけた広島藩は、改めて備後・備中の鎮撫を命じられ、一月下旬から二月中旬にかけて任務を遂行した。その後広島藩

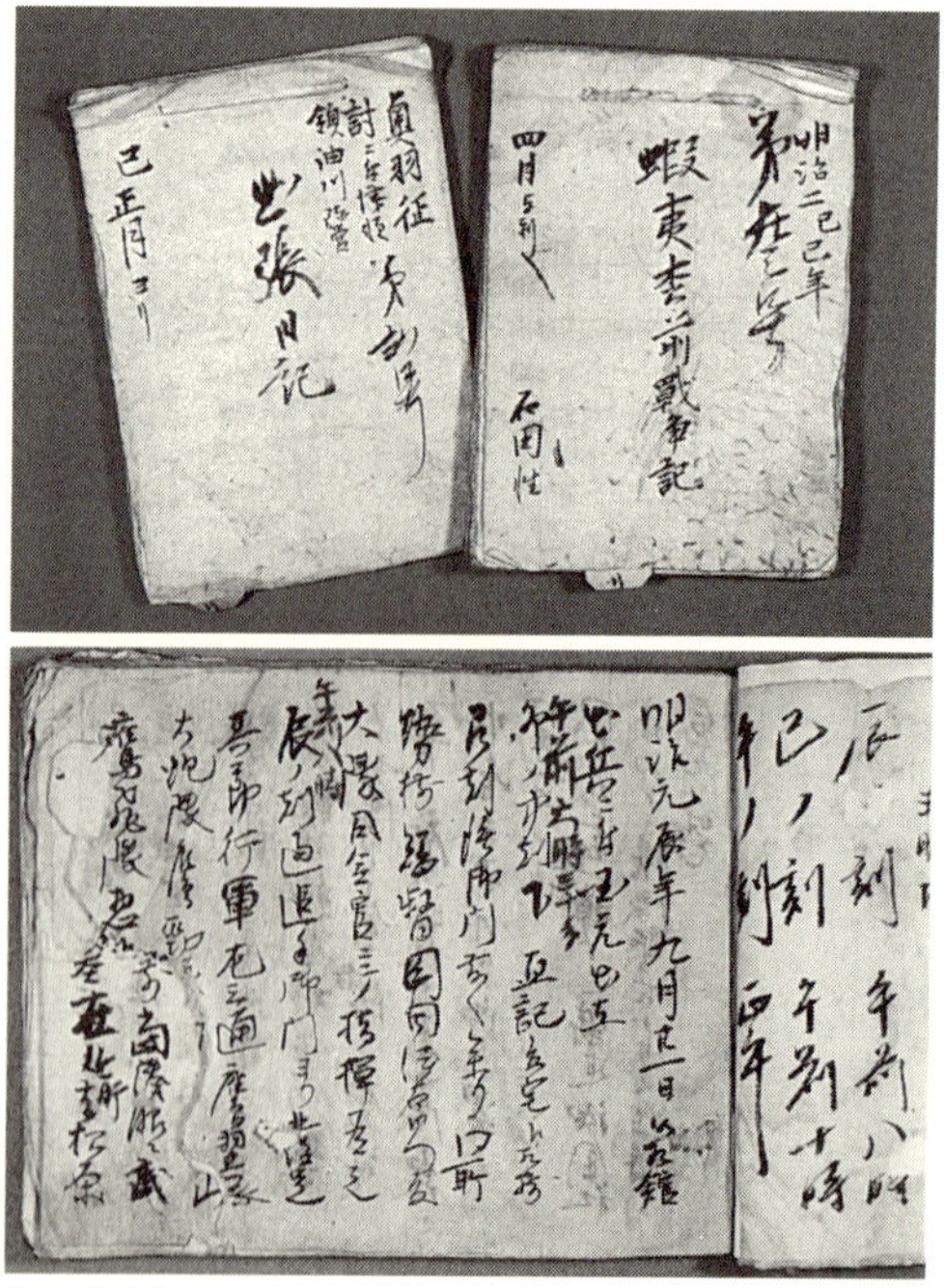

福山藩兵従軍日記

兵は北陸・関東・東北地方を転戦した。出兵総人数は二二七二人で、死傷者は二〇〇人ほどであった。その戦死者の一人で応変隊員であった山県郡中筒賀村《なかつつが》（山県郡安芸太田町）の小笠原恕左衛門《ひろざえもん》の足跡を追ってみよう。農兵であった恕左衛門は、慶応二年六月に応変隊に編入され、練兵中隊長頭取に任命された。同三年九月には京都に警固としてでて、四年（四月七日明治改元）に北陸道従軍第一隊に参加し、四月には江戸へ到着した。そして六月からは日光に出張し、八月にはいると六峰《ろくほう》峠や横川《よこかわ》などで、「日夜憤激、指揮終始先鋒ス」と奮戦した。しかし九月になって病気になり、大内駅・田島駅で療養していたところ、同月九日「賊徒襲来」にあったので中三依《なかみより》に退却中、「憤然病苦ヲ厭《いと》ハズ抗撃、遂ニ茲《ここ》ニ戦死」した。

この間、広島藩の村々では割庄屋・庄屋たちが、郡役所などで戦争の最悪の場合を想定して集会を繰りかえし、長州戦争時にも匹敵するいわば戦時体制を想定していた。広島藩も慶応四年二月、「人民動揺」を招かないことを前提として、軍用夫・農兵の出陣および彼らへの手当出費は可能か、屈強者・鉄砲打ちの徴発は可能か、松明《たいまつ》・草鞋《わらじ》・飼い葉などの供出はどれくらい可能かなどをたずねている。しかしこれらは戊辰《ぼしん》戦争の主戦地が遠く関東・北越以北に移っていったことで、戦時体制を実施するには至らなかった。また幕末以来高まっていた村人の武芸熱も戦闘の主力が鉄砲であったことで、一部をのぞいて急速に衰えていったようである。たとえば山県郡では慶応三年十二月に農兵の発展的組織として練兵隊が結成されたが、鉄砲を模した竹木での訓練は志気があがらず、訓練に参加しないものもふえ、また戦闘の最前線に出動を命じられるのではないかといった危惧によって、はやくも翌四年二月には消滅したのであった。

こうして、幕藩制成立当初に幕府から負わされていた広島藩の「中国の要《かなめ》」、福山藩の「西国の鎮衛」という毛利氏を強く意識した近世固有の役割は、いずれも「御一新」の過程でくずれさった。しかし「中国の要」という伝統は、近代国家体制が確立したのちも、特にアジア諸国を強く意識した軍事、政治、経済上の「要」として、形をかえながら存続していく。

8章

教育・文化の展開と宗教

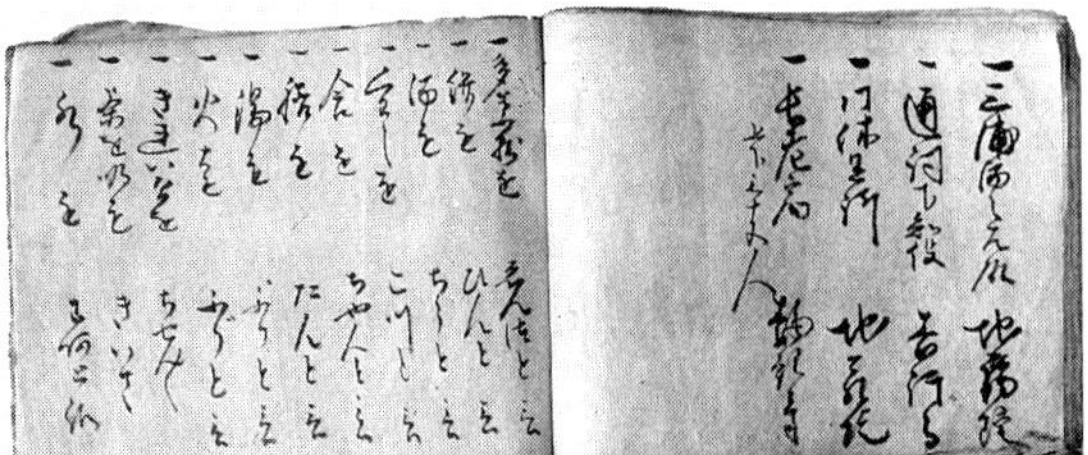

「朝鮮人大行列記」　延享5(寛延元＝1748)年，鞆に停泊した通信使のことを町人が記録したもの。巻末に日常用語を日本語と朝鮮語とを対比させながら記している。同様のものは蒲刈で応接した広島藩の記録にもある。

1　武士教育と民衆教育

広島藩・福山藩の学者の登用●

近世にはいると、支配階級である武士層だけでなく、被支配階級である町人や百姓のなかからも学問や教育に関心をもつものがでてくることに時代的特色がみられる。その背景としては、もともと中国の思想である儒教（儒学）が教養や日常的な道徳の教えとして普及したこと、多くの人びとが、人間存在や生き方について考えるようになり、その手がかりを儒学の教えのなかに求めようとしたこと、学問や教育をする場がふえたことなどがあげられよう。

広島藩でも浅野氏の時代になって、初期には堀杏庵《ほりきょうあん》・石川丈山《じょうざん》・黒川道祐《どうゆう》らが儒者として招かれ、藩主や世子《せいし》（世嗣）の教導にあたった。当時の学問を志した武士は参勤《さんきん》交代で江戸に詰めていたときに、林家《りんけ》の塾などで学んでいた。

十七世紀後半、農業生産力の発展に伴う商品流通の拡大・広域化によって都市（三都・城下町・在郷町など）が繁栄した。とくに都市町人のエネルギーは、典型的には上方《かみがた》を中心とした元禄文化をうみだした。こうした社会の変化は支配のあり方にも一定の変更を要求し、幕府・諸藩の政治も文治主義的な色彩を強めた。すなわち、従来どおりの先例・慣行重視の伝統的方法では、現実のさまざまな矛盾に対処しえない状況になっており、政治を行ううえで指針となるものとして、学問や教育の役割が注目されたのである。

広島藩では四代藩主浅野綱長《つななが》、五代藩主吉長《よしなが》の代に、津村宗哲《そうてつ》（林春斎《しゅんさい》門）・味木立軒《あまぎりっけん》（那波木庵《なわもくあん》・林鳳《ほう》

岡《こう》・山鹿素行《やまがそこう》門)・寺田臨川《りんせん》(味木立軒・林翼斎《よくさい》門)・植田艮背《ごんぱい》(山崎闇斎《あんさい》門)らをあいついで儒員に登用し侍講とした。宗哲や臨川のように広島出身の学者が登用されるようになったことは、地方の学問の普及・向上面からとくに注目される。吉長は、正徳の改革を行って支配の再編強化をめざしたが、立軒ら侍講について経学を修め、儒教の教典や歴史書のなかから支配者としての心得や自戒の文章を抜粋《ばっすい》して座右の書とし、子孫のために『遺教録』という大著をあらわし、国政を行ううえで学問が必要であることを強調し、はじめて、藩士のための教育施設も設けた。

福山藩でも水野時代に山崎闇斎門の学者が輩出した。儒員の中島道允《どういん》(道因)・永田養庵《ようあん》や佐藤直方《なおかた》(崎門《きもん》三傑の一人)らである。直方は下級藩士の子で、一時藩につかえたが一年たらずで辞職し、江戸で諸大名に講釈したり、門人の指導にあたった。ただ備後《びんご》地域の豪農商には書簡の往復で指導は続けていた。十八世紀初頭に福山に入封《にゅうほう》した阿部氏歴代も文事に関心が深く、二代藩主正福《まさとみ》は伊藤仁斎《じんさい》の二男梅宇《ばいう》を儒員に招き、以後子孫代々儒員となったため、備後地域を中心に古義《こぎ》学が流行した。

竹原町人の学問の受容●

十七世紀後半から十八世紀前半にかけて芸備両国において学者が輩出したのと同じころ、都市の富裕な町人層のなかにも学問に関心をもつものがあらわれた。広島・福山・三原などの城下町、尾道・竹原などの港町、神辺《かんなべ》などの宿場町の上層町人にそのような動きがあったが、典型的には安芸《あき》国賀茂郡竹原下市にみることができる。

竹原は、慶安年間(一六四八〜五一)から承応年間(一六五二〜五四)にかけて大規模な入浜式《いりはましき》塩田が開発され、大坂という全国市場の確立という時代の波にのって、飛躍的な経済的発展をとげた。経済的・時間的余裕をもった町人たちによって、茶道・立花《りっか》・謡曲《ようきょく》などの趣味や浮世草子《うきよぞうし》などの庶民文化が受容され、和歌・俳諧《はいかい》などの創作活動が盛んに行われた。これらはいずれも上方文化の流入であり、瀬戸内海地域の文化の発展は、経済面と同様に、大坂・京都との関連を抜きにしては語れない。

　ところで、竹原の町人文化を特色づけているのは、学問とくに山崎闇斎派の垂加神道《すいかしんとう》が富裕な町人層によって学ばれたところにある。竹原へ最初に闇斎学を伝えたのは下市の氏神である磯宮《いそのみや》八幡宮の神官唐《から》崎定信《さきさだのぶ》で、延宝年間（一六七三〜八〇）に上京したおり、闇斎に師事した。彼は町年寄《まちどしより》吉井当徳《よしいまさのり》とはかつて学問の神とされる庚申堂《こうしんどう》を建立している。以後、唐崎氏歴代は垂加神道を熱烈に信奉し、伊勢長島藩儒となった彦明《ひこあき》や、尊王《そんのう》家と称された赤斎《せきさい》などの学者があらわれた。竹原の富裕町人も彼らの指導・影響をうけて闇斎学を学んだ。現在、十数家の町人学者の名が知られている（吉井・塩谷・斎藤・菅・木村・笠

庚申堂(竹原長生寺境内)　堂内には，三猿の像がまつってある。地元では学問の神とされている。

井・本庄・頼の各氏)。彼らのほとんどは塩田業者かその一族であり、酒屋・質屋などを経営し、町・浜の役人をつとめる町の支配階層であった。また彼らの多くは、広島の植田艮背か京都の玉木《たまき》正英《まさひで》(葦斎《いさい》)・松岡仲良《ちゅうりょう》に師事している。広島へは直接でかけて学んだが、京都の場合は書簡の往復によって教えをうけていた。玉木葦斎の門人が圧倒的に多いが、その没後は松岡仲良に学び、なかには木村政信のように上京して直接神道を学んだものもいる。

町人たちはどのような目的で学問をしたのであろうか。その一人、町年寄・塩浜庄屋をつとめ、竹原きっての浜主であり、酒屋・質屋を営んだ吉井正伴《せいはん》(通称田坂屋太左衛門、筒鈴斎《とうれいさい》と号す)は、「町人ハ学問して道理之大辻《おおつじ》ハしらねばならぬもの也」(「遺事遺言」)といっている。壮年のころから朱子学を学び、晩年は神道を信じ、松岡仲良の渾成舎《こんせいしゃ》の「長老」といわれた。正伴は座《ざ》右銘《ゆうめい》を記した「筒鈴斎箴《しん》」のなかで、天地人をつらぬいて共通に存在し、万物化育の功のある土金=敬《つつしみ》の重要性をのべている。それを読んだ伊勢の谷川士清《ことすが》が「読筒鈴斎箴」という一文をよせ、正伴の垂加神道についての理解と実践の正しさを賞讃している。

町人層が経済的な実力をもつようになった時点で職業倫理も確

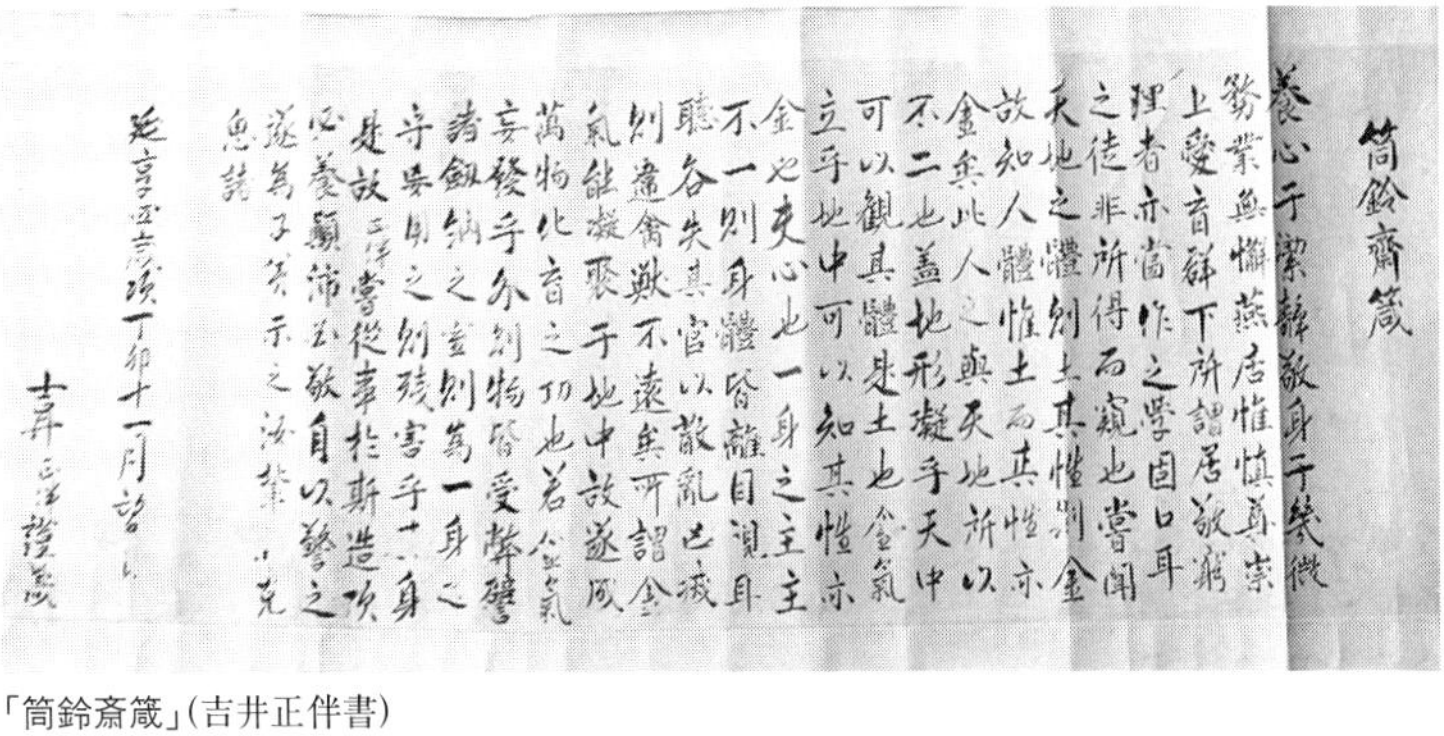

「筒鈴斎箴」(吉井正伴書)

立していった。倫理的な徳目でいえば、勤勉・正直・質素・倹約、あるいは親には孝行、主人には忠義をつくすということであり、封建社会での「分《ぶん》」をまもるということが大前提にあった。しかし、商業活動は、経済的変動によって盛衰常ならぬものがある。また、それゆえに、個人の知恵や才覚の有無がその繁栄を大きく左右した。したがって、町人は家業を維持し、経済的変動にさいして慎重に対応することのできる能力・実行力を身につけておかねばならなかった。その点、学んだことの実践を強調する儒学は町人たちの生活にとっても身近かな内容であったのである。

修道館と誠之館●

近世の武士階級が組織的な武士教育施設の設立をめざすのは、それほど古いことではない。広島藩が藩士の教育に留意するようになったのは十八世紀初頭のことで、儒員に家塾を開かせ、士庶の修学を奨励し、城内での月次《つきなみ》講釈もはじめた。藩主浅野吉長の時代である。吉長は本格的な武士教育をめざし、享保十(一七二五)年城下白島《はくしま》にもうけた諸芸稽古《けいこ》場のなかに漢学教場(講学所、のち講学館と称す)をおき、寺田臨川に教授を命じた。学問を志すことによって忠孝の道理を会得させ、政務の場において理にかなった決断をさせることを目的としたが、講学館は寛保三(一七四三)年経費節減を理由に廃止され、ふたたび家塾教育に戻っている。

その後、七代藩主浅野重晟《しげあきら》の代の天明二(一七八二)年に学問所(明治三〈一八七〇〉年修道館と称す)が開設された。そのさい、これまで儒者であった植田含翠《がんすい》・加藤定斎《ていさい》・金子楽山《らくざん》ら闇斎派の学者に加えて、藩士のなかから古学派の増田来次《らいじ》、民間から竹原出身の朱子学者頼春水《らいしゅんすい》、城下で修業堂という学塾を開いていた古学系の折衷学者香川南浜《なんぴん》を登用した。学問所開設の目的は、五倫五常の道徳思想を会得し、封建的秩序に適合した人材を育成しようというもので、当時学者のあいだで議論のあった学派間の対立は問題にしていなかった。しかし、基本的な「学制」制定時から朱子学派と古学派が対立し、藩当局の裁断によって春水案が採用されるといういきさつもあり、学問所では分離教授を行ったが、両派の学生が対立する状況となった。結局天明五年になって学問所での教育は朱子学に統一された。幕府の「寛政異学の禁」にさきだつこと五年である。

古学派の儒者は規定の講釈をつとめるのみで、常時出勤はとどめられた。寛政元（一七八九）年、南浜に流川町の屋敷があたえられ、門弟の援助で修業堂が再興された。三年後南浜が没すると、藩は修業堂を官立とし、弘化年間（一八四四〜四七）まで古学派教育を行わせた。藩が修業堂を維持し続けたのは、「経済の道」をあきらかにするという藩政の現実面に対応することのできる人材の育成をめざしたからであろう。

福山藩でも宝暦（一七五一〜六三）ごろから儒員によって藩士を対象とした月次《つきなみ》講釈が行われるようになり、天明

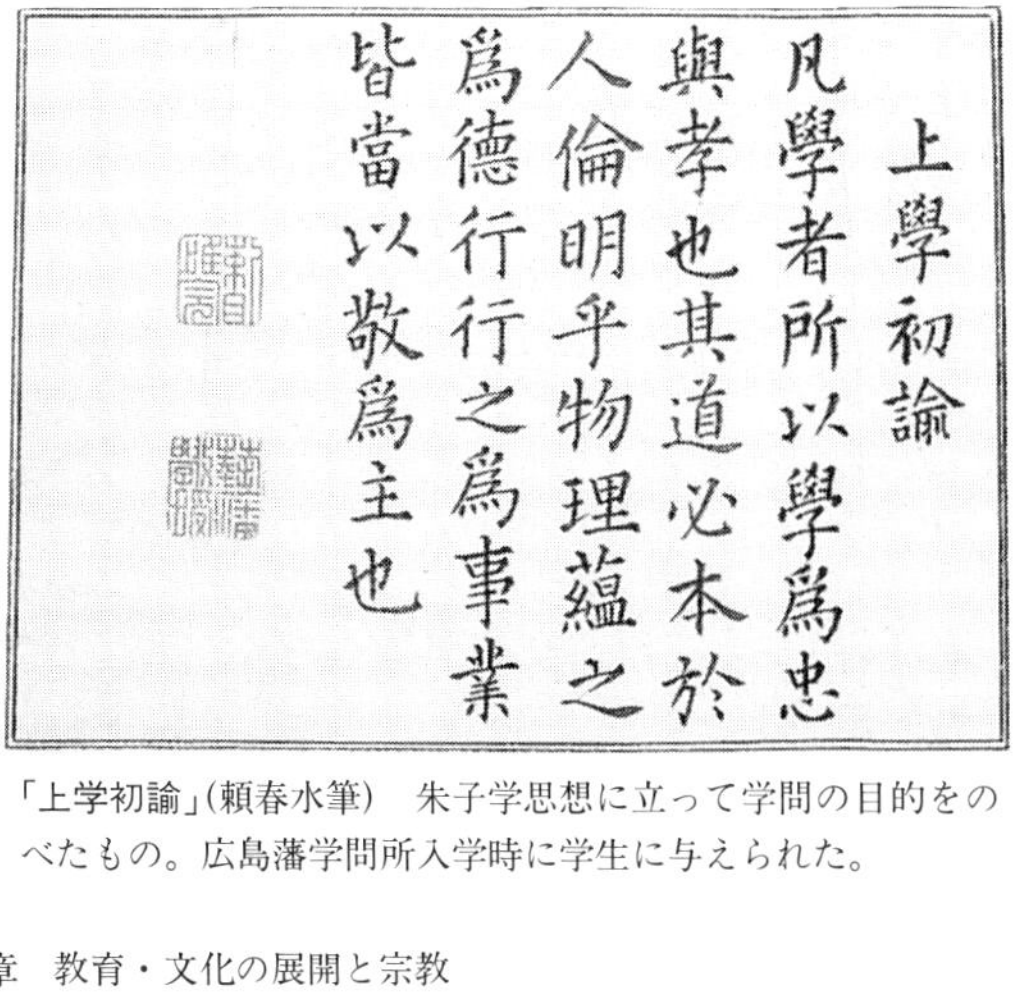
上學初論
凡學者所以學爲忠
與孝也其道必本於
人倫明乎物理蘊之
爲德行行之爲事業
皆當以敬爲主也

「上学初諭」(頼春水筆)　朱子学思想に立って学問の目的をのべたもの。広島藩学問所入学時に学生に与えられた。

六年には藩校弘道館が設立された。教授には伊藤蘭畹《らんえん》・竹坡《ちくは》父子のほか藩士中の実力あるもの数人が抜擢された。幕府の「異学の禁」ののちは朱子学者が登用され、伊藤家においても竹坡の孫青藍《せいらん》は菅茶山《かんちゃざん》に学んでいる。譜代である阿部氏としては幕府の教学政策にしたがわざるをえなかった。茶山は寛政四年に扶持米をあたえられ、弘道館で講釈したこともあったが、正式の儒員となることは固辞している。その後、北条霞亭《かてい》・門田朴斎《ぼくさい》・江木鰐水《がくすい》・関藤藤陰《せきどうとういん》と、あいついで民間出身の朱子学者が儒員に登用された。彼らは茶山または上京後の頼山陽《さんよう》の弟子であった。しかし弘道館教育は不振であった。いくら学問をしたからといって立身出世が可能なわけでもない世襲制の社会にあっては、真剣に学問を志す武士などは奇異な目でみられたのである。

嘉永初年、藩主阿部正弘《まさひろ》は儒員に命じて文武振興策を検討させた。儒員たちがもっとも重視したのは学力のある人材に格禄をあたえ登用の途《みち》をひらくことであった。正弘は老中筆頭として内憂外患に直面した現実に強い危機感をいだいていた。彼は儒員の建言に基づいて道徳面だけでなく新しい実用の学を取りいれて積極的な人材育成を行うこととした。嘉永六（一八五三）年江戸藩邸内に学問所を、翌年福山に文武総合の一大学館を建設し、ともに誠之館《せいしかん》と名づけた。学科も従来の漢学のほかに歴史・国学・洋学・医学・数学・習字・礼法および軍法の諸学科がおかれた。正弘は欧米列強の強大な軍事力の背景には進んだ科学技術があるという認識をもっており、洋学・軍法をとくに重視した。

誠之館の特色ある教育制度として仕進法《ししんほう》があげられる。これは藩士の子弟が誠之館で文武の相当の能力をつけて考試に合格すれば、一定の俸禄・扶持米《ふちまい》を支給してめしだすというものである。それは嫡子以外の部屋住みはもちろん、無足人に至るまでを対象とした。世襲制度をくずさずに、教育の成果を取りいれて人材を確保しようとしたのである。仕進法の実施で藩士の子弟も怠惰ではすまされなくなった。定められた課程に到達しない場合は一定の扶持米が差し引かれ、怠惰な学生には支配頭がその親へ注意し、その理由をのべさせたり、なかには謹慎を命ぜられるものもいた。しかし、誠之館の教育はあくまで封建教学の枠内で行われたものであり、仕進法も十分な成果を発揮することなく、まもなく明治維新を迎えた。

菅茶山と廉塾●

十八世紀以降、藩儒の多くは家塾を開くことを許されて士庶の教育にあたったが、民間学者の私塾も各地に設立された。備後国神辺《かんなべ》（福山市神辺町川北）に菅茶山《かんちゃざん》（一七四八〜一八二七）が設立した廉塾《れんじゅく》は、芸備地方の私塾のうちでももっとも有名なものであった。

茶山の父菅波《すがなみ》久助は農業と酒造業を兼営する富家に育ち、樗平《ちょへい》という俳号で俳諧をたしなんだ。茶山は病弱を理由に医者を志し、明和三（一七六六）年上京して和田《わだ》東郭《とうかく》に師事した。儒学ははじめ市川某に古文辞学を学んだが、のちその非を悟って那波魯堂《なわろどう》について朱子学を学んだ。同門に備中国鴨方出身の西山拙斎《せっさい》がおり、大坂で青山社《せいざんしゃ》という私塾を開いていた安芸国竹原出身の頼春水《らいしゅんすい》とは安永二（一七七三）年以来深い交友関係を結んだ。

茶山は安永九年までの一五年間に六度遊学し、京都では魯堂に学ぶかたわら聖護《しょうご》院《いん》の僑居《きょうきょ》で拙斎・中山子幹《しかん》・佐々木良斎《りょうさい》らと講会を開き、とくに最後の遊学のさいは大坂に足をとどめ、中井竹山・尾藤二《びとうじ》洲《しゅう》とまじわり、春水・葛子琴《かっしきん》・篠崎三島《さんとう》ら詩社・混沌《こんとん》社の学者・文人とも交友した。茶山は当時詩名がもっとも高かった子琴には大きな影響をうけた。天明初年、家業を弟恥庵《ちあん》にゆずり、黄葉夕陽村舎《こうようせきようそんしゃ》という一塾を開いて村童の教育をはじめた。これが廉塾の前身である。

茶山は確乎たる教育観をもっていた。十八世紀中期以降、小商品生産の展開に伴う農民分解は、一方では大量の小作貧農層を、他方ではごく少数の地主豪農層をうみだしていた。太平二〇〇年のあいだに、生産活動から遊離し、人間本来の生き方を見失った「遊民」の増加した社会は、かつてのキリスト教のような人心をまどわす教えがはいりこむ危険性をはらんでいる、と茶山は認識していた。また、武芸を教える人は国々に満ちているのに対して、文は日々枯々になっているから、自分が努力してわずかでも文の衰微をくいとめるのは「わが大日本国へ露計《つゆばかり》の忠にてはこれなく候や」(寛政八年「郷塾取立に関する書簡」)と自負するのであった。

茶山は教育・教化による社会秩序の維持ということに確信があった。かつて神辺は「悪風俗」の土地であり、彼自身も二〇歳ごろまでは博奕《ばくち》もうち富籤《とみくじ》も買い、酒色にふけるなどの悪行をしていた。それがふとしたきっかけで俳諧を学び、和歌や詩などしだいに読書にむかうようになり、本格的に学問を志すようになった。その影響で学問に関心をよせる人もふえ、今では若いもので博奕を打つものはいなくなった。これを茶山は「学種《がくしゅ》」という言葉で表現している。自分の種はたとえ暗夜の一点の火のごとくで一郷一国を照らすことはできなくても、いくつもの提灯《ちょうちん》にはなるだろう。「学種」とは茶山自身であり、その塾で蒔《ま》く学問の種は弟子たちのことでもある。一粒でも種をふやしていけば、将来各地で芽をだし、花を咲かせ、あらたな学問の実を結ぶことであろう、というのである。

茶山は折から武士教育の重要性を認識した福山藩からたびたび儒員として登用する意向を伝えられ、扶《ふ》持米《ちまい》をあたえられたが、官にはつかえず生涯神辺の地にあって民衆教育に専念した。教育の公共的性格を認識していた彼は、塾の私物化をさけ、その永続をはかるため、寛政八(一七九六)年廉塾と塾田を藩に献上して郷塾として認めてもらった。このときから廉塾は神辺学問所あるいは閭塾《りょじゅく》とも称するようになった。

茶山は廉塾の経営安定に心をくばった。塾生がおさめる授業料にあたる束修《そくしゅう》、藩から支給される扶持米、茶山も創設に関与した福府義倉《ふくふぎそう》から支給される儒学料はすべてたくわえて塾田をふやしていった。塾田の管理は村役人や一族の有力者が学問所世話人となって担当し、その利米（小作米）で教師の生活費はもとより、講師の招聘《しょうへい》費・書籍購入費・貧書生扶助費・修繕費をまかなった。藩に献上してからは束修はとらず、塾生は付属の寮に起居させ、その所持金はすべて塾主（茶山）があずかり、必要に応じて飯料・書物代・髪結賃などの生活費を支出した。塾田は茶山没後の嘉永五（一八五二）年には一七一石余になっている。

菅茶山肖像画　賛者は岡本花亭。茶山が古稀にさいしてみずからの人生をふりかえってつくった3首の詩を中心に記している。

「塾は芝居と違ひはやらず候ても宜《よろしく》候」と茶山はいう。塾生の日常生活や塾・寮の運営方法を規定した「廉塾規約」は、塾生に対する父兄の期待にこたえ、学問に専念できる身の幸いを常に心にとどめて励むべきこと、茶山もできるかぎりの努力をするから塾生もそれにこたえて勉学してほしいとのべ、「主人（塾主のこと）仕かたあしき事心づかれ候はば一一《いちいち》仰《おお》せ下さるべく候。朝に道をきゝ、夕に死すとも可也と見へ候へば、老人とて御遠慮これあるべからず候」と、塾主に対する遠慮のない批判を求めていることが注目される。学問という共通の目的に努力する師弟間の自由な雰囲気をうかがうことができよう。

茶山は教師に対してもきびしい要求をしている。塾の管理運営の方針を記した遺書ともいえる『菅太《かんた》中《ちゅう》存寄書《ぞんじよりがき》』は、不行跡な行ないをする塾主は退去すべきであるとし、それは茶山自身でも後継者でも同じだとしている。彼の期待する教師は「丁寧律義《ていねいりちぎ》之人」である。「才子など申候人、色々の作略（ママ）これあり候人、立身望の人、自慢らしき人、山を心がけ候人」は適任者ではない。親友頼春水の子山陽が、脱藩の罪を許されたのち茶山の後継者として廉塾にきたのは文化六（一八〇九）年のことであった。しかし、山陽は塾でさまざまな不行跡をして茶山を困らせ、結局一年余りの滞在で京都へいってしまう。茶山も一目おく学力をもった山陽は、しかし茶山の教育方針にもっとも反する人物であった。

茶山の塾はしだいに有名なものとなり、備後地方はもとより、中国・四国・九州・近畿さらには奥羽地方からも学生が遊学してきた。文化八年から文政七（一八二四）年まで一四カ年の塾生が判明しているが、その出自は武士から医者・僧侶・豪農商の子弟など三三〇余人にのぼっている。

寛政から化政期（一八〇四〜二九）にかけて、茶山はわが国第一等の詩人と称された。その詩集『黄葉《こうよう》夕陽村舎詩《せきようそんしゃし》』はベストセラーであった。茶山は旅行以外で神辺の地をはなれることなく、自然や農村生活を愛し、詩作にふけり、子弟の教育に専念した。しかし、京都や江戸へ旅したときは、多くの学者・文人たちとまじわり、その土地の珍しい文物に関心をよせた。白羽織を愛用して村夫子然とし、諸国の逸話・奇談を聞くことを楽しみとする茶山を慕って廉塾を訪ねる学者・文人は多かった。茶山がたいせつにしたアイヌの日用品やヨーロッパの絵画などから、彼の視野の広さをうかがうことができる。茶山の思想的立場は、地主豪農層の立場からではあったが、支配者には伝統的な仁政を要求し、村落内における小作・貧農層との矛盾・対立関係は道徳的な教化思想によって少しでも緩和していこうとするものであった。また、地主豪農層の子弟に学問の必要性を主張したのも、武士による学問の独占を打ち破り、文化の底辺を拡大しようとしたからであった。茶山自身は、封建の世にあっても、みずからが普遍的と認識する学問が人間を自由にすることをある程度確信することのできる生涯を過ごしたということができよう。

茶山没後、廉塾は甥の子である菅三《かんぞう》(号は自牧斎《じぼくさい》)が継ぎ、明治維新期まで存続した。

このほか十八世紀後期から十九世紀にかけての郷塾(私塾)としては、竹原下市の竹原書院、尾道の培《ばい》根堂《こんどう》、備後府中の楽群館・古府郷黌などがあり、いずれも「学種」の養成をめざした。

2 朝鮮通信使との文化交流

朝鮮通信使の来日●

近世は「鎖国《さこく》」の時代といわれるが、外国との交渉をまったく断ったわけではない。唯一長崎を窓口としてではあるが、中国・オランダとの貿易が行われ、朝鮮は対馬藩、琉球は薩摩藩、アイヌ(蝦夷地《えぞち》)は松《まつ》前《まえ》藩と、限定的ではあるが対外関係を維持していた。長崎出島のオランダ商館長は毎年江戸に参府し（寛政二〈一七九〇〉年から四年に一回）、琉球国王使節は島津氏に伴われて慶賀使《けいがし》・謝恩使《しゃおんし》を将軍の襲職・国王の代替りごとに江戸にいき、将軍に謁見《えっけん》した。もっともこれらは瀬戸内海を通航したので、芸備の領民が見物する機会はほとんどなかった。

隣国である朝鮮国は、慶長十二（一六〇七）年の国交回復後、わが国に一二回通信使と称される使節団を派遣してきた（最後の文化八〈一八一一〉年のみ対馬交聘《こうへい》）。通信使の応接は幕府の国役《こくやく（くにやく）》として江戸までの道中に領地をもつ大名らが担当した。安芸国では蒲刈《かまがり》、備後国では鞆《とも》という二つの海駅が応接場所とされ、潮流や風の都合によっては忠海《ただのうみ》が停泊地とされることもあった。広島藩や福山藩が通信使のために準備する宿泊施設・接待のための食料など、下行《げぎょう》物とよばれる米や各種の食料、海上通航に伴う御用船・浦

下蒲刈町三之瀬《さんのせ》の長雁木《なががんぎ》　福島正則がきずかせたので，「福島雁木」ともよばれる。現在は，往時の約半分の55m余りが残っている。

船や水主《かこ》など、その費用は莫大なものであった。

広島藩領の停泊地とされた蒲刈は、もともと幕府役人・九州の諸大名が通航するさいの海駅とされたため、御茶屋などの施設はあった。しかし、五〇〇人近い数の使節団に随行する対馬以酊庵《いてあん》の禅僧・通事《つうじ》や宗家の侍をあわせると約七〇〇人にもなり、宗対馬守も七、八百人の家臣を伴って同行するから、総勢は一四〇〇〜一五〇〇人にものぼり、多くは船に泊るにしても応接の準備はたいへんであった。

享保四（一七一九）年の状況をみてみよう。長州藩領上関《かみのせき》をたった通信使の船団が芸州領にはいったのは八月二十七日であった。蒲刈には下御茶屋とその背後の高地に上御茶屋があった。通信使は三使（正使・副使・従事官）は上御茶屋へはいり、禅僧は弘願寺《ぐがんじ》を宿舎とした。そのほか十数棟の建物が新築されていた。海岸の雁木《がんぎ》の上には勾欄《こうらん》付きの掛出しという上陸用の建物が設けられ、そこから上御茶屋まで階廊が続き、それには薄縁《うすべり》と緋毛氈《ひもうせん》を敷きつめてあった。室内には金屛風を立廻した。緋毛氈の数は二〇〇枚近く、金屛風ものべ一〇〇間におよんだという。夜は数百の提灯に火をともし、それが海水に映り美観を呈した。食器はすべて金蒔絵《きんまきえ》で、寝具も一人に二組宛備えてあった。食事は、三使と上上官は朝夕は七五三、昼は五五三の膳で、饗宴としては最高級のものであった。七五三といえば約五〇種の料理で、菓子だけでも一〇種にのぼるものである。これらは儀礼用の料理で、通信使はほとんど箸をつけず、別につくった料理を食した。そのために一行には下行《げぎょう》の品として規定量の食料が提供された。このときの製述官《せいじゅつかん》（学士として日本側の学者と応対する官）であった申維翰《シンユハン》は、長州藩が接待した赤間関《あかまがせき》（下関）でもなかったこととして、雉《きじ》三〇〇余羽が提供されたことにおどろいている。規定にある鶏《にわとり》は三使から次官までとされ、鶏にかえて雉か鴨《かも》でもよいと定められていたが、広島藩は雉を、それも大量に届けたのである（申維翰

『海游録《ヘユウロク/かいゆうろく》』)。広島藩は寛永十三(一六三六)年にも雉一〇〇羽を提供しており、恒例としていたようである。このように一応の規定はあっても、大名側としては国力を誇示するため過大な接待をしたのである。このほか藩主からの贈物として、領内の名産品が三使以下次官にいたるまで贈られた。

蒲刈から一行を鞆まで送るために大小六〇〇余艘の船をだし、ほかにほぼ同数の民間の漁船を用意した。応接のため広島から出張する家老《かろう》以下の藩士や村役人・郡夫らも一〇〇〇人にのぼった。このような接待は帰路も同様であった。享保度には一行は帰路風待ち・汐《しお》待ちのため忠海へ三日間も上陸しており、蒲刈滞在も長かったので、藩は余計な出費をよぎなくされた。寛永十三年に蒲刈で接待にあたった広島藩の役人が「もし通信使が毎年やって来たら、わが藩は自からほろびてしまうだろう」と語ったといわれているが、無理からぬところである。

広島藩における通信使との文化交流●

朝鮮通信使とわが国の学者・文人たちとの交流やその文化的影響については、近年注目され、あきらかにされつつあるが、広島藩では蒲刈《かまがり》という隔絶された島での応接であったこともあり、顕著な事例はみられない。むしろ藩は庶民と通信使一行が接触することをきびしく制限した。

第四回通信使が来日した寛永十四(一六三七)年正月、石川丈山《じょうざん》が製述官権侙《クウォンシキ》(菊軒《クッコン》と号す)と筆談している。このとき丈山が、私はぜひ文化的に先進国である朝鮮国へいきたいが「国制」によりそれができないのは残念だとのべたのは有名な話である。もっとも丈山は前年広島藩を辞して京都に隠棲《いんせい》しているので、藩とのかかわりはない。

第八回の正徳度は藩儒味木立軒《あまぎりっけん》と寺田臨川《りんせん》が通信使と筆談・唱酬《しょうしゅう》(詩をやりとりすること)し、それは

『広陵問槎録《こうりょうもんさろく》』と題して荻生徂徠《おぎゅうそらい》の序文を付して正徳二（一七一二）年に出版された。その巻上は立軒にかかわるものである。立軒は甥《おい》の味木鳳洲《ほうしゅう》が対馬藩に仕えていた関係もあって通信使と面会するのは容易であったと思われる。立軒は通信使の江戸滞在中に、その宿館だけでなく対馬藩邸にも招かれ、製述官李東郭《イトンクワク》、書記洪鏡湖《ホンキョンホ》・厳龍洲《オムヨンジュウ》・南泛叟《ナムポムチョ》および良医奇嘗百軒《キサンペッコン》と交流している。立軒が彼らに呈した詩に、「交游三十日、賓館屢留連《ひんかんしばしばりゅうれん》」とあるように深くまじわった。立軒は東郭に、『資治通鑑《しじつがん》』の「資治」の出処、詩文を「首」と称する出処、渡り鳥の本国はどこか、などの質問もしている。

巻下は立軒の門弟である臨川が、往路の大坂の宿館において製述官・書記らと数日にわたって交流した状況を記録している。まずお互いに自己紹介したのち、李東郭・南泛叟と唱酬、臨川はこの縁をもって「詩壇之騒盟《そうめい》」を結ぼうという。臨川は東郭の詩才におどろき、東郭も臨川を「詩豪」と称して意気投合した。二日目は洪鏡湖・厳龍洲と筆語・唱酬し、さらに味木鳳洲を介して東郭に書を呈し、自分の詩集の批正と序文をもとめた。三日目も東郭と応復し、さらに三使に詩を呈し、最後の日には東郭に朝鮮国の学界の状況を問うている。後日、三使は東郭を介して唱和の詩を届けている。これは異例のことである。東郭は詩集の序文は後送すると約束、帰路の再会を約して江戸にむかい、臨川も帰広した。しかし帰路には彼らは会っていない。翌春、東郭の「臨川詩集序」が臨川のもとに届けられた。このとき臨川は三四歳、東郭は五八歳、泛叟は四七歳であった。国はもちろん身分も年齢も異なる彼らが数日「詩壇之騒盟」を結んで「四海弟兄」としてお互いを認めあったことは、すばらしい交流のひとこまといえよう。

第九回の享保度は、蒲刈に味木立軒が派遣され、製述官申維翰《シンユハン》と往路・復路とも筆談・唱酬している。これは維翰の紀行『海游録《ヘユウロク》』によって判明するが、蒲刈での通信使と学者との交流はこのときだけであったようである。
第一〇回の宝暦度の通信使は、宝暦十四（明和元年＝一七六四）年正月に安芸の海域にはいった。安芸

安芸門徒と講中

文政八（一八二五）年に広島藩が編纂した地誌『芸藩通志《げいはんつうし》』の基礎資料に、一定の書式にもとづいて全郡村から提出させた下調べ帳がある。その項目の一つに風俗の一節があり、当時の年中行事や冠婚葬祭のようすが具体的に記述されている。それをみると、とくに安芸国の農村地域に浄土真宗本願寺派（西派）の門徒が多く、真宗が農民の生活に大きな影響をおよぼしていたことがわかる。また、明和年間（一七六四〜七二）から屋敷内に設けた神棚を撤去するとか、神社のお札などをうけないなどのいわゆる「神棚おろし」が門徒内にひろまったことが記されている。

これはどのような歴史的背景と特色をもっているのであろうか。

近世の真宗寺院の多くは、十六世紀後期から十七世紀前期にかけて建立あるいは旧仏教諸派からの転宗をとげている。その理由として、旧仏教諸派の寺院を保護していた在地領主が没落・移住して信仰上のあるいは経済的保護を失ったこと、農民層への浄土真宗の信仰の浸透、門徒農民層に経済的基盤をもとめた旧寺院の改宗があったこと、福島正則《まさのり》の検地による徹底的な寺社領の没収があったことなどがあげられよう。

近世の寺請《てらうけ》制度によって檀家制度が成立するが、複雑な本末《ほんまつ》制度によって農民門徒はかならずしも近隣の寺院と寺檀関係をもつことはなかった。また、ほとんどが真宗門徒となった安芸地方では、

❖コラム

村落内の地縁集団が宗教的色彩を強め、安芸地方独自の地域的な信仰集団である「講中《こうじゅう》」が形成された。

講中は元禄期（一六八八～一七〇三）には出現し、十八世紀中期以降整備された。一つの講中は近隣の一〇～二〇戸で組織され、毎月一回のお寄講《よりこう》のほか、葬式・家普請などの相互扶助が活動の中心で、お寄講は近隣寺院の僧侶を招いて法談を聴聞し、共有の飲食器具で食事をともにするという慰安的な要素も強かった。構成員が講の規則を破ったり犯罪をおかしたりすると、「講バネ」「同行バネ」といって相互扶助の対象からはずされた。門徒は寺檀関係をもつ寺院（師匠寺《ししょうでら》）と、講中をつうじて日常的な法縁をうける近隣の寺院（地下寺《じげでら》）の二重の法縁関係に結ばれた。

「神棚おろし」は広島城下寺町報専坊《ほうせんぼう》の慧雲《えうん》が提唱したといわれる。近世中後期には安芸国から学僧が輩出し「芸轍《げいてつ》」と称された。慧雲はその中心人物である。彼らは真宗教義を研究し、宗祖親《しん》鸞《らん》の教えにかえろうとした。折しも神道側の仏教攻撃もあり、教義の純化の象徴が神棚おろしであった。真宗教団内でも教義の異義を正す「異安心《いあんじん》」事件がたびたびおこった。その最大のものに当時本願寺学林がとなえていた「三業帰命《さんごうきみょう》」という説に芸轍が対決した三業惑乱《さんごうわくらん》事件がある。この事件のとき学林批判の中心になって活躍したのが、慧雲の弟子大瀛《だいえい》であった。最終的には幕府寺社奉行の裁決で文化三（一八〇六）年学林に対決した在野派の勝利となったが、この間の芸轍の活動はめざましいものであった。

「備前法華《びぜんほっけ》に安芸門徒」とよばれる安芸地方の真宗信仰の基盤はこのようにして確立されたのである。

国竹原の磯宮《いそのみや》八幡宮の神主唐崎淡路《からさきあわじ》（のち常陸介《ひたちのすけ》、赤斎《せきさい》と号す）は前年十一月、蒲刈で通信使と「議論」してみたいと代官に願い出たが拒否されていた。通信使一行は正月十日午前八時蒲刈を出発したが風雪にはばまれて思うように船が進まず、忠海に停泊し、三使らは宿館とされた誓念寺《せいねんじ》ほかに宿泊した。常陸介は、頼春水《らいしゅんすい》（当時一九歳）らをさそって船で忠海に上陸し、頭巾《ずきん》をかぶり、常陸介が用意した両刀を帯して意気揚々と宿館にむかった。そこは三使や製述官・書記たちのいるところではなかったが、彼らは一行の一人と筆談し、春水は自分や弟たち（春風・杏坪《きょうへい》）の書を示し相手を感心させている。次に誓念寺にいくも、三使は不在だと思って船に戻る。翌朝誓念寺へいくが、三使はすでに輿《こし》にのり行列は出発していた。港で尾道の友人にあうと、「春水の弟が誓念寺の門前で青毛氈に坐して書し、方冠《ほうかん》を戴いた通信使の一人に示したところ、その書を激賞した。対馬藩士がそれをもって三使のところにいったが、三使は今は出発のときがせまっているのでゆっくり話せない、帰路にあいたいものだといったそうだ。これは安芸国の光栄というより日本の光栄というものだ」と春水に語った。春水らはなおも船にのって正使船にいた一人と詩や書のやりとりをしているが、ものたりないものであった（春水「游忠海記」）。この春水の弟万四郎《まんしろう》（のちの杏坪）のことは正使趙済谷《チョウチェソク》の紀行『海槎《かいさ》日記《ヘチャイルキ》』にも記され

ている。杏坪は当時九歳になったばかりであった。

備後国における通信使との文化交流●

歴代の通信使は鞆《とも》までの船旅ではかならずといってよいくらい阿伏兎磐台《あぶとばんだい》寺《じ》沖で米か銭を筒にいれて投ずると、僧がそれを拾って生活の資にするという逸話を記し、鞆の風景の美しさを賞讃している。正徳度の従事官李邦彦《イパンオン》は帰路に宿館であった福禅寺《ふくぜんじ》で「日東第一形勝」と書き、それはのちに額に彫られて福禅寺対潮楼《たいちょうろう》に掲げられた。享保度の製述官申維翰の紀行は、鞆では福禅寺や街のようすを記すのみで文事の記事はみられない。しかし、福山藩主阿部正福《まさとみ》は応接にあたらせるために伊藤仁斎《じんさい》の二男梅宇《ばいう》を儒官として招いており、梅宇は書記成汝弼《ソンヨピル》と筆談・唱酬して面目をほどこしている。梅宇は正徳度に徳山藩儒として通信使と筆談・唱酬しており、大名が応接のために学者を招聘するという現象もあったのである。

延享度には三使以下の諸文士が鞆の景観を話に聞く洞庭湖《どうていこ》や岳陽楼《がくようろう》に比し、杜甫《とほ》の岳陽楼の詩の韻をふんで作詩し福禅寺の僧にあたえている。さらに寛延度の正使洪啓禧《ホンケヒ》は、随行していた子息洪景海《ホンキョンヘ》に「對潮樓」と大書させ、木額にして壁上にかけさせている。

のち文化九（一八一二）年菅茶山《かんちゃざん》が発起して鞆の富商たちに出資させ、歴代の使節たちが残した詩文を木彫して対潮楼の堂内に掲げた。これらは

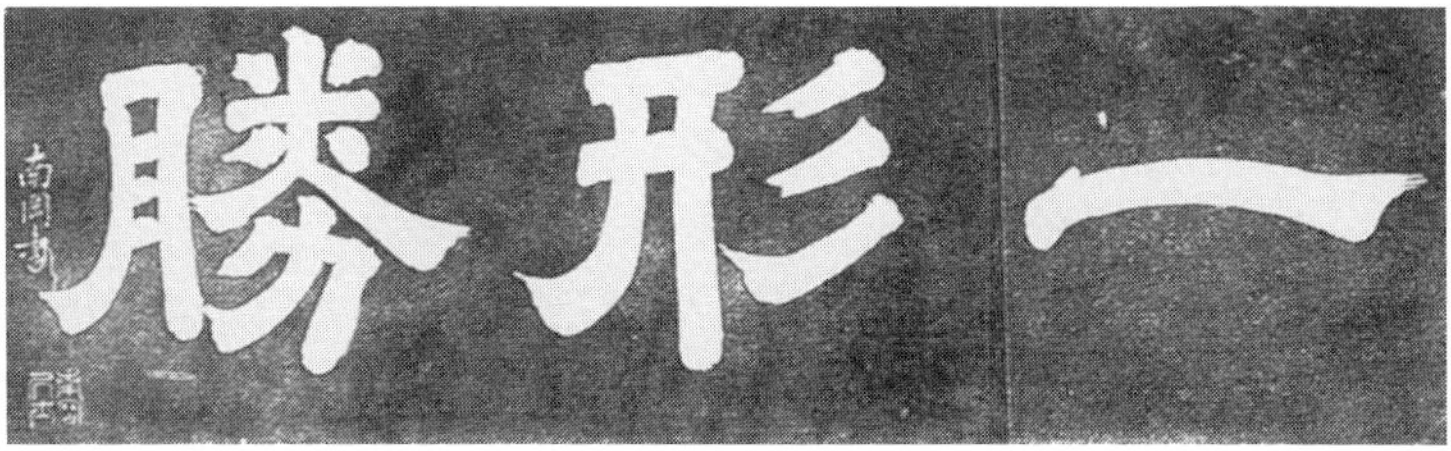

「日東第一形勝」扁額の拓影　文化９年に菅茶山の発起により，拓影がつくられた。

現在もみることができる。なお、これらの詩文は木版に刷られ、参拝客などに売られていたようである。十八世紀後期から十九世紀にかけて地域の事跡の良さを認識・普及する動きの一つのあらわれであるといえよう。

9章

近代の広島

旧広島県庁　現在の広島市，文化交流会館付近にあたる。

1　広島県の成立

明治四年の大一揆●

明治四（一八七一）年七月十四日、廃藩置県の詔勅がだされ、広島藩は広島県となり、広島藩知事浅野長勲《あさのながこと》は免職、東京への移住を命ぜられた。八月四日、旧知事の父で前藩主の浅野長訓《ながみち》（長勲は東京滞在中）とその家族が東京移住のため広島を出発しようとすると、城下や近郡の民衆がとりかこみ上京をとりやめるよう哀訴したため、出発は不能となった。これから十月はじめまでの二カ月間、旧広島藩領内一帯に芸備十六郡一揆とよばれる民衆の騒動が展開する。

騒動の経過をみると、県庁はまず各郡に役人を派遣して説諭にあたらせた。同月九日、山県郡壬生村《みぶ》（山県郡北広島町）で周辺五、六カ村の農民を集めて県庁派遣の役人が説諭中、乱入した農民に襲撃されて重傷を負う事件が発生した。同月十一日、諸郡から広島城下にでてきた領民により「御藩内十六郡百姓共」の名による嘆願書が提出された。その嘆願書は、山県郡有田村居住の武一（武一郎）が起草したと伝えられ、彼が騒動の首謀者とみなされて処刑されたために、この一揆は武一騒動ともいわれる。同日、山県郡では割庄屋宅が集中的に打ちこわされ、翌十二日には広島城下でも暴動が発生し、県官居宅・豪商家など三六軒が打ちこわされ、騒動は激化してくる。十二日以降、騒動は広島城下・山県郡から世羅郡《せら》・賀茂郡一帯へ拡大し、十三日城下では、県当局が兵力による暴動鎮圧を決定して、巡邏と説得を開始した。さ一揆は十四日三次《みよし》・恵蘇《えそ》・三上《みかみ》・奴可《ぬか》など北部地域に、十六日御調《みつぎ》・甲奴《こうぬ》など県東部地域に波及した。さらに十九日、県東部の重要地尾道町に四万数千人の御調郡民が押しよせ、打ちこわしをはじめた。県当局は十五日以降郡部へ鎮撫隊《ちんぶたい》を派遣し鎮圧につとめた。九月以降騒動は、鎮静化の方向にむかい十月初旬になっておさまった。

一揆の逮捕者は五七三人に達し、そのうち武一をはじめ九人は、十一月四日即決処置され、死刑となった。一揆の攻撃対象は、公機関五、商人三〇、年寄一〇、割庄屋四〇、庄屋六二、組頭一〇、その他四二、合計一九九軒となり、城下・町方では特権豪商層や町方役人、郡方では割庄屋・庄屋など村役人層が圧倒的な割合を占めている。

この一揆は、旧藩主引留要求が発端になっておこったものであるが、運動が暴動化し県内全域に波及した背景には、つぎのような要因が考えられる。(1)旧藩主引留要求と行動には、旧藩主との離別をおしむという素朴な心情のほかに、一方的な上京は困るという気持が強くあった。(2)新しい租税政策・戸籍

明治4年の大一揆のとき襲撃をうけた佐伯郡の豪農の門と柱　柱に斧で切りつけられた跡が残っている。

編成事業・宗教政策を進める太政官新政に対し、農民の疑惑や反発が、暴動化の主要な原因となったことである。また藩権力と結合しているとみられた割庄屋・庄屋などの村役人層に対する疑惑が、充満していたこともある。とにかく県内全域におよぶ一揆は旧支配体制に衝撃的な打撃をあたえた。

広島県におこった一揆は、松山・大州《おおず》（伊予）・母里《もり》（出雲）・高松・福山・高知などの諸県に波及し、大きな影響をあたえるとともに、県内では攻撃対象になった割庄屋・庄屋が、政治や経済活動に対し消極的になり、地租改正や大区小区制の実施も順調にすすまないことになった。

広島県に隣接した福山県（旧福山藩領）でも、広島県の一揆から一カ月半おくれた九月中頃から激しい一揆がおこっている。福山県庁は、広島県の一揆が旧藩主引留要求よりおこっていると知り、阿部正恒《まさつね》（旧藩知事）の上京を内密にすすめた。偶然に旧藩主が九月二十日に上京することを知った沼隈《ぬまくま》郡藁江《わらえ》村の農民は、付近の農民へよびかけて上京を阻止する計画をたてた。この計画は急速に沼隈郡内に伝わり、郡内の農民は九月十九日から二十日にかけて二手に分れ、大挙し福山城大手門におしかけた。県はとりあえず旧藩主の出発を中止し、農民へ帰村するよう説諭した。しかし農民は帰村せず、おくれて参加した深津郡民と城下の貧民とによる城下での暴動がはじまり、ついで北部の品治《ほんじ》・芦田両郡にも波及し、県内全域にわたる激しい打ちこわしに発展した。県は、一揆に対し県官・軍隊・臨時召集士族よりなる鎮圧軍を使用して、武力による鎮圧をはかるとともに、県官・神官・僧侶による回村説諭を行った結果、一揆は九月二十八日ころには鎮静化した。打ちこわしや焼打ちの対象になったのは、太政官政治機構につながる県官層（一二軒）・村役人層（八一軒）・豪農や藩権力と結託してきた新興商人層を中心とする一六〇軒である。とくに村役人層が集中攻撃をうけ被害総戸数の約五〇％を占め、管内の戸長の半数、副役の三分の一が被害をうけた。戸長・副役は、太政官の役人・太政官付きとして攻撃されたのである。一揆の背景には、広島県の場合と同様に、一つには太政官新政への不信感、二つには外国人への恐怖感、三つには涙金を戸長が横領しているという村役人層への疑惑や反発、などの要因が考えられる。

広島県の成立●

明治四（一八七一）年七月の廃藩置県により、旧広島藩領は広島県、旧福山藩領は福山県、旧中津藩領は中津県となった。広島県では同年八月十五日、河野敏鎌《こうのとがま》（高知県士族）が県大参事に任命され、同年十一月十五日、甲奴郡内の旧倉敷県所轄一二カ村、旧中津県所轄一二カ村が広島県に編入された。同年十二月、河野が免官となり伊達宗興《だてむねおき》（和歌山県士族）が参事、西本正道《まさみち》（広島県士族）が権参事に任命された。八年二月、伊達宗興は依願免官となり、藤井勉三（山口県士族）が権令に任命された。広島県庁は、当初広島城内にあったが、広島鎮台が城内に設置されることになったので、六年三月から国泰寺《こくたいじ》（広島小町）を仮庁舎として城外へ移転し、九年十二月火事で全焼したため、さらに仏護寺《ぶつごじ》（広島寺町）に移った。十一年四月広島水主町《かこ》（広島市中区加古町）に新庁舎が完成したのでそこに移転した。

一方、福山県は明治四年十一月十五日、府県統廃合で廃止され、旧福山藩領、備後《びんご》の安那《やすな》・神石《じんせき》両郡内にあった旧中津県と旧倉敷県所轄二五カ村、備中一円を加え深津県が成立した。矢野光儀《みつのり》（大分県士族）が権令に、森長義《ながよし》（置賜《おきたま》県士族）が権参事に任命された。五年六月、笠岡（岡山県笠岡市）を県庁と定め小田県と改称することが許可され、同年十月、元笠岡代官所跡に建設した新しい県庁舎に移転した。小田県は、諸藩領・天領・旗本領など多様な旧領よりなり、種々の困難な問題が堆積しており県治はかならずしも順調に推進できなかった。八年九月、矢野権令は依願免職となり、津田要《かなめ》（豊岡県士族）が権参事として着任した。同年十二月十日、小田県は廃県となり、岡山県に合併された。九年四月十八日、岡山県から備後六郡を分離して広島県に移管したので、現在の広島県域が確定した。広島県は、同年五月、福山支庁を設け備後六郡をこれに所属させ、十年六月から御調・甲奴二郡も福山支庁（明治十一年十一月廃止）に所属させた。明治十三（一八八〇）年四月、藤井勉三が病気で依願免官となり、千田貞暁《せんださだあき》が県令に任命された。千田県令は、二十二年十二月までの約一〇年間その職にあり、宇品《うじな》築港・陰陽連絡道の改修に象徴される千田県政を展開した。

明治四年四月、政府は戸籍法を公布し、統一的な戸籍の作成を命じた。戸籍編成のため区を定め、区に戸長・副戸長をおいてその事務を担当させた。やがて区は、一般の行政区画となり大区小区制に発展し、戸長・副戸長は庄屋・年寄にかわり、地方行政事務担当者となっていった。福山藩では、廃藩置県前に戸籍編成のため大区小区制をしき、戸長・副役を設けていた。広島県は、五年四月に県内を一七大区一六九小区に区分し、大区に区長と戸長、小区に副戸長がおかれた。深津県では、五年三月、大区小区制をしき、一郡一大区で一七大区三五六小区とした。小田県では、原則として大区に区長・副区長各一人、小区に戸長・副戸長各一人をおいた。大区小区制によって、従来の町村の法制的な地位は失われたが、十一年七月二十二日に公布された郡区町村編制法によって、大区を廃し郡・区（都市部）とし郡区長の管轄下におき、小区を廃し町村を復活させ、戸長が町村事務を取り扱うことになった。このように地方制度の改正と整備が進められ、二十二年の市制・町村制の実施によって、明治憲法体制の基盤となった地方自治体制が完成する。市制・町村制の施行によって成立した新市町村数は四六五（二市一三町四五一村）で、明治二十年の町村数に比べて約四割に減少している。大規模な町村合併が行われた結果である。

地租改正と太政官布告

このような地方自治制度の改正と前後して、江戸時代の複雑な土地租税制度を近代的で画一的な土地租税制度に改革する、地租改正が実施された。地租改正は、明治五（一八七二）年の地券（壬申《じんしん》地券）の交付、同六年の地租改正条例によって府県単位で実施された。

小田県は、七年に地租改正に着手し、翌八年には土地丈量の調査をおえ、収穫量調査や土地等級調査に着手したころ、岡山県に合併された。当時の岡山県令高崎五六《ごろく》は鬼県令といわれ、強権を発動して岡山県の地租改正を完了した実績をもって旧小田県の地租改正に取りくんだ。九年一月、旧小田県の各区長を笠岡に集合させ、いままでの収穫・等級の調査を破棄して、上から収穫量・地価を決定し、それを県から各大区に、大区から各町村に配賦されていった。上から目的額を配賦する方法に対し、農民が正当な余剰を蓄えることが富国になるという農民からの強い反対意見がだされたが、県はこれを排除して地価を決定した。広島県は、全国的にも非常におくれて、八年九月地租改正に着手し、翌九年十月から等級の組立をはじめ、十一年末から等級にしたがって収穫量を配賦し地価を決定した。旧小田県を含めた山林原野の地価の配賦が完了したのは、十四年十一月であった。新旧を比較すると、耕宅地の面積は、旧広島県で五九・四%、旧小田県で四九%増加している。山林原野・市街地を含めた新地租は、旧広島県で一四・二%、旧小田県で一三%増加している。その結果、地租改正終了直後から県内各地で、地価修正運動や地租軽減運動が、たびたびおこっている。

明治政府は、士農工商身分の撤廃をめざし、四民平等を原則とする一連の身分制度の改革を明治初年に実施する。明治四年八月二十八日、えた・非人などの称を廃止して、一般平民籍に編入し、身分・職業・

租税負担を平民同様にするとした太政官布告（解放令）をだした。広島・福山両県では、大一揆のため、この解放令は十月になって県内に布達された。解放令に接した被差別部落民は、大いに喜び、江戸時代以来のきびしい身分差別の撤廃運動を各地でおこした。このような動向を喜ばない人びともおり、六年六月から八月にかけて、御調郡・豊田郡・奴可《ぬか》郡・三上郡・恵蘇郡内で解放令反対一揆がおこっている。また福山周辺や佐伯郡内で小学校教育から被差別部落の子弟を排除する動きがあらわれている。解放令によって法制的には賤称は廃止されたが、一方で各種の経済的特権を失ったため、資本主義経済の発展に伴ない、多くの被差別部落民の生活は困窮化して、解放にはほど遠い状態であった。

啓蒙思想家窪田次郎●

明治前期のすぐれた啓蒙的思想家窪田次郎（一八三五〜一九〇二）は、備後国安那郡粟根《あわね》村（福山市加茂《かも》町）に生まれた。窪田家は代々庄屋・村医の家で、次郎も漢学・蘭医を学び帰村後医者を開業した。明治維新後は福山藩から医院教授・権大属に任命され、行政官としても活躍している。

窪田の主要な活動の一つは、明治五（一八七二）年九月の学制頒布以前に、領民皆学を目的とする初等教育機関啓蒙所の設立を建言したことである。福山藩は、明治三年十月学制改革を行い、藩校誠之館《せいしかん》に普通学科を設け、七歳から小学に入学させ、普通学を学ばせた。窪田は、この普通教育を藩内全域に実施することを藩へ建言し、藩庁の協力で管内各村に啓蒙所という初等教育機関を設置しようと努力した。啓蒙所には身分や貧富の差別がなく、七歳以上一〇歳に至るまでの児童を入学させ、無償で教育をうけさせることにした。啓蒙所の財政基盤は、民間有志からの醵金によって運営される啓蒙社にあった。明治四年二月、最初の啓蒙所が深津郡深津村に開設され、半年足らずのあいだに七〇カ所に設置され、通学生も二七五六人に達した。小田県設置後は、備中地方に普及し、権令矢野光儀は、五年十月に啓蒙所を小学校とみなして充実につとめる告諭をだし、翌六年七月に小学校と改称した。同年八月、福山近辺の小学校を視察した文部省の役人が、啓蒙所の教育水準の高さを評価する発言をしている。

窪田の主要な活動の二つは、民撰議院設立について、構想や各種の建言を行ったことである。小田県が五年八月に県庁内に設けた議事所は、各郡の戸長総代（のちに区長）を構成員とする諮問機関であった。七年六月窪田ら五人は、小田県においても民撰議院を開くよう権令矢野光儀に要求書を提出した。要求が認められると、要求の趣旨を具体化した「奉矢野権令書」を提出し、各小区別に三人の代表を選出し、臨時議院を開設して、国家の法律や租税から庶民の生活に至るまでを、自由に論議することを求めた。これに対し小田県は「区会議概則」を公布して、公選議員による議会を開き、会議を公開にし一般人民の傍聴を許した地方民会が実現する。七年七月下旬から八月下旬にかけ小区会から大区会、大区会から県会へと、

窪田次郎肖像画

民意集約の会議が開催された。区会を中心とした地域民衆の要求のうち注目すべきものをあげると、⑴民意尊重の政体をつくるように構想を提出、⑵民意尊重の立場から租税協議を要求、⑶四民平等の実質化を要求、⑷民衆生活の擁護、などである。このような要求も士族層や豪農（商）層、特権的インテリ層で構成された県会では、ほとんど問題とされず、小田県の公選民会は一回限りの臨時議院としてその使命をおえた。

窪田の主要な活動の三つは、学習結社としての小田県蛙鳴群《あめいぐん》の結成である。小田県臨時民撰議院の設立に主導的役割をはたした窪田は、明治七年七月安那郡川北村の莿屋実往や同郡川南村の甲斐《かい》脩と一緒に、小田県蛙鳴群という学習結社を結成した。結社の目的は、地域の民衆の立場に立って、地域の民衆の利害に関し「愛国」の視点から討議して、その結果を新聞に投書し有識者間の論議を期待することにあった。結社の構成員は、第六大区安那郡の多くは小豪農層と神官・僧侶・医師などのプチブル・インテリ層で、窪田は幹事長役の権群監《ごんのぐんかん》のポストを引きうけている。学習会は、定期的に月一回開催されることになっていたが、具体的な活動は翌八年一月からはじまる。とくに八年四月に、元老院・大審院をおき地方官会議を設け、漸次立憲政体を樹立する詔書がだされると、大きな期待をもって新聞への投書活動を活発に行った。地方官会議が、傍聴人からだされた公選民会の要求を拒み、小田県では県令の指名した傍聴人の氏名も公表されなかったため、窪田は地方官会議は政府の私会と批判し、将来にそなえて学習を深めることが蛙鳴群の任務であるとした。窪田の地方官会議批判は新聞に掲載され、約三カ月にわたり、新聞紙上で賛否の論議をよんだ。窪田は、同年六月に公布された「讒謗《ざんぼう》律・新聞紙条例」違反になることを考慮し、同年十月、論争の終結を宣言し新聞への論説掲載もしないとした。その結果、蛙鳴群は事実上解散するこ

❖コラム

青年団育成の母山本滝之助

山本滝之助《たきのすけ》は、明治六年十一月十五日に小田県沼隈《ぬまくま》郡草深村（福山市沼隈町）で生まれた。尋常小学校卒業後、二十一年戸長役場雇、二十二年尋常小学校雇教師となり、以後小学校教師として勤務し、三十八年校長に就任、四十四年から大正十（一九二一）年まで郡立実業補習学校校長をつとめ、退職後も各種の社会教育団体に関係した。昭和六（一九三一）年十月二十六日に五九歳で没している。滝之助が青年団育成の母といわれるのは、小学校教師時代に青年団の育成と全国的組織化を求めて運動を行ったことによる。滝之助は、当時の若連中の実態をみて、まず地域の青年を集めて千年村《ちとせ》（福山市沼隈町）好友会という学習会を組織した。小学校教育をおわったものが若連中の組織にはいって悪風に染まるのを防止する目的で、千年村少年会を設立して修養講座や道普請などの社会的活動を奨励した。この活動経験をもとに、明治二十九年五月『田舎青年《いなか》』を自費出版した。同書はのちに青年団活動の宝典といわれた。そのなかで「所謂《いわゆる》田舎青年とは路傍《ろぼう》に棄《す》てられたる青年にして、更に言へば田舎に住める学校の肩書なく卒業証書なき青年なり」とのべ、政府に田舎青年に対する施策を求めた。彼は田舎青年に社会改良の主動者たることを期待し、田舎青年の救済法としてつぎの三つをあげた。第一は徹頭徹尾質素を説き奢侈《しゃし》を慎むこと。第二は青年会を設け、青年会を舞台に会員文集の作成、夜学の開設、演説会・談話会の開催、品行の矯正などにより相互研鑽《けんさん》につとめる。第三は青年会の連合・全国的組織化を行い相互の向上につとめる。この三つの青年救済法は、日露戦争後政府の実施した地方改良運動の一環に青年団活動が位置づけられ、その指導方針として採用されることになり、沼隈郡は全国の青年団活動の先進地となった。

とになり、その後の県内の民権確立を求める運動は一時停滞した。ふたたび運動が活発化するのは明治十二年後半ごろからである。

窪田次郎は、以上とりあげたほかに、福山藩札の回収をはかる報国両替社の設立、福山藩領内に書籍を販売する細謹舎の創立、粟根村の地租改正反対運動の指導、医療衛生関係の活動など、多方面にわたる活動を行っている。とくに蛙鳴群解散後は、衛生普及活動に専念し、活動の場を岡山県の備中地方に移した。医者としては、コレラ対策、バセドー氏病や片山病の研究も行っている。

2　軍事県広島の成立と発展

第五師団と呉鎮守府●

第二次世界大戦前の広島県は、二つの顔をもっているといわれる。一つは軍事県であり、もう一つは移民県である。広島が軍事県として発展する起点は、明治維新の兵制改革にある。明治四（一八七一）年八月、明治政府によって、東京・大阪・鎮西《ちんぜい》・東北の四鎮台《ちんだい》が設置され、広島には鎮西鎮台（本営は小倉、当分は熊本）第一分営が設置された。六年一月、全国の鎮台配置が改定され、全国に六軍管六鎮台一四営所が設置された。鎮西鎮台第一分営は、第五軍管広島鎮台となり、当時の広島・小田・島根・浜田・山口・香川・名東《みょうどう》（徳島県）・高知・神山《かみやま》（愛媛県西部）・石鉄《せきてつ》（愛媛県中・東部）の一〇県（現在の中国・四国の大半）を管轄することになった。二十一年五月、勅令で鎮台条例が廃止され、師団司令部条例が公布されると広島鎮台は廃止され、第五師団司令部が設置された。このように広島は、全国の六大軍事拠点の一つとして、明治の当初から軍事上注目されていた。第五師団は、日本の大陸進出にそなえて、その中核的兵力として兵員の増加と軍事施設の拡充が行われた。

広島市が陸軍の軍事拠点となったのに対し、海軍の拠点として発展したのが広島市に近い呉《くれ》である。明治十九年四月二十六日、勅令で海軍条例が公布され、軍政と軍令の別があきらかになり、全国を五海軍区に分け、それぞれに鎮守府を設けることになった。同年五月五日、第二海軍区の鎮守府が呉に設置されることに決まった。同年十一月二十六日、鎮守府工事の起工式が行われ、広島県内をはじめ愛媛・岡山・山口など各県から多数の労働者が集められ、工事の完成をいそがされた。明治二十二年七月一日、呉鎮守府が開庁し、初代司令長官に中牟田倉之助《なかむたくらのすけ》が任命された。

呉鎮守府が設置された理由は「帝国海軍第一ノ製造所ヲ設ケ、将来益々其規模ヲ拡張シ兵器艦船ヲ造出シ」（伊藤博文「秘書類纂」）にあったので、開庁後は、造船部と兵器部の拡大充実に重点がおかれた。造船部は、二十四年四月の第一船渠《せんきょ》（ドック）の完成をはじめ、二十二年から二十九年までの

仮設呉兵器製造所（呉海軍造兵廠の前身）　生産活動を開始した明治29（1896）年3月の同所の全景である。

継続事業として、つぎつぎと施設拡充が行われた。日清戦争による損傷艦船を修理したり、神戸の旧小野浜造船所の設備の移転も行われ、三十年には造船部は造船廠となった。

一方兵器部の発展をみると、呉兵器製造所建設計画は、政府と議会の対立によりおくれていたが、日清戦争の勃発により大砲・水雷《すいらい》などの製造の必要から仮設呉兵器製造所が設置された。戦後は、造船部を凌駕《りょうが》する大工場に拡充された。仮設呉兵器製造所には製鋼工場が設けられ、艦載砲《かんさいほう》の鋳造が行われることになった。明治三十年五月二十一日には造兵部門を統一して造兵廠《ぞうへいしょう》が設立された。明治三十六年十一月十日、呉海軍造船廠と呉海軍造兵廠は、統合されて呉海軍工廠(海軍直営の兵器製造工場)となった。当時の呉海軍工廠は、廠長のもとに造船部・造兵部・製鋼部・造機部・会計部・需品庫などからなり一万二九七九人の工員を擁していた。その後も拡充され明治四十年には、職工約二万四〇〇〇人を擁する東洋一の大工場に成長した。大正九(一九二〇)年には、呉市に近接する賀茂郡広村に呉海軍工廠広支廠が設置され、大正十二年には広海軍工廠となり、航空機の製造を行うようになった。このように広島湾を囲んで近接した都市広島は陸軍、呉は海軍の軍事的拠点として出発したが、軍事的機能をいっそう増大させ、軍事県の基盤を形成する契機となったのは、次項でのべる日清戦争であった。

山陽鉄道と広島大本営㊥

明治二十(一八八七)年五月十八日、私設鉄道条例が公布されると、関西の実業家中上川《なかかみかわ》彦次郎(社長)ら一六八人が発起、翌二十一年一月に資本金一三〇〇万円の山陽鉄道会社を設立し、本社を兵庫県神戸区北《きた》長狭通《ながさどおり》(神戸市生田《いくた》区)においた。同社は、神戸・赤間関《あかまがせき》間を三区間に分け合計九年間で全通する計画で営業免許を得て、兵庫・姫路間の工事に着手し、同年十二月姫路まで開通した。姫路以西の建設については、工区を五つに分けて政府補助金を得て実施し、二十五年七月二十日三原（糸崎）まで開通した。三原以西は、難工事と資金不足で工期が大幅におくれ、二十七年六月十日広島まで開通した。広島・赤間関間の工事が完成し全通したのは、三十四年五月二十七日であった。山陽鉄道の開通は、沿線の市町村だけでなく、広島県内の物資の流通を活発にし、経済活動の活性化に大きな影響をあたえた。

日本は、明治以降朝鮮の支配をめぐって、朝鮮の宗主国である清《しん》と対立していたが、明治二十七年三月、朝鮮に甲午《こうご》農民戦争（閔《びん》氏政権の打倒と日本人の駆逐をスローガンにかかげる農民の反乱）がおこり、反乱が朝鮮南部に拡大するに伴い反乱の鎮圧を目的に日清両国の軍隊が朝鮮に出兵し、これを契機に日清戦争がおこった。同年六月二日、日本政府は衆議院での内閣弾劾上奏《だんがいじょうそう》案可決に対抗して、衆議院解散と朝鮮出兵を決定した。六月五日には、参謀本部に大本営を設置するとともに、広島の第五師団に最初の動員命令が下され、六月九日、第五師団の第一陣が宇品《うじな》を出航した。人口約九万の地方都市広島は、にわかに臨戦地の様相をおびることになった。八月一日、清国に対し宣戦が布告された。八月四日には、軍事輸送の必要から山陽鉄道広島駅と宇品港を結ぶ軍用鉄道の敷設工事が、陸軍省の委託をうけた山陽鉄道によりはじまり、わずか二週間後の八月二十日開通した。八月下旬になると、第三師団（名古屋）をはじめ、第一師団（東京）・第二師団（仙台）・第四師団（大阪）さらに近衛《このえ》の各師団の部隊が続々と広島に集結した。これらの軍隊は、広島や各師団駐屯地を中心に募集された軍用人夫とともに、順次宇品港から朝鮮半島の戦場に送り出された。宇品港から出航するまでの期間は、広島市内ばかりでなく近郊の安芸・沼田・佐伯《さえき》の各郡内町村の民家にまで分宿した。広島に集結して宇品港から出航した各部隊の総数は一七万一一一八人にのぼるといわれている。広島には彼ら兵士を収容できる軍の施設がないため、市内と近郊の寺院と民家を借りあげて舎営とした。その数は、寺院一一二、民家四三〇八戸に達した。二十七年九月八日、天皇みずから臨戦地広島で直接戦争を指導する態勢をととのえるため、大本営を九月十三日から広島に進めることが発表された。九月十五日明治天皇が広島に到着し、第五師団司令部内に設けられた大本営にはいった。天皇に同行して政府高官や帝国議会議員の多数が来広したため、広島は臨時の首都の様相を呈した。このように広島が、日清戦争のたんなる派兵基地でなく、大本営も設置される臨時首都化したのには、それなりの理由があった。一つは、近くに呉軍港をもち派兵基地にふさわしい良港宇品が明治二十二年十一月に完成していた。二つには二十七年六月に山陽鉄道が広島まで開通し、大陸に派遣する兵力および必要な軍事物資を大量かつ迅速に輸送することが可能な条件がととのえられていた。三つには、天皇が臨戦地で直接戦争を指導できるだけの最低の都市的条件を広島がそなえていたことである。

十月五日、広島市全域と宇品に戒厳令《かいげんれい》が布告され、同月十五日、第七回臨時帝国議会が広島で召集された。そのために、第五師団の西練兵場に帝国議会仮議事堂が建設された。九月一日に実施された第四回衆議院総選挙の結果は、対外強硬派の勢力は強く、改選前の勢力分野に大きな変化はなく、伊藤博文内閣の議会運営も楽観できない状況にあった。広島での議会開催は、天皇のリーダーシップによって日清戦争が進められている印象を国民にあたえ、議会の対外強硬派や民党を政府に協力させる政策として提起されたものであった。十月十八日に開会された議会は、政府提出の一億五〇〇〇万円の臨時軍事費予算案とそのほかの重要法案を、わずか四日間ですべて審議をおえて、挙国一致を内外に表明するものとなった。

大本営下の広島は、大陸派兵の軍隊・軍用人夫の駐在、天皇・政府高官・帝国議会議員の滞在などにより、諸物価・賃金が高騰し、一時的な戦争景気がおこった。しかし明治二十八年四月の下関講和条約の締結により戦争がおわり、大本営も京都に移されると、戦争景気はしだいにおさまっていった。日清戦争における広島県出身者の戦没者数は、派兵した軍人五二九四人の約一割（九・一％）に近い四八三人（戦死一一四、戦病死三二六、戦傷死二〇、その他二三）で、戦病死者が全体の六七・五％を占めるのが注目される。

日露戦争と広島●

日清戦争を機に広島は、派兵基地・兵站《へいたん》基地として軍事施設の拡充がはかられた。まず最初に帰還部隊の受入れにそなえ似島《にのしま》臨時陸軍検疫所が明治二十八（一八九五）年六月に開所した。翌年には陸軍船舶への上水補給や軍隊への伝染病予防対策として欠かせない上水道として広島軍用水道の工事が開始された（明治三十一年八月完成）。また同年三月に臨時陸軍運輸通信部宇品支部（のちの陸軍運輸部）、同年四月臨時陸軍建築部広島支部・工兵第三方面呉支署、同年六月砲兵第三方面呉支署、同年十一月歩兵第十一聯隊兵営内に歩兵第四十一聯隊本部などが設置された。三十年には宇品陸軍糧秣《りょうまつ》支廠《しょう》・広島陸軍兵器支廠が設置され、また広島陸軍地方幼年学

広島陸軍地方幼年学校　大正15年ごろの建物。現在の広島市立基町高校付近に位置している。

校が広島で開校（昭和三年廃校、昭和十一年復活）し、呉要塞砲兵聯隊第一大隊が広島に新設された。

このように広島市と軍港のある呉を中心に、日清戦争後の軍事施設の拡充には目ざましいものがあった。三十三年清国内でおこった義和団《ぎわだん》の乱を鎮圧する目的で、日本を含む欧米列強九カ国の軍隊が清国へ共同出兵した北清事変《ほくしんじへん》においても、広島は派兵の基地になった。北清事変で日本軍の中核となった広島の第五師団は、同年七月宇品港を出航し、同年八月には北京《ペキン》を占領して戦争をおわらせている。短期間の戦争にもかかわらず、広島県出身者の戦没者数は四七二人に達している。北清事変後、中国東北地区（満州）への進出を積極的に進めるロシアと日本の対立は激化し、明治三十七年二月十日、ロシアに宣戦を布告して日露戦争がおこった。日露戦争においても、宇品港は大陸派兵の基地として大きな役割をはたし、宇品を中心に広島は一時的な戦争景気がおこった。

日露戦争は、戦争の規模・期間においても日清戦争を大きく上まわり、近代的総力戦の性格をもち、広島県民の生活に大きな影響をあたえた。政府は、戦費調達のため非常特別税法（三十七年三月公布）を公布し、国民への過重な税負担を課した。広島県民一人当りの租税負担額は、三十六年の三円九三銭四厘から三十八年には四円九九銭四厘と増大している。そのうえ、国公債の募集・軍資金献納や赤十字社・愛国婦人会などの募金への協力を求められた。一方産業界への影響をみると、戦争景気は、呉海軍工廠などの軍需産業とそれに関係する商人たちには好景気をもたらしたが、一般の民間企業には恩恵がおよばなく、経済活動はむしろ沈滞ぎみになっていた。

日露戦争は、日本有利のうちに推移し、戦勝の報道が流れると県内各地で戦捷《せんしょう》祝賀会が開催されたが、明治三十八年九月、日露講和条約の調印でおわった。日露戦争は、県民に多くの租税負担や勤倹節約を強制しただけでなく、日清戦争・北清事変など従来の戦争とは比較にならない多くの犠牲者をだしている。それは戦争期間が長く、最新鋭の銃火器による射撃戦闘を中心とする近代戦争であったことにもよる。たとえば広島県の戦没者数（「靖国《やすくに》神社合祀者名簿」）は二七三五人（戦死一四一九、戦病死八九六、戦傷死三八一、その他三九）で、日清戦争の戦没者数の五・七倍に達している。

このように大きな犠牲を国民に強いたにもかかわらず公表された講和条約の内容が、南樺太《みなみからふと》の割譲だけで日本がロシアに対する北樺太の割譲と賠償金支払の要求を放棄したものであったため、日本国内で「屈辱的講和反対」の輿論が高まった。八月末から十月初めにかけて全国各地で講和条約反対運動が展開されたが、広島県内でも、広島・呉・尾道・三原・福山・吉田・加計《かけ》・海田市などの市町村で講和条約反対の大会が開催されている。とくに九月十七日、饒津《にきつ》公園で開催された非講和県民大会は「各階級の人々悉《ことごと》く相会し其数無慮一万有余人」「近年稀《ま》れに見る大盛会なりき」と、地元新聞は報道している。県内各地で開催された講和条約反対の大会は、国家の苦しい財政事情をまったく知らされないで、重い負担を強制されながら、戦争に協力してきた一般大衆の不満が爆発しておこったものである。戦争継続・条約反対を叫んだだけで実質的な成果はなかった。しかし外交のような政治問題で、全国的規模で都市部の一般大衆が多数参加したのは、近代における最初の出来事であり、一般大衆の政治への関心を高めることになった。講和条約反対運動にみられた民衆のエネルギーは、明治四十二年の共同苗代《なわしろ》反対運動、大正初年の第一次護憲運動などへ底流となって引き継がれ、大正デモクラシーをうみだす源泉となった。一方日清・日露両戦争をつうじて軍事施設が拡充され、広島と呉を中核に軍事県的色彩をもってきた広島県は、昭和になり満州事変を契機に、一段と軍事県としての性格を濃厚にしていった。

3　移民県広島

出稼ぎの風土●

広島県の西部地方（旧国名安芸《あき》）は、安芸門徒《もんと》の名でよばれるように浄土真宗の信者が多い地域である。浄土真宗は教義で殺生を禁じていたので、江戸時代にはこの地域では間引《まびき》・堕胎《だたい》などが行われず、他地域にくらべて人口増加率が高かった。たとえば次頁図により江戸中期から明治初年に至る人口増加指数をみると、全国平均の指数が享保六（一七二一）年を基準にすると、明治五（一八七二）年に一二七であるのに、安芸では一八四・七、備後は一四二・二と上昇している。人口増加は、農民一人当りの耕地面積を零細なものとした。明治十八年の調査によると、農民一人当りの耕地面積は、安芸国は一反一〇歩《ぶ》で全国順位（国別）七二位で志摩《しま》についで少なく、備後は一反二畝《せ》一二歩で六八位と少なかった。このように広島県は耕地が少なく人口が多いため、江戸時代には経済効率がよく人口扶養力の高い綿・藍《あい》・藺《い》・麻など商品作物の栽培が普及し、国内各地への出稼ぎも盛んに行われた。

備後国御調《みつぎ》郡市村（尾道市御調町）の明治四年七月の調査によると、人口の約一割にあたる七一人が他所に出稼ぎをしている。その内訳をみると、別子銅山を中心に伊予国（愛媛県）への出稼ぎ人一五人（二一・一％）、作州の津山方面への出稼ぎ二〇人（二八・二％）、福山方面への奉公に一八人（二五・四％）などがおもな出稼ぎ先となっている。熊野筆で有名な安芸郡熊野村では、大和《やまと》や紀州へ商人や木材運搬・木《こ》挽《びき》として出稼ぎしている。江戸時代後期の安芸地方の出稼ぎ人は、木挽・石工・大工など職人的技能を身につけた人が多かったといわれている。

明治になっても、安芸国のもつ出稼ぎの風土はかわらず、資本主義の発達に伴い農村の過剰な人口は、国内では近隣の町や県内の広島・尾道・呉・福山などの都市、さらに東京・大阪などの大都市、関西の紡績工場・九州の炭坑へ流出している。国外では、後述するようにハワイ・アメリカ・カナダ・メキシコ・南米諸国・東南アジアなどへ移民となり渡航している。とくに広島県は、明治・大正期には、九州の炭坑と関西の紡績工場への主要な労働力供給県となっている。

長崎県高島炭坑坑夫の府県別出身人員をみると、明治二十一年には、長崎・福岡・熊本・佐賀についで広島は一六六八人（全体の七・八%）、四十年には長崎・愛媛・島根・熊本についで第五位の一五五人（全体

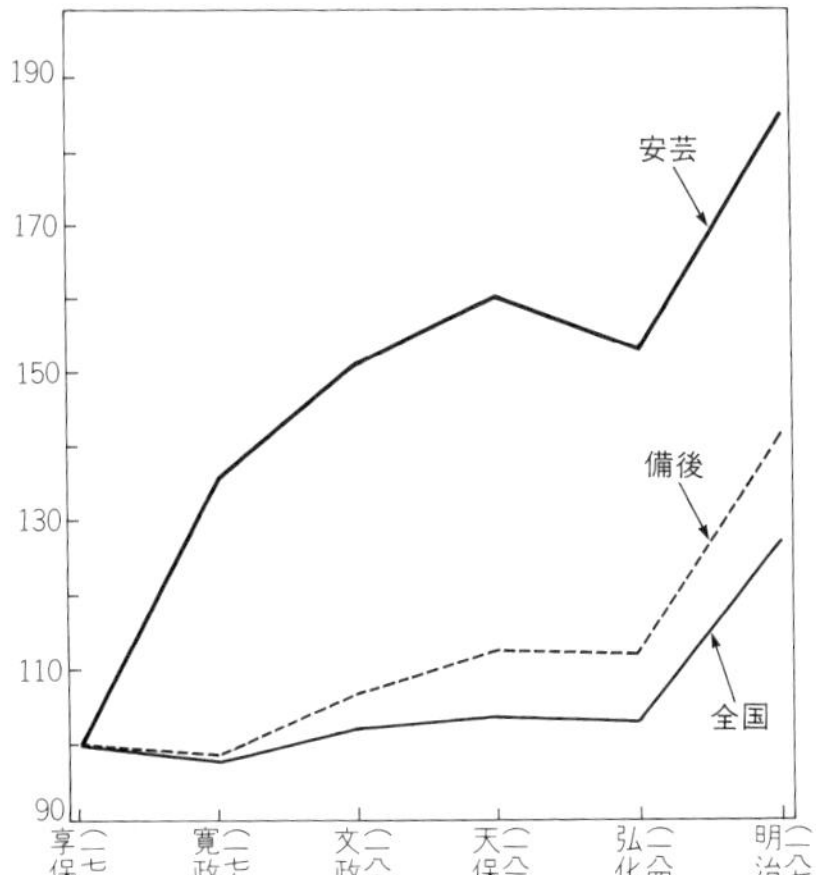

人口の増加指数(江戸中期〜明治初期)　享保6年を100とする。有元正雄ほか『広島県の百年』による。

の六・二％）である。また明治三十年の福岡県鞍手《くらて》郡勝野炭坑坑夫の国別出身人数をみると、安芸は二位の一一八人、備後は四位の六三人、あわせて広島県出身者は、全体の二三・八％を占めている。一方農村の零細農や都市住民の子女のなかには、県内に就職する職場がないため、県外の東京・大阪・岡山などの紡績工場に女工として就職するものが多かった。三十年ころの調査によると、遠隔地から職工を募集している紡績工場五〇のうち、広島県出身者が応募している工場は二四で、府県別では第一位である。

広島県安佐《あさ》郡大林村の大正四（一九一五）年から十二年までの本籍人口の県外への出寄留人数二〇三人についてみると、福岡県は六四人で全体の三一・五％を占めて一番多く、ついで大阪四〇人（一九・七％）、兵庫二六人（一二・八％）、山口一六人、東京一一人、長崎一〇人の順である。大正期前半には、福岡県の直方《のおがた》・田川《たがわ》・飯塚・山田を中心とする筑豊《ちくほう》炭田をはじめ、長崎県の彼杵《そのぎ》・高島、山口県の宇部・大嶺《おおみね》などの炭坑地域に集中している。出寄留者の多くは、炭坑夫としての出稼ぎおよびその家族で、女性や子どもが炭坑労働者として出稼ぎしている例もかなりみられる。大正後半期になると、従来の炭坑地域にかわって紡績業の発展している地域への出稼ぎが増加した。大阪府・兵庫県への出寄留者の増加がそれを示している。その寄留先の大部分は、東洋紡績・福島紡績・鐘紡・日本毛織などの紡績工場、織物工場の社宅・寮などの施設であった。資本主義が高度に発展する大正期においても、広島県の県外への出稼ぎの風土は変化していない。それが大きく変容するのは、満州事変以後で県内の瀬戸内沿岸地域に軍需工場が集中してからである。

海外への移民●

広島県は、全国でも有名な移民送出県である。ハワイの日系人のあいだで話される日本語は、広島弁が標準語であったことがそれを端的に物語っている。

広島県の本格的な集団移民は、明治十八（一八八五）年のハワイ官約移民からはじまる。官約移民は、日本とハワイ王国との協約に基づき、三年契約でハワイの砂糖栽培地の労働者として送出された移民である。明治二十七年六月まで二六回にわたり、日本政府の取扱いで約三万人が送出された。官約移民は、全国的には広島・山口・熊本・福岡の四県（全体の九六・一％）に集中し、とくに広島県は、全体の三八・二％を占めて全国第一位である。広島県の官約移民数を郡市別にみると、佐《さ》伯《えき》・安芸・沼田・高宮・広島の一市四郡に集中し、全体の八二・六％を占めている。さらに町村別にみると、東は安芸郡坂村から西は佐伯郡大竹町に至る広島湾沿岸地域の平野部にある町村や、太田川下流域の平野部の町村に多く、山間部や島嶼部の町村には少なく地域的に偏在している。広島県では、明治後期に山間部の甲奴・神石両郡の出移

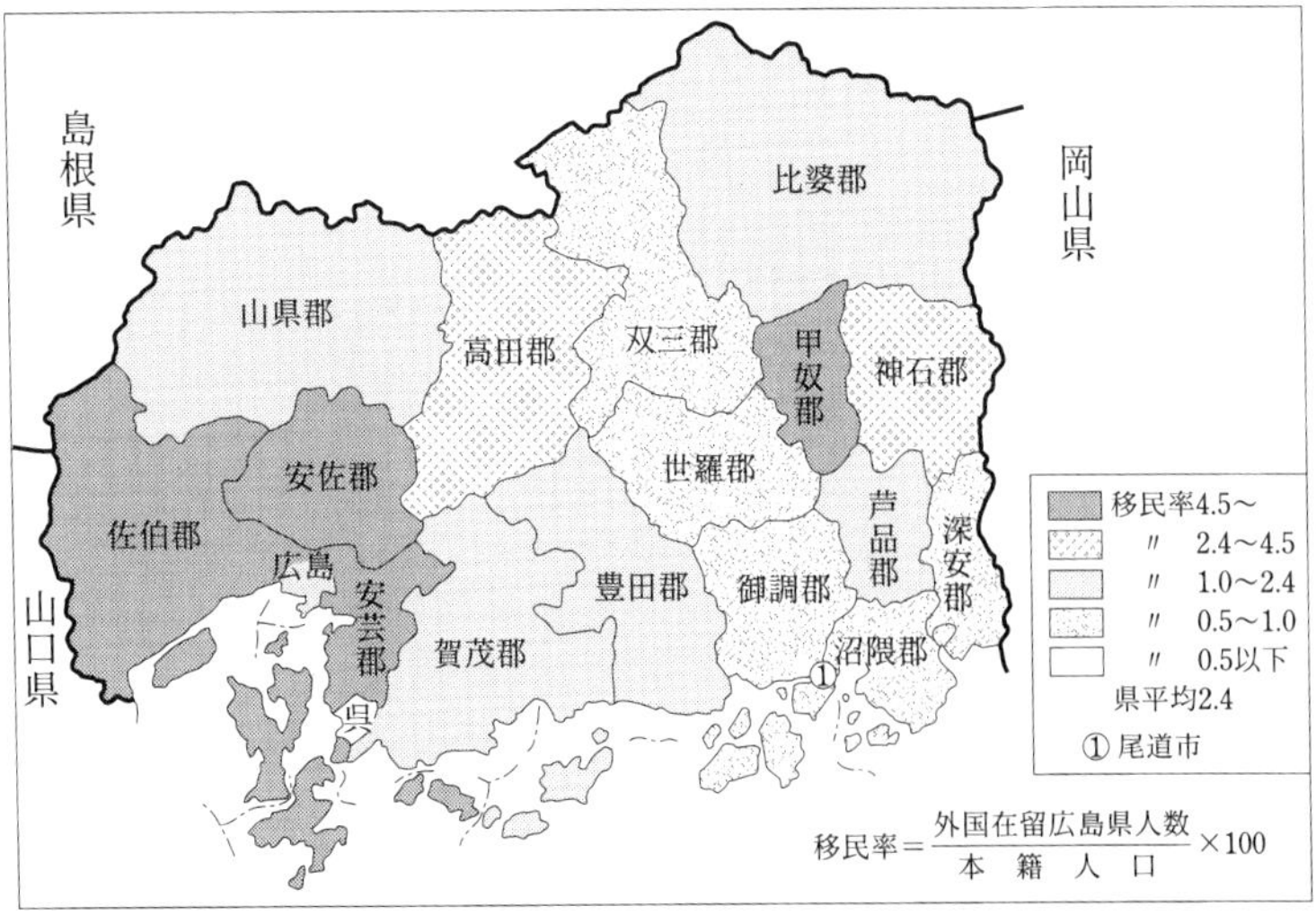

広島県郡市別の出移民率(明治40年)

民率が高くなったほかは、官約移民時代にみられた地域的偏在傾向は、その後も基本的にはかわっていない。また明治後期から大正になると、移民卓越地域の佐伯・安佐（明治三十一年沼田・高宮両郡合併）安芸三郡の周辺にある高田・賀茂・山県郡などの出移民率が高くなっており、卓越地域が周辺地域へ拡大する傾向がみられる。

官約移民送出の要因については、さまざまな要因があり総合的考察が必要である。政治的にみると、移民送出に関係した両国の最高責任者である井上馨《かおる》・アーウィン・益田孝らの政治的配慮や、広島県出身者がハワイでの雇用主に好評で、募集のさいにハワイ側から指定されたことなどによる。経済的にみると、松方デフレの不況下にあって移民の多い地域は、人口が非常に多く、農民一人当りの耕地面積はきわめて少なく、綿花など商品作物の栽培の盛んな地域で、外国綿花の輸入増大により栽培面積が激減し、多数の余剰労働力が発生した地域である。そのうえ、明治十六年の干害、十七年・十九年の広島湾岸をおそった暴風雨などの自然災害により大きな打撃をうけ、自作農の没落、小作農の増加、困窮者が非常に増大した地域である。また移民多出地域は、浄土真宗の信者が圧倒的に多く、江戸時代以来出稼ぎの風潮の強い地域でもあった。このような地域に発生した多数の過剰労働力が、当時の賃金の五～一〇倍というハワイの高賃金に魅せられて出稼ぎを目的に渡航したのである。同時代に残存している資料から移民した動機をみると、つぎの四項目が主要なものとしてあげられる。(1)ハワイの労働賃金が非常に高いことが魅力であった。(2)借金返済・生活費補充を目的で渡航した。(3)ハワイからの移民の送金・持帰り金が大きな刺激になった。(4)ハワイに移民した家族・友人・隣人からの勧誘が大きな動機となった。これらの動機は、その後の移民の要因を考える場合に大変参考となる。

明治二十七年に移民保護規則が制定され、移民送出業務が政府から移民取扱人（通称移民会社）に移され、官約移民制度は廃止された。以後、ハワイにアメリカの契約移民禁止令が適用される一九〇〇（明治三十三）年六月までは、移民会社によるハワイへの移民送出が移民の大部分を占めている。その間、明治三十一年七月、ハワイはアメリカに併合された。

明治三十三〜四十一年の期間は、移民の主流がアメリカ本土へ移り、フィリピン・ニューカレドニア・ペルーへもかなりの移民が渡航している。この期間は、移民会社の最盛期で、県内に本店をおく海外渡航株式会社ほか八社が乱立し、他県に本店をおく移民会社も県内に出張所を設置し、代議士・県会議員・郡会議員・町村会議員・各種団体の長など地方の名望家層を業務代理人にし、業務代理人をつうじて盛んに募集活動を行った。そのため、ともすれば営利にはしる移民会社と移民とのあいだに、金銭をめぐるさまざまのトラブルが発生している。日本政府が、アメリカ本土へ直航する移民を排日運動に配慮して自主的に制限したため、ハワイを基地に、ハワイより高賃金で国内開拓の進展で労働力需要のあるアメリカ本土へ転航する移民が激増した。その結果、アメリカにおける排日運動が激化し、明治三十九年十月、サンフランシスコでおこった日本人学童隔離事件を契機に、移民問題が日米間の大きな外交問題となった。明治四十一年二月、日米紳士協約が締結され、アメリカへの移民は、再渡航者・在米移民の家族・外務省承認の定住農夫以外の新規の労働移民は入国を禁止された。

一方日露戦争後、韓国・台湾・関東州《かんとう》（遼東半島の南西端にあった日本の租借地）など日本の植民地圏への移住が増加してくる。広島県では、大正期には植民地圏への移住が、欧米勢力圏への移住を凌駕《りょうが》してくる。

明治四十一年二月から大正十三（一九二四）年六月までの期間は、アメリカへの移民は、呼寄せ移民が中心となり、移住地では出稼ぎから永住のための家庭形成が進行して、写真結婚による写真花嫁が激増した。写真花嫁の激増による移民二世の出産増加は、写真結婚に対するアメリカ人の嫌悪感とともに、排日運動激化の要因となった。大正十三年七月、排日移民法がアメリカで実施され、日本人移民の入国が禁止された。それ以後昭和十（一九三五）年までは、政府による渡航費補助による南米ブラジルへの移民が中心となり、昭和恐慌期には毎年一〇〇〇人以上の広島県人がブラジルへ渡航している。昭和十年にブラジル移民が制限されると、国策による中国東北地区（満州）への農業移民が増加してくる。

産業の発達●

広島県における近代的産業の発達についてみてみよう。明治政府は、近代的な紡績業を育成するため、官営の模範紡績工場の設立を計画していたが、明治十一（一八七八）年、江戸時代から綿作と木綿織業の盛んな愛知と広島に、官営模範工場として綿糸紡績所の設置を決定した。官営広島紡績所は、安芸郡上瀬野村（広島市安芸区）奥畑に、十三年四月から建設工事をはじめ十五年六月に竣工した。工場には、イギリス製二〇〇〇錘《すい》のミュール紡績機が設置され、水力を動力とした。工場は完成前に旧広島藩の下級士族で組織した広島綿糸紡績会社に払い下げられ、士族授産事業として経営されることになった。同社は、第二工場を佐伯郡小深川村（広島市佐伯区）に建設し、十六年六月に完成した。同工場には、イギリス製三〇〇〇錘のミュール紡績機を設置し、四五馬力の水車で運転した。上瀬野村の第一工場は、水不足に悩まされ、十九年八月、運転を中止し広島区河原町に移転し、水車と蒸気機関を併用した四〇〇〇錘をもった新工場として、二十二年に操業を開始した。しかし両工場とも経営状況は良好でなく、株券は売られて士族から実業家に集中するようになった。二十六（一八九三）年、広島市の実業家海塚新八《かいづかしんぱち》が頭取になると、士族授産の性格を払拭して、広島綿糸紡績株式会社に組織変更し、さらに三十六年には海塚紡績所と改めた。

一方福山では、明治二十六年に商人で大地主の藤井与一右衛門をはじめ、福山町内の商人・大地主が中心となり福山紡績会社が設立された。同社は、当初資本金八万円、プラット式リング精紡機四六〇八錘で発足し、その後四〇万円に増資され、一万三八二四錘、職工約九〇〇人を使用する大工場に発展した。しかし三十三〜三十四年の不況で経営不振となり、三十六年大阪の福島紡績株式会社に買収された。日露戦争後の好況で、四十一年福山第二工場が新設された。大正元年には、第一・二両工場で錘数三万二〇〇〇余、職工数一五〇〇人余・民間工場としては県内最大規模の工場に発展した。広島県内には福山紡績会社のほか、二十九年設立の中国紡績株式会社、三十年設立の朝日紡績株式会社能美《のうみ》工場などがあったが、地元資本による独自の発展はなく多くは中央資本に合併されていった。しかし、縞《しま》・絣《かすり》を織りだす備後南部の織物業は、複雑な生産工程を必要とするので、大工場の機械制生産にかならずしも圧倒されることなく比較的順調に発達していった。備後絣の産地として知られるようになった。

広島県では、明治以降も各種和船・木造帆船を建造修理する工場が各地に存在し、とくに木江《きのえ》を中心とする大崎上島は、木造船を対象とする造船業の盛んな地域として名が知られている。近代的造船業は、因《いんの》島《しま》船渠株式会社と備後船渠株式会社の設立よりはじまる。前者は、二十九年に設立された土生《はぶ》船渠合資会社を母体に発展し、三十四年に因島船渠株式会社と改称し、日露戦争によっていっそう発展した。しかし戦後不況で解散し、その設備を買収した範多《はた》龍太郎により改善・拡張され、さらに株式会社大阪鉄工所がそれを継承し、同社因島工場となった。備後船渠株式会社は、因島三庄《みつのしょう》村で明治三十六年資本金一五万円で開業した。日露戦争によって職工約四〇〇人を擁する工場に発展したが、第一次世界大戦中、神戸の鈴木商店によって買収された。大正八年には大阪鉄工所に売却され、十年には同社因島工場に合併され、同社土生工場・同三庄工場となった。そのほか尾道船渠造船所（明治三十七年設立）、水野船渠造船所（大正二年設立）、株式会社宇品造船所（大正十一年設立）などがあった。

つぎに近代産業と関係の深い金融機関の発達についてみてみよう。地元資本による最初の近代的銀行は、明治十一年三月、尾道に設立された第六十六国立銀行である。同行は、尾道の大商人橋本吉兵衛・天野嘉四郎《あまのかしろう》らにより設立され、十二年四月、資本金一八万円、頭取橋本吉兵衛、本店を尾道、出張所を福山において開業した。広島では、明治十二年四月、資本金八万円の第百四十六国立銀行（頭取高杉判右衛門）が設立されている。十五年の日本銀行の成立、国立銀行条例の改正により、国立銀行は普通銀行へ転換することになった。

第六十六国立銀行本店

第六十六国立銀行は、明治三十年七月、第六十六銀行と改称し、第百四十六国立銀行は同年一月から広島銀行と改称した。日清戦争ころから、県内の中小都市に大地主や商人の出資による中小銀行が、多数設立されるようになった。三十四年には二七行に達し、大正元（一九一二）年には県内で普通銀行四四行が営業している。大正初頭の不況の慢性化で小銀行の破綻が表面化したが、第一次世界大戦の好景気によって、銀行間の規模の格差が一段とあらわれてきた。大戦後の深刻な不況のなかで、銀行間の合併が促進され、大正九年六月に六十六銀行と広島銀行を母体に、七行合同による芸備銀行が設立された。昭和になり金融恐慌・世界大恐慌のなかで、さらに銀行合同が進展し、昭和二十年、戦時の一県一行政策により残っていた五行が合同して芸備銀行（現在の広島銀行）のみとなった。

4 大正デモクラシーと広島

共同苗代反対運動から憲政擁護運動●

明治四十年代の初頭におこった共同苗代《なわしろ》反対運動は、官僚による強制的な農政推進に対する反対が政治問題化し、県内全域に反対運動が展開しただけでなく中央政界にまで波及し、のちの憲政擁護運動にも大きな影響をあたえたできごとである。

明治四十（一九〇七）年一月、広島県知事に就任した宗像《むなかた》政は、米麦塩水選種・稲正条植・共同苗代設置・麦黒穂抜取・緑肥栽培・堆肥の六項目を重点的にとりあげ実施する農事六大必行事項を制定した。六項目のなかで共同苗代の設置状況が悪いので、明治四十一年八月、県令第七〇号（共同苗代設置規則）を公布し、農民に強制的に実施させることにした。同法令は、苗代を一カ所で共同にするだけでなく、採種から水稲苗の分配に至る作業を共同で実施すること、実施不可能な場合は知事の許可をうけること、許可なく共同苗代の規定に違反したものは体刑または罰金刑に処すなど、きびしい罰則が設けられていた。県は、郡長・町村長をつうじて法令の実施を徹底させるとともに、実施成績のよい町村や組合を表彰して、積極的に実施を奨励した。

共同苗代設置強制に対する反対運動は、同年十月末ころから、安佐・山県両郡を中心に、同法令第八条の規定に基づいて、設置除外の許可を請願する運動からはじまった。同年十二月十三日の安佐・山県・高田・安芸・比婆《ひば》五郡の有志による共同苗代強制廃止期成同盟会結成の決議によって政治運動化する。明治四十二年一月十二日、第一回県民大会が広島市二葉公園で「会衆約二万人余、未曾有の大盛況」のうちに開催され、反対運動はピークに達した。県民大会後、県令第七〇号撤廃請願が各町村より帝国議会や関係大臣に提出され、反対運動の中心は中央政界にまでおよんだ。その間、反対運動に対する警察による干渉も激しくなり、安芸郡本庄村、安佐郡祇園警察分署、高田郡可愛《かあい》村などで、農民と警察官とのあいだに衝突事件が発生している。

同年三月二十二日衆議院に提出された多数の県令撤廃請願が不採択となり、中央交渉による県令撤廃の望みはなくなった。これを契機に、県の柔軟な対応もあって、反対運動に分裂的傾向がみられる。一つは、同年四月二十一日第二回県民大会の決議（県知事不信任・県令撤廃）にみられる過激な反対運動の流れと、もう一つは米の商品価値を向上させるために必要な米穀検査を実施するかわりに共同苗代廃止を求める穏健な運動の流れである。同年七月二十四日、県は共同苗代設置規則の一部を改正し、除外規定を緩和し、

❖コラム

銘醸地広島の基礎をきずいた三浦仙三郎

今日広島は、灘《なだ》や伏見《ふしみ》とならんで、銘醸地として全国的に有名な優等酒を数多く醸造している。名酒広島酒の基礎をきずいた人が、賀茂郡三津《みつ》村（東広島市安芸津町）に生まれた三浦仙三郎《みうらせんざぶろう》である。彼の生家は、代々雑貨問屋を営んでおり、父が病気で倒れ一五歳のとき家業をついだ。かねて酒造業に関心をもっていた彼は、明治九（一八七六）年に家業を弟にゆずり、酒造業をはじめ醸造法の研究に専念した。彼は、当時先進的な酒造家であった頼鷹次郎《らいたかじろう》・進藤周二郎・本田泰三らとともに、数回にわたって堺・灘・伊勢および尾張・半田・亀崎など酒造の先進地を視察し、醸造法の改良研究につとめた。原料の配合、温度の調節、精白度の向上、醸造器具の改良、麴《こうじ》・酒母《しゅぼ》の改良などにつとめ、失敗や挫折を重ねながら苦心の結果、広島酒独特の軟水による醸造法を大成した。彼の醸造した「花心」が、明治四十二年の全国清酒品評会において、伏見の酒についで第三位の表彰をうけた。彼は、軟水醸造法を家伝として独占することをせず、県内に普及させるために杜氏《とうじ》の養成に力を尽くし、三津杜氏並稼《ならびにかせぎ》人組合をつくらせ、技術の向上と人格の陶冶の必要をとなえた。その結果、大正二年の全国品評会では「全優等酒のうち京都（伏見）、兵庫（灘）、秋田、岡山、愛媛が各々一点に対し広島は三点、また三等賞までの上位優良酒の全出品酒に占める割合も灘・伏見の六〇％に対して、広島は八〇％」（『日本の酒』）となっている。このように三浦仙三郎が大成した軟水醸造法とそれを体得伝承した三津杜氏の普及への努力によって、広島の酒が「甘口、色相の淡白、香気の芳醇」をもって、全国的に有名な銘醸酒として多くの人びとに賞味されるようになったのである。

除外例の適用権限を郡市長にゆだねた。同年十二月八日、広島県会で共同苗代設置規則廃止に関する意見書が可決され、同月二十一日、県令は廃止された。このように反対運動側の勝利でこの問題は決着したが、政治的に目覚めた農民らは芸備農民同志倶楽部《クラブ》という政治団体を結成し、地方政治に積極的に参加する動きをみせている。

大正元（一九一二）年十二月、藩閥官僚の支持をえて第三次桂太郎内閣が成立すると、閥族打破・憲政擁護運動が全国に急速に広がった（第一次護憲運動）。広島では、大正二年一月、『芸備日日新聞』を中心に、在広記者団が会合し「憲政擁護の決議」を機に、呉市の新聞記者団の決議と憲政擁護呉市民大会の開催、立憲政友会広島支部所属代議士による県内各地での演説会が開催されるなど、運動は盛りあがっていった。憲政擁護運動の全国的な高揚の前に桂内閣が総辞職すると、運動の成果に勇気づけられた民衆は、同年二月十六日、広島市下柳町柳座で広島憲政擁護祝賀会を開催し「県及市政の発達刷新を期す」など六項目を決議した。同夜同市小網《こあみ》町新明座で開催された政談演説会閉会後、興奮した聴衆が、第三次桂内閣に同情的であった中国新聞社を襲撃する事件がおこっている。政党・新聞記者の呼びかけによってはじまった運動が、都市の商工業者や広く一般民衆の心をとらえるものに広がっていることを示している。憲政擁護会が、第三次桂内閣のあとに成立した第一次山本権兵衛《ごんべえ》内閣に対して、営業税・織物消費税・通行税の三税廃止を決議したことを機に、大正三年一月中旬から下旬にかけて、広島・呉・尾道・福山などの都市で、廃税運動が護憲運動を上まわる規模で展開される。これらの運動とともに、広島・呉・福山の都市部では、電灯料値下げ運動や、借地料・家賃値下げ・県予算膨脹反対などの市民運動が進められた。大正デモクラシーの風潮は、県政界にも種々の影響をあたえ、党派の対立・政争の激化という事態をおこしている。

米騒動と民衆運動の高揚●

大正七（一九一八）年七月二十三日、富山県漁津《うおづ》町の漁民の妻女を中心に米の移出を差し止めようとしてはじまった米騒動は、一道三府三八県の約五〇〇カ所以上で一〇〇〇万人を超える民衆が参加する大規模な騒動となった。

広島県内では、八月九日夜、双三《ふたみ》郡三次《みよし》町・十日市《とおかいち》町で町民約二〇〇〇人による米問屋への米価値下げ・販売要求から暴動がおこったことを発端に、翌日には広島市に波及した。さらに同月十三日以降には呉・尾道・可部・阿賀・廿日市・五日市・草津・海田市など四三市町村で騒動がおこった。なかでも呉市とその周辺がもっとも激しく、八月十三・十四の両日に、呉市で約三万人の群衆が米穀商をはじめ呉服・雑貨商などを襲撃し、値下げを要求して建物を損壊し、鎮圧に出動した軍隊・警察と衝突し、双方に死傷者がでている。

騒動の参加者は働く大衆を中心に広範な階層にわたるが、検挙者（七八二人）の職業をみると、呉海軍工廠職工がもっとも多く、ほかは日雇いなどの労役者と大工・左官などの職人労働者がほとんどであった。米騒動は、寺内正毅《まさたけ》内閣を総辞職においこみ、最初の本格的な政党内閣である原敬《たかし》内閣を成立させただけでなく、労働争議・小作争議を増加させ、勤労大衆の全国的組織結成の機運を促進させた。

明治中期からはじまった普通選挙運動は、大正七年の米騒動によって民衆の政治的自覚が高まるなかで高揚期を迎える。広島県では大正八年二月二十二日、広島弁護士会有志と新聞記者団有志の共催で、普選演説会が広島市内で開催され、呉市でも同月二十七日普通選挙期成大会、福山市では三月七日福山民声会主催の普通選挙演説会が開催されるなど、普選が大きな輿論となっていった。そのなかで注目されることは、呉労働組合会など労働団体が、この運動に参加したことである。普選を最大の争点とした大正九年五月の総選挙で、政友会（普選反対）が大勝した結果、普選運動は退潮傾向になった。原首相が暗殺された大正十年十一月以降、青年層を中心にふたたび運動が活発化する。大正十年十月八日結成の広島立憲青年党、十一年四月二十一日結成の呉立憲青年党、十二年三月十一日結成の福山立憲革成会などは、それぞれの地域を舞台に、既成政党への批判のうえに、新しい政治勢力として活動をはじめている。十三年六月護憲三派の加藤高明《たかあき》内閣が成立し、翌十四年三月普通選挙法は成立した。

第一次世界大戦期には、日本の経済はめざましい発展をとげ労働者数は激増した。大正五年一月、鈴木文治《ぶんじ》が呉市にきて、呉海軍工廠労働者を中心に友愛会の支部を結成したが、海軍工廠当局の弾圧で、

『広島民声新聞』の時事風刺漫画　普選について清浦奎吾内閣や憲政会・革新倶楽部など既成政党の対応を風刺している。

八年八月ころには自然消滅の状態になった。米騒動の影響で、八年に呉活版親愛会・広島製針朋友会・呉労働組合、九年に広島洋服工親会・日本職工同盟広島労働組合などの労働組合が結成され、賃上げ要求や前近代的労資関係からの解放を求める動きが高まった。十年には総同盟因島支部、十一年には純向上会呉支部、労正会（日本製鋼広島工場）、労友会（瀬戸田塩田労働者）など全国的組織と結びついた労働組合が結成された。労働争議が本格化するのは大正六年の大阪鉄工所因島工場の賃上げスト以降である。八年には一〇四件の争議が発生、以後も昭和八年までは毎年二〇～五〇件発生している。主要な争議には、十二年の日本製鋼広島工場の一六日間争議、翌十三年の大阪鉄工所因島工場のストライキ、昭和六年の広島瓦斯《ガス》電軌《でんき》の争議などがあげられる。また広島県の最初の労働者の祭典メーデーは、大正十一年に因島労働組合員一〇〇〇人によって開催され、翌年には広島市でも行われ、しだいに県内各地に広まった。

中江兆民の影響をうけた前田三遊は、明治三十六年ごろより『中央公論』や『芸備日日新聞』をつうじて、被差別部落の解放を熱心に提唱した。その影響もあって、日露戦争後被差別部落内部から、みずからの力による部落改善をめざす運動が、広島県内各地にみられた。明治四十年代から大正初年にかけて、福島町一致協会（明治四十年設立）、双三郡の信友会（明治四十一年設立）などの部落改善団体が、多数組織されさまざまな内容の改善にとりくんでいる。

一方、大正七年の米騒動に、被差別部落民が多数参加したことに大きな衝撃をうけた政府は、融和政策に力をいれるようになり、大正九年に広島県では、部落改善を推進する団体に奨励補助金を交付する政策を実施するようになった。米騒動・ロシア革命・第一次世界大戦後の民族自決の思想などの影響をうけて、恩恵的な部落改善や同情的な融和政策に批判的になった被差別部落民は、大正十一年三月、全国水平社を組織し、みずからが団結しみずからの力による部落差別からの解放運動をはじめた。翌年七月、広島市十日市町広島劇場において、広島県水平社が結成され、積極的な解放運動を展開する。結成当初は、部落差別の打破のため、徹底的糾弾の戦術をとり、年間数十件の糾弾闘争が行われている。昭和恐慌期には水平社は、労働組合や農民組合との提携による生活権擁護闘争を進める部落委員会活動の方針を採択した。日中戦争前後には、太田川改修工事のため立ち退きをせまられた地域住民の居住権闘争などを中心に多様な生活権擁護の運動を進めた。しかし日中戦争の長期化に伴いファシズムの圧力により、解放運動は後退せざるをえなかった。

教育の普及●

明治・大正期の教育の普及についてみてみよう。明治十九(一八八六)年の小学校令の公布により、校種は尋常《じんじょう》小学校(四カ年)と高等小学校(四カ年)とされたが、地域の地理的・経済的条件や町村の財政状況などにより尋常小学校にかえ小学簡易科(簡易小学校)の設置が許された。明治二十三年の改正小学校令によって、市町村に尋常小学校(三年、四年)の設置を義務づけ、尋常小学校三カ年間を義務就学期間とし、町村の財政状況や地理的位置などに応じて高等小学校(二年、三年、四年)を設置させた。同年に発布された教育勅語によって、儒教的家族国家観による日本の国民教育の方向が定められた。就学督励、明治三十二年の授業料徴収の原則的廃止、親の教育への関心の高まりなどにより、就学率は三十四年には九〇%を超えた。

明治十九年の中学校令発布以前には、県立中学校は、広島中学校(前身広島英学校、明治十年開校)、福山中学校(前身福山師範学校、明治十二年開校)の二校で、私立中学校や各種学校が、中等教育に大きな役割をはたした。十九年の中学校令で、県立中学校は一県一校の原則が確立され、唯一の県立となった広島中学校は、地方税支弁廃止で経営は苦しく、一方福山中学校を維持するため福山教育義会が設立されるなど、中学校苦難の時代となった。二十四年の中学校令改正後、中学校進学志願者が増加したことを背景に、三十年代初頭に備北に広島県第三尋常中学校（三十一年開校、のちに三次中学校）、芸南に第四尋常中学校（三十三年開校、のちに忠海《ただのうみ》中学校）を設置し、さらに明治四十四年呉市立呉中学校を県に移管し、県立中学校数は増加した。一方、女子の中等教育機関は、明治二十年にキリスト教メソジスト派の私立広島英和女学校（広島女学院）が設立され、翌年私立広島高等女学校（山中高等女学校）が設立された。高等女学校令（三十二年公布）による最初の県立広島高等女学校（三十四年開校）が開設された。また産業の発達に伴い明治三十年代には、尾道商業学校（三十一年開校）、広島商業学校（三十三年開校）、商船学校（三十一年開校）、広島県職工学校（三十年開校）などの実業学校が各地に開設された。このような中等教育の拡充に伴い全国的に中等教員の需要が増大したため、三十五年、広島市に広島高等師範学校が設置された。広島高師の卒業生は、全国各地に中等教員として配置されて活躍し、わが国の中等教育界に大きな影響をあたえている。

就学率の向上を背景に明治四十年三月、尋常小学校の義務教育年限は四年から六年に延長となり、四十一年四月から実施された。全国の多くの尋常小学校は、修業年限を六年に延長し、二年制の高等科を併置し尋常高等小学校と改称している。大正期にはいるとデモクラシーの風潮の影響をうけ、広島県においても児童中心主義・生活主義を提唱し、児童の個別教育の必要をとく新教育運動がおこってくる。そのなかで注目されたのが広島師範学校附属小学校主事千葉命吉が提唱した「創造教育」論であった。千葉の創造

広島県の中等学校の校数・生徒数

年度	中学校		高等女学校		実科高等女学校		実業学校		計	
	校数	生徒数	校数	生徒数	校数	生徒数	校数	生徒数	校数	生徒数
		人		人		人		人		人
大正2年	10	3,764	5	1,936	6	584	6	1,374	27	7,658
7年	10	4,321	5	2,573	8	1,107	6	1,331	29	9,332
12年	12	8,385	27	9,908	4	386	16	3,986	59	22,665
昭和3年	21	11,983	34	12,645	9	571	24	6,384	88	31,583
8年	20	10,622	37	12,161	11	1,002	27	8,471	95	32,256

有元正雄ほか『広島県の百年』による(原資料は『文部省年報』)。

教育論を具体的に実践したのが、西条尋常高等小学校長檜高憲三《ひだかけんぞう》の「西《さい》条《じょう》教育」である。檜高は師範学校で千葉の教えをうけ、地域にそくし新しい郷土をつくることを教育の目的とし、「相談という教式をとって独創的人格の養成」につとめた。西条教育も第二次世界大戦期には皇国民育成を主眼としている。そのほか新教育運動につながる実践例としては、広島高等師範学校附属小学校の学校劇、豊田郡西野小学校の綴方《つづりかた》教育、尾道市筒湯小学校長児玉《こだま》九市の「全人教育」（小原国芳《おばらくによし》の提唱）の実践などが注目される。

第一次世界大戦後の民衆の生活向上、専門的な知識や技術獲得の要求などを背景に、中等教育への関心が高まり、進学希望者が増加するに伴い多様な教育機関が設置・拡充された。上表によると、中等学校の校数・生徒数は、大正末期から昭和初期にかけて急激に増加している。昭和三年度の中学校生徒数は、東京都・福岡県についで多く、教育県としての実態がととのえられてきた。女子の中等教育機関は、実科高等女学校と高等女学校であった。校数・生徒数とも中学校を上まわる増加を示している。その背景には、女子教育の必要性への認識が高まり、農村部へも波及したためである。実業学校には、農業・工業・商業の三種があり、大正十年代に急増している。教育養成機関としては、明治四十一年に三原女子師範学校が設置され、男子教員養成をめざす第二師範学校として大正十一年に福山師範学校（昭和六年度廃止）が設置されている。また同年県実業補習学校教員養成所（のちに県立青年学校教員養成所と改称）が西条農学校に付設された。

高等教育機関としては、広島県には明治・大正前期には広島高等師範学校があるだけであった。大正後期になると、大正九年に広島高等工業学校、大正十二年に広島高等学校、昭和三年に広島県立女子専門学校、昭和四年に広島文理科大学などがあいついで設置され、地域の高等教育の普及に大きな役割をはたした。

軍事県と移民県●

第二次世界大戦前の広島県は、軍事県と移民県の二つの顔をもち、共通の基盤の上に立っているといわれている。二つの顔は、お互に光と影の部分をもち、時代の流れのなかで矛盾しながら共生していた。明治以降の国民統合の流れのなかで、断片的に軍事県と移民県の諸相をとりあげてみよう。

明治二十二（一八八九）年一月、徴兵令の全面改正が行われ、国民皆兵主義の体制が法的に整備された。一方翌二十三年に教育勅語が発布され、儒教的家族国家観による画一的な国民教育の方向が定められた。この二つがめざす「徴兵は国民としての義務であり、教育は天皇を中心とする国家への忠実な国民を養成することにある」という考えが、国民のなかに意識として定着するまでには、地域により階層によって異なるが、かなりの時間を要した。

広島市に根拠をおいた第五師団は、日清戦争をはじめ北清事変・日露戦争・第一次世界大戦・シベリア出兵などに参戦し、戦闘能力の優秀さを示した師団である。この師団は、広島県出身者を中心に編成されている。しかし広島県は、徴兵忌避の人数が全国で一番多い県である。日清戦争後、青少年層を中心にハワイ・アメリカ本土・カナダなどへの出稼ぎを目的とする渡航者が増加するに伴って、徴集猶予延期願を提出し徴兵を忌避するものが多くなったことによる。徴集猶予延期は、徴兵検査を拒否するのではなく、外国在留を理由に検査を延期するもので、帰国すれば当然兵役の義務があった。しかし一定期間合法的に徴兵を免除されることになり、実質的には徴兵忌避とかわらない。『広島県統計書』によると、徴集猶予延期人数は、明治三十一年には三〇六二人であったが、四十四年には一万五七人となり、約三・三倍に増加している。四十年の郡市別の徴集猶予延期人数をみると、安佐郡が一七九二人で全体の二三・二%を占めて一番多い。ついで安芸郡一〇二五人（一三・三%）、佐伯郡八八九人（一一・五%）、広島市五八九人、高田郡四七六人の順に多い。移民の多い郡市に徴集猶予延期人数も多いことが指摘できる。明治三十年代の中頃より、移民の多い村においても、村内の上層部を中心に徐々にではあるが、兵役は国民の義務であるという意識が浸透しつつあった。しかし中小農家の経営がますます赤字化し、収入源となる副業のない地域では、移民の送金・持帰金に依存する割合が増大していった。その結果経済的にめぐまれない多くの青年のなかには、兵役の義務よりも、高賃金の海外出稼ぎに大きな魅力を感じるものが、かなりいたのである。

日露戦争後、明治政府は苦しい財政状況のなかから、欧米諸国と肩をならべる強力な国家を樹立するために、国家の構成基礎単位である市町村の財政力の強化と市町村の構成員である忠良な国民の育成が大きな課題となった。明治四十一年十月十三日、教育勅語体制を補強する国民教化の詔勅として戊申《ぼしん》詔書（国民に勤倹節約と国体尊重を徹底する目的でだした詔書）が発布され、それに基づく教化運動（地方改良運動）

が、内務省官僚を中心に強力に上から推進される。この詔書により天皇制国家観の普及徹底をはかり、国民統合を強化するため、詔書の奉読がいろいろな場所や機会をつうじて督励された。町村内の神社を整理統合し一村一社とする政策は、村社を中心に忠実な国民の構成単位となる忠実な村民を養成するという国民統合の観点から推進された。また農会・産業組合・青年会・在郷軍人会・婦人会・処女会などの諸団体の設置が奨励された。これらの諸団体を、町村—郡市—県—国と系統的に組織化することにより、諸団体をつうじて国民統合の強化がはかられるようになった。地方改良運動の影響や日米紳士協約によるアメリカへの日本人移民制限により、明治四十四年をピークに徴集猶予延期人数は、漸次減少傾向を示している。

一方広島県私立教育会は、移民の多くが「海外にあって、帝国の威信を墜し、同胞の面目を損する行為」が少なからずあるため、日露戦争後の海外渡航ブームのなかで、明治三十九年九月、移民補習夜学校を設立している。学校の目的は、国際社会において立派に通用する日本国民になるように、北米およびハワイ地方に移住出稼ぎするものに必要な事項を教え、普通教育の補習を行うことにあった。学校は、移民村として有名な安芸郡仁保島村の村立仁保高等小学校内に設置され、多数の生徒が開校式に出席している。移民補習夜学校の設立は移民の多い地域の要望を背景とする全国的にもまれな画期的出来事であるが、私立教育会が戊申詔書の精神をさきどりして設置したものであるともいえる。しかし移民に必要な実用的知識を教えることにより、移民希望者はますます増加して、徴集猶予延期願を提出する人が減少しないという矛盾した結果を生じている。大正期になると、仁保島村の大河尋常高等小学校では『移民と教育』という副読本が出版され、学校教育のなかに移民を対象とした教育が、カリキュラムとしてとりいれられている。移住地と移民母村との交流を背景に地域の要望と大正デモクラシーの影響をうけた教育の所産ともいえる。

第一次世界大戦以降、大正デモクラシーの思想が広がり、普選運動や労働運動・農民運動など社会主義運動の高揚を背景に、大正十二（一九二三）年十一月十日「国民精神作興に関する詔書」が発布された。この詔書は、民本主義や社会主義の運動を抑圧し、国民道徳を鼓吹する思想統制と思想善導に重点をおいた社会教化を目的とするものであった。これ以降、国民精神の作興の具体策が検討されるようになり、青年教育の軍国主義化が企図されるようになった。

昭和五（一九三〇）年の府県別外国在留者の徴集猶予人数をみると、広島県は六八五一人で全国で一番多く、ついで沖縄六六七六人、熊本三八三八人、山口・福岡・和歌山の順で、いずれも移民県が上位を占めている。社会の上層部の激しい思想動向にくらべ、基層の庶民の意識は、意外にゆるやかに変貌している。

10章

戦争と平和の時代

歩兵第41連隊の出征を歓送する福山市民

1　十五年戦争と広島県

郷土部隊の行動●

昭和六（一九三一）年九月十八日におこった「満州事変」は、以後、日中戦争・太平洋戦争と足かけ一五年にわたる戦争の発端となった。呉《くれ》では、同年十月九日に呉鎮守府所属の巡洋艦「天龍《てんりゅう》」が、「邦人保護」を名目として、上海《シャンハイ》にむけ出動、上海事件直後には、巡洋艦「大井」が上海にむかった。

十一月以降、広島の宇品《うじな》は増援軍の乗船港として利用され、十二月には、第五師団の一部が天津《テンチン》・北平《ペイピン》（北京《ペキン》）方面の警備に出動した。このとき、第四十一連隊（福山）連隊長が同師団の派遣隊長であることから、福山での歓送が盛りあがり、市会が送別文を決議して激励した。市民は、十九日に、提灯《ちょうちん》行列で門出を祝った。二十一日の宇品港出発にさいしては、一〇〇〇隻の船が歓送し、宇品付近には一三万人の人出がみられた。こうした宇品港・広島駅での歓送迎は、事変後から翌年十月末までに四六二回にも達している。

昭和十二年七月七日、盧溝橋《ろこうきょう》で日中両軍が衝突し、八年余にわたる日中戦争がはじまった。八月一日に、第九旅団（歩兵第十一連隊〈広島〉・歩兵第四十一連隊〈福山〉で編成）が、宇品港から朝鮮の釜山《プサン》にむけ出港した。第五師団の部隊は、長城戦（昭和十二年八月）に参加したのち、十六年十一月までに、察哈爾《チャハル》・太原《たいげん》・膠州《こうしゅう》・済南《せいなん》・徐州《じょしゅう》・広東《カントン》・魯北《ろほく》（山東省北部）・ノモンハン・南寧《なんねい》・賓陽《ひんよう》・仏印・上海などと、北はノモンハン、南はベトナムにわたる各地で戦闘や警備に従事した。いずれの作戦でも、郷土出身の兵士に多くの犠牲をだしたが、とくに被害の大きかったのは、昭和十四年のノモンハン事件である。広島で編成された第七十一連隊の死傷率は九四％に達し、全参加部隊中の最高率を示し、事実上全滅の状況であった。

昭和十六年十二月八日、日本海軍のハワイ真珠湾攻撃を契機にアメリカ・イギリス・オランダを相手とする太平洋戦争がはじまった。ハワイ攻撃とほぼときを同じくして、陸軍が英領であったマレー半島に上陸したが、第五師団は主力部隊の一つであった。この作戦で第五師団は、戦死者一二二二人、戦傷者二四五八人など、計三六九八人の人的被害をだした。

一方、昭和十七年二月から実施されたシンガポールでの「華僑《かきょう》粛清《しゅくせい》」では、日本側が認めた人数だけでも約五〇〇〇人、地元では四、五万人が虐殺《ぎゃくさつ》されたといわれている。また、三月に六次にわたって実施された歩兵第十一連隊の属する南警備隊のマレー半島治安粛清作戦で、敵性華僑あるいは抗日分子とみなされた華僑は、女性や子どもも含めて殺され、その人数は、ネグリセンビ

広島市における南京陥落提灯行列(昭和12年12月12日)

ラン州では現地の華人団体の調べで四〇〇〇人余におよんでいる。

この後、第五師団の部隊は、終戦まで、豪北（ソロモン・ニューギニア）方面、ジャワ島・ミンダナオ島・レイテ島などを転戦した。第五師団のほかに、第三十九師団（別称藤《ふじ》、昭和十四年十月、広島で編成）・第七十師団（槍《やり》部隊、昭和十七年四月寧波《ニンポウ》で編成）・第六十四師団（昭和十八年七月、蘇州《そしゅう》で編成された広島師団管区の部隊）・独立歩兵第五旅団（悟《さとる》部隊、昭和十九年一月編成）・独立歩兵第六旅団（肇《はじめ》部隊・別称小槍部隊）といった広島ゆかりの部隊があったが、これらは中国各地での警備や戦闘に参加した。

一方、呉鎮守府ゆかりの諸部隊も、太平洋戦争中、中国や太平洋の各地に転戦し、多くの犠牲をこうむった。昭和七年の「上海事変」における呉鎮守府所属の戦死傷者は、一五六人であった。また、戦争末期、昭和二十年四月七日、沖縄戦援護にむかう途中の鹿児島県沖の海上で轟沈《ごうちん》した戦艦大和《やまと》の戦没者は、三〇六三人を数えた。なお、終戦時の呉鎮守府在籍軍人・軍属の所在地別人数によれば、海外の総員は一二万七四五一人で、フィリピン（約三万五〇〇〇人）・中部太平洋（一万三〇〇〇人）をはじめ、朝鮮・ビスマルク・マラヤ・中国・ジャワ・ハルマヘラセラム・ソロモン方面に多数（いずれも五〇〇〇人以上）が展開していた。

なお、十五年戦争による広島県内出身の軍人・軍属の戦没者の総数は、県の資料によれば、七万三二九三人にのぼっている。

大久野島毒ガス工場●

日本は、大正十四（一九二五）年六月の「窒息性またはその他のガスおよび細菌学的戦争方法を使用することを禁止する」というジュネーヴ議定書に調印していた。しかし、陸軍は、昭和二（一九二七）年、大《おお》久野島《くのじま》に毒ガス製造のための工場として陸軍造兵廠《ぞうへいしょう》火工廠忠海《ただのうみ》派出所を設置することを決めた。秘密保持と住民地帯からの隔絶というのが、瀬戸内海の孤島を選んだ理由であった。同工場は、翌三年七月九日、陸軍造兵廠火工廠忠海兵器製造所として組織され、四年五月十九日に開所した。忠海ではびらん性・持久性を特徴とするイペリット・ルイサイトをはじめ、ジフェニールシアンアルシン（くしゃみ性・一時性）・青酸（中毒性）・塩化アセトフェノン（催涙性《さいるい》）が生産された。

毒ガスの生産は、日中戦争開始とともに急増、昭和十六年にピークに達し、ルーズベルト米大統領の毒ガス使用に対する警告声明がだされた翌年以降減少した。忠海で生産された総量は六六一六トンにおよんだ。同所の所員・従業員数は、当初約八〇人であった。ところが、「満州事変」勃発後設備が拡充され、従業員も二二五人を数えるまでになった。さらに、日中戦争を契機に、従業員数は急増し、二〇四五人（職員五八人、傭人四八人、工員一六〇九人、人夫三三〇人）となった。昭和十六年十月には、一六～一九歳の徴用工が三六〇人集められ、十八年からは、忠海周辺の中学校・高等女学校の生徒が動員された。また、十九年十一月から二十年二月にかけては、国民学校高等科の生徒も動員され、学徒の動員数は、九校一一五二人におよんでいる。

昭和十六年にはじまったマレー作戦で、日本軍はジフェニールシアンアルシンを原料とする「あか剤」と液体青酸を原料とする「ちび」を使用していた。戦闘詳報によれば、郷土部隊である歩兵第十一連隊歩兵砲中隊が同年十二月十三日にマレー半島北部のアロースター付近であか弾《だん》三発・あか筒《づつ》二本、十六日にはムダ河付近であか弾九発を使った。また、同連隊第二大隊は、翌十七年一月二十八日、マレー半島中部のナマゼ付近であか筒三四本を使用している。

終戦後、英連邦軍（オーストラリア軍）が大久野島で確認した残存量は、イペリット一四六八トンなど、計三二六〇トンであったことからすると、総生産量のほぼ半分が、中国吉林省哈爾巴嶺《ハルパリン》や、北九州市小倉の曽根製造所をはじめとする国内外の各地に送られ、保管、あるいはガス弾として使用されていたことになる。

県内への空襲●

米軍機による広島県内に対する空襲は、昭和十九（一九四四）年十一月十一日から二十年八月十四日までの期間に四五回行われた。このうち、B29一機による来襲二四回、二～四機七回、一〇～二五機五回（うち三回は艦載機《かんさいき》による銃撃）で、その多くは、偵察・宣伝ビラ撒布・機雷《きらい》投下が目的であった。しかし、それでも、少数機の攻撃による一一回の空襲で死者二三人、重軽傷者五〇人、行方不明二人、計七五人の人的被害が生じている。

県内に対する大規模な空襲は、昭和二十年三月から八月にかけ、次頁表のように八回にわたってなされた。このほか、三月三十一日から四月三日を中心に数回にわたり実施された機雷封鎖は少数機によるものであったが、広島から呉の港湾に五七一個の機雷を敷設したもので、船舶輸送・艦艇出撃に致命的被害をあたえた。

八回の大規模な空襲は、アメリカ側の戦術からいえば、海軍艦載機による日本の直接軍事力に対する攻撃、B29部隊によって生産力の直接破壊をねらった昼間精密爆撃、生産力の間接的低下と一般国民の戦意の低下をねらった夜間都市焼夷弾《しょういだん》攻撃および原爆攻撃の四種からなっている。

呉港に停泊中の艦艇に対する攻撃は、三月十九日および七月二十五・二十八日の二回行われた。前者は、

広島県内への大規模空襲の概要(昭和20年)

目　　標	月日(時間)	爆撃主体	出撃機数	備　　考
呉港内艦艇	3月19日 (7：20〜11：05)	太平洋艦隊 第58機動隊	(艦載機 約350機)	(爆弾139個，焼夷弾4個，焼夷カード100個)
広海軍航空廠	5月5日 (10：27〜11：07)	第20航空軍 (B29部隊)	148機(130)	高性能弾722個578トン(93個)
大竹海軍燃料庫	5月10日 (9：30〜10：30)	第20航空軍 (B29部隊)	115機(130)	高性能弾2242個560トン(7個)
呉海軍工廠	6月22日 (9：30〜10：40)	第20航空軍 (B29部隊)	162機(290)	高性能弾1289個796トン(58個)
呉市街	7月1日(23：50) 〜7月2日(2：30)	第20航空軍 (B29部隊)	152機(80)	焼夷弾1万6681個 1082トン(8万110個)
呉港内艦艇	7月24日 (6：00〜12：00) 7月25日 (6：30〜14：30) 7月28日 (6：10〜16：25)	米英海軍連合艦隊	(艦載機 約870機)	(爆弾187発)
広島市街	8月6日 (8：16ころ)	第20航空軍 第509爆撃混成群	4機	原子爆弾1個12キロトン相当
福山市街	8月8日 (22：25〜23：35)	第20航空軍 (B29部隊)	91機(50)	焼夷弾5701個556トン(5万個)

『東京大空襲・戦災誌』第3巻所収アメリカ側資料による。(　)内は昭和21年11月9日県警察部調査による。

アメリカ太平洋艦隊による沖縄攻略支援作戦（三月十四日〜六月八日）、後者は、米英海軍連合艦隊による本土上陸前哨《ぜんしょう》作戦（七月十日〜八月十五日）の一環であり、日米双方の攻撃力同士の大規模な戦闘となった。この戦闘により、伊勢《いせ》・日向《ひゅうが》・榛名《はるな》（以上戦艦）、龍鳳《りゅうほう》・天城《あまぎ》（空母）、利根《とね》・大淀《おおよど》・青葉《あおば》・磐手《いわて》・出雲《いずも》（巡洋艦）が命中弾や至近弾により船体大破・艦内満水・進水擱坐《かくざ》などの致命的な被害をうけた。

昼間精密爆撃では、五月から六月のあいだに、広《ひろ》海軍航空廠・大竹《おおたけ》海軍燃料庫・呉海軍工廠が攻撃された。これにより、広航空廠は、廠内に四〇〇発の高性能弾をこうむり、五〇〇台の各種機械が修理不能の被害をうけ、一一二人の死者、一三四人の負傷者をだした（米国戦略爆撃調査団報告書による)。大竹燃料庫は、四二%が破壊または損傷をこうむった。また、呉工廠では、廠内に一〇〇〇余の一トン爆弾を投下され、造船部を残して砲熕《ほうこう》・製鋼・電気・水雷などの造兵関係工場が壊滅的破壊をうけた。

都市攻撃の目標に、中国地方の諸都市が選ばれたのは六月以降のことである。二十八日、岡山が攻撃されたのを皮切りに、呉・宇部・下関(七月一日)、徳山(二十六日)、広島(八月六日)、福山(八月八日)と続いた。呉・福山の空襲は、いずれも夜間に行われ、最初照明弾を投下して目標を定め、都市周辺から焼夷弾攻撃を行うという人命殺傷をねらった典型的方法がとられた。多数の住民が、火傷・窒息・直撃弾により死亡した。福山では、焼夷弾攻撃に対して壕《ごう》は危険であるといわれていたにもかかわらず、直前の広島原爆攻撃に対する壕の安全性宣伝により、壕内にとどまって窒息死した例がみられた。

これらのうち原爆攻撃をのぞく七回の空襲による民間の被害は、県警察部の調査によれば、死者二三三〇六八人、重傷三三四人、軽傷九六六人、行方不明一〇〇人、計三七〇六人にのぼった。爆撃の主目標が、在泊艦艇もしくは海軍工廠であった場合にも、軍港都市呉の住民は、多くの被害をだした。また、攻撃の目標が直接都市にむけられた場合には、さまざまな防空対策がなされていたにもかかわらず、民間の人命と富の喪失は膨大な量にのぼっている。

原爆被爆●

昭和二十(一九四五)年八月六日の早朝、テニアン基地を出発したアメリカ陸軍第五〇九混成部隊の三機の天候観測機が広島・小倉・長崎の上空にむかった。午前七時九分、広島上空に到着した観測機は、目視攻撃が可能なことを確認した。約一時間後に、二機の観測機とともに飛来したエノラ・ゲイ号(機長チベッツ大佐）は、八時一四分一七秒、市中心部に位置する相生橋《あいおい》を照準点として、高度九六〇〇メートルからウラニウム原子爆弾「リトルボーイ」を投下した。原爆は、広島県産業奨励館（現在の原爆ドーム）の中心から南東約一六〇メートルの地点の上空約五八〇メートルで爆発した。続く九日午前一一時二分には、長崎市の上空でプルトニウム原爆「ファットマン」が爆発した。

広島の被爆から八日後の十四日、御前会議での「聖断」によりポツダム宣言の無条件受諾が決まり、翌十五日正午、終戦の詔書が天皇自身により国民に発表された。ここに、「満州事変」以来足かけ一五年、真珠湾攻撃以来三年九カ月にわたる戦争は終結した。

広島に投下された原爆は、核分裂反応を利用したもので、そのエネルギーは、TNT火薬約一五キロトンのエネルギーに相当するといわれる。原爆のエネルギーとしての威力は、それまでの戦略爆撃の概

原爆投下作戦に参加した３機のうちの１機が撮影した広島市街をおおう原子雲

念からは想像できないものであった。

原爆の放出エネルギーの約五〇%は爆風に、約三五%は熱線に使われ、残りの約一五%が放射線に割りあてられるといわれている。爆発直後、爆発点の最高温度は、瞬間的には摂氏数百万度に達し、火球が形成された。これから発せられる熱線により爆心地(爆発点直下の地上点)の温度は、摂氏三〇〇〇~四〇〇〇度に達した。この温度は、鉄をも蒸発させるものである。爆心地から一キロ以内では、屋根瓦が泡状の火ぶくれをおこした。これは、温度が摂氏一八〇〇度以上になったことを示している。また、爆心地から三・五キロにおよぶ範囲の人びとが露出部に火傷を負った。

爆風の威力も、想像を絶するものであった。爆心地から五〇〇メートル以内では強固な鉄骨建造物さえ破壊され、木造家屋の倒壊は二キロ以遠におよんだ。熱線と爆風により、広島市の建物約七万六〇〇〇戸のうち、九二%が半焼・半壊以上の被害を生じ

米軍機が撮影した被爆直後の広島市街

❖コラム

スミソニアン原爆論争

米国スミソニアン協会航空宇宙博物館は、原爆投下五〇周年を記念して、特別展を開催しようとした。この企画は、広島への原爆投下機エノラ・ゲイとあわせて広島・長崎の被爆資料を展示し、アメリカ国民のあいだに根強く定着している「原爆投下の正当性」を問い直そうとする野心的な試みであった。平成六(一九九四)年三月、シナリオの概要があきらかになると、アメリカ国内では退役軍人協会を中心に、この企画に反対する動きがおこった。こうした動きは、同年九月には上院が全会一致で同博物館に企画の修正を求める決議を行うまでに発展した。結局翌七年一月にスミソニアン協会が、エノラ・ゲイを中心とした展示の変更を決め、被爆資料の展示は取りやめとなった。さらに、五月には航空宇宙博物館館長が、責任をとる形で辞任している。

広島・長崎両市は、スミソニアン協会が両市に被爆資料の貸し出しを要請したことから、この問題への対応をせまられた。両市は、スミソニアン側と展示シナリオの内容や貸し出し条件をめぐり協議する一方で、市民から意見の聴取を行った。市民のあいだには、当初、貸し出しに消極的な意見がみられた。そのおもな理由は、被爆資料が原爆投下の正当化ないし原爆の威力誇示のために利用される結果となることが心配されたからであった。

この事件は、アメリカ国民のみでなく日本人にも原爆使用の歴史的意味を再考させる契機となった。多くの人びとが日米の歴史認識の溝の大きさを痛感した。また、被爆資料が歴史認識におよぼすインパクトの強さを再確認させるものであった。これ以後、広島・長崎両市や平和団体などによる原爆展が、国内外で開催されている。

た。

放射線の戦争使用には前例がなかった。放射線の四〇〇ラド（物質が吸収する放射線量を示す単位）は半致死線量とよばれ、これを全身にうけた人間の五〇％が死亡するとされている。広島では、爆心地から一キロ以内に四〇〇ラドがふりそそいだ。

広島の市内には、誘導放射能や死の灰とよばれる残留放射能が存在した。こうした外部からの人体に対する放射能に加えて、塵《ちり》や飲料水などに含まれ体内に吸収された放射能は、人体にさまざまな影響をあたえることになる。また、核分裂生成物を含んだ「黒い雨」が、爆心地から北西方向の楕円《だえん》形の区域にふり、放射能による被害地域を拡大した。放射線の影響は、直接被爆した人びとにとどまらず、爆発後早期に市内にはいった人びとや、被爆地域外でも、多数の被爆者の救護や看護に従事した人びとにもおよんだ。原爆被爆により、広島では、昭和二十年中に約一四万人が死亡したと推定されている。

2　廃墟からの出発

復員・引揚げ・帰国●

終戦時、第五師団は司令部をオーストラリア北方のセラム島におき、周辺の諸島に分散して駐屯していたが、終戦後、主力部隊を師団司令部のあるセラム島に集結し、昭和二十（一九四五）年九月九日、オーストラリア軍とのあいだで降伏文書の調印を行った。この師団の復員第一陣が、和歌山県田辺港に到着したのは翌二十一年五月二十九日のことであり、同軍管理地域からの復員は、同二十一年十一月のラバウル地区の引揚げをもってほぼ完了した。このほか広島にゆかりの諸部隊が中国で終戦を迎えたが、二十一年八月ごろまでにほぼ復員を終了している。また、呉鎮守府在籍の軍人・軍属は、終戦時、フィリピン・中部太平洋・中国・朝鮮・マレーシア・ビスマルク諸島などに散在していたが、陸軍と同様、その多くは、昭和二十一年中に復員を終了した。

終戦当時の広島県の兵籍在籍者数は、約一八万四〇〇〇人であったが、内地復員が完了した昭和二十一年二月一日の調査では、在外未復員者数は約六万人、五月一日には、約四万人となっている。このなかには、第二一九師団（藤部隊）のように、駐屯していた「満州」からソ連軍によってシベリア各地域の収容所に送られ、強制労働に従事させられた部隊もあった。

終戦を外地で迎えた人びとのなかには、日本の侵略に対する現地住民の反感の矢面にたたされ悲惨な体

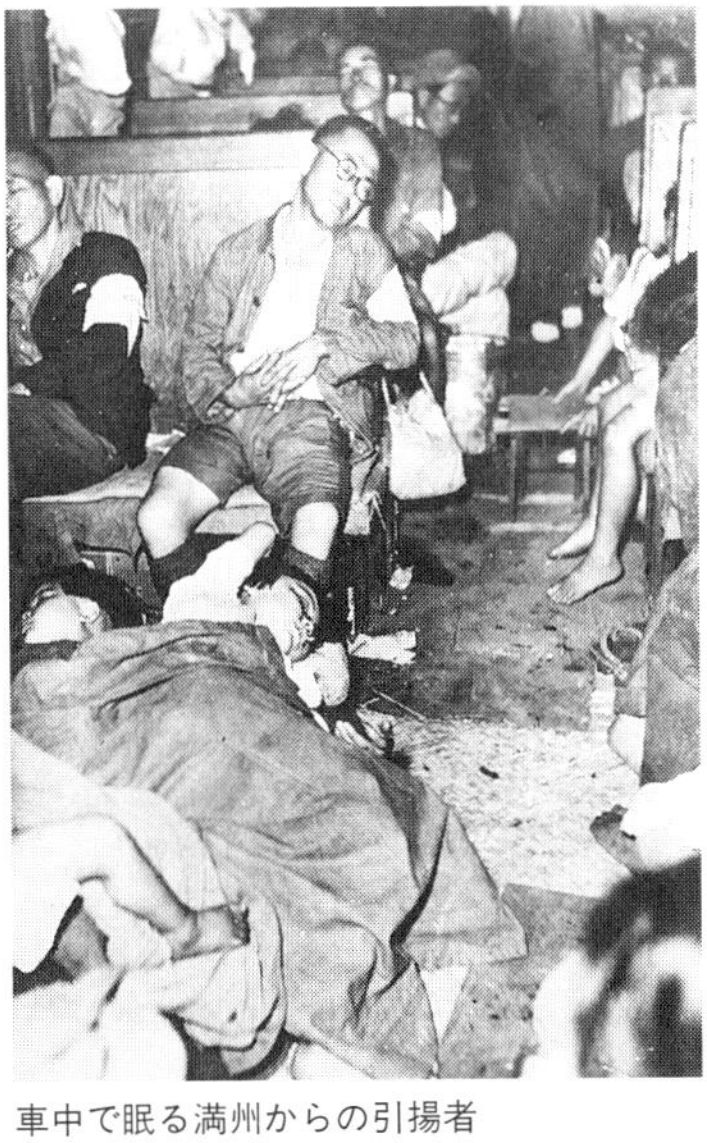
車中で眠る満州からの引揚者

験をするる例もみられた。「満州」にあった第二世羅《せら》村開拓団は、八月十八日敗戦全面降伏の報をうけ、ほかの開拓団と合流しようとした二十日、「約一千名にのぼる暴民の襲撃を受け、脱出不能のまゝ交戦状態となり、約十時間、老幼婦女子を含む五十一名は一人も残らず、戦死・或いは服毒散華」（同団の『開拓史』）した。昭和二十三年の調査にその後の調査結果を加えたものによれば、広島県の満州開拓団の総数は、八〇〇三人で、そのうち死亡者二二五四人（全体の二八・二％）、未帰還者（残留者・行方不明者の計）三九三人（四・九％）、帰還者五三五六人（六六・九％）となっている。

戦時中、県内には多数の外国人が滞在していた。もっとも多かったのは朝鮮人で、その数は徴用というわゆる「強制連行」などにより急増した。たとえば、昭和十九年三月に開所した三菱重工業広島造船所の場合、十一月には一三六七人の朝鮮人を雇用している。昭和十年には、県内の人数は一万七〇〇〇人余であったが、十九年の調査では八万人以上にのぼった。終戦時には、約六万人に減じたと推定されているが、このうち約三万五〇〇〇人が二十一年三月までに帰国している。

また、日立造船株式会社因島《いんのしま》工場と向島《むかいじま》工場には、米英軍将兵捕虜約四〇〇人が、昭和十七年十二月に軍の管理のもとに送り込まれていた。彼らも、二十年九月二日の停戦協定調印と同時にいっせいに身柄を解放され、連合軍により本国に送還された。

占領下の戦争被害者●

終戦を契機に戦争被害者を取りまく環境は、軍人恩給停止という経済的側面だけでなく、精神的側面でもさまざまな変化がみられた。「満州事変」以降、盛大に挙行されていた戦没者への公葬は姿を消した。また、忠魂碑などについても、除去や改変の処置がなされた。たとえば、賀茂郡原村（東広島市）では忠魂碑（昭和十六年八月建立）が倒壊され、山県郡加計《かけ》町（山県郡安芸太田町）では戦役記念碑が取りのぞかれた。また、安佐郡山本村（広島市安佐南区）では、存廃に苦慮した末、忠魂碑の文字をセメントで塗りつぶし、これを平和塔として存置した。広島市南区皆実《みなみ》町にある日清《にっしん》戦争の勝利記念として建立された「凱《がい》旋《せん》碑」も山本村と同様に平和塔に改変されている。

全国的な動きに呼応して広島県内でも戦没者・戦災者・引揚者などの遺族（おもに妻子や老父母）による戦争犠牲者遺族同盟の結成がみられたが、昭和二十一（一九四六）年十一月九日、広島県同胞援護会広島県支部は、この同盟が「戦時中に於ける如き軍人的衿持《きょうじ》を固持昂揚せんこと或は生活更生を従として忠霊顕彰を主とし慰霊祭を本幹とする」運動を行う場合には関与しない旨、各市町村に通知した。

無事帰国できた人びとの多くが、苦難の再出発を強いられた。昭和二十一年にはいると引揚者の団体が県内各地で自然発生的に結成され、六月十五日、広島県引揚同胞更生会が発足した。

昭和二十三年五月上旬に結成された広島市在外同胞帰還促進連盟は、同月二十三日、広島市民大会を開催した。同市を中心として出発した在外同胞帰還促進運動は、二十四年には全県的動きに発展し、県内三六の引揚促進連盟の代表約五〇人による広島県下引揚促進懇談会（七月二十二日）・未帰還者家族約二〇〇人による広島県在外同胞帰還促進完遂大会（十二月十二日）などが開催された。また、二十五年五月十五日には県庁で広島県海外抑留同胞救出国民運動本部が結成され、同月二十五日、同本部主催の救出国民運動広島県民大会が開催された。

昭和二十四年八月三十一日に、広島県遺族厚生連盟が結成された。発足当時の会員は、一市一三カ町村の一万七〇〇〇人余であったが、二十五年四月には、県内全市町村が参加し、会員数は七万四〇〇〇人余を数えるまでになった。

昭和二十六年九月九日の講和条約の調印は、ふたたび戦争被害者を取りまく環境を大きくかえた。広島県遺族厚生連盟は、同年十月十九日、広島市内で第一回戦没者合同慰霊祭を開催した。県内の遺族一万五〇〇〇人が参集し、広島県知事・県議会議長・県町村長会会長・県町村議会議長会会長・広島市長などが弔辞をよせた。

講和条約は、昭和二十七年四月二十八日に発効した。県は、これを記念し五月二日に戦没者追悼《ついとう》式、三日に独立祝典式を行った。二日の追悼式には、遺族など約一万人が参加した。広島県は、翌二十八年以降も、市町村の戦没者慰霊祭（追悼式）には、供花と慰霊のことばを贈り、昭和三十八年度からは政府主催の追悼式に遺族を参加させている。講和条約の発効に前後して、このほかにも、戦犯家族援護世話人会・

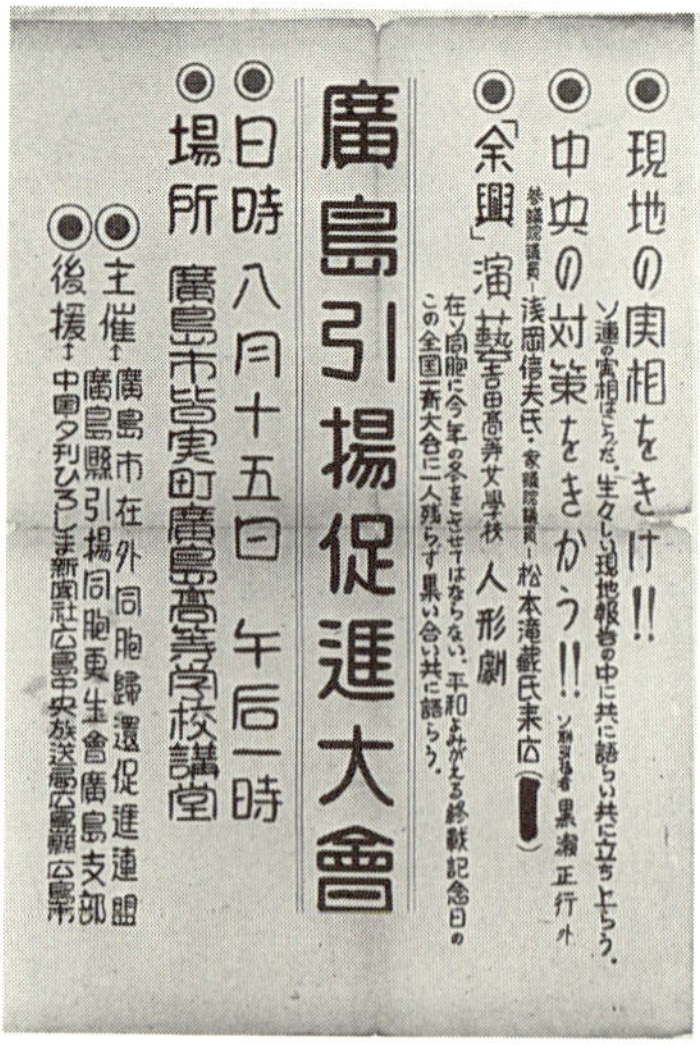

昭和23年８月15日に開催された広島引揚促進大会のポスター

広島県傷痍《しょうい》軍人会などの組織が結成された。

講和条約発効の二日後の昭和二十七年四月三十日、戦傷病者戦没者遺族等援護法が公布され、旧軍人・軍属の公務上の負傷・疾病・死亡に対し、国家補償の精神に基づく援護がなされることとなった。翌二十八年の軍人恩給の復活など、その後今日まで、援護・処遇の改善がなされている。これらの法律に基づく県の施策は、戦没者七万三二九三人、昭和六十年度までの傷病恩給処理数九四七六件、旧軍人・軍属に対する普通恩給処理数三万六六八三件となっている。また、昭和四十七年九月の日中国交正常化以後、中国から県内に永住帰国したのは、九九世帯二九二人（昭和六十一年四月一日現在）である。このほか、四十三年五月二十三日には、県知事を名誉会長、県議会議長を会長とする建設委員会が、広島県出身の南方地域戦没者三万四六〇六人を合祀《ごうし》した「ひろしまの塔」を、沖縄の糸満町《いとまん》（現糸満市）に建立している。

原爆被害者と大久野島毒ガス障害者●

原爆の放射線は、人体にいわゆる原爆症を引きおこした。原爆症では、まず悪心《おしん》・嘔吐《おうと》・倦怠《けんたい》などが出現し、その後、近距離被爆者では早期に下痢・発熱、またやや離れた場所での被爆者では、若干の潜伏期をおいて骨髄傷害の発現としての出血傾向、出血、口腔咽頭炎《こうこういんとうえん》、さらに脱毛、発熱が認められた。多くの人びとがこれらの症状を呈しながら死んでいった。いわゆる急性傷害は、昭和二十年の暮れには一応おさまるが、被爆者は、以後、被爆の後障害との闘いがはじまる。竹原市の大久野島にあった毒ガス工場の従業員のなかにも、戦後も毒ガス障害に悩まされる人びとが少なくなかった。日本の独立を契機に、これら障害者のあいだで組織づくりがはじまった。

昭和二十六（一九五一）年八月、流川《ながれかわ》教会牧師の谷本《たにもと》清や独自に原爆患者署名運動を行っていた吉川《きっかわ》清などにより原爆傷害者更生会が結成された。また、昭和二十七年一月十七日には、前年十月発刊の『原爆の子』(長田《おさだ》新《あらた》編)に手記をよせた高・中・小学生ら約一〇〇人が、原爆の子友の会を結成した。同年八月十日、峠三吉《とうげさんきち》・山代巴《やましろともえ》・川手健・吉川清らにより、当時「原爆乙女」とよばれた原爆によるケロイドをもつ未婚女性や子どもにかぎらず、被害者の広範な組織化をめざした原爆被害者の会が結成された。この会の結成時の会員は、数十人にすぎなかったが、半年後の二十八年三月ごろには、三〇〇人の会員を擁するまでになっている。

　昭和二十九年三月一日、日本漁船のビキニ水爆被災事件が発生した。これを契機に原爆被害に対する国民的関心が高まり、原爆被害者の組織化は飛躍的に進展した。三十年八月、広島で原水爆禁止世界大会(第一回)が開催されるが、この当時広島市内には、原爆傷害者更生会の流れをくむ原爆乙女の会(シオン会)・原爆の子友の会・原爆被害者の会の先駆的な三組織の

広島市内で開催された広島県原爆被害者団体協議会結成総会(昭和31年5月27日)

ほかに、広島子供を守る会、未亡人会、大会直前に原爆被害者の会から分かれた八・六友の会と原爆被害者の会本部、それに大会の期間中に組織された電気通信関係原爆犠牲者遺族会の五組織、計八組織が存在した。大会後、原水爆禁止広島協議会の内部に設置された原爆被害者救援委員会は、これらの被害者組織の一本化を試みるとともに、県内における原爆被害者のあらたな組織化も、積極的に行った。この結果、昭和三十一年五月二十七日に広島で広島県原爆被害者団体協議会が結成された。さらに、この協議会が中心となって、第二回原水爆禁止世界大会（長崎で開催）の最中の昭和三十一年八月十日、日本原水爆被害者団体協議会が結成された。

原爆被害者の県レベルの組織結成から一年にもならない昭和三十二年三月三十一日、原爆医療法（正式名は「原子爆弾被爆者の医療等に関する法律」）が成立した。この法律成立の背景には、原爆被爆者自身の強い要請があったのはもちろんであるが、ビキニ水爆被災事件を契機に噴出した国民の原爆被害に対する深い関心があったことも見落とすことはできない。

原爆医療法に基づく国の施策は、被爆者の健康診断と医療を中心としたものであったが、昭和四十三年五月に、原爆特別措置法（正式名称は「原子爆弾被爆者の特別措置に関する法律」）が公布され、各種の手当てが支給されるようになった。さらに、被爆五〇周年を間近にひかえた平成六（一九九四）年十二月、それまでの原爆関係の二つの法律を一本化し、被爆者に対する総合的な援護施策をめざした原爆援護法（正式名称は「原子爆弾被爆者に対する援護に関する法律」）が制定された。このような援護施策の改善の結果、原爆医療法制定時に一億七〇〇〇万円余であった被爆者対策費は、平成十年度には約一六三八億円にまで増大している。

一方の毒ガス障害者の場合は、昭和二十七年四月一日、大久野島毒瓦斯《ガス》傷害者互助会が発足した。会発足からほぼ二年後の二十九年二月には、大蔵省の通達「ガス障害者救済のための特別措置要綱」で、国による毒ガス障害者医療対策の端緒が開かれた。

原爆被害者にくらべ、毒ガス障害者への国の施策の着手は三年ほどはやい。これは、原爆被爆者が国との身分関係つまり雇用関係をもたなかったのに対し、毒ガス障害者が軍との身分関係をもっていたためと考えられる。しかし、原爆医療法制定後、毒ガス障害者に対する施策は、原爆被爆者に適用されたあらたな援護策が毒ガス障害者に取りいれられるという形をとっている。

3　核兵器廃絶をめざして

占領期の平和運動●

新憲法が、昭和二十一（一九四六）年十一月三日に公布、翌年五月三日に施行された。同二十二年、被爆地広島に、この精神を具体化しようとする動きがあらわれた。被爆市民の平和への意志を全世界に公表するため、八月六日を中心に大々的な平和祭を開催しようというものであった。六月、広島市・広島商工会議所・広島観光協会が中心となり、「八月六日を世界の平和が蘇《よみがえ》った日として永劫《えいごう》にメモライズする」ことを目的とした平和祭協会が設立された。同年八月六日の平和祭には、マッカーサー自身のメッセージがとどけられ、広島市長浜井信三の平和宣言が読みあげられた。この行事は、原爆の禁止を打ちだしてはいなかったが、被爆体験に基づく平和運動の始まりであった。

広島市は、平和祭に対する国際的な反響をうけ、「世界人類の輿望《よぼう》」として、また「新平和日本のシムボル」として同市の復興を行うことを計画した。昭和二十四年八月六日、広島平和記念都市建設法が施行されるが、同法の第一条では、「恒久平和を誠実に実現しようとする理想の象徴として、広島市を平和記念都市として建設する」とのべている。つまり、この法律は、広島市民の平和都市づくりへの期待を、国民的な意志として表明したものと考えることができる。なお、平和祭は、その後、いくたびか性格をかえ、しだいに、今日の平和記念式典とよばれる国民的行事として定着していった。

占領期間中、原爆問題は、タブー視されていた。たとえば、昭和二十一年

原子爆弾をうけた広島

再び原子爆弾を繰返すな
全愛國者は平和戰線へ!

擴大する平和戰線

原子兵器の禁止

8.6反戰デーに
廣島勞組・青年ら續々《ぞくぞく》結集

胸痛む原爆の傷痕

平和投票すでに一万

八月六日に平和大會
島根 平和を守る會で決議

各地で平和署名すすむ

アカハタ中国総局機関紙『平和戦線』原爆特集号(昭和25年6月9日)

中にまとめられた日本学術研究会議の原爆被害調査の結果の第一報は、プレス・コード（連合国軍最高司令官総司令部、昭和二十年九月十九日指令）のため出版することができなかった。しかし、二十三年の後半以降、プレス・コードによる検閲がゆるまり、原爆被害が、さまざまな形で社会に紹介されるようになった。二十三年から二十四年にかけて、大田洋子『屍《しかばね》の街』（中央公論社）、小倉豊文『絶後の記録』（中央社）、原民喜《たみき》『夏の花』（能楽書林）、今村得之・大森実『ヒロシマの緑の芽』（世界文学社）などの「ヒロシマもの」が出版され、ベスト・セラーズとなった。

被爆直後の広島をみた画家の赤松俊子も、昭和二十三年夏、原爆の絵を描くことを思いついた。丸木位《い》里《り》との共同作品は、二十五年二月に東京上野の美術館で開催された日本美術家協会主催第三回アンデパンダン展に、「八月六日」（のちの「原爆の図」第一部幽霊）と題して出品された。

昭和二十四年十月二日、広島市内で、世界労連などが企画した国際平和擁護闘争デーの一環として平和擁護広島大会が開催された。当初、広島平和協会が、主催団体に加わることを了承していたが、占領軍の中国民事部の圧力をうけ参加を取りやめた。大会の参加者は、三〇〇人ばかりと少なかったが、広島で原爆禁止を訴えたはじめての大会となった。

日本での平和擁護運動は、国際的な運動の一環であった。しかし、その展開のなかで採用された原爆被害の実態を全面に押しだして訴えるという方法は、ほかの国にはみられないものであった。この運動のなかで、前畠宗俊編『反戦詩歌集　第一集』（反戦詩歌人集団準備会）、中村武雄編『ヒロシマを忘れるな』（自由青年出版社）、平和を守る会編『丸木位里・赤松俊子　ピカドン』（ポツダム書店）などのように、原爆の残虐性を真正面から取りあげるものや、アメリカのあらたな原爆使用の阻止を訴えるものが出版された。また、昭和二十五年の平和祭をはじめとする諸行事が占領軍の圧力により中止されたが、広島市内では、核兵器の禁止を求める街頭での非合法集会が開催された。

原水爆禁止運動●

昭和二十九（一九五四）年三月のビキニ水爆被災事件を契機に、日本では、原水爆禁止を求める決議・署名・集会など多様な形態の運動が自然発生的に展開された。同三十年八月六日から三日間、原水爆禁止世界大会が広島で開催されるが、これは、原水爆禁止署名運動の総結集会の意図と原爆十周年記念の行事という地元広島の意向とが結びついて実現したものであった。この大会は、計画段階では、翌年以降の継続開催を予定していたわけではなかった。ところが、この大会は、その後の日本における原水爆禁止運動のあらたな出発点となった。

昭和三十四年の安保条約論議と三十八年の部分的核実験停止条約の評価をめぐる意見の対立により、日本の原水爆禁止運動は分裂し、国民運動としての性格を失った。海外では、部分的核実験停止条約締結後、運動の多くが活動停止あるいは消滅状態になった。しかし、日本では、運動が消滅することはなかった。昭和四十年前後には、被爆地広島を中心に原爆被災実態の解明あるいは原水爆被災資料の収集・保存をめぐるさまざまな運動がわきおこった。原水爆白書作成運動、原爆爆心地復元運動、原爆ドーム保存運動、原爆展の全国的な開催などである。これらの運動は、それまでの原水禁運動への参加者のみならず、原水禁運動にはかかわらなかったあらたな層をもまきこんで展開された。このような被爆の事実を前面にすえた運動は、その後も、第五福龍丸保存運動（昭和四十三年）、被爆返還資料展（四十八年）、被爆の記録を贈る運動（五十二年）、一〇フィート運動（五十五年）、原爆瓦（ヒロシマの碑）募金（五十六年）と繰りかえし行われ、いずれも大きな成功をおさめた。

昭和四十年代には、平和教育が県・広島市あるいは教職員団体により積極的に取り組まれるようになった。県は、四十四年に各学校に対し、原爆記念日の意義について積極的に指導を行うよう指示した。また、四十七年六月には、四十四年に結成された広島県原爆被爆教師の会や広島県教職員組合が中心となって、広島平和教育研究所が設立された。広島の平和教育は、年を経るにしたがい、全国的な広がりをみせた。たとえば、広島平和記念資料館（原爆資料館）を訪れる修学旅行生の数は、昭和五十四年は、約三三万人であったが、年々増加し、六十年のピーク時には約五七万人におよんだ。

昭和五十年代にはいると、日本の原水爆禁止運動は、あらたな変容をとげた。五十二年七月末から八月上旬にかけて、国連史上初の軍縮特別総会の開催（五十三年六月）にむけ、東京・広島・長崎を舞台にＮＧＯ（国連非政府組織）主催の「被爆の実相とその後遺・被

▲ 第25回原水爆禁止似島少年少女のつどい（平成10年８月） 原爆慰霊碑前での追悼式後，救護活動に従事した元兵士から話を聞いた。

◀ フランスの核実験に抗議するため市民とともに平和公園の原爆慰霊碑前にすわりこんだ広島市長山田節男（昭和48年８月27日）

爆者の実情に関する国際シンポジウム」が開催された。また、原水爆禁止世界大会は、五十二年から六十年まで統一して開催され、運動自身も、二十九年の出発当時のような大衆的基盤をもって展開された。たとえば、第一回・第二回（五十七年）国連軍縮特別総会にむけて署名運動が行われたが、それぞれ一八〇〇万人、二三七〇万人の署名が集められた。また、第二回総会にむけては、一〇〇〇近い地方自治体・議会が反核・軍縮の意見書あるいは決議を採択した。県内では、昭和五十二年三月二十五日の安芸郡府中町を皮切りに、平成九年までに全自治体が非核宣言をだしている。

県内の市町村のなかには、非核宣言あるいは被爆四〇周年や国際平和年（昭和六十一年）を契機として、独自の非核・平和の事業に取り組む自治体もみられた。安芸郡府中町は、昭和五十七年八月五日、非核宣言を行った全国九市町村の代表を集めて非核宣言シンポジウムを開催した。このほか、非核宣言都市の表示板・塔の設置（竹原市・大竹市・山県郡大朝町〈現山県郡北広島町〉）、国際平和年記念行事として町民平和大会（佐伯郡大野町〈現廿日市市〉）、原爆展（山県郡加計町〈現山県郡安芸太田町〉）、町民ぐるみ折鶴運動、戦争記録映画会（豊田郡川尻町〈現呉市〉）、反核平和の火リレー、平和記念講演会、戦争平和展、平和美術館（双三郡三良坂《みらさか》町〈現三次市〉）など、多彩な事業が取り組まれた。また、佐伯郡吉和《よしわ》村〈現廿日市市〉は、県主催の国際平和年事業「平和の森」造成事業を後援している。

国際平和都市をめざして●

国内で展開された被爆体験を基礎とするさまざまな試みは、海外に多くの共感をよびおこしてきた。平成六（一九九四）年十月、第一二回アジア競技大会が広島市を中心とする県内で開催された。首都以外での開催は、このときがはじめてであったが、広島に対するアジアの共感がなければ、実現は不可能だったであろう。また、平成七年十一月の広島市長平岡敬《ひらおかたかし》の国際司法裁判所における核兵器使用の違法性についての意見陳述や同八年十二月の原爆ドームのユネスコによる世界遺産登録は、被爆後半世紀にわたる広島の被爆体験の国際化の試みがもたらした大きな成果であった。

しかし、その一方で、広島をめぐる多くの課題が残されている。昭和から平成へと元号がかわる前後から、国内外で日本の戦争責任を問う動きが活発になり、広島でも軍都が残した負の遺産へのさまざまな対応があらわれた。昭和六十三（一九八八）年四月、大久野島毒ガス資料館（設置団体は大久野島毒ガス障害者対策連絡協議会）が開館した。平成三年以降、日本軍が終戦時に中国に遺棄した毒ガス弾の実情がつぎつぎにあきらかになっているが、こうしたなかで、同館は、日本の戦争責任を問う施設として重要な役割をになうようになっている。昭和六十三年八月には、日本の市民団体の招きでマレーシア・ネグリセンビラン州の住民五人が広島市を訪問した。彼らは、第五師団歩兵十一連隊が昭和十六年にマレー半

昭和63年 4 月16日，竹原市の大久野島に開館した毒ガス資料館

❖コラム

戦争遺跡

最近になって全国に残る戦争遺跡の価値が注目されるようになった。戦争遺跡保存全国シンポジウムが平成九（一九八七）年に長野市松代《まつしろ》町、また十年には沖縄県南風原《はえばる》町で開催されている。広島では、原爆ドームについては二度にわたる保存運動（昭和四十一〜四十二年と平成元年）が展開された。しかし、それ以外の被爆遺跡の保存を求める大きな動きは存在しなかった。ところが、平成元年、広島赤十字・原爆病院の解体・改築問題を契機に、同病院や平和公園のレストハウスなど、さまざまな被爆遺跡の保存・活用を求める活動が続けられるようになってきた。

文化庁は、原爆ドームの世界遺産化について、当初「文化財保護法の保護を受けていないので世界遺産に推薦する要件を備えていない。また、文化財に指定するには歴史が浅すぎる」という見解を示していた。しかし、地域をあげての運動や全国的な世論の高まりをうけ、基準を「第二次世界大戦終結頃まで」と時代をさげる改正を行い、国史跡に指定したのであった。

また、文化庁の補助事業として広島県教委が平成八・九年に実施した調査により、県内に約一〇〇〇件の「近代化遺産」が存在することがあきらかになった。町村別で最多は軍港都、呉市の八九件であった。このなかには旧海軍鎮守府関係のものが多く含まれている。このほかに、竹原市大久野島の日露戦争前に建設された芸予要塞なども取りあげられている。

これらが、今後、戦争遺跡として保存・活用されてゆくかどうかは、市民の関心の高まりにゆだねられている。

島で行った住民虐殺の被害者であった。また、平成二年以降、県内に強制連行された中国人や朝鮮人の被害についての調査が市民団体の手により行われている。

核被害についても、多くの問題が未解決のまま残されている。アメリカおよびロシアは、臨界前核実験の実施により、冷戦終了後もなお核兵器に固執していることを世界に示した。また、核兵器開発があらたな国に広がる恐れが、平成十年五月のインドとパキスタンによる核実験の実施により現実のものとなった。

制定から五〇周年を迎えた広島平和記念都市建設法は、「広島市の市長は、その住民の協力及び関係諸機関の援助により、広島平和記念都市を完成することについて、不断の活動をしなければならない」(第六条)とのべている。「不断の活動」は、広島市長だけでなく、核兵器廃絶を求め、国際平和都市としての広島の発展を願うすべての人びとに求められていると考えるべきであろう。

広島市の平和公園の外に建立された韓国人原爆犠牲者慰霊碑　平成11年夏に公園内に移設された。

昭和46年９月14日，広島市内で開かれた韓国被爆者診療医師団の結団式　医師団は，９月20日から第１陣が65人，第２陣が117人を診療した。

あとがき

人間が生きるとはどういうことか。どういう地域性・時代性の呪縛のなかでどういう課題を背負い、どういう方法でそれを実現していったか。それは、現在も立場の違いはあっても私たち一人ひとりが体験していることである。そうした関係をもつ広がりと深みのなかで歴史は展開する。したがって時代も固有の課題を背負っている。歴史的にみて新しく成立した政治権力は地域社会の主権的権利を制限ないし奪取してきた。それによって地域社会のある面は断絶したが、ある面は連続した。地域社会には、時代の変革のなかで消された地域性もあれば、なお自立的に生き抜いてきた地域性もある。

私たちが対象に向って的確に問いかけ、考えることができれば、知ることは学ぶことへと深化し、また、知って学ぶことができれば、既にそこには新たな創造への内なる営みが進められている。それは、課題の実現に向けて生きるその人みずからが、歴史の断絶と連続をその時点で自覚的に担ったことを意味する。そうして歴史は、過去・現在・将来の時間軸のなかで人間の生きる指針となっていく。

私たちは、人間が創造的に生き続けるために過去と現在に正面から向き合わなければならない。地方分権への取り組みは、二十一世紀の大きな課題である。地域社会が歴史的に失ってきた主権的権利の回復をみずからの力で確実にはたし、その活性化と自立を実現したいものである。地域社会には、時代を固定する力とともに変革する力が内在している。広島県民の協同性はおそらくそれを可能にする力をそなえている。

本書は、政治体制に変革が起っても生き続けてきた地域社会固有の構造や機能を描き出すようつとめた。「風土と人間」は岸田裕之（うち「方言風土と広島県方言」以下は室山敏昭）、一・二章は西別府元日、三・四章は岸田、五章は秋山伸隆、六・七章は中山富広、八章は頼祺一、九章は兒玉正昭、十章は宇吹暁が執筆した。そして岸田が全体の調整と編集にあたった。付録については、沿革表を兒玉、祭礼・行事を岸田が作成し、年表と参考文献は各自が分担して作成した。御協力をいただいた執筆者の方々には心から謝意を表したい。また本書の執筆にあたっては、多くの方の研究成果を利用させていただいた。図版についても諸機関や個人各位の御協力を得た。ともに厚くお礼を申し上げたい。

いまふりかえると、山川出版社からお話があり、執筆者をお願いし、目次も取りまとめながら、一九九六年の春に私は、一九九七年のＮＨＫ大河ドラマ「毛利元就」の時代考証の仕事を引き受けることになった。ドラマや関連番組・関連事業が集中するなかで二年間すごし、全てに区切りがついたのは九八年の春のことであった。毛利元就ブームは去った。しかし、その大きな特徴であった地域密着型の諸企画を推進した哲学と方法はなお新鮮である。関係者は地域振興の基礎としての歴史文化事業の価値をあらためて認識し、多様な企画を推進して県民の要望にこたえ、文化立県へと大きく前進していくべきであろう。

そうした事情で山川出版社には御迷惑をかけてしまった。やっと刊行にこぎつけ、ひとまず安堵の思いでいっぱいである。多くの読者を得て、広島県の歴史文化振興の一助となれば誠に幸いである。

一九九九年十月

岸田裕之

付　　録

■ 索　　引

● あ 行

● か　行

● さ　行

● た　行

●ま　行

●や　行

●ら・わ　行

■ 年　　表

年代	時代	事項
前28000年ころ	旧石器時代	冠高原で石器の製作がはじまる。
前20000年ころ		地宗寺遺跡，鴻ノ巣遺跡などに始良カルデラ噴火の影響。
前15000年ころ		東広島市西ガガラ遺跡で日本最古級の住居築造。瀬戸内技法による国府型ナイフが普及。
前13000年ころ		海進の開始。このころから弓矢などの使用開始。
前10000年ころ	縄文草創期	帝釈峡馬渡岩陰遺跡で土器の使用はじまる，定住化へ。
	早期	三次市松ガ迫遺跡などで住居建設。
	前期	瀬戸内海が形成される。
	中期	山間部の遺跡が減少する。
	後期	県内に遺跡がふえ，土器の多様化と文様の簡略化が進展。
	晩期	帝釈峡名越岩陰遺跡で籾痕のついた土器が使用される。
前300年ころ	弥生前期	弥生土器の使用開始。神辺平野に環濠集落が出現。
前200年ころ	中期	鉄鍬の使用盛行，塩町式土器の製作開始，分村・移村が活発化し，宗助池西遺跡などで四隅突出墓の造営。
100年ころ	後期	県域の東部，西部，北部(備北)の文化的差異が顕著になる。大規模集落や，特定住居の大形化，宝器の偏在がはじまる。このころ，倭国おおいに乱れる(『後漢書』東夷伝)。広島湾岸に畳谷遺跡などの高地性集落が形成。
200年ころ		備北の妙見山遺跡などに山陰地方系の土器が伝来。矢谷四隅突出型墳丘墓が造営される。箸墓が造営され，芦田川流域に畿内系土器が伝来。
300年ころ	古墳前期	大迫山１号古墳や辰の口古墳，中小田古墳などの造営。
400年ころ	中期	糸井大塚古墳などの帆立貝式古墳，旧寺古墳や三ツ城古墳，黒崎山古墳などの大型前方後円墳が造営される。
500年ころ	後期	鍬寄古墳，御年代古墳・二子塚古墳などが造営され，畿内系古墳文化が浸透。各地に製鉄，製塩遺跡が出現。

西暦	年号	事項
534	(安閑) 1	安芸に過戸廬城部屯倉が設置され，翌年婀娜国に膽殖・膽年部屯倉，備後国に後城屯倉など設置。この前後に，国造制や部民制も導入される。
618	(推古) 26	造船の使者が安芸に派遣される。
642	(皇極) 1	大和の王宮造営のために芸備の人びとが動員される。
650ころ		このころ，諸国で評里が設置されはじめ，また寺院の造営がみえはじめる。毘沙門山下遺跡。
663	(天智) 2	白村江の戦い，三谷郡司の先祖らも動員される。
672	(弘文) 1	壬申の乱。以後古代国家の骨格が形成されはじめる。このころ，尾市古墳をはじめとした終末期の古墳を造営。
673	(天武) 2	***3-17*** 備後国亀石郡が白雉を献上し，免税となる(備後国初見)。
698	(文武) 2	***9-28*** 安芸・長門両国から金青・緑青を献上(安芸国の初見)。

701	大宝　1	***8-21*** 安芸国などで蝗や大風の被害。この年，大宝令施行(評を郡に)。
703	3	***4-27*** 大宝の戸籍に奴婢とされた安芸国の200人を本籍に復帰。
706	慶雲　3	***2-4*** 安芸国などで飢饉・疫病が続き，賑給を実施。
709	和銅　2	***10-8*** 葦田郡から甲奴郡を分立させ，品治郡の3里を葦田郡に編入。
714	7	***4-22*** 諸国の庸を制定。一人当り備後は綿5両，安芸は絲2両。
719	養老　3	***12-15*** 備後国安那郡の茨城，葦田郡の常城を停止する。
721	5	***4-20*** 安那郡を割いて深津郡を設置。
724	神亀　1	***3-*** 安芸国が遠流の国と定められる。
729	天平　1	***4-3*** 山陽道諸国に駅家をつくるため駅起稲5万束をあてる。
730	2	***9-29*** 安芸・周防両国で民衆を集め，惑わす宗教的な動きを抑圧。
734	6	***9-16*** 安芸国と周防国の境を大竹川と定める。
741	13	***2-14*** 安芸・備後など諸国に国分寺の造営が命じられる。
747	19	このころの史料に法隆寺領深津郡荘所や大寺院の封戸がみえる。
760	天平宝字4	***3-26*** 安芸・備後など15カ国に疫病，賑給を実施。
762	6	***3-29*** 備後で旱魃，翌年から飢饉が続き，賑給・減税を実施。
769	神護景雲3	***9-25*** 和気清麻呂の姉法均尼が備後国に流される。
774	宝亀　5	***3-12*** 神石郡の人物部多能らが僧侶として免税措置をうける。
780	11	***7-15*** 安芸・周防国などに沿岸警備の強化を指令。このころの史料に，西大寺安芸郡牛田荘や大寺院の封戸がみえる。
802	延暦　21	***8-3*** 安芸・備後など10カ国の損田を耕作していた者の税を免除。
805	24	***12-7*** 備後国の神石など8郡の調を絲から鉄に変更。
806	大同　1	このころ，芸備両国の百姓疲弊のため，駅制を改革し公的旅行を制限。***11-7*** 安芸・備後両国の田租4割を6年間免除。
808	3	***5-19*** 芸備などで庸・雑穀の未進にかえ稲をおさめさせ諸国に備蓄。
811	弘仁　2	***7-17*** 伊都岐島(厳島)神と速谷神が名神に遇せられる。
813	4	***6-2*** 安芸・石見両国で洪水，田租が免除となる。
819	10	***7-25*** 安芸国は土地土墝薄のため，田租の4割免除を4年間延長。
824	天長　1	***6-12*** 安芸国，旱害疫病による死者続出のため，賑給を実施。
831	8	このころ，安芸国内の俘囚長や力田の輩，孝養者への褒賞が続く。
835	承和　2	***3-16*** 安芸・備後両国に周防鋳銭司役人のための出挙を課す。
838	5	***2-10*** 山陽道，南海道諸国に海賊捕縛の命令が下される。***5-9*** 安芸国11駅の駅子らへの食料給付を決定。
840	7	***6-16*** 山陽道などの駅家に従事する駅戸の田租を3カ年免除。
853	仁寿　3	***10-16*** 安芸国佐伯・山縣・沙田3郡の徭役を免除。
859	貞観　1	***1-27*** 安芸国の伊都岐島(厳島)神と速谷神，多家神に叙位。
862	4	***5-20*** 安芸・備後国など内海諸国に海賊取締令がだされる。***7-10*** 安芸国高宮郡大領三使部弟継らが仲県国造と改姓。
865	7	***8-17*** 旱疫が続くため神石郡など鉄をおさめる8郡の課役を免除。
866	8	***4-11*** 内海諸国に海賊追捕令。翌年にかけ備後などで海賊追捕が進む。
869	11	***11-21*** 安芸国旱魃のため，当年の田租5分を免除。
870	12	***2-25*** 備後・備中両国に鋳銭用の銅を採掘，上進させる。
873	15	***12-17*** 連年の不作により備後国14郡7400人余の税を免除。
875	17	***10-10*** 安芸国遠管駅の駅子の調が免除される。このころ，深津郡で，右大臣藤原良相が製塩用地を囲いこむ。

878	元慶	2	***2***-*5* 備後国で飢餓となり，2040人の税を免除。
879		3	***5***-*23* 備後国で班田準備が進展し，対象者1万3000人余となる。
881		5	***5***-*11* 瀬戸内海沿岸諸国に海賊追捕の命令。
887	仁和	3	***6***-*2* 備後など19カ国の調絹の麁悪が問題化，サンプルを頒布。
902	延喜	2	***3***-*13* 備後など16カ国で田租は穀稲で徴収することとなる。
904		4	***3***-*2* 安芸守伴忠行が射殺される。
1083	永保	3	***6***-*7* 藤原頼方，高田郡大領に補任される。
1098	承徳	2	***2***-*20* 藤原頼成，高田郡大領に補任される。この年，小童保が祇園社領として立保。
1127	大治	2	***11***-*2* 鳥羽上皇，可部荘年貢108石を高野山に寄進。
1139	保延	5	***6***- 藤原成孝，三田・風早両郷を中原師長に寄進。
1146	久安	2	***2***-*2* 平清盛，安芸守となる。
1151	仁平	1	***3***- 藤原成孝，三田・風早両郷を源頼信にゆずる。
1156	保元	1	***9***-*17* 平経盛，安芸守となる。閏 ***9***-*22* 平頼盛，安芸守となる。
1160	永暦	1	***8***-*5* 平清盛，はじめて厳島神社に参詣。
1164	長寛	2	***6***- 凡家綱，佐伯景弘を介して平清盛に寄進した志道領の下司職に補任される。***9***- 平清盛ら，厳島神社に法華経など33巻を奉納(平家納経)。
1166	仁安	1	***1***- 平重衡，後白河上皇に大田・桑原両郷を寄進。***2***- 大田荘立券。***11***-*17* 太田川河口に厳島社領志道原荘倉敷地を設ける。
1167		2	***6***-*15* 源頼信，厳島神主佐伯景弘に三田郷の公験を譲る。
1168		3	***10***- 大田荘，尾道に倉敷地を設けることを備後国衙に申請。
1171	承安	1	***1***- 壬生荘を立券し，佐東郡桑原郷内に倉敷地を設ける。
1174		4	***3***-*26* 後白河上皇・平清盛，厳島神社に参詣。***10***-*1* 中原業長，高田郡7郷を厳島神社に寄進。
1176	安元	2	***7***- 安芸国司，高田郡7郷を厳島社領とし，神主佐伯景弘を地頭に補任。
1179	治承	3	***11***- 佐伯景弘，粟屋郷司職，三田郷司地頭職に補任。
1180		4	***3***-*26* 高倉上皇，厳島神社に参詣。
1184	元暦	1	***10***-*12* 源範頼，安芸の山方介為綱の軍忠を賞する。
1186	文治	2	***5***- 後白河上皇，大田荘を高野山に寄進。
1187		3	***6***-*3* 幕府，厳島神主佐伯景弘に長門海上で宝剣捜索を命令。
1189		5	***10***-*28* 葉山頼宗，奥州藤原氏攻めにむかう途中，駿河より帰国したため所領を没収される。
1196	建久	7	***10***-*22* 三善康信，大田荘地頭職に補任される。
1207	承元	1	***7***-*3* 厳島神社炎上。***8***-*21* 安芸国を厳島社造営料国とする。
1217	建保	5	***6***-*21* 幕府，院宣をうけて佐東郡の杣山や佐東川(太田川)の率分などに関する国衙と地頭の相論を裁許。
1221	承久	3	***9***-*6* 幕府，熊谷直時を三入荘地頭職に補任。この年，承久の乱の勲功の賞として東国の御家人が安芸国内の地頭職に補任される。また，藤原親実，厳島神主職に補任される。
1223	貞応	2	***12***-*2* 厳島神社炎上。
1224	元仁	1	***9***-*13* 安芸国を厳島社造営料国とする。
1235	嘉禎	1	***5***-*9* 藤原親実，安芸守護職に補任される。

1243	寛元　1	この年，安芸国を東寺修造料所とする。
1247	宝治　1	この年，備後国を祇園社修理料所とする。
1272	文永　9	***10-20*** 幕府，安芸守護に田文の調進を命じる。
1274	11	***11-1*** 幕府，安芸守護に蒙古防戦のため安芸下向を命じる。
1278	弘安　1	この年，一遍上人，厳島神社に参詣。
1287	10	***9-21*** 幕府，佐東川の河手・鵜船・倉敷に関する三入荘一方地頭熊谷氏と佐東郡地頭武田氏の相論を裁許。
1296	永仁　4	この年，吉田荘の領家と地頭毛利氏，下地中分。
1301	正安　3	***10-3*** 尼善阿(佐伯姫松)，子息内藤景廉に妻保垣・高田原・長田郷地頭職をゆずる。
1302	乾元　1	この年，『とはずがたり』の著者尼二条，厳島神社に参詣。
1306	徳治　1	***10-6*** 尾道浄土寺金堂，上棟。
1309	延慶　1	***12-18*** 地毗荘本郷，地頭山内氏の永代請負となる。
1311	応長　1	***7-12*** 歌島公文，10貫文の為替を淀魚市の次郎兵衛尉に送る。
1319	元応　1	***12-5*** 備後守護長井貞重の代官円清，尾道浦に乱入。
1320	2	***8-17*** 六波羅，安芸御家人に亀頸での海上警固を命令。
1322	元亨　2	***8-16*** 長田郷地頭内藤氏出身の虎関師錬，『元亨釈書』をあらわす。
1330	元徳　2	この年，歌島西金寺住持ら，経典を書写し厳島神社に奉納(反古裏経)。
1331	3	***3-5*** 熊谷直勝，譲状を作成し，子息直氏に三入新荘地頭職を譲る。
1334	建武　1	***5-*** 葉山城頼連，軍忠の賞として本領の還付を請う。
1335	2	***12-*** 武田信武，足利尊氏方として挙兵。矢野城の熊谷蓮覚を攻める。
1336	3 (延元 1)	***5-5*** 九州より東上する足利尊氏，尾道浄土寺で法楽和歌会。
1340	暦応　3 (興国 1)	***4-26*** 小早川宣平，家臣の市場居住を禁止。
1348	貞和　4 (正平 3)	***12-18*** 草戸常福寺(明王院)五重塔建立。
1349	5 (　4)	***4-*** 足利直冬，中国探題として鞆に滞在。
1351	観応　2 (　6)	***10-2*** 山内氏一族，一揆契約を結び，足利直冬に与党す。
1356	延文　1 (　11)	***3-10*** 細川頼有，備後守護となる。***6-*** このころ，中国管領細川頼之下向し，足利直冬方を討つ。
1366	貞治　5 (　21)	***3-3*** 博多講衆，厳島神社に釣灯籠を寄進。***7-*** 大内弘世，石見から山県郡大田に進出。
1367	6 (　22)	この年，尾道天寧寺建立。
1371	応安　4 (建徳 2)	***9-20*** 九州探題今川了俊，尾道・沼田・海田を経て，この日，厳島神社に参詣。
1389	康応　1 (元中 6)	***3-*** 足利義満，厳島神社に参詣。
1397	応永　4	***8-*** 小早川春平，仏通寺を建立。
1399	6	この年，応永の乱。大内義弘に従っていた厳島神主親胤，堺で降参。
1402	9	***7-19*** 備後守護山名常熙，大田荘・尾道倉敷を1000石で請負。

1403	応永	10	***12-11*** 安芸守護山名氏，平賀氏の高屋要害を攻撃。
1404		11	***9-23*** 安芸国人33人，一揆契約を結ぶ。
1406		13	閏 ***6-*** 幕府，毛利・平賀氏に降伏を勧告。毛利・平賀氏ら赦免を申請。
1419		26	***12-24*** 毛利氏一族の惣庶間紛争，平賀・宍戸・高橋氏の口入により和解成立。
1420		27	この年，朝鮮使宋希璟，瀬戸内海を航行，蒲刈で海賊にあう。
1434	永享	6	***1-30*** 幕府，四国・備後の海賊に唐船来朝時の警固を命じる。
1442	嘉吉	2	***11-16*** 沼田小早川氏の新荘系の庶家，一族一揆契約を結ぶ。
1451	宝徳	3	***9-*** 沼田小早川氏の庶家，一族一揆契約を結ぶ。
1457	長禄	1	***3～5-*** 大内氏・厳島神主家，安芸佐東郡で武田氏・安芸国人とたたかう。
1467	応仁	1	応仁の乱。大内政弘，西軍として上洛。安芸の海賊衆が先導。
1469	文明	1	***10-*** このころ，備後で土一揆蜂起，徳政を要求。
1470		3	***10-*** このころ，東西条の地下人，徳政と号して蜂起。
1478		10	***6-20*** 大内氏，西条鏡山城の法式条々を制定。
1485		17	***2-*** 浄土寺領櫃田村の百姓が連判して，武家の代官起用を拒否。
1508	永正	5	この年，大内義興，足利義尹を奉じて上洛。安芸国人もしたがう。
1511		8	***8-*** このころ，安芸国人の一部，京都から帰国。
1512		9	***3-3*** 安芸国人９人，一揆契約を結ぶ。
1515		12	***3-*** 和泉堺の商人，厳島神社に狩野元信筆の絵馬を奉納。
1517		14	***10-22*** 武田元繁，毛利元就とたたかい，敗死。
1523	大永	3	***4-11*** 友田興藤，大内氏に反抗して桜尾に入城，厳島神主となる。***6-*** 尼子経久，大内氏の拠点鏡山城を攻略。***8-10*** 毛利元就，家督を相続し，郡山城に入城。
1525		5	***3-*** 毛利元就，大内方に復帰。
1529	享禄	2	この年，毛利元就，高橋氏を滅ぼし，その旧領を併合。
1532	天文	1	***7-13*** 毛利氏家臣，用水や逃亡者について申しあわせる。
1537		6	***12-1*** 毛利元就の長男隆元，人質として山口に到着。
1538		7	***7-1*** 厳島の大願寺尊海，一切経を求めて博多から朝鮮にむかう。
1540		9	***9-4*** 尼子晴久，多治比風越山に本陣をおき，郡山城を攻撃。***9-23*** 尼子軍，青山三塚山に本陣を移す。***12-3*** 陶隆房の援軍到着。
1541		10	***1-13*** 毛利・陶軍，尼子軍とたたかう。夜，尼子軍撤退。***4-5*** 桜尾城落城，友田興藤自殺，厳島神主家滅亡。***5-13*** 金山城落城，武田氏滅亡。
1543		12	***5-*** 出雲富田城を攻めていた大内軍敗走。小早川正平討死。
1544		13	***11-*** 毛利元就の３男隆景，竹原小早川家を相続。
1547		16	この年，毛利元就の次男元春，吉川家相続の契約成立。
1549		18	***9-4*** 大内軍，神辺城を攻略。
1550		19	***2-*** 吉川家を相続した元春，新庄に入部。***7-12・13*** 毛利元就，家臣の井上元兼一族を討滅。***7-20*** 毛利氏家臣連署起請文を提出。***8*** このころ，陶隆房，大内義隆打倒を計画し，毛利氏などに協力を要請。***12-*** 毛利隆元，井上一族の跡を家臣に宛行う。
1551		20	***8-20*** 陶隆房，厳島を占領，桜尾城を接収。毛利元就，佐東郡一帯を占領。***8-28*** 陶隆房挙兵。***9-1*** 大内義隆，長門大寧寺で自殺。こ

			の年，小早川隆景，沼田小早川家を相続。
1552	天文	21	***2-28*** 陶晴賢(隆房)，厳島に掟を下す。***3-*** 和泉堺の綾井定友，厳島神社に絵馬(橋弁慶図)を奉納。***5-3*** 陶晴賢に擁立された大内義長，毛利氏の佐東郡内の領有を安堵。***7-23*** 毛利氏，志川滝山城を攻略。この年から翌年にかけて，陶氏，佐西郡内の検地を実施。
1553		22	***9-21*** 毛利氏，5カ条の軍法を制定。***10-*** このころ，毛利氏，具足さらへを実施。***12-*** 山内隆通，毛利氏に服属。
1554		23	***5-12*** 毛利氏，陶氏と断交，広島湾頭および厳島を占領(防芸引分)。***6-5*** 毛利氏，折敷畑山麓で陶氏家臣宮川甲斐守を破る(折敷畑合戦)。
1555	弘治	1	***9-21*** 陶晴賢，厳島に上陸，毛利方の宮ノ城を攻撃。***10-1*** 毛利軍，陶軍を奇襲，晴賢自殺(厳島合戦)。
1557		3	***4-3*** 大内義長自殺，大内氏滅亡。***11-25*** 毛利元就，隆元・元春・隆景にいわゆる三子教訓状を認める。***12-2*** 毛利元就・隆元，安芸・備後の国衆と軍勢狼藉の禁止を申し合わせる。毛利氏家臣，軍勢狼籍・陣払いの禁令の遵守を誓約。
1558	永禄	1	***9-2*** 天野隆重・元明，天野元定と下人の人返しを協約。
1561		4	***11-28*** 厳島神社大鳥居棟上。真柱2本は能美島から伐りだす。
1563		6	***8-4*** 毛利隆元，急死。
1565		8	***8-*** 吉川元春，出雲の陣中で『太平記』の書写を完了。
1566		9	***11-*** 尼子義久，毛利氏に降伏，富田開城。
1567		10	***2-9*** 曲直瀬道三，毛利元就らに9カ条の意見書を提出。***12-*** 観世大夫，郡山城内で演能。
1568		11	***1-*** 石見の益田藤兼，吉田へ出頭，息次郎(元祥)元服。
1569		12	***7-*** 尼子勝久・山中鹿介ら出雲に乱入。***8-*** 藤井皓玄，神辺城を奪う。***10-12*** 大内輝弘，山口に乱入。
1571	元亀	2	***6-14*** 毛利元就没。***12-27*** 吉田兼右，厳島神社遷宮の儀式を執行。
1572		3	***12-*** 毛利輝元，掟を制定。
1576	天正	4	***2-8*** 足利義昭，鞆に下向。***7-13・14*** 毛利氏水軍，木津河口で織田方水軍を破り，石山本願寺に兵粮をいれる。***12-*** 九条稙通，吉田祇園社で『源氏物語』を講釈。
1577		5	***3-13*** 播磨の石井与次兵衛尉，尾道浄土寺に絵馬を寄進。
1582		10	***4-*** このころ，来島村上氏，毛利氏から離反(沖家騒動)。***6-2*** 明智光秀，京都本能寺で織田信長を討つ。***6-4*** 毛利氏，羽柴秀吉と講和。
1583		11	***9-*** 毛利氏の人質として小早川元総(秀包)・吉川経言(広家)上洛。
1584		12	このころ，毛利輝元，郡山城の修築と城下の整備を進める。
1586		14	***2-*** このころより，毛利氏，家臣に所領付立を提出させる。***6-1*** 毛利氏，諸関停止などの分国掟を制定。***10-*** 毛利軍，九州へ渡海。***11-15*** 吉川元春，豊前の陣中で没。
1587		15	***6-5*** 吉川元長，日向の陣中で没。弟経言(広家)，家督を相続。
1588		16	***7-7*** 毛利輝元，上洛のため吉田を出発。***9-19*** 吉田へ帰着。
1589		17	***7-*** このころより，広島築城工事，本格化。
1591		19	***3-13*** 豊臣秀吉，毛利輝元に112万石を宛行う。***9-*** 毛利氏，惣国検地後の知行替，本格化。
1592	文禄	1	***4-11*** 豊臣秀吉，広島城に到着。

1595	文禄	4	***11-26*** 毛利氏，鞆・尾道を公領として代官を補任。
1597	慶長	2	***6-12*** 小早川隆景没。
1599		4	***6-15*** 毛利輝元，秀元に長門などを国割。
1600		5	***9-15*** 関ヶ原の合戦。***11-*** 広島城を福島氏に明け渡す。
1601		6	***3-*** 福島正則広島入城。***10-*** 領内で検地を実施(慶長検地)。
1615	元和	1	この年，朝鮮国王使(刷還使，のち通信使)，鞆に寄港。
1616		2	***3-*** 尾道町で自治に関する町掟が決められる。
1619		5	***6-2*** 福島正則改易に処せらる。***8-4*** 水野勝成，鞆に上陸し，神辺城にはいる。***8-8*** 浅野長晟，広島城へはいる。
1620		6	この年，広島・福山で大雨洪水，各地で山津波，堤防決壊。この年，泉水(縮景園)造園。
1622		8	***8-15*** 福山城完成し水野勝成入城。まもなく城下に上水道敷設。
1632	寛永	9	***11-2*** 浅野長治，三次・恵蘇郡5万石を分知さる(三次藩の成立)。
1638		15	***2-8*** 福山藩，島原へ向けて出陣(***2-24*** 島原到着)。***10-*** 広島藩，蔵入地に検地を実施(寛永地詰)。
1642		19	この年，作食・種米に難渋し，餓死者少なからず(寛永飢饉)。
1648	慶安	1	***7-16*** 広島藩，尾長山に東照宮勧請。この年，水野勝成，鞆沼名前神社再建，備後一宮吉備津神社造営。
1650		3	この年，竹原塩浜31軒を築調。
1653	承応	2	***12-16*** 広島銅虫細工の元祖，佐々木伝兵衛没。
1654		3	***6-17*** 広島大工町出火，比治山町へ延焼し，民家300軒余焼失。
1657	明暦	3	***2-5*** 広島研屋町出火，革屋町，播磨屋町，平田屋町など町家233軒，侍屋敷25軒，寺3カ寺焼失。明暦年中，三原浅野家庭園万象園作庭。
1659	万治	2	***3-7*** 鞆町の中村吉兵衛，保命酒の製造販売を許可される。
1662	寛文	2	この年，福山藩，松永塩田39町余を開発。この年，浜田藩，佐伯郡草津村に繋船所を設置(宝暦9年まで)。
1663		3	***5-*** 広島藩儒黒川道祐，藩命により『芸備国郡志』を編纂。
1664		4	この年，幕命により，領内の郡名を佐西を佐伯，佐東を沼田，安南を安芸，安北を高宮，三吉を三次と変更。
1669		9	***8-22*** 広島紙屋町出火，横町，白神1丁目，同2丁目などに延焼し，町家230軒焼失。
1696	元禄	9	この年，広島出身の宮崎安貞『農業全書』をあらわす。
1698		11	***5-*** 水野勝岑没し，跡目なきにより改易。
1699		12	***5-*** 岡山藩，旧福山藩領の検地を開始(翌年6月完了)。
1700		13	***1-11*** 松平忠雅，山形から備後10万石に転封。
1707	宝永	4	***12-29*** 草津牡蠣株仲間の大坂川中での牡蠣船独占営業許可。
1708		5	***1-*** 世羅・三谿郡百姓，広島へ出訴，さらに山県・佐伯・高田・高宮の諸郡に波及し，差上米制の撤回を要求。
1710		7	閏 ***8-15*** 松平忠雅，桑名へ転封。阿部正邦，宇都宮より福山へ入封。
1711	正徳	1	***9-9*** 朝鮮通信使，鞆福禅寺に止宿，一行の李邦彦，鞆の風景を絶賛して「日東第一形勝」の扁額を書く。
1712		2	***1-29*** 広島藩，代官制を廃止し，あらたに郡代，所務役人，頭庄屋をおき，郡制改革を実施(正徳新格)。
1713		3	***1-*** 恵蘇郡高野山組農民，鉄専売制に反対し幕領三次陣屋へ強訴。

1717	享保	2	***12-*** 福山藩農民城下へ強訴。福山藩一揆側に御救米2000石を貸与。
1718		3	***1-*** 三次藩農民，陣屋へ強訴(***2-6*** 解散)。***3-*** 三上郡本村から百姓一揆おこり，それより広島藩全藩に波及し30万人蜂起。***4-*** 広島藩，一揆勢の要求をうけいれ，郡制を旧に復す。
1719		4	***5-11*** 藩主浅野長経の死去により三次藩断絶し，所領5万石本藩へ還付。***10-25*** 浅野長寔，三次5万石分封を許される。
1720		5	***6-21*** 三次藩主浅野長寔早世し，ふたたび本藩に5万石を還付。
1722		7	***12-26*** 福山大火，焼失家屋1000軒を超す。
1732		17	***7-*** ウンカ大発生し稲作壊滅し，翌春までに広島藩の餓死者8644人，福山藩の餓死者731人(享保大飢饉)。
1734		19	***2-4*** 福山笠岡町出火，1089軒焼失。
1743	寛保	3	***5-*** 広島の豪商，厳島神社社前に新堤50余丈を築調，108の石灯籠，大石灯籠1基寄進。***10-30*** 広島藩，白島の講学館を廃止。
1753	宝暦	3	***2-28*** 福山領民2万余人強訴，翌29日から3月1日にかけて庄屋宅などを打ちこわす。この年，幕府，全国に囲籾の制を命令。
1755		5	***12-5*** 恵蘇郡百姓蜂起。***12-21*** 高田郡百姓蜂起，山県郡にも波及。
1759		9	***12-15*** 竹原塩田の浜子，賃上げ闘争おこす。
1763		13	この年，多賀庵風律，俳諧集『ささのは』を刊行。
1766	明和	3	***1-*** 尾道に問屋役場がおかれ，船問屋株48軒結成。
1770		7	***8-24*** 安那郡で小作地の小作料をめぐって一揆おこり，たちまち全藩に波及。***10-*** 広島藩，社倉法示教書を領内に頒布し普及をはかる。
1772	安永	1	この年，山県郡加計村の隅屋正封編『松落葉集』刊行。
1780		9	***5-*** 尾道町に問屋座会所設置。この年，広島藩の村々で社倉の制がほぼととのう。
1781	天明	1	このころ，菅茶山，家塾黄葉夕陽村社を開く。
1785		5	***12-21*** 広島藩，学問所における教育を朱子学に統一。
1786		6	***11-*** 天明2年以来の凶作飢饉のため恵蘇郡農民強訴。***12-14*** 福山藩で諸負担の廃止・軽減，執政の罷免などを要求する全藩一揆おこる。
1787		7	***1-*** 福山藩，一揆の要求を全面的に拒否し，福山藩でふたたび大一揆おこる。***5-20*** 広島城下で打ちこわし。***5-*** 尾道町で打ちこわし。
1788		8	***6-*** 広島藩，真宗門徒・僧侶に対し他宗を誹謗したり，神社を軽んずる神棚おろしを戒める。
1793	寛政	5	***2-4*** 頼春風，竹原書院を開く。この年，広島藩，『事蹟緒鑑』編集。
1797		9	***1-*** 菅茶山の私塾を福山藩の郷校とし，廉塾と称す。
1803	享和	3	***6-*** 大瀛，西本願寺学林智洞らと京都で宗論。
1804	文化	1	***12-*** 福山藩，義倉の趣法目論見を認可。
1809		6	***2-*** 菅茶山ら「福山志料」を完成させ，藩主に上呈。***8-*** 広島藩，郡中に「農家益」を配布。***9-1*** 広島城下に火消し組を編成。
1813		10	この年，広島藩，「国郡志」改修につき，領内全村に下調べ帳の提出を命令。この年，北條霞亭，廉塾を訪れ都講となる。
1814		11	この年，向島の天満屋治兵衛，浄土寺に露滴庵を寄進。
1818	文政	1	この年，広島藩，国郡志編纂局を設置。この年，福山藩，「御問状答書」を作成，幕府に提出。
1825		8	***8-*** 佐伯郡草津村に牡蠣活場設置。***9-*** 頼杏坪ら『芸藩通志』脱稿。

1826	文政	9	*6-24・25* シーボルト，御手洗碇泊，病人を診察。
1827		10	*8-20～29* 竹原塩田で浜子の賃上げ闘争。
1828		11	***4***- 広島藩，江波皿山に製陶場設置。
1830	天保	1	この年，馬屋原重帯『西備名区』清書本を吉備津神社に奉納。
1833		4	***11****-12* 米価騰貴のため広島城下の米穀商打ちこわされる。この年，多雨・冷害のため損耗甚大(天保11年まで気候不順。天保大飢饉)。
1837		8	この年，広島・福山藩とも餓死者，病死者多数。
1845	弘化	2	***9***- 山県郡太田筋農民，扱苧売買取引趣法の撤回を求め騒動。
1847		4	***6***- 阿部正弘，軍制改革と軍事教練の強化を命令。***10****-25* 広島藩，40分1平価切り下げの改印銀札を発行。
1848	嘉永	1	*8-2* 頼山陽『日本外史』はじめて出版される。
1849		2	***9****-21* 三宅薫庵，広島ではじめて種痘接種。***10****-7* 銀札預かり切手乱発のため，広島城下の豊島屋円助ら打ちこわしをうける。
1850		3	この年，広島藩，前年に続き暴風雨，高潮，洪水で被害甚大。
1852		5	***1***- 広島藩，新銀札発行，これにより銀札価500分1平価切り下げ。
1853		6	***5***- 阿部正弘，1万石を加増される。***7***- 福山藩，藩士登用にさいし文武の考試を実施。
1854	安政	1	***11****-4・5* 芸備両国で大地震。この年，福山藩，木之庄村に大砲鋳造場建設。
1855		2	***1****-6* 福山藩，学問所誠之館開館。この夏，広島・福山両藩，大砲・小銃製造のため，寺院梵鐘の差し出しを命令。
1856		3	この年，五弓雪窓，備後府中に家塾晩香館を開く。
1859		6	***3****-28* 広島藩，城内に小銃製造工場設置。
1860	万延	1	閏***3***- 福山藩，家中に西洋砲術練習強化を命令。
1861	文久	1	***6***- 広島藩主浅野茂長，領内巡察。この年，富田久三郎，備後絣を発明。
1863		3	***3****-6* 広島藩，英国汽船を購入，震天丸と命名。***6***- 広島藩，沿岸要地に砲台設置。***8***- 御手洗で薩芸交易が開始。
1864	元治	1	***2***- 広島藩，農兵の結成を命令。***7***- 三条実美ら，鞆・御手洗を経て長州へ落ちる(七卿落ち)。***8****-13* 広島藩，長州討伐軍山陽道先鋒を命じられる。***10****-24* 阿部正方以下福山藩兵6000人広島へ出陣。
1865	慶応	1	***11****-7* 広島藩，幕府より長州討伐の先鋒を命じられる。***11***- 広島藩，応変隊を結成。***12****-10* 阿部正方以下福山藩兵600人石州口へ出陣。
1866		2	***6****-8* 広島藩，先鋒をとかれ藩境守備を命じられる。***6****-17* 福山藩兵，石見益田で長州兵にやぶれ，7月に福山へ帰陣。この年，戦場となった佐伯郡では，15町村計2067軒が焼失し，罹災者は1万人以上。
1867		3	***1***- 恵蘇郡で百姓一揆，竹原町で打ちこわし騒動。***9****-20* 薩長芸3藩軍事同盟成立。***11****-29* 尾道にええじゃないか発生し，竹原・広島にも波及。
1868	明治	1	***1****-3* 戊辰戦争おこる。***1****-9* 福山藩，長州藩と講和。
1869		2	***6****-17* 版籍奉還(広島・福山両藩主，知藩事となる)。
1870		3	この年，福山藩，岡田吉顕の構想にそって学制を改革。
1871		4	***2****-6* 深津郡深津村に最初の啓蒙所開設。***7****-14* 廃藩置県(広島県・福山県・中津県など成立)。***8****-4* 広島藩大一揆(武一騒動)おこる。***9***

			-19 福山藩大一揆おこる。***11**-15* 福山県，深津県と名称を変更，備中一円と備後６郡を管轄。
1872	明治	5	***4**-4* 広島県，県内を17大区，158小区に区画。***6**-7* 深津県，小田県と改称し，県庁を備中国小田郡笠岡村に移転を決定。
1873		6	***1**-9* 広島鎮台設置。***6**-25* 御調郡因島住民約300人，徴兵反対をとなえ一揆。
1874		7	***8**-16* 小田県臨時民撰議院開設。
1875		8	***2**-26* 小田県，実地丈量着手を指令。***12**-10* 小田県を廃し，岡山県に合併。
1876		9	***4**-18* 旧小田県管轄地のうち備後６郡を広島県へ移管。***10**-25* 広島県，地等条例を公布。***12**-25* 広島県庁焼失。
1877		10	***3**-8* 広島県師範学校開校。
1878		11	***4**-15* 広島水主町に新築県庁舎完成し，開庁式。
1879		12	***4**-24* 町村会・区会の開設を布達。***5**-1* 第１回通常県会開会。
1880		13	***4**-* 官立広島紡績所，安芸郡上瀬野村に建設工事開始。
1882		15	***6**-* 県，官立広島紡績所を前年創立された広島綿糸紡績会社へ払下げ。
1884		17	***2**-28* 安芸郡仁保島大河浦人民総代，千田貞暁県令に宇品築港工事反対の陳情書を提出。***9**-5* 宇品築港事業起工式挙行。
1885		18	***1**-27* 広島県の第１回官約移民222人，横浜港よりハワイへ出発。
1888		21	***4**-1* 広島県，経済三部制を実施。***5**-14* 広島鎮台，第５師団司令部と改称。***8**-1* 海軍兵学校，東京より安芸郡江田島村へ移転。
1889		22	***4**-1* 市制・町村制施行(県内に１市14町450村)。***7**-1* 呉鎮守府開庁。
1890		23	***7**-1* 第１回衆議院議員総選挙実施。***10**-30* 教育勅語発布。
1892		25	***5**-5* 新聞『中国』創刊。
1893		26	***5**-1* 福山紡績株式会社設立。***12**-13* 広島米綿取引所設置認可。
1894		27	***6**-10* 山陽鉄道糸崎・広島間開通。***9**-15* 明治天皇，広島に到着し大本営を開設。***10**-15* 臨時帝国第７議会を広島市で開会。
1897		30	***3**-15* 陸軍中央糧秣廠宇品支廠設置。
1899		32	***1**-1* 広島市水道給水開始。***7**-1* 広島県に府県制・郡制を施行。
1900		33	***6**-26* 北清事変のため第５師団へ動員命令。
1901		34	***5**-1* 県内最初の産業組合，無限責任川迫村信用組合設立。
1902		35	***4**-1* 広島市に広島高等師範学校設置。
1903		36	***11**-10* 呉海軍造船廠と呉海軍造兵廠を合併し，呉海軍工廠設置。
1904		37	***2**-10* ロシアに宣戦布告。***4**-19* 第５師団に動員令下る。
1905		38	***6**-2* 能美・倉橋島の西方海底で地震(芸予地震)，県内２市５郡に被害。***9**-17* 饒津公園で非講和県民大会開催。
1907		40	***6**-23* 福島町一致協会設立。
1908		41	***8**-7* 共同苗代設置規則制定。***11**-26* 広島県会，共同苗代設置強制反対意見書を議決。
1909		42	***4**-1* 県立三原女子師範学校設立。***12**-21* 共同苗代設置規則撤廃。
1910		43	***3**-1* 米穀検査規則公布。***5**-15* 広島市に常設映画館誕生。
1911		44	***6**-14* 大日本軌道の軽便鉄道横川・可部間全通。
1912	大正	1	***3**-25* 呉海軍工廠で１万2000人参加の大争議(〜***4**-5*)。
1913		2	***12**-9* 八田貯蓄銀行休業，以後銀行休業相つぎ広島金融界混乱。

1914	大正	3	***2-1*** 三税廃止期成同盟会，広島市民大会開催。
1915		4	***4-28*** 芸備鉄道広島・志和地間開通。
1917		6	***7-21*** 大阪鉄工所因島工場職工5000人余ストライキ(〜*-24*)。
1918		7	***8-9*** 双三郡三次町・十日市町で米騒動発生し，県内各地に波及。
1919		8	***7-5*** 福山市大水害。県内各地で豪雨による被害甚大。
1920		9	***1-17*** 広島高等工業学校設置。***6-30*** 県内の第66・広島など７銀行合併し，芸備銀行発足。
1921		10	***3-13*** 広島県共鳴会創立総会開催。***3-30*** 呉海軍工廠広支廠開庁式。
1922		11	***4-1*** 広島県福山師範学校設置。***5-1*** 因島で県内初のメーデー実施。
1923		12	***7-30*** 広島県水平社創立総会。***12-10*** 広島高等学校，広島市に設置。
1924		13	***1-21*** 神田農民同盟結成。***5-21*** 大阪鉄工所因島・三庄両工場争議。
1925		14	***3-29*** 普通選挙法成立。***9-26*** 山陽本線，広島以東の複線化完成。
1926	昭和	1	***6-24*** 府県制・市制・町村制改正。***7-1*** 郡役所廃止。
1927		2	***4-22*** 県内銀行本支店，金融恐慌鎮静のため一斉休業。
1928		3	***2-20*** 最初の普通選挙(衆議院議員)。***4-1*** 広島女子専門学校開校。
1929		4	***3-20*** 広島市主催昭和産業博覧会開催。***4-1*** 広島文理科大学設置。
1930		5	***9-30*** 県農会，農村不況対策で大臣・県知事に陳情。
1931		6	***9-22*** 大阪朝日新聞社，広島市で満州事変写真展を開催。以後県内各地で開催。***10-9*** 呉鎮守府巡洋艦天龍，上海にむけ出動。***12-17*** 第５師団臨時天津派遣隊編成下命。
1933		8	***3-29*** 宇品港域軍事取締法公布。***9-19*** 広島国防婦人連合会発会式。
1935		10	***3-27*** 呉市主催国防と産業大博覧会(〜***5-10***)。***5-1*** 第16回メーデー。因島で500人デモ行進。戦前県内最後のメーデー。
1936		11	***3-19*** 海軍兵学校教育参考館，開館式挙行。***10-22*** 広島県，満州国に単独で広島村を建設する計画を発表。
1937		12	***12-12*** 広島市で南京陥落を祝い提灯行列。県内各地で祝賀行事。
1940		15	***3-18*** 呉市で家庭(海軍関係者をのぞく)用砂糖の切符制を実施。***11-1〜15*** 広島県主催紀元2600年奉祝展覧会開催。
1941		16	***12-8*** 日本軍，マレー半島に上陸開始。第５師団も参加。***12-12*** 三次町に敵国人抑留所開設。***12-16*** 戦艦大和，呉海軍工廠で竣工。
1942		17	***4-15*** 東洋工業に第１次徴用工員250人入社。
1943		18	***11-1*** 軍需省の地方機関として広島県軍需監理部設置。
1944		19	***5-3*** 内務省，呉市の建物疎開を告示。***11-11*** 県内初の空襲。
1945		20	***3-19*** 呉軍港空襲。以後，７月28日までに呉方面への大規模空襲が５回。***3-31*** 呉市学童疎開(第１陣)。***8-6*** 広島市に原子爆弾投下される。***8-8*** 福山市空襲。***9-17*** 枕崎台風で大被害。***10-6*** アメリカ軍，県へ進駐を開始。***10-8*** 広島県引揚民事務所設置。***12-8*** 広島県戦災都市復興委員会初会合。
1946		21	***2-1*** 英連邦軍先遣部隊，呉へ入港。***5-1*** 戦後初のメーデー。
1947		22	***8-6*** 広島市，平和祭(第１回)。***12-5*** 天皇，県内巡幸。
1948		23	***2-1*** 第１回広島県復興宝クジ発行。***5-10*** 広島県公職適否審査委員会解散。***7-29*** 広島県婦人連合会結成。
1949		24	***7-14*** ABCC，広島市宇品町凱旋館で開所式。***8-6*** 広島平和記念都市建設法公布。***8-31*** 広島県遺族厚生連盟創立総会。

1950	昭和 25	***1-15*** プロ野球広島カープ球団結成。***6-28*** 旧軍港市転換法公布施行。***8-13*** 警察予備隊，広島県内で募集を開始。
1951	26	***6-30*** 県指定の公職追放者約1800人の追放解除。***9-21*** 第6回国民体育大会，県内で開幕。***10-*** 大久野島毒ガス傷害者互助会結成。
1952	27	***5-1*** 独立後初のメーデー(第23回)。***5-2*** 県・広島市戦没者追悼式挙行。***11-3*** 世界連邦アジア会議，広島市で開催。
1953	28	***11-21*** 大原知事，生産県構想の基本方針をあきらかにする。
1954	29	***2-12*** 大蔵省，ガス障害者救済のための特別措置要綱を通達。***7-1*** 海上自衛隊呉地方隊・呉地方総監部，陸上自衛隊海田市駐屯部隊発足。
1955	30	***8-6*** 広島市で原水爆禁止世界大会(第1回)。***8-24*** 広島市の平和記念資料館(原爆資料館)開館。
1956	31	***4-21*** 県庁，基町に移転。***9-11*** 広島原爆病院開院式。
1957	32	***3-31*** 原子爆弾被爆者の医療等に関する法律公布。***7-22*** 広島市民球場完工式。***10-9*** ネール・インド首相，来広。
1958	33	***3-26*** 広島城復元工事完了。***4-1*** 広島復興大博覧会開幕。
1959	34	***6-24*** 安保改定阻止県民共闘会議結成大会。
1967	42	***8-5*** 原爆ドーム保存工事の完工式。
1969	44	***3-25*** 広島県原爆被爆教師の会結成。
1971	46	***4-16*** 天皇・皇后，広島市平和公園の原爆慰霊碑を参拝。
1973	48	***2-8*** 広島大学，統合移転地を賀茂郡西条町に決定。
1975	50	***3-10*** 山陽新幹線岡山・博多間開業。***4-1*** 放射線影響研究所(ABCCを改組)開所式。***8-2*** 広島県朝鮮人被爆者連絡協議会結成。
1976	51	***12-1*** 広島市長，国連でワルトハイム事務総長と会見。
1980	55	***4-1*** 広島市，全国10番目の政令指定都市となる。
1981	56	***2-25*** 広島平和公園でローマ法王歓迎の集い。
1982	57	***3-21***「82年・平和のためのヒロシマ行動」，広島市で開催。
1986	61	***3-22*** 県議会，「核兵器廃絶に関する広島県宣言」を議決。
1988	63	***4-16*** 大久野島毒ガス資料館開館。
1990	平成 2	***4-16*** 原爆ドームの第2次保存工事完成。
1991	3	***4-8*** 放射線被曝者医療国際協力推進協議会(放医協)初会合。***4-26*** 海上自衛隊の掃海部隊，ペルシア湾にむけ呉を出港。
1993	5	***10-26*** 山陽自動車道，県内全通。***10-29*** 新広島空港，開港。
1994	6	***10-2*** 第12回アジア競技大会開幕。***12-16*** 原爆被爆者に対する援護に関する法律公布。
1995	7	***7-27*** 天皇・皇后，戦後50年慰霊のため広島市を訪問。***11-7*** 平岡敬広島市長，国際司法裁判所で核兵器使用の違法性について陳述。
1996	8	***9-8*** 第51回国民体育大会夏季大会，広島県内で開幕。***12-5*** 原爆ドーム・厳島神社，ユネスコの世界遺産となる。
1997	9	***1-*** NHK 大河ドラマ放映開始で毛利元就ブーム。
1999	11	***5-1*** 瀬戸内しまなみ海道(本四連絡橋尾道・今治ルート)開通。

■ 沿 革 表

1. 国・郡沿革表

(2012年 4 月現在)

国名	延喜式	倭名抄	吾妻鏡 その他	郡名考・ 天保郷帳	郡区 編成	新郡区 編成	現在	
							郡	市
備後	安《やす》那《な》	夜須奈 同 左	安 那	安《やす》那《な》	安《やす》那《な》	深《ふか》安《やす》		福山市
	深《ふか》津《つ》	布加津 同 左	深 津	深《ふか》津《つ》	深《ふか》津《つ》			
	沼《ぬの》隈《くま》	奴乃久万 同 左	沼 隈	沼《ぬま》隈《くま》	沼《ぬま》隈《くま》	沼 隈		福山市・尾道市
	葦《あし》田《た》	安之太 同 左	葦 田 蘆 田	蘆《あし》田《だ》	蘆《あし》田《だ》	蘆《あ》品《しな》		福山市・府中市
	品 治	保牟知 同 左	品 治	品 治	品《ほん》治《じ》			
	神《かめ》石《し》	加女志 同 左	上 石 神 石	神《じん》石《せき》	神石	神 石	神石郡	
	甲《かふ》奴《の》	加不乃 同 左	甲 奴 甲 怒	甲《かふ》怒《ぬ》	甲《こう》奴《ぬ》	甲 奴		
	世 羅	同 左	世 羅 世 良	世 羅	世《せ》羅《ら》	世 羅	世羅郡	
	三《み》上《かみ》	美加三 同 左	三 上	三《み》上《かみ》	三《み》上《かみ》	比《ひ》婆《ば》		庄原市
	奴《ぬ》可《か》	奴 同 左	奴 可 怒 哥	奴《ぬ》可《か》	奴《ぬ》可《か》			
	恵《え》蘇《そ》	同 左	恵 蘇	恵《え》蘇《そ》	恵《え》蘇《そ》			
	三次《みよし(みすき)》	美与之 同 左	三 次 三 吉	三《み》次《よし》	三《み》次《よし》	雙《ふた》三《み》		三次市
	三《み》谿《たに》	美多爾 同 左	三 谿 三 谷	三《み》谿《たに》	三《み》谿《たに》			
	御《み》調《つぎ》	三豆木 同 左	御 調	御《み》調《つぎ》	御《み》調《つぎ》	御 調		尾道市・三原市
	沙田《さた(とよた)》	万須田 同 左 今豊田	沙 田	豊《とよ》田《た》	豊《とよ》田《た》	豊 田		東広島市・三原市
	沼《ぬ》田《た》	奴 太 同 左	豊 田					竹原市・東広島市・呉市

安藝	賀茂	同　左	加茂	賀《か》茂《も》	賀茂《かも》	賀茂		
	山《やま》縣《かた》	夜万加多 同　左	山縣	山《やま》縣《かた》	山縣《やまがた》	山縣	山県郡	
	高《たか》田《た》	太加太 同　左	高田	高《たか》田《た》	高田《たかた》	高田		広島市・安芸高田市
	高《たか》宮《みや》	太加三也 同　左						
	安藝	同　左	安南 安藝 安北 高宮	安《あ》藝《き》	安藝《あき》	安藝	安芸郡	呉市・広島市・江田島市
				高《たか》宮《みや》	高宮《たかみや》	安《あ》佐《さ》		広島市
	佐《さ》伯《へき》	佐倍木 同　左	佐東 沼田 佐西 佐伯	沼《ぬま》田《た》	沼田《ぬまた》			
				佐《さ》伯《へき》	佐伯《さへき》	佐伯		広島市・大竹市・廿日市市

2．市・郡沿革表

(2012年４月現在)

広《ひろ》島《しま》市

明治22年４月１日　市制施行

明治37年９月15日　安芸郡《あきぐん》仁保島村《にほじまむら》字宇品《うじな》を編入

昭和４年４月１日　安芸郡仁保島村・矢賀村・牛田村・佐伯郡己斐町《こいちょう》(明治44年10月１日町制施行)・草津町(明治42年２月11日町制施行)・安佐郡《あさぐん》三篠町《みささちょう》(明治40年１月１日町制施行)を編入

昭和30年４月10日　安芸郡戸坂村を編入

昭和31年４月１日　安芸郡中山村を編入

昭和31年11月１日　佐伯郡井口村を編入

昭和46年４月１日　安佐郡沼田町(昭和30年４月１日伴《とも》村・戸山村合併，沼田町設置)を編入

昭和46年５月20日　安佐郡安佐町(昭和30年３月31日飯室《いむろ》村・鈴張《すずはり》村・日浦村・小河内《おがうち》村・久地《くち》村合併，安佐町設置)を編入

昭和47年４月１日　安佐郡可部《かべ》町(明治22年４月１日町制施行，昭和17年７月１日中原村合併，昭和30年３月31日亀山村・大林村・三入《みいり》村合併)を編入

昭和47年８月27日　安佐郡祇園《ぎおん》町(昭和13年１月１日町制施行，昭和18年11月３日山本村・長束《ながつか》村・原村〈大正９年４月１日西原村・東原村合併〉合併)を編入

昭和48年３月20日　安佐郡安古市《やすふるいち》町(昭和18年10月１日三川村を古市町と改称，町制施行，昭和30年７月１日安村合併，安古市町設置)を編入

昭和48年３月20日　安佐郡佐東《さとう》町(昭和30年７月１日緑井《みどりい》村・川内村・八木村合併，佐東町設置)を編入

昭和48年３月20日　安佐郡高陽《こうよう》町(昭和30年３月31日深川村・落合村・口田村・狩小川《かこがわ》村合併，高陽町設置)を編入

昭和48年３月20日　安芸郡瀬野川町(昭和31年９月30日瀬野村〈昭和６年４月１日上瀬野

村・下瀬野村合併〉・畑賀村・中野村合併，瀬野川町設置)を編入
昭和48年10月22日　高田郡白木町《しらき》(昭和31年9月30日井原村・志屋村・高南村《こうなん》〈昭和24年10月1日秋越村《あきごえ》・市川村合併〉・三田村合併，白木町設置)を編入
昭和49年11月1日　安芸郡熊野跡村《くまのあと》(明治22年4月1日村制施行，昭和26年3月1日賀茂郡から編入)を編入
昭和49年11月1日　安芸郡安芸町(昭和31年3月31日安佐郡福木村・安芸郡温品村《ぬくしな》合併，安芸町設置)を編入
昭和50年3月20日　安芸郡船越町(昭和3年11月1日町制施行)・矢野町(大正6年10月1日町制施行)を編入
昭和55年4月1日　政令指定都市へ移行(中区・東区・南区・西区・安佐南区・安佐北区・安芸区の7区に分区)
昭和60年3月20日　佐伯郡五日市町(明治44年10月1日佐伯郡五日市村，町制施行，昭和30年4月1日佐伯郡河内村・観音村《かんのん》・八幡村《やはた》・石内村と合併)を編入合併，この区域に佐伯区設置
平成17年4月25日　佐伯郡《さえき》湯来町《ゆき》(昭和31年9月30日，佐伯郡砂谷村・水内村《みのち》・上水内村合併，湯来町設置)を編入

東広島市《ひがしひろしま》

明治22年4月1日　賀茂郡四日市次郎丸村・寺西村・吉土実村《よしとみ》・御薗宇村《みそのう》・下見村《したみ》・郷田村《ごうだ》・賀永村《かなが》・下三永村《しもみなが》・板城村《いたき》・東志和村・西志和村・志和堀村・吉川村・原村・川上村・西高屋村・東高屋村・造賀村《ぞうが》，村制施行
明治23年10月1日　四日市次郎丸村に町制施行，西条町《さいじょう》と改称
昭和14年7月1日　吉土実村・御薗宇村・下見村・寺西村，西条町に編入
昭和25年4月1日　西条町大字西条東・寺家《じけ》，分離独立，寺西村設置
昭和27年4月1日　寺西村に町制施行
昭和29年3月31日　東高屋村・西高屋村合併，高屋村設置
昭和30年1月1日　賀永村大字上三永，西条町に編入
昭和30年3月31日　下三永村・郷田村・板城村(大字国近・小多田は賀茂郡黒瀬町へ編入)，西条町に編入
昭和30年3月31日　高屋村，豊田郡小谷村を合併，高屋町設置
昭和30年8月1日　東志和村・西志和村・志和堀村合併，志和町設置
昭和31年9月1日　川上村・吉川村・原村合併，八本松町設置
昭和31年9月30日　豊田郡賀永村大字仁賀《にか》字片良・仁賀峠，西条町へ編入
昭和33年1月1日　高屋町，造賀村を編入
昭和34年10月1日　西条町，寺西町を合併
昭和49年4月20日　西条町・八本松町・志和町および高屋町合併，東広島市を設置
平成17年2月7日　賀茂郡黒瀬町《くろせ》(昭和29年3月31日，賀茂郡上黒瀬村・中黒瀬村・下黒瀬村・乃美尾村《のみお》合併，黒瀬町設置。昭和30年3月31日，賀茂郡板城村《いたき》大字国近・小多田を編入)・福富町《ふくとみ》(昭和30年7月10日，豊田郡竹仁村《たけに》・久芳村《くば》合併，福富町設置。昭和31年4月1日，豊田郡から賀茂郡に編入。昭和33年4月1日，賀茂郡河内町大字戸野の一部を編入。昭和33年8月1日，福富町大字上戸野の一部を河

内町へ分離，河内町大字戸野の一部を編入。昭和46年８月１日，福富町大字久芳の一部を豊栄町へ分離，豊栄町大字乃美の一部を編入〈境界変更〉)・豊栄《とよさか》町(昭和19年１月１日，豊田郡乃美《のみ》村・川源《かわもと》村合併，豊栄村設置。昭和24年４月１日，町制施行。昭和30年３月31日，世羅《せら》郡吉川村大字吉原の一部，同郡上山村大字飯田の一部を編入。昭和31年４月１日，豊田郡から賀茂郡に編入。昭和46年８月１日，賀茂郡豊栄町大字乃美の一部を福富町へ分離，福富町大字久芳の一部を編入〈境界変更〉)・河内《こうち》町(大正13年４月１日，豊田郡大河村，町制施行，河内町と改称。昭和30年３月31日，豊田郡戸野村・豊田村大字小田(一部は大和町に編入)と合併。昭和31年４月１日，豊田郡から賀茂郡へ編入。昭和31年９月30日，賀茂郡入野村を編入。昭和33年４月１日，河内町大字戸野の一部を賀茂郡福富町へ分離。昭和33年８月１日，河内町大字戸野の一部を福富町へ分離，福富町大字上戸野の一部を河内町に編入)，豊田郡安芸津《あきつ》町(昭和18年１月１日，賀茂郡早田原村・三津《みつ》町〈明治26年１月26日町制施行〉・豊田郡木谷村合併，安芸津町設置。昭和31年４月１日，賀茂郡から豊田郡に編入)を編入

呉《くれ》　市

明治35年10月１日　安芸郡和庄《わしょう》町(明治22年４月１日町制施行)・宮原村・荘山田《しょうやまだ》村・二川《ふたかわ》町(明治35年４月１日，安芸郡吉浦村を分割し設置)合併，市制施行

昭和３年４月１日　安芸郡吉浦町(大正５年２月11日町制施行)・警固屋《けごや》町(明治39年６月１日町制施行)・賀茂郡阿賀町(明治30年５月１日町制施行)を編入

昭和16年４月21日　賀茂郡仁方《にがた》町(明治40年１月１日町制施行)・広村を編入

昭和31年10月１日　安芸郡天応《てんのう》町(昭和26年11月３日安芸郡大屋村に町制施行，天応町と改称)・昭和村(昭和６年４月１日安芸郡焼山《やけやま》村・本庄村のうち一部合併，昭和村設置)・賀茂郡郷原村を編入

平成15年４月１日　安芸郡下蒲刈《しもかまがり》町(明治24年７月27日安芸郡蒲刈島村より分離独立，下蒲刈島村設置，昭和22年８月１日下蒲刈島村向浦の区域を分離，向村設置，昭和37年１月１日安芸郡下蒲刈島村，町制施行，下蒲刈町設置)を編入

平成16年４月１日　豊田郡川尻《かわじり》町(大正11年１月１日，賀茂郡川尻村，町制施行。昭和31年４月１日，賀茂郡から豊田郡に編入。昭和33年４月１日，豊田郡安登村(前掲)の一部を編入)を編入

平成17年３月20日　安芸郡音戸《おんど》町(明治22年４月１日，安芸郡瀬戸島村，村制施行。明治39年１月１日，安芸郡瀬戸島村，町制施行，音戸町と改称。昭和７年４月１日，安芸郡渡子島《とのこじま》村と合併)・倉橋《くらはし》町(明治22年４月１日，安芸郡倉橋島村，村制施行。昭和27年６月１日，安芸郡倉橋島村，町制施行，倉橋町と改称)・蒲刈《かまかり》町(明治22年４月１日，安芸郡蒲刈島村，村制施行。明治24年７月27日，上蒲刈島村と下蒲刈島村に分離。昭和31年９月30日，安芸郡上蒲刈島村・向村合併，町制施行，蒲刈町設置)，豊田郡安浦《やすうら》町(昭和19年１月１日，賀茂郡内海町〈明治28年12月７日町制施行〉・三津口町〈大正11年１月１日町制施行〉・野路《のろ》村〈昭和17年４月１日賀茂郡野呂村・中切村合併設置〉合併，安浦町設置。昭和31年４月１日，賀茂郡から豊田郡に編入。昭和33年４月１日，豊田郡安登《あと》村〈昭和４年１月１日賀茂郡内海跡《うちのうみあと》村を改称〉の一部を編入)・豊浜《とよはま》町(昭和44年11月３日，豊田郡豊浜村，町制

施行)・豊《ゆたか》町(昭和31年3月31日，豊田郡久友村・大長《おおちょう》村〈昭和16年4月3日大長《だいちょう》村と改称，昭和22年5月5日大長《おおちょう》村に復す〉・御手洗《みたらい》町〈明治22年4月1日町制施行〉合併，豊町設置)を編入

竹《たけ》原《はら》市

明治22年4月1日　賀茂郡下市《しもいち》村，町制施行，竹原町と改称
昭和27年4月1日　賀茂郡下野《しもの》村を合併
昭和29年3月31日　賀茂郡東野《ひがしの》村・豊田郡大乗《おおのり》村・南方《みなみがた》村の一部を編入
昭和30年3月31日　賀茂郡荘野《しょうの》村・豊田郡田万里《たまり》村と合併
昭和31年4月1日　賀茂郡竹原町を豊田郡に編入
昭和31年9月30日　豊田郡吉名《よしな》村・賀永村大字仁賀を編入
昭和33年11月3日　豊田郡忠海《ただのうみ》町と合併，市制施行

三《み》原《はら》市

明治22年4月1日　御調《みつぎ》郡三原町，町制施行
昭和11年11月15日　御調郡糸崎町(明治45年2月11日御調郡貢《みつぎ》村，町制施行，糸崎町と改称)・山中村・西野村・豊田郡田野浦村・須波《すなみ》村と合併，市制施行
昭和26年4月1日　御調郡深田村大字深を編入
昭和28年3月22日　御調郡八幡村・豊田郡長谷《ながたに》村を編入
昭和29年4月1日　豊田郡沼田東村・沼田西村・小泉村を編入
昭和31年3月31日　豊田郡高坂村を編入
昭和31年9月30日　豊田郡幸崎町(昭和4年4月1日豊田郡佐江崎村，町制施行，幸崎町と改称)・鷺浦《さぎうら》村を編入
昭和47年8月1日　高坂町真良《しんら》の一部を豊田郡本郷町へ分離
平成17年3月22日　賀茂郡大和《だいわ》町(昭和30年3月31日，豊田郡椹梨《むくなし》村・大草村・豊田村大字和木・大字小田の一部・世羅郡神田《かんだ》村合併，豊田郡大和町設置。昭和31年4月1日，豊田郡から賀茂郡に編入)，豊田郡本郷《ほんごう》町(大正13年4月1日，豊田郡本郷村，町制施行・昭和29年11月3日，豊田郡船木村・北方村〈昭和26年4月1日豊田郡下北方村・上北方村・善入寺村合併設置〉・南方村と合併)，御調郡久井《くい》町(昭和29年3月31日，御調郡久井村・羽和泉村・坂井原村〈昭和26年4月1日，豊田郡高坂村大字山中野・小林・土取《つちとり》，坂井原村へ編入〉合併，久井町設置)と合体

尾《おの》道《みち》市

明治22年4月1日　御調郡尾道町，町制施行
明治31年4月1日　市制施行
昭和12年4月1日　御調郡栗原町(大正12年3月1日栗原村，町制施行)・吉和《よしわ》村を編入
昭和14年7月1日　沼隈《ぬまくま》郡山波村を編入
昭和26年4月1日　御調郡深田村大字久山田を編入
昭和29年3月31日　御調郡美ノ郷《みのごう》村・木ノ庄《きのしょう》村・原田村を編入
昭和30年2月1日　沼隈郡高須村・西村を編入
昭和30年4月1日　沼隈郡百島《ももしま》村を編入

昭和30年７月15日　高須町・西藤町(旧沼隈郡西村)の一部を松永市へ分離
昭和32年１月１日　沼隈郡浦崎村を編入
昭和45年11月３日　御調郡向東《むかいひがし》町(昭和29年４月１日御調郡向島東村，町制施行，向東町と改称)を編入
平成17年３月28日　御調《みつぎ》郡御調町(昭和30年２月１日，御調郡市村・奥村・今津野村・菅《すげ》野《の》村・上川辺村・河内村・諸田《もろた》村合併，御調町設置。昭和31年９月30日，御調町大字諸毛・小国・三郎丸のうち下組と中組を府中市へ分離)・向島《むかいしま》町(昭和25年10月１日，御調郡向島西村，町制施行，改称して向島町設置。昭和29年３月31日，御調郡岩子島村を編入。昭和30年４月１日，御調郡立花村を編入)を編入
平成18年１月10日　因島《いんのしま》市(昭和28年５月１日，御調郡土生《はぶ》町〈大正７年１月１日町制施行〉・田熊町〈昭和24年４月１日町制施行〉・三庄《みつのしょう》町〈大正10年６月１日町制施行〉・中庄村・大浜村・重井《しげい》村・豊田郡東生口《ひがしいくち》村合併，市制施行，因島市設置)，豊田郡瀬戸田《せとだ》町(明治22年４月１日，豊田郡瀬戸田町〈明治22年４月１日豊田郡瀬戸田村・沢村合併，瀬戸田町設置〉町制施行。昭和12年４月１日，豊田郡西生口《にしいくち》村と合併。昭和19年１月１日，豊田郡北生口村・高根島村・名荷《みょうが》村と合併。昭和30年４月１日，豊田郡南生口村と合併)を編入

福《ふく》山《やま》市

明治22年４月１日　深津郡福山町，町制施行
明治31年10月１日　深津郡・安那《やすな》郡を廃止，深安郡設置
大正２年４月１日　深安郡野上村・三吉村を編入
大正５年７月１日　市制施行
昭和８年１月１日　深安郡吉津村・木之庄村・奈良津村・深津村・本庄村・手城《てしろ》村・川口村，沼隈郡草戸村・佐波《さば》村・神島村を編入
昭和17年７月１日　沼隈郡山手村・郷分《ごうぶん》村を編入
昭和31年９月30日　深安郡引野村・市村・千田村・御幸村(昭和13年10月１日深安郡森脇村・下岩成村・上岩成村・中津原村合併，御幸村設置)・沼隈郡津之郷《つのごう》村・赤坂村・瀬戸村・熊野村・水呑《みのみ》町(昭和22年８月１日町制施行)・鞆《とも》町(昭和17年７月１日町制施行)を編入
昭和37年１月１日　深安郡深安町(昭和30年３月31日深安郡大津野村・坪生《つぼう》村・春日《かすが》村合併，深安町設置)を編入
昭和41年５月１日　松永市(昭和29年３月31日沼隈郡松永町〈明治33年３月３日沼隈郡松永村，町制施行，昭和28年４月１日沼隈郡今津町と合併〉・本郷村・神村・東村・柳津《やないづ》村・金江村・藤江村合併，松永市設置)と合併
昭和49年４月１日　芦品郡芦田町(昭和30年４月１日有磨《ありま》村・福相《ふくそう》村大字福田合併，芦田町設置)を編入
昭和50年２月１日　深安郡加茂町(昭和30年３月31日加茂村・広瀬村・山野村合併，加茂町設置，昭和31年９月30日加法《かほう》村〈昭和16年10月１日深安郡下加茂村・法成寺《ほうじょうじ》村合併，加法村設置〉大字下加茂の全域・大字法成寺字鳥越の一部を編入)・芦品郡駅家《えきや》町(大正２年７月１日倉光村・中島村・江良《えら》村・坊寺《ぼうじ》村・万能倉《まなぐら》村合併，駅家村設置，昭和22年11月３日町制施行，昭和30年１月１日宜山《むべやま》村・服部村・近田

村を合併，昭和31年９月30日深安郡加法村大字法成寺の一部を編入)を編入

平成15年２月３日　沼隅郡内海《うつみ》町(昭和30年３月31日沼隅郡田島村・横島村合併，内海町設置)・芦品郡新市《しんいち》町(明治31年10月１日芦田郡・品治《ほんじ》郡を廃し，芦品郡設置，明治22年４月１日品治郡新市村，村制施行，明治40年１月１日芦品郡新市村，町制施行，昭和24年９月１日芦品郡福相村大字相方《さがた》を編入，昭和30年２月１日芦品郡戸手《とて》村〈明治28年10月１日品治郡戸田村より分離独立〉・網引《あびき》村・常金丸《つねかねまる》村との合併，昭和34年７月１日芦品郡藤尾村の一部を編入)を編入

平成17年２月１日　沼隈《ぬまくま》郡沼隈町(昭和30年３月31日，沼隈郡山南《さんな》村・千年《ちとせ》村合併，沼隈町設置)を編入

平成18年３月１日　深安《ふかやす》郡神辺《かんなべ》町(昭和４年３月１日，深安郡川北村・川南村合併，神辺町設置。昭和29年３月31日，深安郡御野《みの》村・竹尋《たけひろ》村〈昭和16年２月11日深安郡上竹田村・下竹田村・八尋《やひろ》村合併設置〉・湯田村・中条村・道上村と合併)を編入

府《ふ》中《ちゅう》市

明治29年６月３日　芦田郡府中市村に町制施行，府中町設置

明治31年10月１日　芦田郡・品治郡を廃止，芦品郡設置

大正12年４月１日　芦品郡栗生《くりぶ》村大字土生の一部を府中町に編入

大正14年２月１日　芦品郡出口町(大正２年７月１日町制施行)と合併

昭和29年３月31日　芦品郡岩谷村・広谷村・国府村・栗生村・下川辺村(昭和24年４月１日御調郡より芦品郡に編入)と合併，市制施行，府中市設置

昭和31年９月30日　芦品郡河佐村，御調郡御調町(昭和30年２月１日町制施行)大字諸毛・小田・三郎丸を編入

昭和50年２月１日　芦品郡協和村(昭和30年３月31日芦品郡阿字村・大正村〈大正２年２月１日芦品郡木野山村・行縢《むかばき》村・桑木村合併，大正村設置〉合併，協和村設置)を編入

平成16年４月１日　甲奴郡上下《じょうげ》町(明治22年４月１日，甲奴郡上下村，村制施行。明治30年５月７日，町制施行。昭和29年３月31日，甲奴郡矢野村・清嶽《きよだけ》村〈明治28年９月21日甲奴郡佐倉村・井永村・水永村・斗升《とます》村・岡屋村を合併設置〉・吉野村〈明治28年９月21日甲奴郡二森村・小塚村・小堀村・有福村を合併設置〉・階見《しなみ》村の一部と合併。昭和30年３月17日，甲奴郡上下町大字斗升の一部を芦品郡阿字《あじ》村・大正村〈現府中市〉へ分離。昭和32年６月10日，世羅郡甲山町大字松崎を編入)を編入

三《み》次《よし》市

明治22年４月１日　三次郡三次町，町制施行

明治31年10月１日　三次郡・三谿郡を廃し，双三《ふたみ》郡設置

昭和23年12月１日　双三郡河内村大字日下《ひげ》・三原・山家《やまが》を編入

昭和29年３月31日　双三郡十日市町(大正６年５月１日双三郡原村，町制施行，十日市町設置，昭和12年３月１日双三郡八次村を編入)・酒河《さけがわ》村・河内村・和田村・神杉村・田幸《たこう》村・栗屋村(昭和25年４月１日高田郡より編入)と合併，市制施行

昭和29年11月３日　高田郡船佐村大字船木の一部を編入，三次市皆瀬町・向江田町字中之

尾・横蔵の各一部を双三郡三良坂《みらさか》町へ分離

昭和31年9月30日　双三郡川地村を編入

昭和33年2月11日　双三郡川西村(昭和30年11月3日川西村大字有原の一部，双三郡三和町へ分離)を編入

昭和33年4月1日　三次市有原町の一部を双三郡三和町へ分離

平成16年4月1日　甲奴《こうぬ》郡甲奴町(昭和30年3月31日，甲奴郡甲奴村〈明治28年9月21日甲奴郡福田村・西野村・梶田村・本郷村を合併設置〉・上川村〈大正元年10月1日甲奴郡太郎丸村・知和《ちわ》村・安田村・抜湯《ぬくゆ》村・有田村を合併設置〉合併，甲奴町設置。昭和30年3月31日，甲奴郡上川村大字知和の全域，大字安田・太郎丸の一部を双三郡吉舎町へ分離。昭和33年10月10日，世羅郡広定村と合併。昭和36年4月1日，甲奴町大字宇賀の一部を双三郡吉舎町へ分離)，双三《ふたみ》郡君田《きみた》村(明治22年4月1日，三次郡君田村，村制施行。昭和27年8月1日，君田村大字東入君《ひがしいりぎみ》の一部を比婆郡口和《くちわ》町へ分離)・布野《ふの》村(明治22年4月1日，三次郡布野村，村制施行)・作木《さくぎ》村(明治22年4月1日，三次郡作木村，村制施行)・吉舎《きさ》町(明治22年4月1日，三谿郡吉舎村，村制施行。大正9年10月1日，双三郡吉舎村，町制施行。昭和28年2月11日，双三郡八幡《やわた》村と合併。昭和30年3月31日，甲奴郡上川村大字知和の全域，大字安田・太郎丸の一部を編入。昭和30年11月3日，吉舎町大字知和の一部を三良坂町へ分離。昭和32年1月10日，世羅郡世羅町大字徳市《とくいち》の一部を編入。昭和36年4月1日，甲奴郡甲奴町大字宇賀《うが》の一部を編入)・三良坂町(明治22年4月1日，三谿郡三良坂村，村制施行。大正10年6月1日，双三郡三良坂村，町制施行。昭和7年1月1日，双三郡萩原村と合併。昭和29年11月3日，三次市皆瀬《かいぜ》町・向江田《むこうえた》町字中之尾・横蔵《よこぞう》の各一部を編入。昭和30年11月3日，双三郡吉舎町大字知和の一部を編入)・三和《みわ》町(昭和30年3月31日，双三郡板木村・世羅郡津名村大字敷名・上山《かみやま》村〈明治29年11月7日世羅郡上田《かみた》村が改称成立，豊田郡豊栄町編入分以外の区域，三和町へ合併〉合併，三和町設置。昭和30年11月3日，双三郡川西村大字有原《ありはら》の一部を編入。昭和33年4月1日，三次市有原町の一部を編入)と合体

庄《しょう》原《ばら》市

明治22年4月1日　三上郡庄原村，村制施行

明治31年10月1日　比婆《ひば》郡(明治31年10月1日奴可郡・三上郡・恵蘇郡廃止，比婆郡設置)庄原村，町制施行

昭和29年3月31日　比婆郡高村・本田村(昭和17年2月11日比婆郡本村・峰田村合併)・敷信《しのう》村・山内東《やまのうちひがし》村・山内西村・山内北村と合併，市制施行

昭和40年4月1日　庄原市濁川《にごりかわ》町字藤根・同字戸谷山《とたにやま》の一部を比婆郡口和《くちわ》町へ分離

平成17年3月31日　甲奴《こうぬ》郡総領《そうりょう》町(昭和30年3月31日，甲奴郡田総《たぶさ》村〈明治45年1月1日甲奴郡稲草村・下領家《しもりょうけ》村・木屋村を合併設置〉・領家村〈大正2年2月1日甲奴郡上領家村・中領家村・五箇《ごか》村・黒目村・亀谷村を合併設置〉合併，総領町設置)，比婆郡西条《さいじょう》町(明治22年4月1日，奴可郡西城村，村制施行。明治31年2月10日，町制施行。昭和17年2月11日，比婆郡美古登《みこと》村と合併。昭和29年3月31日，比婆郡八鉾《やほこ》村〈昭和28年12月1日大字油木字三井野原の一部を島根県仁多郡入川村へ

分離〉と合併)・東条《とうじょう》町(明治22年4月1日，奴可郡東城村，村制施行。明治31年2月10日，町制施行。昭和30年4月1日，比婆郡小奴可《おぬか》村・田森村・八幡村・久《く》代《しろ》村・帝釈《たいしゃく》村および神石郡新坂村の一部と合併)・口和《くちわ》町(昭和30年4月1日，比婆郡口南《こうなん》村・口北《くちきた》村合併，口和村設置。昭和35年4月1日，町制施行。昭和40年4月1日，庄原市濁川の一部を編入)・高野《たかの》町(明治22年4月1日，恵蘇郡高野山村，村制施行。明治35年6月20日，比婆郡高野山村，上高野山村・下高野山村の2村へ分離。昭和30年1月1日，比婆郡上高野山村・下高野山村合併，高野町設置)・比和《ひわ》町(昭和8年4月1日，比婆郡比和村〈明治22年4月1日恵蘇郡比和村・森脇村・木屋原村・古頃《こごろ》村・三河内《みつがいち》村を合併設置〉，町制施行)と合体

大《おお》竹《たけ》市

明治22年4月1日　佐伯郡大竹村，村制施行

明治44年1月1日　町制施行

昭和4年4月1日　佐伯郡油見《ゆうみ》村を編入

昭和26年4月1日　佐伯郡木野村を編入

昭和29年9月1日　佐伯郡小方《おがた》町(昭和26年2月11日佐伯郡小方村，町制施行)・玖波《くば》町(大正13年6月1日佐伯郡玖波村，町制施行)・栗谷村・友和村大字松ヶ原と合併，市制施行

廿日市《はつかいち》市

明治22年4月1日　佐伯郡廿日市町，町制施行

昭和31年9月30日　佐伯郡平良《へら》村・宮内村・原村・地御前《じごぜん》村と合併

昭和32年6月10日　五日市町佐方《きかた》の一部を編入

昭和63年4月1日　市制施行

平成15年3月1日　佐伯《さえき》郡佐伯町(昭和30年4月1日佐伯郡津田町〈昭和4年4月1日佐伯郡津田村，町制施行〉・玖島《くじま》村・浅原村・四和《しわ》村・友和村〈昭和4年4月1日友原村・三和村合併，友和村設置〉合併，佐伯町設置)・吉和《よしわ》村(明治22年4月1日村制施行)を編入

平成17年11月3日　佐伯郡大野《おおの》町(明治22年4月1日，佐伯郡大野村，村制施行。昭和25年4月1日，町制施行)・宮島《みやじま》町(明治22年4月1日，町制施行，厳島《いつくしま》町設置。昭和25年11月3日，宮島町と改称)を編入

安芸高田《あきたかた》市

平成16年3月1日　高田郡吉田《よしだ》町(明治22年4月1日，高田郡吉田村，村制施行。明治29年1月1日，町制施行。昭和4年3月1日，高田郡高原村大字国司を編入。昭和28年4月1日，高田郡可愛《えの》村〈昭和4年3月1日高原村大字竹原・福原・小山を編入〉・郷野《ごうの》村〈昭和4年3月1日高原村大字下入江を編入〉・丹比《たんび》村と合併。昭和37年4月1日，高田郡美土里《みどり》町大字本郷の一部を編入)・八千代《やちよ》町(昭和30年3月31日，高田郡根野村・刈田村合併，八千代村設置。昭和35年4月1日，町制施行)・美土里《みどり》町(昭和31年4月1日，高田郡生桑《いけくわ》村・本村・北村・横田村合併，美土里町設置。昭和37年4月1日，美土里町大字本郷の一部を吉田町へ分離)・高《たか》

宮町《みや》(昭和31年9月30日，高田郡川根村‹昭和25年4月1日生桑村大字生田の一部を編入›・来原村《くるはら》・船佐村‹昭和29年11月3日船佐村大字船木の一部を三次市へ分離›合併，高宮町設置)・甲田町《こうだ》(昭和31年4月1日，高田郡甲立町《こうたち》‹大正15年1月1日町制施行›・小田村合併，甲田町設置)・向原町《むかいはら》(昭和4年4月1日，高田郡坂村・長田村・戸島村合併，向原村設置。昭和12年4月1日，町制施行。昭和29年3月31日，高田郡有保村《ありほ》‹大字有留《ありどめ》の石堂・牛岩を高南村へ分離›を編入)合体，市制施行，安芸高田市設置

江田島市《えだじま》

平成16年11月1日　安芸郡江田島町(明治22年4月1日，安芸郡江田島村，村制施行。大正14年2月1日，佐伯郡津久茂村を編入。昭和26年10月1日，町制施行)，佐伯郡能美町《のうみ》(昭和30年4月1日，佐伯郡中村・高田村・鹿川町‹昭和26年1月1日町制施行›合併，能美町設置)・沖美町《おきみ》(昭和31年9月30日，佐伯郡沖村・三高村《みたか》合併，沖美町設置)・大柿町《おおがき》(明治22年4月1日，佐伯郡大柿村，村制施行。昭和2年8月1日，町制施行。昭和29年11月3日，佐伯郡深江村・飛渡瀬村《ひとのせ》と合併)合体，市制施行，江田島市設置

安芸郡《あき》

府中町《ふちゅうちょう》　明治22年4月1日　安芸郡府中村，村制施行
　昭和12年1月1日　町制施行

海田町《かいたちょう》　昭和31年9月30日　安芸郡海田市町(明治22年4月1日町制施行)・東海田町(昭和27年6月1日安芸郡奥海田村，町制施行，東海田町設置)合併，海田町設置

熊野町《くまのちょう》　明治22年4月1日　安芸郡熊野村，村制施行
　大正7年10月1日　町制施行
　昭和6年4月1日　安芸郡本庄村大字平谷・川角《かわすみ》を編入

坂町《さかちょう》　明治22年4月1日　安芸郡坂村，村制施行
　昭和25年8月1日　町制施行

山県郡《やまがた》

安芸太田町《あきおおたちょう》　平成16年10月1日　山県郡加計町《かけ》(明治22年4月1日，山県郡加計村，村制施行。明治31年2月10日，町制施行。昭和29年8月1日，山県郡殿賀村《とのが》と合併。昭和31年9月30日，山県郡安野村と合併)・筒賀村《つつが》(明治22年4月1日，山県郡筒賀村，村制施行)・戸河内町《とごうち》(明治22年4月1日，山県郡戸河内村，村制施行。昭和8年8月1日，町制施行)合併，安芸太田町設置

北広島町《きたひろしまちょう》　平成17年2月1日　山県郡芸北町《げいほく》(昭和31年9月30日，山県郡美和村‹昭和3年4月1日山廻村《やままわり》を改称›・中野村・八幡村‹昭和28年12月1日島根県那賀郡波佐村大字波佐字滝平の一部を編入›・雄鹿原村《おがわら》合併，芸北町設置)・大朝町《おおあさ》(明治22年4月1日，山県郡大朝村，村制施行。大正15年1月1日，町制施行。昭和30年3月31日，山県郡新庄村と合

併)・千代田《ちよだ》町(昭和29年11月3日，山県郡八重《やえ》町(大正11年1月1日町制施行)・南方村・壬生《みぶ》町(明治37年5月1日町制施行)・本地村・川迫《かわさこ》村合併，千代田町設置。昭和39年7月1日，千代田町大字今田の一部を豊平町へ分離)・豊平《とよひら》町(昭和31年3月31日，山県郡吉坂村・原村・都谷《つだに》村合併，豊平町設置。昭和39年7月1日，千代田町大字今田の一部を編入)合併，北広島町設置

豊田《とよた》郡

大崎上島町《おおさきかみじまちょう》　平成15年4月1日　大崎町(昭和30年3月31日豊田郡西野村・中野村〈大正6年4月1日大崎中野村を改称〉合併，大崎町設置)・東野町(明治22年4月1日豊田郡東野村，村制施行，昭和39年4月1日町制施行)・木江町(大正9年1月1日豊田郡東野町の一部・中野村の一部で木ノ江町設置，町制施行，昭和18年10月1日木江町と改称，昭和30年3月31日豊田郡大崎南村と合併)合併，大崎上島町設置

世羅《せら》郡

世羅町《せらちょう》　昭和30年1月10日　世羅郡東大田村・西大田村・大見村合併，世羅町設置

昭和31年1月15日　世羅郡津久志村(昭和30年3月31日世羅西町設置のため大字山中福田分離，残りの大字黒渕・津口地域)を編入

昭和32年1月10日　世羅町大字徳市の一部を双三《ふたみ》郡吉舎《きさ》町へ分離

平成16年10月1日　世羅郡甲山《こうざん》町(明治22年4月1日，世羅郡甲山村，村制施行。明治31年2月10日，町制施行。昭和30年2月11日，世羅郡東村・三川村・御調郡宇津戸村と合併。昭和32年6月10日，甲山町大字松崎を甲奴《こうぬ》郡上下《じょうげ》町へ分離)・世羅西《にし》町(昭和30年3月31，世羅郡小国村，津名村大字下津田・上津田・長田の区域，吉川村大字吉原の一部をのぞく全区域，津久志村大字山中福田など4カ村合併，世羅西町設置)と合併

神石《じんせき》郡

神石高原町《じんせきこうげんちょう》　平成16年11月5日　神石郡油木《ゆき》町(明治22年4月1日，神石郡油木村，村制施行。大正6年8月1日，町制施行。昭和30年4月1日，神石郡小野村・新坂《しんさか》村大字新免《しんめん》・三坂の一部と合併。昭和31年3月31日，神石郡仙養《せんよう》村〈明治30年7月2日神石郡上野村・花済《はなずみ》村・近田村・李《すもも》村を合併設置〉と合併)・神石町(昭和29年11月3日，神石郡牧村〈昭和15年11月10日神石郡牧村・草木村・福永村・田頭《たんどう》村を合併設置〉・高光《たかみつ》村〈昭和18年4月1日神石郡高光村・古川村合併設置〉合併，神石町設置，昭和30年3月31日，神石郡永渡《ながと》村を編入)・豊松《とよまつ》町(明治30年7月2日，神石郡上豊松村・下豊松村・中平《なかだいら》村・有木《あるぎ》村・笹尾村合併，豊松村設置)・三和《さんわ》町(昭和30年3月31日，神石郡小畠《こばたけ》村〈昭和17年4月1日神石郡小畠村・上村・阿下《あげ》村・常光《つねみつ》村・亀石村を合併設置〉・来見《くるみ》村・高蓋《たかふた》村〈昭和19年1月1日神石郡高蓋村・木津和村・父木野《ちぢきの》村・

光末村・光信村を合併設置>合併，三和町設置。昭和34年７月１日，芦品郡藤尾村の一部を編入)合併，神石高原町設置

■　祭礼・行事

(2012年４月現在)

〔１月〕

旧暦正月7日に近い日曜日　**御弓神事**《おゆみしんじ》　➔福山《ふくやま》市鞆《とも》町・沼名前《ぬなくま》神社(JR 山陽本線福山駅バス鞆ノ浦《とものうら》下車)

弓で的を射て新年の吉凶をうらない，悪鬼をはらって年の平穏を祈る。

〔３月〕

第４土・日曜日　**能地《のうじ》春祭のふとんだんじり**　➔三原《みはら》市幸崎《さいざき》町能地・常磐《ときわ》神社(JR 呉《くれ》線安芸《あき》幸崎駅下車)

笠を段重ね状にかざっただんじりが町内を練り歩く。獅子舞《ししまい》を伴った太鼓《たいこ》が演奏される。神幸がよく遺存している。県指定無形民俗文化財。

〔４月〕

第１日曜日　**名荷神楽**《みょうがかぐら》　➔尾道《おのみち》市瀬戸田《せとだ》町名荷・名荷神社(三原港より高速艇瀬戸田港下船バス瀬戸田高校前下車)

五穀豊饒《ほうじょう》・無病息災《そくさい》を荒神《こうじん》社に奉納する神楽。赤紙の上に白紙を重ねて着せた藁《わら》の人形に神酒をそそぎ，その色のにじみ方によって御神託をうかがい知る方法を用いる。県指定無形民俗文化財。

第３日曜日(隔年)　**太鼓おどり**　➔山県郡安芸太田《あきおおた》町津浪《つなみ》(広島バスセンターより三段峡線津浪下車)

先導として鬼がでるし，太鼓を打って囃しながら踊ること，ほめ歌があることなど，害虫駆除《くじょ》・五穀豊饒を祈った虫送りの行事。県指定無形民俗文化財。

15日に近い土・日曜日　**中庄**《なかのしょう》**神楽**　➔尾道市因島中庄町熊箇原《くまがはら》・八幡神社(三原港より高速艇重井港下船)

備中・備後神楽の系統のもの。安政７(1860)年書写の台本が遺存し，祓の舞が古型を保っている。県指定無形民俗文化財。

〔５月〕

第２日曜日　**安芸《あき》のはやし田**　➔山県《やまがた》郡北広島町新庄《しんじょう》(広島バスセンターより広浜線安芸新庄下車)　最終の日曜日には➔安芸高田《たかた》市高宮町原田(JR 芸備線甲立《こうたち》駅バス生田《いけだ》行来原《くるはら》小学校前下車)

着かざった十数頭の牛が代掻《しろか》き，サンバイの音頭《おんど》のもと鼓《つづみ》・太鼓・鉦・笛などが囃し立て，早乙女《さおとめ》は田植歌をうたい，苗をさす。田の神を迎える祭式をそなえて古形を保っている。国指定重要無形民俗文化財。

下旬の日曜日　**本郷《ほんごう》のはやし田，桑田のはやし田，生田《いけだ》のはやし田**　➔安芸高田市美土里《みどり》町本郷・桑田・生田(JR 芸備線甲立駅下車タクシー)

歌い囃しながら田の神を迎え，その加護により無事田植を終了し，かつ秋の収穫の大いなることを願う代掻き・田植神事。県指定無形民俗文化財。

〔６月〕

第１日曜日　**壬生《みぶ》の花田植**　➔山県郡北広島町壬生(広島バスセンターより三次《みよし》

方面行千代田インター下車)

共同の田植行事で代掻き牛15頭，立人(苗運び・綱引など)10人，囃方(サンバイ・鼓・太鼓・鉦・笛)35人，早乙女34人が1反5畝の水田に展開する。国指定重要無形民俗文化財。次項の花笠おどり・神楽とともに，無形文化財合同まつりとして公開される。

第1日曜日　**花笠《はながさ》おどり**　➔山県郡北広島町(同上)

歌頭を先頭にして太鼓，鉦，笛，大花笠をつけた女装の踊り子の行列が道行し踊る。豊年祈願の踊りである。県指定無形民俗文化財。

第1日曜日(10月最終の土曜日〈秋祭りの夜ごろ〉も)　**神楽―神降し，八岐《やまた》の大蛇《おろち》，天《あま》の岩戸《いわと》―**　➔山県郡北広島町有田《ありだ》・有田八幡神社(広島バスセンターよりバス大朝行頼信《よりのぶ》下車)

神楽の奉納にさいして氏神の降臨を願い，また神話に基づいてつくられた舞である。六拍子風でテンポがゆるく，古雅である。県指定無形民俗文化財。

旧暦6月7日に近い土曜日　**御手火《おてび》神事**　➔福山市鞆町・沼名前神社(JR山陽本線福山駅バス鞆ノ浦下車)

夏祭の神輿渡御《みこしとぎょ》にさきだって行う祓《はらい》行事で，大手火により境内《けいだい》・町内を浄《きよ》める。

8～10　**とうかさん**　➔広島市中区三川《みかわ》町・円隆寺《えんりゅうじ》(JR山陽本線広島駅より市内電車八丁堀《はっちょうぼり》下車)

円隆寺境内の稲荷《とうか》大明神の祭りで商売繁昌や病気治癒《ちゆ》などを願って信仰されてきた。浴衣《ゆかた》の着初めの日でもある。

旧暦6月17日　**厳島《いつくしま》神社管絃《かんげん》祭**　➔廿日市《はつかいち》市宮島《みやじま》町(JR山陽本線宮島口駅より連絡船宮島下船)

祭神を御座船《ござぶね》にのせ，三管三絃三鼓の秘曲を奏しつつ，対岸の地御前《じごぜん》神社(外宮《げぐう》)へ往復する神事。夕方から深夜にかけて荘厳・華麗かつ勇荘に行われる。

田植時　**供養田植**　➔神石《じんせき》郡神石高原町川東(JR山陽本線福山駅バス東城《とうじよう》線油木《ゆき》乗換え豊松下車)

農耕に使役する牛馬の守護神である伯耆《ほうき》の大山《だいせん》様を迎えて行われる牛馬供養と五穀豊饒を祈願する大がかりな田植。県指定無形民俗文化財。

田植時　**供養田植**　➔庄原《しょうばら》市比和《ひわ》町(JR芸備線備後庄原《びんごしょうばら》駅バス高野《たかの》線または吾妻《あづま》山麓線比和下車)

大山信仰圏内で行われる牛馬供養の神仏混淆《こんこう》の祭事。実演者は200人にのぼる。神降ろしの歌曲としての「大拍子」を伝承している。県指定無形民俗文化財。

田植時　**大山供養田植**　➔庄原市東城町塩原・石《いし》神社(JR芸備線内名《うちな》駅下車)

大山信仰圏内で行われる牛馬供養と牛馬安全を願う祭事。代掻き牛・早乙女・太鼓が合同した古い形を伝える。ちゃりと称する1人のささらすりの滑稽《こっけい》な所作が笑いを誘う。県指定無形民俗文化財。

〔7月〕

第1日曜日(10月の第1日曜日も)　**はねおどり**　➔福山市田尻町・八幡神社(JR山陽本線福山駅バス田尻資料館前下車)

福山藩が戦場への出陣と凱旋《がいせん》，参勤交代《さんきんこうたい》の出発と帰着などの場合に踊ったといわれる。本来は農村の虫送り，雨乞いなどの行事。県指定無形民俗文化財。

10日に近い日曜日　**本郷の獅子舞**　➔安芸高田市美土里町本郷(JR芸備線甲立駅下車タクシー)

旧暦6月の大祓い行事として悪魔払いと虫送りの祈願をあわせ，神幸《しんこう》神社の拝殿と氏子《うじこ》の家(当宿《とうや》)で舞う。氏子は獅子かぶりをして無病息災を祈る。県指定無形民俗文化財。

第2か第3日曜日　**忠海《ただのうみ》の祇園祭《ぎおんまつり》みこし行事**　➔竹原市忠海町・開発《かいほつ》八幡神社(JR呉線忠海駅下車)

神輿《みこし》が前祭では境内社の祇園社からお旅社の築地《つきじ》神社に着き，海水で洗われて1週間鎮座する。本祭ではふたたび祇園社に還《かえ》る。町内を勇荘に練り歩くが，祇園まわしが巧妙である。県指定無形民俗文化財。

旧暦7月14日　**厳島神社玉取《たまとり》祭**　➔廿日市市宮島町(JR山陽本線宮島口駅より連絡船宮島下船)

神社前の海中に四本柱の楼《やぐら》を組み，上からつるした棚に宝珠《ほうしゅ》をおき，それを裸の男性が奪いあう。宝珠を棚から落とし，玉置場所に運びこむと祝福される。

15日に近い日曜日　**稲生《いなり》神社ぎおん祭のおどり**　➔三原市久井《くい》町江木・稲生神社(JR山陽本線三原駅バス甲山《こうざん》行国保病院前下車)

武者行列・杖《つえ》使い・踊り・獅子舞の合同されたもの。踊りは約140人からなる。御霊会《ごりょうえ》の信仰に伴った踊りである。県指定無形民俗文化財。

旧暦7月17日　**みあがりおどり**　➔尾道市御調町全域(JR山陽本線尾道駅バス市行市中《いちなか》下車)

室町時代を起源とする田楽《でんがく》に豊年踊りや雨乞行事などが結びついたもの。氏神へ踊りを奉納する「宮あがり」を語源にすると思われる。県指定無形民俗文化財。

第3日曜日　**矢野の神儀《じんぎ》**　➔府中《ふちゅう》市上下《じょうげ》町矢野・三次《みよし》市甲奴町小童《しち》(JR福塩線備後矢野駅・甲奴駅下車)

矢野の全戸の男性が小童の須佐《すさ》神社の祇園祭の神輿渡御に奉仕する行事。神儀拍子，宿入り，獅子，屋形の4部で構成される。県指定無形民俗文化財。

〔8月〕

第2日曜日を含む前3日間　**三原やっさ**　➔三原市内(JR山陽本線三原駅)

数十チームが参加し，市内の大通りが踊り場となる。踊りながらうたい，文句の一節がおわると，全員で「ヤッサ，ヤッサ」と囃す。

13　**二上《にあが》りおどり**　➔福山市内(JR山陽本線福山駅下車)

三味線の二上り，胡弓《こきゅう》の三下《さんさが》り，尺八の合奏にのせ，男女ともに浴衣のすそ

をからげ，白足袋にぞうりをはき，男性は鉢巻，女性は手拭《てぬぐい》で頭部をつつんで練り歩く。県指定無形民俗文化財。

14 **はねおどり** ➔福山《ふくやま》市沼隈《ぬまくま》町中山南《さんな》・山南小学校(JR 山陽本線福山駅バス千年行天神山下車)
鬼頭1人，鬼30人，大胴・入れ鼓・鉦各10人の行列でいっせいにうたい，跳《は》ね，打ち，踊る，勇荘活発なもの。雨乞い・虫送りの行事。県指定無形民俗文化財。

14 **生田《いけだ》の花笠踊** ➔安芸高田市美土里町生田・生桑《いけくわ》小学校(JR 芸備線甲立駅下車タクシー)
踊子が花笠をかぶり，昼は造花の飾り，夜は六角形の灯籠《とうろう》をつけて踊る虫送り・豊年祝いの行事。県指定無形民俗文化財。

盆(毎年ではない) **火の山おどり** ➔山県郡北広島町八幡原《やわたばら》(JR 山陽本線広島駅バス益田行八幡原下車)
女性のみの扇踊りと，後続の男性のみの太鼓踊りからなる。虫送り，豊年祝いなども加わったもの。大笠の行灯《あんどん》の火の動きが美しい。県指定無形民俗文化財。

15 **椋浦《むくのうら》の法楽《ほうらく》おどり** ➔尾道市因島《いんのしま》椋浦町(三原港より高速艇土生《はぶ》港下船タクシー)
艮《うしとら》神社に勢揃いし，同境内から金蔵寺《こんぞうじ》・海辺で催す。1本の幡《ばん》を先頭にして，「跳び手」と称する十数人の侍が，太鼓・鉦の囃子で念仏を誦えたり，白刃をかざして，跳び，踊り，まわる。県指定無形民俗文化財。

16 **ちんこんかん** ➔三原市長谷《ながたに》町沼田・大須賀《おおすが》神社(JR 山陽本線三原駅バス明神行新倉橋下車)
盛夏の候の行事で，破魔弓《はまゆみ》をもった大鬼と，六尺棒を手にした小鬼を仕立て，太鼓や鉦を用いる雨乞いの踊り。県指定無形民俗文化財。

18 **太鼓おどり** ➔尾道《おのみち》市吉和《よしわ》町(JR 山陽本線尾道駅下車)
吉和町から行列をくみ，踊りながら浄土寺《じょうどじ》に着くと，金堂前で踊る。吉和町に引き返すと的場と恵美須《えびす》神社で踊る。勇荘な太鼓の音が響く。歌曲は念仏踊りの系譜を引く。県指定無形民俗文化財。

夏 **南条《なんじょう》おどり** ➔山県郡北広島町新庄《しんじょう》(広島バスセンターより広浜線安芸新庄下車)
男性が陣笠《じんがさ》に火事羽織《かじばおり》を着用して踊る。呼称は，吉川元春《きっかわもとはる》が伯耆羽衣石《ほうきうえし》城の南条氏攻略のさいに用いたという所伝による。虫送り行事に付随した踊りとして伝承されてきた。県指定無形民俗文化財。

〔9月〕

14 **来女木《くるめぎ》神楽** ➔安芸高田市高宮町来女木・八幡神社(JR 芸備線甲立駅バス生田行茂谷口下車)
道化《どうけ》のかどうまるの演技がすぐれている。神楽のなかの滑稽《こっけい》・ちゃり・道化などの土臭い笑いを残している。県指定無形民俗文化財。

14　**原田神楽**　➡安芸高田市高宮町原田・八幡神社(JR 芸備線甲立駅バス生田行原田下車)

石見《いわみ》神楽の阿須那《あすな》(羽須美《はすみ》村)系で，明治初年ころに川根(高宮町)の神楽を習得して広まった。県指定無形民俗文化財。

第３土曜日　**西尾山《にしおやま》八幡神楽**　➡安芸高田市美土里町北・八幡神社(JR 芸備線甲立駅下車タクシー)

儀式舞・能舞を保存し，鬼面をつけて舞う。美土里町域の八幡神楽はいずれも石見神楽の阿須那系である。県指定無形民俗文化財。

22　**羽佐竹《はさだけ》神楽**　➡安芸高田市高宮町羽佐竹・山崎神社(JR 芸備線甲立駅バス生田行若幡橋《わかはたばし》下車)

石見神楽の阿須那系で，その大体を伝承している。県指定無形民俗文化財。

22　**佐々部《ささべ》神楽**　➡安芸高田市高宮町佐々部・八幡神社(JR 芸備線甲立駅バス船佐行西田橋下車)

八幡・岩戸《いわと》・鍾馗《しょうき》・塵倫《じんりん》などの主要曲目を遺存して石見神楽の阿須那系の大体を継承している。県指定無形民俗文化財。

30　**神楽―神降ろし―**　➡安芸高田市美土里町桑田・八幡神社(JR 芸備線甲立駅下車タクシー)

神楽殿の四方を祓い清め，天神地祇《ちぎ》の神々に降臨を願う儀礼的な舞。舞子は1人，面をつけず，直垂《ひたたれ》を着用し，手に幣《ぬさ》と扇子《せんす》をもって舞う。県指定無形民俗文化財。

〔10月〕

第１土・日曜日　**福田のしし舞い**　➡竹原市福田町・稲生《いなお》神社(JR 呉線大乗《おおのり》駅または忠海駅下車)

古来，獅子は邪霊悪魔をしりぞけるものとされるが，獅子が立ったまま囃子にあわせて頭をわずかに動かす。神仏の隆昌を願うとともに氏子や檀家《だんか》の息災延命を祈る。県指定無形民俗文化財。

第１土曜日　**豊松の神楽―荒神神楽・八ヶ社《はっかしゃ》神楽―**　➡神石郡神石高原町豊松・油木(JR 山陽本線福山駅バス東城線油木乗換え豊松下車)

神社においては八ヶ社神楽，農家では苗《みょう》において荒神神楽が舞われる。出雲《いずも》や備中の神楽の諸派諸流の長所を摂取したもので，儀式舞に特徴があり，神の降臨を願う祭儀が神楽化しており神役と称す。県指定無形民俗文化財。

第１土・日曜日　**神事―渡り拍子・宮座・御湯立《おゆたて》神事・やぶさめ神事―**　➡神石郡神石高原町下豊松・鶴岡《つるおか》八幡神社(JR 山陽本線福山駅バス東城線油木乗換え豊松下車)

渡り拍子は太鼓踊と神輿供奉，宮座は直会《なおらい》の神事，御湯立神事は神域でわかした湯で祓をする神事，流鏑馬《やぶさめ》は氏子の奉納神事である。県指定無形民俗文化財。

第１日曜日　**堀八幡の流鏑馬**　➡山県郡安芸太田町・八幡神社(広島バスセンターより三段峡線加計病院)

神前の儀から社庭帰着の儀まで7部の儀式で構成され，馬にのった射手が疾走しながら鏑矢《かぶらや》を的板に射当てる勇荘な行事。県指定無形民俗文化財。

第1日曜日か第2日曜日　**神楽**　➔尾道市御調町白太《はかた》・地域内の各神社(JR山陽本線尾道駅バス市行本村下車)

曲目は手草舞，悪魔払，三恵比須《えびす》，折敷《おしき》舞と少ないが，畳2枚の広さで舞い，備中《びっちゅう》神楽の伝統を保っている。県指定無形民俗文化財。

9　**神楽ー鈴合せー**　➔三次市作木《さくぎ》町伊賀和志《いかわし》・伊賀和志天満宮(JR三江《さんこう》線伊賀和志駅下車)

石見神楽の阿須那系で，八つの舞から構成され，舞人・楽人各4人によって演じられる。「やよし」とも称するが，八つの舞を組み合わせているところから「八寄《やよせ》」がなまったものと思われる。県指定無形民俗文化財。

10　**湯立神楽**　➔山県郡安芸太田町加計・長尾神社(広島バスセンターより三段峡線加計中央)

湯立神事と湯立神楽から構成され，神楽は幣舞《へいまい》と剣舞をあわせたもの。舞人3人が畳2枚の広さで舞う。湯立の釜の湯がしだいにわきたってくるさまを序・破・急をもって舞う。県指定無形民俗文化財。

10〜11　**神儀《じんぎ》**　➔神石《じんせき》郡神石高原町油木・亀鶴山《かめつるやま》八幡神社(JR山陽本線福山駅バス東城線油木下車)

友禅《ゆうぜん》の下着に押絵模様のある鎧をつけ，頭には尾長鶏《おながどり》の羽毛でつくったしゃぐまをかむった大胴打ちが，太鼓を打ち，数十人の行列で曲を奏しながら囃し踊る。県指定無形民俗文化財。

12　**辻《つじ》八幡の神殿入り**　➔三次市吉舎《きさ》町辻・八幡神社(JR福塩線吉舎駅下車タクシー)

天明年間(1781〜88)の打ち続く凶作に神だのみの一念で神社に灯籠を献じて豊作を祈願したことに由来するとされる。約1000個の灯籠による献灯行事。馬洗《ばせん》川上流域に残る。県指定無形民俗文化財。

第2日曜日の前夜　**津間《つま》八幡神楽**　➔安芸高田市美土里町本郷・神幸《しんこう》神社(JR芸備線甲立駅下車タクシー)

石見神楽の阿須那系で，儀式舞・能舞を舞う。県指定無形民俗文化財。

第2土曜日　**神楽ー神迎えー**　➔安芸高田市美土里町生田・川角山《かわすみやま》神社(JR芸備線甲立駅下車タクシー)

八百万《やおよろず》の神々を神楽殿に迎える舞で，面をつけない4人の舞人が幣と鈴および幣と扇子をもち，神楽歌にあわせて神楽殿の四方で舞う。県指定無形民俗文化財。

第2土曜日　**川角山八幡神楽**　➔同上・川角山神社(同上)

面をつけて歌をうたい，太鼓・鉦・笛の囃子にあわせ，夜もすがら神宣《しんせん》舞(神儀舞)や能舞を舞う。県指定無形民俗文化財。

第2土曜日　**神殿《こうどの》入りー神殿入り・神楽・夜の御幸ー**　➔世羅郡世羅町上津田・稲生《いなり》神社(JR芸備線甲立駅バス小国《おぐに》乗換え上津田下車)

豊年を感謝して七灯・舟御光・五重の塔の3つの竿灯《かんとう》をはじめ趣向をこらした神灯を連ねて神社にまいり，神社では神楽を奉納し，神輿をかついで御旅所を往復する。火の祭典として奇観。県指定無形民俗文化財。

15日直前の土曜日　**阿刀《あと》神楽**　➔広島市安佐《あさ》南区沼田町阿戸・山御所《やまのごしょ》阿刀明神社(広島バスセンターよりバス戸山線神原下車)

12の曲目をもって構成され，太田川流域から安芸の内海沿岸ならびに島嶼部《とうしょ》にみられる十二神祇系神楽の代表的なもの。託宣が「将軍」の舞のなかに残っている。県指定無形民俗文化財。

19日に近い日曜日　**久井の宮座**　➔三原市久井町江木・稲生《いなり》神社(JR山陽本線三原駅バス甲山行国保病院前下車)

東西両座各48人の御当主《おとうぬし》で構成される献饌《けんせん》の儀式である。東座(領家方)が東庭，西座(地頭方)が西庭で行われる。

第3日曜日　**神楽—五龍王—**　➔広島市佐伯区湯来《ゆき》町水内《みのち》・麦谷《むぎたに》，八幡神社(広島バスセンターより三段峡線久日市下車タクシー)

十二神祇系神楽で皇子道行，八ツ花，五刀，白湯《しらゆ》，皇子合戦の五つをいう。武器をもって緩急遅速の曲調をつけて舞う。県指定無形民俗文化財。

第3日曜日　**木ノ庄《きのしょう》鉦太鼓おどり**　➔尾道市木之庄町木梨《きなし》・八幡神社(JR山陽本線尾道駅バス木梨下車)

太鼓・鉦・笛・カンコなどを囃しつつ，五穀豊饒を感謝しながら奉納する。御調町の「みあがりおどり」と同一の踊り。県指定無形民俗文化財。

7年の式年にあたる年の10月　**小原大元神楽《こばらおおもと》**　➔山県郡北広島町小原・大歳《おおとし》神社(広島バスセンターよりバス新浜田線細見《ほそみ》下車)

龍に模した大元綱をかかえて激しく練る綱貫き，横に渡した綱を緩急自在にゆする御綱祭に特色がある。終局では田植歌を詠唱する。五穀豊饒を願う神事。県指定無形民俗文化財。

33年ごとの10月ごろ　**小味《こみ》の花おどり**　➔尾道市原田町梶山田《かじやまだ》(JR山陽本線尾道駅バス原田局前下車)

花笠をかむって踊り，雨乞い踊りとお礼踊りをおもな内容とする。摩訶衍寺《まかえんじ》の本尊十一面観音立像が33年ごとに開帳されるときに奉納される。県指定無形民俗文化財。

〔11月〕

2　**神楽—鍾馗《しょうき》—**　➔安芸高田市高宮町川根・沖原山《おきはらやま》神社(JR三江線香淀《こうよど》駅下車)

鍾馗の故事にならい，素盞嗚尊《すさのおのみこと》が鬼面をつけて鬼棒をもった虚耗《きょもう》という四百余病の病魔の象徴を退治することを内容とした舞。県指定無形民俗文化財。

2　**神楽—剣舞《けんまい》—**　➔安芸高田市高宮町川根・亀尾山《かめおやま》神社(JR三江線香淀駅下車)

四方《よも》の神が中央の土の神である埴安命《はにやすのみこと》を迎える舞。四神は剣をとって悪魔払を舞い，天蓋《てんがい》を引いて中央神を迎える。県指定無形民俗文化財。

2　**坂原《さかばら》神楽**　➡山県郡安芸太田町上筒賀《かみつつが》西坂原・大歳神社(広島バスセンターより三段峡線戸河内ICバスセンター下車タクシー)

上演の可能な曲目は，旧舞14曲，新舞14曲である。県指定無形民俗文化財。

初旬の日曜日　**ひんよう踊**　➡福山市本郷町・八幡神社(JR山陽本線松永駅下車)

豊作の喜びを田主の長者に言上し，また神に感謝して奉納する踊り。梵天《ぼんてん》をもつ男性と灯籠をもつ女性が緩調子の歌にあわせて踊る。呼称は，掛け声や囃子が「ヒンヨウ」を発することに由来する。県指定無形民俗文化財。

初旬の日曜日　**本郷神楽**　➡福山市本郷町・八幡神社(JR山陽本線松永駅下車)

沼隈新荘に伝承される荒神神楽である。15ある曲目のうち神迎え，神降ろしなどは儀式舞の伝統を伝え，四本舞や王子は問答形式を主とする。県指定無形民俗文化財。

15日に近い日曜日(寅《とら》・午《うま》・戌《いぬ》歳)　**備後田尻《びんごたじり》荒神神楽**　➡福山市田尻町・高島小学校(JR山陽本線福山駅バス田尻資料館前下車)

悪魔払，盆舞，皇子など15の曲目が遺存しており，神歌が美しい。備南地域の荒神神楽の諸特徴を確実に伝承している。県指定無形民俗文化財。

18～20　**えべっさん**　➡広島市中区胡町《えびすちょう》・胡子《えびす》神社(JR山陽本線広島駅より市内電車八丁堀下車)

胡子信仰と「誓文払《せいもんばら》い」という商人の風習(安売り)が合流した形で行われる。商売繁昌につうじる「こまざらえ(熊手)」が売買される。「炬燵《こたつ》の出し初め」の祭りでもある。

秋分の日の翌週土・日曜日　**神楽―五行祭―**　➡東広島市豊栄《とよさか》町安宿《あすか》・八幡神社(JR山陽本線西条駅バス豊栄行豊栄営業所下車)

長文の祭文《さいもんがた》語りを主とし，舞を従とする。東西南北・春夏秋冬といった四を，いかに木火土金水といった五に分割するかという人びとの知恵について，5人の王子の財産相続に仮託して演じる。県指定無形民俗文化財。

7・5年の式年にあたる年の晩秋～初春　**備後府中荒神神楽**　➡府中市・福山市新市町(JR福塩線府中駅・新市駅下車)

比婆郡・神石郡地域の荒神神楽についで珍しい曲目を遺存し，手草舞・剣舞・折敷舞・悪魔払・竜神舞など多様なものがみられる。焼石神事により神慮をうらなう。県指定無形民俗文化財。

33・17・13・9・7年の式年にあたる年の晩秋～初春　**比婆荒神《ひばこうじん》神楽**　➡庄原市東城町・西城町(JR芸備線東城駅・備後西城駅下車タクシー)

当屋に荒神を迎え，土公神《ろっくうしん》や荒神関係の祭りを行い，高殿に移って七座神事・神能をはじめ五行舞・神懸《かみがか》り託宣・灰神楽などを舞う。かつては4日4夜にわたって行った。国指定重要無形民俗文化財。

〔12月〕

晦日　**厳島神社鎮火祭(晦《つごもり》山伏)**　➡廿日市市宮島町(JR山陽本線宮島口駅より連絡船宮島下船)

斎火《いみび》が神社をでて斎場に着くと，人びとは火を松明に移し，さきを争って石鳥居の方向に走る。一番のりには福が多いとされる。

〔12月～３月〕

弓神楽 ➡府中市上下町(JR 福塩線上下駅下車タクシー)

上下町をはじめ府中市などの招かれた民家の奥座敷を斎場に，家庭祭祀として演じられる私的な神楽。弓の弦を打ちながら祭文をとなえて土公神をまつり，五穀豊饒と家内安全などを祈願する。県指定無形民俗文化財。

〔依頼に応じて上演〕

説経源氏節《せっきょうげんじぶし》 ➡廿日市《はつかいち》市市原(JR 山陽本線廿日市駅下車タクシー)

名古屋市を発祥地とするが，新内《しんない》の優艶な語り口と説経節の哀切な曲節をあわせたものである。上演可能な曲目は三十数曲，章段の数は100段以上にのぼる。舞台は簡素である。県指定無形民俗文化財。

〔随時〕

神弓祭《じんきゅうさい》 ➡庄原市西城町(JR 芸備線備後西城駅下車タクシー)

古くは弓神事式あるいは鳴弦《めいげん》神事式と称した。弓の弦をならして祭文を奏上し，楽座のものは神歌を斎唱して奏楽する。諸神を勧請《かんじょう》して家運繁栄・五穀豊饒などを祈願する。県指定無形民俗文化財。

〔各社の例祭日の前夜〕

三上《みかみ》神楽 ➡庄原市・広島県神社庁庄原支部(JR 芸備線備後庄原駅下車)

出雲神楽の系統で庄原支部22社の神職によって舞われる。儀式舞を重んじ，囃子の調子はゆるやかである。県指定無形民俗文化財。

〔各社の例祭日，13年目あるいは７年目ごとの年番〕

神楽─入申《いれもうし》，塩浄《しおぎよめ》，魔払《まばらい》，荒神《こうじん》，八花《やつはな》，八幡《はちまん》─ ➡庄原市比和《ひわ》町・高野《たかの》町(JR 芸備線備後庄原駅バス高野線比和・新市《しんいち》下車)

出雲神楽の系統で地域内各荒神社の神職が結束して斎庭《さにわ》神楽の古型を伝えている。県指定無形民俗文化財。

〔神社の大きな行事のとき〕

御調八幡宮《みつきはちまんぐう》の花おどり ➡三原市八幡《やはた》町宮内《みやうち》・御調八幡宮(JR 山陽本線三原駅バス八幡線八幡神社前下車)

鬼を先頭に武者行列をくみ，道中囃《ばや》しを奏して八幡宮に詣《もう》で，太鼓・笛・鉦《かね》の調子によって踊り子が踊り，獅子舞がまつわる。県指定無形民俗文化財。

■ 参考文献

【広島県における地域史研究の現状と課題】

昭和43～59(1968～84)年の『広島県史』全27巻の編さん事業は，他県にくらべて地域史研究の伝統の浅い広島県にとっては画期的であった。広島県史編さん室が収集した尨大な史料は，昭和63(1988)年に広島市中区に開館した広島県立文書館において公開されている。

たしかに『広島県史』の編さん事業によって史料の収集は飛躍的に進み，各時代の研究も進展した。しかし，たとえば中世史では戦国時代の県外所在史料は，山口県文書館所蔵毛利家文庫の写本が中心であり，その原文書調査はかぎられた。近世・近代史では個人所蔵の原文書の調査は不十分であり，原爆で被災した県庁文書の空白を補う調査も十分ではなかった。続く市町村史の編さん事業や，県立文書館，大学などの専門研究者の調査・研究はそれを補ってきているが，とくに近年における個人所蔵の原文書の散逸は著しく，危機的状況にある。地域社会の構造を歴史的に解明するためにはこうした文献史料は不可欠である。その調査・研究，目録の刊行，そして公開は，継続して取り組むべき重要な課題である。

つぎに，ここ数十年間はまさに開発の時代であった。県内でもそれにともなって多くの埋蔵文化財の発掘調査が行われたが，ほとんどは記録保存であり，遺跡は破壊された。ただ，多くの生活資料や貿易陶磁器の出土によって，文献では描きにくい原始・古代・中世の庶民の生活文化や地域社会の豊かな国際性も明確になった。

草戸千軒町遺跡のように，長年の調査・研究の成果が，平成元(1989)年に福山市に開館された広島県立歴史博物館において公開されている例もある。また近年市町村は専門職員を採用するようになった。ほとんどは開発にともなう埋蔵文化財への対応であるが，それでもほかの建造物・絵画・彫刻あるいは植物などの調査もようやく進められるようになり，その成果の普及活動も活発になってきた。

広島県と芸北の4町が進めてきた中世遺跡の調査・研究は，毛利氏や吉川氏の城館跡・菩提寺跡の発掘調査や，全国的にみて飛び抜けて最大の質量を誇るこの地域の大名領国関係史料などによる研究成果を総合し，遺跡の整備・公開をとおして広く社会の歴史認識の形成に資する事業である。

地域の歴史は地域住民すべてのものである。県と市町村は，あらゆる分野で連携を緊密にして史資料の調査・研究のシステムを強化するとともに，その保護・保存をとおして地域住民が地域の貴重な遺産の価値を確かめ，その地域性と時代性を平易に学べるように，さまざまの文化事業を企画・振興していく必要がある。

いまなお進む開発は，歴史的・文化的・自然的遺産の保護・保存には大きな障害となっている。諸遺産の調査・研究をとおしてその学術的価値を共有することが，地域社会の将来像を構想する前提であろう。そうした認識から地域住民の手づくりの新しい文化の創造も進む。歴史は文化的な地域づくりや地域間交流にとっていわば社会資本(資源)なのである。

【県　　史】
後藤陽一『広島県の歴史』 山川出版社　1972
広島県総務部県史編さん室編『広島県史』27巻　広島県　1972-84
総説，原始・古代，中世，近世１，近世２，近代１，近代２，現代，考古編，地誌編，民俗編，別編(索引・年表)，古代中世資料編Ⅰ～Ⅴ，近世資料編Ⅰ～Ⅵ，近代現代資料編Ⅰ～Ⅲ，原爆資料編

【辞　　典】
『角川日本地名大辞典34　広島県』 角川書店　1987
中国新聞社編『広島県大百科事典』上・下　中国新聞社　1982
『広島県の地名　日本歴史地名大系35』 平凡社　1982

【市町村史】
青木茂『因島市史』 因島市史編集委員会　1968
青木茂『新修尾道市史』６巻　尾道市　1971-77
安芸町誌編纂委員会編『安芸町誌』上・下　安芸町　1973・75
安佐郡古市町役場編『古市町誌』 古市町役場　1955
五日市町誌編纂委員会編『五日市町誌』４巻　五日市町誌編纂委員会事務局　1974-79
江田島町編『江田島町史』 江田島町　1958
大朝町史編纂委員会編『大朝町史』２巻　大朝町　1978・82
大柿町教育委員会編『広島県大柿町史』 大柿町役場　1954
大崎町史編修委員会編『大崎町史』 大崎町　1981
大竹市史編纂委員会編『大竹市史』５巻　大竹市　1960-70
大野町郷土誌編さん委員会編『広島県大野町誌』 大野町　1962
沖美町郷土史編集委員会編『沖美町史』 沖美町教育委員会　1989
雄鹿原村史編纂委員会編『雄鹿原村史』 雄鹿原村　1957
音戸町誌編纂検討委員会編『音戸町誌』 音戸町　2005
海田町編『海田町史』２巻　海田町　1981・86
加計町編『加計町史』５巻　加計町　1997-2006
加計町役場編『加計町史』４巻　加計町役場　1961・62
蒲刈町編『蒲刈町史』２巻　蒲刈町　1997-2000
川上村史編纂会編『広島県川上村史』 川上村史刊行会　1960
神辺町教育委員会編『神辺町史』前編　神辺町教育委員会　1972
祇園町誌編纂委員会編『祇園町誌』 祇園町　1970
吉舎町史編集委員会編『吉舎町史』２巻　吉舎町教育委員会　1988・91
君田村史編さん委員会編『君田村史』 君田村　1991
熊野町編『安芸熊野町史』２巻　熊野町　1987・89
倉橋町編『倉橋町史』５巻　倉橋町　1991-2001

呉市史編さん委員会編『呉市史』既刊9冊　呉市役所　1956-
呉市史編さん委員会・下蒲刈町史編纂委員会編『下蒲刈町史』4巻　呉市役所　2004-2007
呉市史編纂室編『呉の歩み』3巻　呉市役所　1989-2002
芸北町編『美和村史』　芸北町　1970
甲奴町誌編纂委員会編『甲奴町誌』3巻　甲奴町　1988-96
西条町誌編纂室編『西条町誌』　西条町　1971
佐伯町誌編さん委員会編『佐伯町誌』2巻　佐伯町　1981・86
作木村誌編纂委員会編『作木村誌』　作木村　1990
三和町誌編纂委員会編『三和町誌』　三和町　1968
上下町史編纂委員会編『上下町史』4巻　上下町　1991-98
庄原市史編纂委員会編『庄原市史』既刊2冊　庄原市　1980-
志和町編『志和町誌』　志和町　1972
新市町編『新市町史』　新市町　3巻　2002
神石郡誌続編編集委員会編『神石郡誌　続編』　神石郡誌続編刊行会　1974
瀬戸田町教育委員会編『瀬戸田町史』5巻　瀬戸田町教育委員会　1997-2004
大和町誌編纂委員会編『大和町誌』　大和町誌編纂委員会　1983
高田郡史編纂委員会編『高田郡史』4巻　高田郡町村会　1972-81
高宮町史編さん委員会編『高宮町史』　高宮町　1976
竹原市編『竹原市史』5巻　竹原市　1959-72
千代田町役場編『千代田町史』8巻　千代田町役場　1987-2004
筒賀村教育委員会編『筒賀村史』3巻　筒賀村　1999-2004
東城町史編纂委員会編『東城町史』6巻　東城町　1991-99
戸河内町編『戸河内町史』7巻　戸河内町　1993-2002
豊栄町誌編纂委員会編『豊栄町誌』　豊栄町　1968
中野村史編纂委員会編『中野村史』　中野村史編纂委員会　1959
西志和村誌編纂委員会編『西志和村誌』　西志和村役場　1957
能美町編『能美町誌』　能美町　1995
廿日市町編『廿日市町史』7巻　廿日市町　1969-88
原村史編纂委員会編『原村史』　八本松町　1967
広島県双三郡三次市史料総覧編集委員会編『広島県双三郡三次市史料総覧』7巻　広島県双三郡三次市史料総覧刊行会　1956-85
広島市編『広島新史』10巻　広島市　1981-83
広島市編『図説広島市史』　広島市　1989
広島市編『井口村史』　広島市　1991
広島市編『戸坂村史』　広島市　1991
広島市編『中山村史』　広島市　1991
広島市役所編『新修広島市史』7巻　広島市役所　1958-62
広島市役所編『可部町史』　広島市役所　1976

広島市役所編『安佐町史』 広島市役所 1977
広島市役所編『高陽町史』 広島市役所 1979
広島市役所編『佐東町史』 広島市役所 1980
広島市役所編『白木町史』 広島市役所 1980
広島市役所編『新修矢野町誌』 広島市役所 1980
広島市役所編『瀬野川町史』 広島市役所 1980
広島市役所編『沼田町史』 広島市役所 1980
広島市役所編『船越町史』 広島市合併町町史刊行会 1981
比和町誌編集委員会編『比和町誌』 比和町 1980
福山市史編纂会編『福山市史』3巻 福山市史編纂会 1963-78
福山市引野町誌編纂委員会編『福山市引野町誌』 福山市引野町連絡協議会 1986
府中市編『府中市史』3巻 府中市 1986-88
府中町史編さん専門委員会編『安芸府中町史』 府中町 1975-80
布野村誌編纂委員会編『布野村誌』年表編 布野村 1986
本郷町誌編纂委員会編『松永市本郷町誌』 弘徳協会 1965
本郷町史編纂委員会編『本郷町史』 本郷町 1996
御調町史編纂委員会編『御調町史』 御調町 1988
三原市役所編『三原市史』7巻 三原市役所 1970-2007
宮島町編『宮島町史』3巻 宮島町 1992-97
三良坂町誌編集委員会編『三良坂町誌』 三良坂町 1973
向原町誌編さん委員会編『向原町誌』2巻 向原町 1989・92
安古市町役場編『安古市町誌』 安古市町役場 1970
八千代町史編纂委員会編『八千代町史』 八千代町 1990
矢野町史編纂委員会編『広島県矢野町史』上・下 矢野町役場 1961・64
八幡村史編纂委員会編『八幡村史』 芸北町 1976
湯来町誌編纂委員会編『湯来町誌』4巻 湯来町 1986-97
豊町教育委員会編『豊町史』2巻 豊町教育委員会 1993・2000
吉和村誌編纂委員会編『吉和村誌』2巻 吉和村 1985・86

【原始・古代】
石野博信編『全国古墳編年集成』 雄山閣出版 1995
小倉豊文『山陽文化財散歩』 学生社 1973
門脇禎二『吉備の古代史』 日本放送出版協会 1992
日下雅義編『古代の環境と考古学』 古今書院 1995
近藤義郎ほか編『岩波講座日本考古学2 人間と環境，3 生産と流通，6 変化と画期』 岩波書店 1985 86
近藤義郎編『吉備の考古学的研究』 山陽新聞社 1992
近藤義郎『日本土器製塩研究』 青木書店 1994
奈良国立文化財研究所編『平城京 長屋王邸宅と木簡』 吉川弘文館 1991

広島県埋蔵文化財調査センター編『ひろしまの遺跡』1-78　広島県埋蔵文化財調査センター　1980-99
広島県立歴史博物館編『サルからヒトへ』 広島県立歴史博物館　1993
広島県立歴史民俗資料館編『ひろしまの縄文土器』 広島県立歴史民俗資料館　1994
広島県立歴史民俗資料館編『古墳誕生の謎をさぐる』 広島県立歴史民俗資料館　1995
広島県立歴史民俗資料館編『弥生のかたち』 広島県立歴史民俗資料館　1995
広島県立歴史民俗資料館編『発掘されたひろしま』 広島県立歴史民俗資料館　1996
広島県立歴史民俗資料館編『ひろしまの古代寺院　寺町廃寺と水きり瓦』 広島県立歴史民俗資料館　1998
藤本強『モノが語る日本列島史』 同成社　1994
松崎寿和『広島県の考古学』 吉川弘文館　1981
松原弘宣編『古代王権と交流　6　瀬戸内海地域における交流の展開』 名著出版　1995
八木充編『古代の地方史　2　山陰・山陽・南海編』 朝倉書店　1977
八木充ほか編『新版古代の日本　4　中国・四国』 角川書店　1992
脇坂光彦・小都隆『日本の古代遺跡　26　広島』 保育社　1986

【中　世】
秋山伸隆『戦国大名毛利氏の研究』 吉川弘文館　1998
池享『大名領国制の研究』 校倉書房　1995
河合正治『瀬戸内海の歴史』 至文堂　1967
河合正治『中世武家社会の研究』 吉川弘文館　1973
河合正治『安芸毛利一族』 新人物往来社　1984
岸田裕之『大名領国の構成的展開』 吉川弘文館　1983
岸田裕之編『中国大名の研究』 吉川弘文館　1984
岸田裕之監修『中国の盟主・毛利元就』 日本放送出版協会　1997
岸田裕之監修『歴史リレーフォーラム―元就歴史紀行』 大河ドラマ「毛利元就」推進協議会　1998
三卿伝編纂所編『毛利輝元卿伝』 マツノ書店　1982
三卿伝編纂所編『毛利元就卿伝』 マツノ書店　1984
瀬川秀雄『吉川元春』 マツノ書店　1997(復刻)
中村拓『鎖国前に南蛮人の作れる日本地図』Ⅰ～Ⅲ　東洋文庫　1966-67
広島県教育委員会編『瀬戸内水軍』 広島県文化財協会　1976
広島県教育委員会編『中世城館遺跡保存整備事業発掘調査報告』1～9　広島県教育委員会　1993-99
広島県教育委員会編『広島県中世城館遺跡総合調査報告書』第1～4集　広島県教

育委員会　1993-96
広島県立美術館編『平家納経と厳島の宝物』 広島県立美術館　1997
広島県立歴史博物館編『商人たちの瀬戸内』 広島県立歴史博物館　1996
藤木久志編『毛利氏の研究』 吉川弘文館　1984
松岡久人編『内海地域社会の史的研究』 マツノ書店　1978
松岡久人『安芸厳島社』 法蔵館　1986
松下正司編『よみがえる中世 8　埋もれた港町　草戸千軒・鞆・尾道』 平凡社　1994
毛利元就展企画委員会編『毛利元就展―その時代と至宝』 ＮＨＫ・ＮＨＫプロモーション　1997
吉田町歴史民俗資料館編『安芸郡山城と吉田』 吉田町歴史民俗資料館　1996

【近　　世】
有元正雄編『近世瀬戸内農村の研究』 溪水社　1988
有元正雄『真宗の宗教社会史』 吉川弘文館　1995
有元正雄『宗教社会史の構想』 吉川弘文館　1997
笠谷和比古「徳川幕府の大名改易政策を巡る一考察(1)」『日本研究』第 3 集　1990
呉市入船山記念館編『広島藩・朝鮮通信使来聘記』 呉市・下蒲刈町　1990
白幡洋三郎編著『瀬戸内海の文化と環境』 瀬戸内海環境保全協会　1999
土井作治『幕藩制国家の展開』 溪水社　1985
中山富広『近世の経済発展と地方社会』 清文堂出版　2005
本城正徳『幕藩制社会の展開と米穀市場』 大阪大学出版会　1994
宮本常一『旅人たちの歴史 I　野田泉光院』 未来社　1980
頼祺一『近世後期朱子学派の研究』 溪水社　1986
頼祺一「旅人の見た安芸国広島」『地方社会の自己証明』（平成 3 年度科学研究費補助金研究成果報告書）1992
森浩一・網野善彦・渡辺則文『瀬戸内海の海人たち』 中国新聞社　1997

【近代・現代】
天野卓郎『大正デモクラシーと民衆運動』 雄山閣出版　1984
天野卓郎『近代日本の教育と部落問題』 部落問題研究所　1986
有元正雄『地租改正と農民闘争』 新生社　1967
有元正雄・天野卓郎・甲斐英男・頼祺一『広島県の百年』 山川出版社　1983
有元正雄・甲斐英男・青野春水・頼祺一『明治期地方啓蒙思想家の研究』 溪水社　1981
「いのちの塔」手記編纂委員会編『いのちの塔―広島赤十字・原爆病院への証言』 中国新聞社　1992
宇吹暁『平和記念式典の歩み』 財団法人広島平和文化センター　1992
宇吹暁『原爆手記掲載書・誌一覧(IPSHU 研究報告シリーズ・研究報告 No. 24)』

広島大学平和科学研究センター　1996
甲斐英男『明治地方自治制の成立』　溪水社　1981
強制連行された中国人被爆者との交流を進める会編『中国人被爆者・癒えない痛苦—獄中被爆者の真相を追う』　明石書店　1995
原爆遺跡保存運動懇談会編『ガイドブック・ヒロシマ—被爆の跡を歩く』　新日本出版社　1996
県北の現代史を調べる会編『戦時下広島県高暮ダムにおける朝鮮人強制労働の記録』　三次地方史研究会　1989
兒玉正昭『日本移民史研究序説』　溪水社　1992
近藤康男編『明治大正農政経済名著集』第2巻　農山漁村文化協会　1977
辰巳知司『隠されてきた「ヒロシマ」—毒ガス島からの告発』　日本評論社　1993
中国新聞「毒ガスの島」取材班編『毒ガスの島・大久野島—悪魔の傷跡』　中国新聞社　1996
中国新聞社編『年表ヒロシマ—核時代50年の記録』　中国新聞社　1995
直野章子『ヒロシマ・アメリカ—原爆展をめぐって』　溪水社　1997
林博史『華僑虐殺—日本軍支配下のマレー半島』　すずさわ書店　1992
檜高憲三『西条教育の実際』　1932
被爆50年記念史編集研究会編『街と暮らしの50年—被爆50周年図説戦後広島市史』　広島市総務局公文書館　1996
檜山幸夫『日清戦争』　講談社　1997
広島銀行創業百年史編纂事務局編『創業百年史』　広島銀行　1979
広島県編『広島県戦災史』　第一法規出版　1988
広島県編『広島県移住史』資料編・通史編　第一法規出版　1991・93
広島県議会事務局編『広島県議会史』全7巻　広島県　1959-67
広島県教育委員会編『広島県教育八十年誌』　広島県教育委員会　1954
広島県教育委員会編『広島県の近代化遺産—広島県近代化遺産(建造物等)総合調査報告書』　広島県教育委員会　1998
広島県警察史編さん委員会編『広島県警察百年史』上・下　広島県警察本部　1971
広島県地方課編『広島県市町村合併史』　広島県　1961
広島商工会議所九〇年史編さん委員会編『広島商工会議所九〇年史』　広島商工会議所　1982
広島大学二十五年史編集委員会編『広島大学二十五年史』全3巻　広島大学　1977-79
福山商工会議所五十年史編纂特別委員会編『福山商工会議所五十年史』　福山商工会議所　1981
マーティン・ハーウィット『拒絶された原爆展—歴史のなかの「エノラ・ゲイ」』　みすず書房　1997
陸上自衛隊13師団広島師団史研究委員会編『広島師団史』　陸上自衛隊海田市駐とん部隊修親会　1969

■ 図版所蔵・提供者一覧

見返し表右　宮島町観光課
左　井手三千男
裏　広島大学文学部考古学研究室
口絵1上　広島県立歴史民俗資料館
下　新市町立歴史民俗資料館
2上　三次市教育委員会・広島県立歴史民俗資料館
下　千代田町教育委員会
3　厳島神社・便利堂
4上　明王院・広島県立歴史博物館
中・下　毛利博物館
5上　厳島神社
下　山口県文書館・吉田町歴史民俗資料館
6上　広島城・広島市教育委員会
下　福山市鞆の浦歴史民俗資料館
7上　頼美江・広島県立歴史博物館
下　菅波真吾
8上　呉市入船山記念館
p. 5　浄土寺・奈良国立博物館
p. 7　建設省三次工事事務所
p. 11　財団法人広島県埋蔵文化財調査センター
p. 19　中国新聞社
p. 20上　広島市教育委員会
下　光町清子
p. 29　財団法人広島県埋蔵文化財調査センター
p. 31　倉橋町教育委員会
p. 43　財団法人広島県埋蔵文化財調査センター
p. 52　三原市教育委員会
p. 53　廿日市市観光協会
p. 55　吉田町歴史民俗資料館
p. 57　厳島神社・広島市公文書館
p. 59　厳島神社・広島市公文書館
p. 63　筒賀村・広島市郷土資料館
p. 67　厳島神社・広島市公文書館
p. 70　建設省太田川工事事務所
p. 74右　浄土寺・尾道市教育委員会
左　尾道市教育委員会
p. 76　厳島神社
p. 79　斉藤智津子
p. 81　東広島市教育委員会
p. 83　井手三千男
p. 84　清住寺
p. 86　浄土寺
p. 90・91　毛利博物館
p. 97　財団法人渡邊翁記念文化協会・広島県立文書館
p. 99　楞厳寺・東京大学史料編纂所
p. 101　西国寺
p. 104　福成寺・東広島市教育委員会
p. 107　山口県文書館
p. 109　東京大学史料編纂所
p. 110　周防国分寺・山口県環境生活部県史編さん室
p. 113　山口県文書館・広島市公文書館
p. 116　毛利博物館
p. 118　山口県文書館
p. 121　広島県教育委員会
p. 123　毛利博物館
p. 126　山口県文書館・毛利博物館
p. 129　毛利博物館
p. 133　吉田町歴史民俗資料館
p. 136　毛利博物館
p. 139　萩市郷土博物館
p. 141　千代田町教育委員会
p. 144　広島県立文書館
p. 147　毛利博物館
p. 149　山口県文書館・広島市公文書館
p. 152　広島県立文書館
p. 156　廿日市市教育委員会
p. 158　毛利博物館
p. 159　毛利博物館
p. 161　清神社
p. 163　福山城博物館
p. 167　『図説広島市史』
p. 171　呉市企画部呉市史編さん室
p. 177　戸河内町史編さん室
p. 189　沼名前神社・福山市鞆の浦歴史民俗資料館
p. 191　広島城・広島市公文書館
p. 193右　広島市郷土資料館
p. 202　財団法人義倉
p. 211　小森理市・広島市公文書館
p. 212　沼名前神社・福山市鞆の浦歴史民俗資料館
p. 215　福山市鞆の浦歴史民俗資料館
p. 219　吉井耕一
p. 221　頼和太郎
p. 225　広島県立歴史博物館
p. 234・235　広島県立歴史博物館
p. 237　『広島県写真帖』・広島県立文書館
p. 239　八田信道・広島県立文書館
p. 245　広島県立歴史博物館
p. 249　『呉の歩み』・呉市企画部呉市史編さん室
p. 253　『広島県写真帖』・広島県立文書館
p. 264　広島銀行
p. 270　法政大学大原社会問題研究所
p. 279　門田昭子・広島県立文書館
p. 281　広島県編『支那事変誌』・広島県立文書館
p. 287　広島大学原爆放射能医学研究所
p. 288　広島大学原爆放射能医学研究所
p. 291　中国新聞社・広島県立文書館
p. 294　広島市公文書館・広島県立文書館
p. 296　中国新聞社・広島県立文書館
p. 302左　中国新聞社・広島市公文書館
p. 306右　中国新聞社・広島市公文書館

敬称は略させていただきました。

紙面構成の都合で個々に記載せず，巻末に一括しました。所蔵者不明の図版は，転載書名を掲載しました。万一，記載洩れなどがありましたら，お手数でも編集部までお申し出下さい。

宇吹　暁　うぶきさとる
1946年，広島県に生まれる
1969年，京都大学文学部史学科卒業
前広島女学院大学生活科学部教授
主要著書　『平和記念式典の歩み』(財団法人広島平和文化センター，1992年)，『原爆手記掲載図書・雑誌総目録　1945-1995』(日外アソシエーツ，1999年)

室山　敏昭　むろやまとしあき
1936年，鳥取県に生まれる
1964年，広島大学大学院文学研究科博士課程単位修得
現在　広島大学名誉教授
主要著書　『生活語彙の構造と地域文化―文化言語学序説』(和泉書院，1998年)，『「ヨコ」社会の構造と意味―方言性向語彙に見る』(和泉書院，2001年)

西別府元日　にしべっぷもとか
1951年，福岡県に生まれる
1978年，広島大学大学院文学研究科博士課程後期単位修得
現在　広島大学大学院文学研究科教授・博士(文学)
主要著書　『律令国家の展開と地域支配』(思文閣出版，2002年)，『日本古代地域史研究序説』(思文閣出版，2003年)

秋山　伸隆　あきやまのぶたか
1953年，鳥取県に生まれる
1980年，広島大学大学院文学研究科博士課程後期退学
現在　県立広島大学人間文化学部教授・博士(文学)
主要著書　『戦国大名毛利氏の研究』(吉川弘文館，1998年)

中山　富広　なかやまとみひろ
1956年，長崎県に生まれる
1985年，広島大学大学院文学研究科博士課程後期単位修得
現在　広島大学大学院文学研究科教授・博士(文学)
主要著書　『近世の経済発展と地方社会』(清文堂出版，2005年)

頼　祺一　らいきいち
1941年，東京都に生まれる
1968年，広島大学大学院文学研究科博士課程単位修得
現在　広島大学名誉教授・文学博士
主要著書　『明治期地方啓蒙思想家の研究』(共著，溪水社，1981年)，『近世後期朱子学派の研究』(溪水社，1986年)

兒玉　正昭　こだままさあき
1934年，広島県に生まれる
1958年，広島大学文学部史学科卒業
現在　広島史学研究会評議員・博士(文学)
主要著書　『日本移民史研究序説』(渓水社，1992年)，『日本人移民ハワイ上陸拒絶事件―領事報告を中心に―』(不二出版，2011年)

岸田　裕之　きしだひろし
1942年，岡山県に生まれる
1970年，広島大学大学院文学研究科博士課程単位修得
現在　広島大学名誉教授・文学博士
主要著書　『大名領国の構成的展開』(吉川弘文館，1983年)，『大名領国の経済構造』(岩波書店，2001年)，『大名領国の政治と意義』(吉川弘文館，2011年)

広島県《ひろしまけん》の歴史《れきし》　県史　34

1999年11月25日　第1版1刷発行　　2013年12月25日　第2版2刷発行

編　者　岸田裕之《きしだひろし》
発行者　野澤伸平
発行所　株式会社　山川出版社　〒101-0047　東京都千代田区内神田1-13-13
電話　03(3293)8131(営業)　03(3293)8135(編集)
http://www.yamakawa.co.jp/　振替　00120-9-43993
印刷所　明和印刷株式会社　製本所　株式会社ブロケード
装　幀　菊地信義

ISBN978-4-634-32341-4

新版県史 全47巻

古代から現代まで、地域で活躍した人物や歴史上の重要事件を県民の視点から平易に叙述する、身近な郷土史読本。充実した付録も有用。
四六判　平均360頁　カラー口絵8頁　本体各1900～2400円+税

1 北海道の歴史
2 青森県の歴史
3 岩手県の歴史
4 宮城県の歴史
5 秋田県の歴史
6 山形県の歴史
7 福島県の歴史
8 茨城県の歴史
9 栃木県の歴史
10 群馬県の歴史
11 埼玉県の歴史
12 千葉県の歴史
13 東京都の歴史
14 神奈川県の歴史
15 新潟県の歴史
16 富山県の歴史
17 石川県の歴史
18 福井県の歴史
19 山梨県の歴史
20 長野県の歴史
21 岐阜県の歴史
22 静岡県の歴史
23 愛知県の歴史
24 三重県の歴史
25 滋賀県の歴史
26 京都府の歴史
27 大阪府の歴史
28 兵庫県の歴史
29 奈良県の歴史
30 和歌山県の歴史
31 鳥取県の歴史
32 島根県の歴史
33 岡山県の歴史
34 広島県の歴史
35 山口県の歴史
36 徳島県の歴史
37 香川県の歴史
38 愛媛県の歴史
39 高知県の歴史
40 福岡県の歴史
41 佐賀県の歴史
42 長崎県の歴史
43 熊本県の歴史
44 大分県の歴史
45 宮崎県の歴史
46 鹿児島県の歴史
47 沖縄県の歴史

この地図の作成に当たっては、国土地理院長の承認を得て、同院発行の50万分の1地方図を使用したものである。（平18総使、第78－3047号）